L'IMPÉRATRICE DE LA SOIE

Le Toit du monde

JOSÉ FRÈCHES

L'IMPÉRATRICE DE LA SOIE

Le Toit du monde

ÉDITIONS FRANCE LOISIRS

Édition du Club France Loisirs,
avec l'autorisation de XO Éditions.

Éditions France Loisirs
123, boulevard de Grenelle, Paris
www.franceloisirs.com

ISBN : 2-7441-7332-0

De celui qui a vaincu mille milliers d'hommes à la guerre et de celui qui s'est vaincu lui-même, c'est ce dernier qui est le plus grand vainqueur.

Bouddha

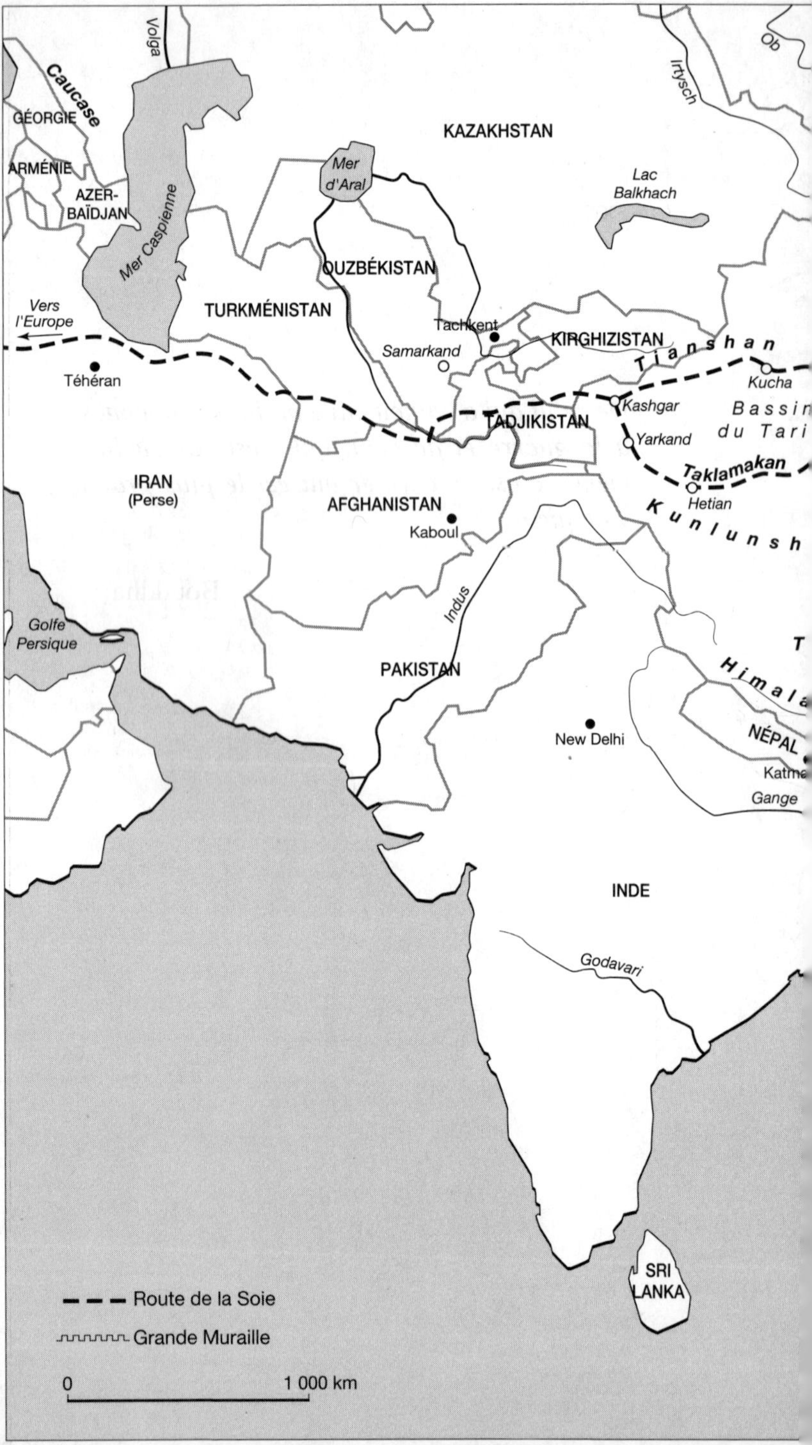
Volga
Ob
Irtysch
Caucase
GÉORGIE
ARMÉNIE
AZER-
BAÏDJAN
Mer Caspienne
KAZAKHSTAN
Mer
d'Aral
Lac
Balkhach
OUZBÉKISTAN
TURKMÉNISTAN
Vers
l'Europe
Tachkent
KIRGHIZISTAN
Samarkand
Tianshan
Kucha
Téhéran
Kashgar
Bassin
du Tari
TADJIKISTAN
Yarkand
Taklamakan
IRAN
(Perse)
Hetian
AFGHANISTAN
Kaboul
Kunlunsh
Indus
Golfe
Persique
PAKISTAN
T
Himala
NÉPAL
New Delhi
Katma
Gange
INDE
Godavari
SRI
LANKA
Route de la Soie
Grande Muraille
0
1 000 km

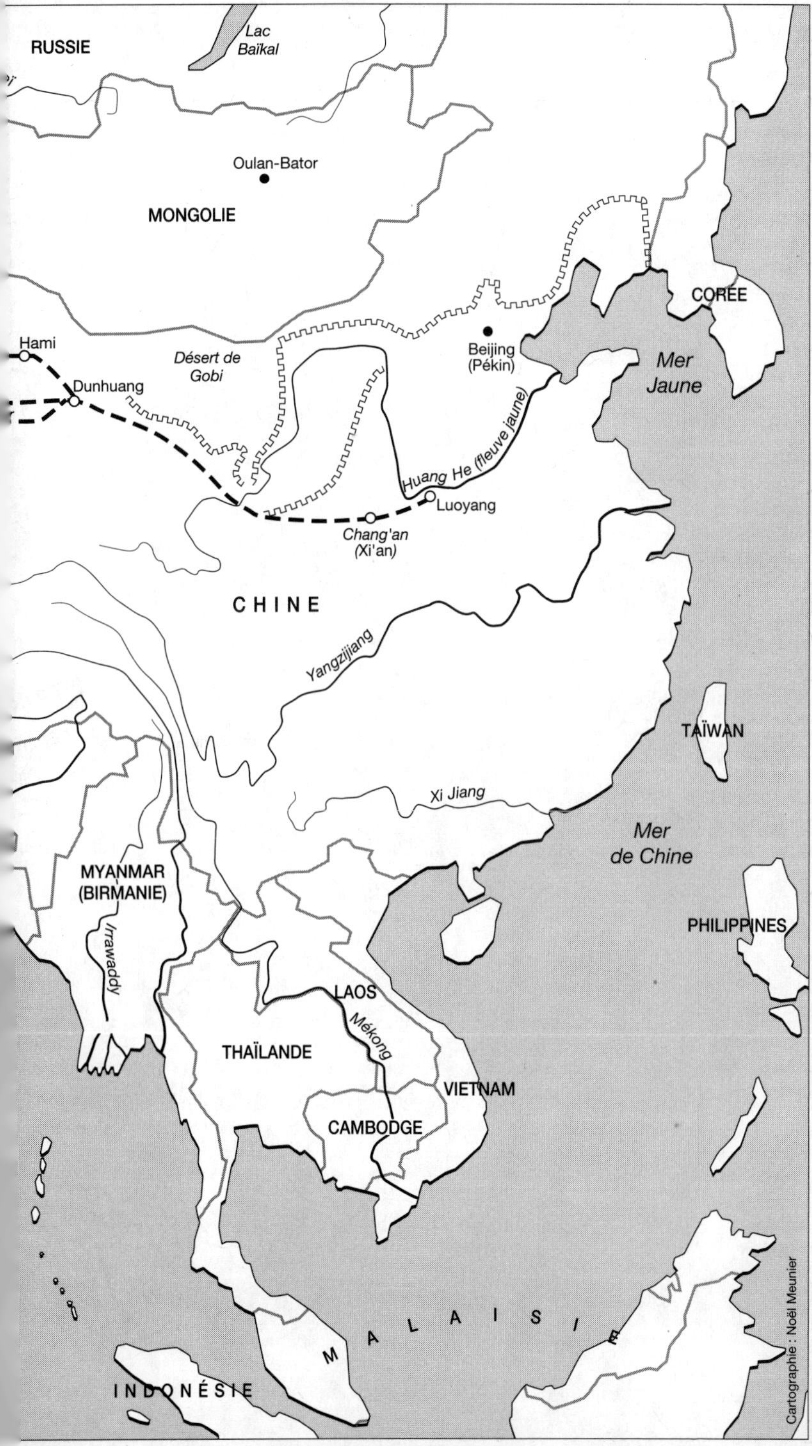

RUSSIE
Lac
Baïkal
Oulan-Bator
MONGOLIE
CORÉE
Hami
Désert de
Gobi
Dunhuang
Beijing
(Pékin)
Mer
Jaune
Huang He (fleuve jaune)
Luoyang
Chang'an
(Xi'an)
CHINE
Yangzijiang
TAÏWAN
Xi Jiang
Mer
de Chine
MYANMAR
(BIRMANIE)
Irrawaddy
PHILIPPINES
LAOS
Mékong
THAÏLANDE
VIETNAM
CAMBODGE
MALAISIE
INDONÉSIE
Cartographie : Noël Meunier

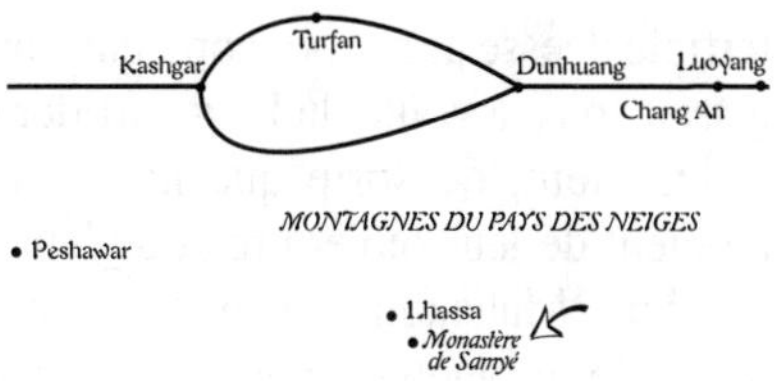

Prologue

Monastère de Samyé, Tibet

La petite Manakunda touchait enfin au but !

Elle était au comble de l'angoisse lorsque ses doigts fins et tremblants effleurèrent la lourde poignée de bronze torsadée dont les deux bouts se terminaient en têtes de démons grimaçants.

La pauvre jeune moniale avait failli s'évanouir d'effroi à la vue de ces monstres, qu'elle n'avait jamais approchés d'aussi près.

La peur qui l'habitait était si intense qu'elle ne sentait même pas la sueur couler de son front au moment où, d'un geste maladroit, elle approcha la clé de la serrure.

Elle la serrait si fort, cette fine tige de bronze dont l'embout était une minuscule couronne formée de quatre crânes humains accolés, pas plus grands qu'un pois chiche, que ses doigts, d'ordinaire blancs comme l'ivoire, se striaient peu à peu de nervures violacées.

Et en admettant que ce fût la bonne, songeait la frêle Manakunda, tandis qu'elle tâtonnait fébrilement avec la clé autour de la grosse serrure, pourrait-elle seulement pénétrer dans cette véritable chambre forte sans éveiller l'attention des autres moines du couvent ?

Habituellement, quand le moinillon de service poussait, dès l'aurore et en fin d'après-midi, ces larges planches de cèdre assemblées par des clous aussi brillants que les yeux de Dâkini la Rouge, la terrible déesse aux crocs apparents, un gigantesque miaulement surgissait sous la voûte du long corridor avant de se répandre dans tout le bâtiment, de sorte que nul ne pouvait ignorer, à Samyé, le moment de leur ouverture et de leur fermeture.

Alors, Manakunda avait beau se raisonner en se disant que ce n'était là qu'une porte, elle ne pouvait s'empêcher d'imaginer que l'inquiétant chuintement provenait d'une bête inconnue, tapie dans l'ombre de cette bibliothèque où les moniales n'avaient pas le droit d'accéder, une bête de surcroît des plus horribles, toute prête à ne faire d'elle qu'une bouchée.

D'ailleurs, quand elle passait dans le couloir dallé d'ardoises de la bibliothèque, devant la porte aux clous diaboliques, elle prenait toujours soin de s'en éloigner, de peur de se faire mordre par ces chimères.

Pour faire cesser cette vision funeste, la jeune nonne accomplissait un geste quelque peu dérisoire : elle ajustait sa tunique, comme pour se protéger des esprits néfastes, et serrait sa ceinture d'un cran supplémentaire, avant de hâter le pas sans se retourner pour aller respirer l'air du dehors.

Et cela, en général, suffisait à la rassurer.

Mais à présent, c'était elle qui s'apprêtait à ouvrir cet huis sinistre, derrière lequel – qui sait ! – se cachait peut-être toujours cette créature.

Le geste qu'elle était sur le point d'accomplir de ses mains moites n'était-il pas fou ? N'était-ce pas excessivement dangereux, de la part d'une jeune novice d'à peine seize ans, préposée au seul rangement des ornements liturgiques du monastère de Samyé ? Ne courait-elle pas à sa perte ?

Elle seule, au demeurant, savait d'où elle tirait la force qui lui faisait enfreindre la règle et braver l'interdit en tentant de pénétrer dans ce saint des saints dont elle n'était même pas sûre d'avoir la bonne clé !

Dans sa hâte, elle s'était contentée de prendre au hasard, le matin même, la première venue dans le trousseau de lama sTod Gling, qui ne s'était aperçu de rien, vu qu'à ce moment-là il dormait à poings fermés.

C'était donc, en quelque sorte, la clé du hasard. Et même, sans exagérer, compte tenu des circonstances, la clé du « tout ou rien » !

Le cœur de Manakunda battait donc encore plus vite lorsqu'elle réussit enfin à l'introduire dans la serrure. Elle ne mit pas longtemps à constater que son choix, hélas, n'avait pas été le bon. La tige était beaucoup trop courte et tournait à vide dans un trou immense où elle aurait pu placer largement deux doigts !

Pourquoi diable n'avait-elle pas pris la plus grosse clé du trousseau, celle dont le démon à l'embout lui avait arraché une grimace et que, pour rien au monde, elle n'eût osé toucher ?

La clé de la réserve aux livres, la clé de la porte de l'endroit le mieux gardé du monastère, ne pouvait être que la plus volumineuse et la plus intimidante, à l'instar de sa serrure !

La jeune nonne Manakunda était si défaite mais également tellement perplexe qu'elle oscillait entre la rage et une sorte de soulagement morbide.

Après tout, peut-être Bouddha le Miséricordieux voulait-il empêcher l'impardonnable manquement à la règle du monastère qu'elle s'apprêtait à commettre.

L'interdiction absolue de pénétrer dans la bibliothèque figurait, avec bien d'autres, telle celle de consommer de la viande et de l'alcool, ou de regarder droit dans les yeux un moine du sexe opposé, et même de frôler sa robe, au nombre des préceptes que le très intimidant Ramahe sGampo, le Supérieur du couvent de Samyé, inculquait chaque semaine aux jeunes moniales du noviciat.

Manakunda avait très vite compris que cette interdiction ne s'appliquait qu'aux femmes, puisque les novices hommes étaient, pour leur part, préposés au tri ou au rangement des milliers de rouleaux de papier ou de soie qui faisaient la renommée de la réserve aux livres du monastère le plus ancien du Tibet. Pareille discrimination n'avait pas manqué de l'étonner, voire de la choquer. Mais que pouvait faire une toute jeune moniale confiée à ce monastère par une famille trop heureuse de se débarrasser d'une bouche à nourrir, si ce n'était se taire et garder par-devers elle les sentiments que lui inspirait une telle injustice ?

Pour l'heure, Manakunda enrageait de ne pouvoir accomplir l'acte de contrition et de purification dont le même Ramahe sGampo avait fait état lorsque, deux jours plus tôt, après avoir rassemblé toutes ses forces, elle avait fini par demander crânement, au beau milieu d'une leçon de méditation transcendantale, d'une voix que la peur faisait trembloter :

— Bienheureux maître sGampo, mon nom est Manakunda. Voici ma question : quel serait l'acte qui purifierait le plus grand des pécheurs ?

— Pourquoi la jeune Manakunda éprouve-t-elle le besoin de me poser une telle question ? avait répondu tout à trac, de son inimitable voix douce et ferme, venue des profondeurs de sa gorge, le chef de cette importante communauté de trois mille moines et de deux mille nonnes, tous adeptes du bouddhisme tantrique tel qu'il se pratiquait au pays de Bod, qui était le nom chinois du Tibet.

Alors, bravant les murmures amusés de l'assistance, et avec ce mélange d'effronterie et de terreur des enfants qui cherchent à tout prix à obtenir une réponse d'un adulte, elle s'était contentée de réitérer sa demande à cet homme au crâne soigneusement rasé et dont elle n'avait jamais vu, à l'instar des autres novices de deuxième année, les traits du visage.

Elle devinait, à présent qu'elle avait osé s'approcher du maître, leur austérité et, surtout, ce pourtour parfaitement ovale qui se détachait à contre-jour sur le seul mur éclairé de l'immense pièce plongée dans la pénombre où les novices apprenaient, sous sa stricte férule, les secrets de la « méditation assise ».

Et elle n'était pas près d'oublier les paroles que le vieux lama pétri de sagesse et d'expérience avait prononcées sur le mode de l'évidence, presque d'un ton enjoué, sans doute parce que la question lui avait paru irréelle et quasiment stupéfiante.

Qu'est-ce qu'une moniale de seize ans, à la conduite jusque-là irréprochable, dont l'application et le soin à ranger les bols à offrande, à lisser les crêtes des coiffes des bonzes préposés aux cérémonies et à servir aux officiants le thé mêlé de beurre, de lait et de sel faisaient déjà l'admiration de tous, pouvait bien connaître du péché ?

La réponse du lama était restée gravée dans le cœur de Manakunda.

— Il suffit au pécheur de ton espèce, avait-il dit – et vu ton jeune âge le péché ne doit pas être bien lourd ! – d'écrire les circonstances de sa faute sur la première page d'un sûtra[1] tout en exprimant, bien entendu, ses regrets. Alors, à n'en pas douter, l'immense compassion de l'Illuminé fera le reste ! Car chaque lecteur du sûtra, dans l'indispensable compassion qui doit l'animer vis-à-vis d'autrui, intercédera pour le pécheur qui aura accompli ce geste de confession !

— Si j'ai bien compris, le pécheur peut ajouter sa phrase d'expiation au frontispice de n'importe quel sermon ? avait-elle repris, incrédule, tellement la méthode de maître Ramahe sGampo lui paraissait simple.

Puis, devinant la moue agacée du grand maître, elle s'était tue et n'avait rien laissé paraître de son soulagement.

Le soir même, sur la couche étroite et dure comme une planche qu'elle partageait avec une autre novice, Manakunda s'était juré d'accomplir l'action expiatoire que le vénérable Ramahe sGampo lui avait, sans s'en douter, préconisée.

Depuis bientôt deux ans qu'elle était entrée au noviciat de Samyé, elle avait appris suffisamment de caractères tibétains pour écrire les quelques lignes de sa confession.

Mais pour effacer la souillure dont son esprit et son corps étaient maculés et pour empêcher que son karman[2] ne la conduisît demain à se réincarner, par exemple, dans une souris au milieu d'un village infesté de chats, ou dans un insecte au pied d'un arbre peuplé de merles, il lui fallait commettre un autre péché, certes véniel, en bravant l'interdiction de pénétrer dans la réserve aux livres. Malgré sa jeunesse et son inexpérience des choses sacrées, Manakunda était persuadée que le jeu en valait la chandelle et que l'acte expiatoire était autrement plus important que le viol d'une règle monastique.

Mais comment pourrait-elle, à présent, entrer dans cette réserve aux livres à la porte obstinément close ?

Folle d'angoisse, contemplant avec effarement et dégoût la clé trop petite dans sa paume ouverte, la jeune novice voyait s'évanouir toute possibilité d'interrompre le terrible enchaînement de son karman.

1. *Sûtra* : sermon, en sanskrit.

2. *Karman* : acte, en sanskrit. Tout acte possède une valeur morale, positive, négative ou neutre, et est « rémunéré » en conséquence, par une renaissance favorable ou défavorable, dans un être plus ou moins éloigné de l'état de bouddha.

Tout son plan, de fait, s'effondrait.

De rage, elle balança son pied contre les lourdes planches de cèdre, manquant de laisser échapper un cri de douleur lorsque son orteil droit heurta une de ces horribles têtes de clous.

C'est alors qu'elle s'aperçut que, sous le choc, l'un des vantaux avait bougé.

Fébrilement, elle passa la main dans l'interstice qui venait de s'ouvrir entre les battants.

La porte n'avait pas été fermée à clé.

Ce ne pouvait être là qu'un inestimable cadeau fait à Manakunda par le Bienheureux Bouddha !

Elle pourrait donc pénétrer dans le saint des saints des sûtras et se libérer des souvenirs dont les bouffées l'empêchaient de dormir et même, la plupart du temps, de penser à autre chose, depuis ce jour funeste où sa vie et son corps, surtout, avaient basculé.

Avec d'infinies précautions, elle poussa le lourd vantail de sorte que ses gonds n'émissent pas leur inquiétant chuintement habituel. Aucun bruit, miraculeusement, ne se fit entendre.

Alors, Manakunda se sentit protégée par la grâce bienfaitrice d'Avalokiteçvara, ce bodhisattva et disciple du Bouddha que les fidèles étaient encouragés à prier, car il avait la réputation d'écouter les humbles et de leur servir d'intercesseur auprès du Bienheureux Bouddha, à la simple condition qu'ils fussent sincères.

La voie était libre.

Il ne lui restait plus qu'à pénétrer dans la réserve aux livres.

La pièce voûtée était suffisamment éclairée par les rayons de la lune pour que la jeune fille pût distinguer les trois longues tables de lecture et d'écriture placées au centre, sur lesquelles les manuscrits étaient étudiés par les exégètes et recopiés par les moines copistes. Tout autour, sur des étagères, s'empilaient les milliers de rouleaux contenant les sermons de l'Illuminé et leurs innombrables commentaires.

Au milieu de la table centrale, entre deux coussins de soie, un rouleau plus grand que les autres avait été disposé.

Manakunda s'en approcha, comme si une force l'y poussait.

Posé à côté de son étui de bambou laqué, tout gainé d'une somptueuse soie rouge, le manuscrit était en partie déroulé, prêt, sans doute, à être déchiffré par l'un des neuf moines scribes du monastère qui passaient leurs journées assis devant les longues tables, éventés par des novices lorsque la chaleur était accablante, à traduire en tibétain ou en chinois les textes sanskrits des Saintes Écritures du bouddhisme dont les manuscrits originaux étaient venus de l'Inde, le pays du Bouddha.

Elle avait conscience qu'il fallait faire vite, sous peine de se retrouver nez à nez avec l'un des moines qui passait dans le couloir, au titre de sa ronde nocturne.

Ce sûtra à demi déroulé paraissait l'appeler.

C'était sur ce papier immaculé, lisse comme l'ivoire, et nulle part ailleurs, qu'elle écrirait sa fatidique confession, juste à côté de l'espace réservé aux colophons.

Quel soulagement de toucher au but !

Il lui suffisait désormais d'inscrire ces trois lignes, au moyen du pinceau imbibé d'encre qu'elle dissimulait dans sa manche, et elle aurait accompli son devoir d'humilité et de contrition.

Elle pourrait remettre ses pas dans le droit chemin de la miséricorde du Bouddha après ce moment d'égarement dont elle n'arrivait pas à enfouir le souvenir, tellement il était prêt à surgir, comme marqué au fer rouge sur son corps.

Et justement, voilà qu'elle ressentait, en s'emparant de ce grand rouleau d'écritures afin de le poser bien à plat sur le coin de la table, le picotement au ventre annonciateur du bouleversement de ses sens qui survenait toujours lorsqu'elle repensait à ce qui lui était arrivé.

Elle venait de se rendre compte que le sûtra avait le même diamètre et presque la même forme, quoique en plus long, évidemment, que cet énorme pieu de muscles et de chair que l'homme avait extirpé de son pantalon avant de l'enfoncer dans la petite fente qui s'ouvrait, sous un léger voile de duvet, tout au fond de ses cuisses.

Elle se souviendrait toujours de ce moment d'extase où, après l'avoir caressée jusqu'à la rendre folle de plaisir, il l'avait pénétrée en lui murmurant à l'oreille de laisser venir en elle le message divin de l'Illuminé.

Alors, l'onde de plaisir qui l'avait, malgré elle, submergée, avait été si intense qu'elle avait failli en perdre connaissance, et le dégoût qu'elle avait jusque-là éprouvé devant cet homme s'était évanoui.

Or, tout cela avait commencé avec des picotements dans le bas de son ventre, tels qu'elle les ressentait de nouveau. C'était le même fourmillement étrange.

Cela faisait déjà un peu plus de deux mois, soixante-cinq jours, très exactement – elle les avait fébrilement comptés –, que cette fusion bizarre avec le corps de cet homme l'avait transformée, lui faisant entrevoir à la fois les horizons infinis du plaisir, mais aussi cet insupportable déni d'elle-même qu'elle éprouvait d'avoir été prise sans l'avoir souhaité.

La jeune nonne Manakunda, avant cette fameuse cérémonie nocturne, n'avait jamais vu de sexe d'homme en érection.

Non sans appréhension, elle avait découvert cette arme aux formes douces, ce poignard dont la pointe arrondie, lisse et rose, s'était dressée sous ses yeux, tel un cobra *nagâ*, lorsque le serpent se mettait à danser devant la flûte de son charmeur.

D'effroi, elle avait fermé les yeux, tandis que l'odeur de l'encens dont l'atmosphère était remplie lui montait à la tête, effaçant progressivement toute notion du temps et de l'espace.

C'est alors qu'elle avait senti quelque chose de chaud effleurer son ventre.

Elle avait compris qu'il s'agissait de ce poignard de chair que l'homme tenait entre ses mains et qu'il utilisait à présent comme un stylet à écrire.

C'était bien cela, le bâton de chair traçait sur son ventre des caractères sanskrits. En se concentrant sur leur trace, pour la visualiser, elle constata que l'homme venait d'écrire « bodhi » sur son ventre.

L'Illumination-Éveil !

N'était-ce pas le stade que seuls réussissaient à atteindre les bodhisattvas, ces disciples auxquels il ne manquait qu'un degré de sainteté pour devenir des bouddhas, c'est-à-dire complètement Éveillés et prêts à entrer au nirvana, là où il n'existait plus de souffrance ?

« Bodhi » était bien le mot merveilleux que le poignard avait inscrit dans sa chair, comme s'il s'agissait, à en juger par les tressaillements qui faisaient onduler son ventre, de lettres de feu. L'homme allait donc la transformer en bodhisattva ! Pour une jeune moniale, c'était là une aubaine extraordinaire, un honneur insigne et, à tout le moins, une chance inouïe.

Elle en était sûre, en tout cas : ce ne pouvait être qu'un ineffable bienfait lié aux actes positifs accomplis par les milliers de créatures qui l'avaient précédée et dont elle se trouvait être l'heureuse bénéficiaire.

Le breuvage que cet homme – mais en était-ce un ? – lui avait fait boire, tiède, sirupeux et épais comme du sang, lui avait à ce point embrouillé l'esprit qu'au moment où le bâton de chair lui avait semblé éclater au plus profond de son ventre elle avait vraiment cru que c'était le doigt du Bienheureux Bouddha lui-même qui l'inondait de bonheur !

Elle n'avait pas établi tout de suite la relation entre ces visions et la potion que l'homme l'avait forcée à ingurgiter, en plaquant contre ses lèvres un demi-crâne humain posé sur un petit serpent d'argent entortillé.

Elle avait été incapable de comprendre les gestes de cet individu dont les yeux exorbités ne s'étaient pas fermés avant le petit matin. Il avait paru accomplir une sorte de rituel, invoquant d'une voix rauque des formules bizarres et des noms sanskrits inconnus, tout en allant et venant dans son corps, comme une bête sauvage, jusqu'à l'épuisement final, où il s'était affalé sur elle, profondément endormi.

En proie à de violentes nausées, elle s'était échappée de ses bras et avait couru sur le sentier qui descendait de ce petit stûpa[1] situé quelques centaines de mètres au-dessus du monastère, en plein milieu d'un éboulis de pierres.

Et là, enfin seule, minuscule devant l'immensité des pics enneigés, la pauvre Manakunda avait rendu ses tripes.

Ayant recouvré ses esprits, morte d'effroi et bouleversée par l'effet de ce pieu de chair dans son corps, elle avait eu un mal fou à traverser, sans tomber mille fois, l'amoncellement de rochers qui séparait Samyé du lieu de culte où elle avait été violée.

1. *Stûpa* : monument commémoratif.

Ce n'est qu'en franchissant la porte du couvent, ouverte dès le lever du jour pour laisser les affamés et les pauvres s'y réfugier, qu'elle avait eu le sentiment d'avoir été abusée. Ce bienfait dont elle avait cru être habitée n'était en fait que l'infâme souillure qu'un homme, après avoir dompté son esprit, lui avait infligée sous la contrainte, après lui avoir fait respirer et boire des substances qui avaient altéré son discernement.

Elle n'avait personne, hélas, avec qui partager cette épouvantable expérience.

Au couvent de Samyé, chacun était seul, quoiqu'il fût toujours entouré par les autres. Dans ces lieux où chacun, du vieux moine quasi centenaire au tout jeune novice à peine sorti de sa famille, ne faisait que prier, manger et dormir, il était strictement interdit de se plaindre.

D'ailleurs, de quoi se plaindre quand on prêchait l'abnégation de la personne et l'abolition de tout désir comme uniques moyens d'accéder au dépassement de la souffrance physique et morale ?

La jeune moniale, à l'instar des autres novices, n'avait jamais confié à quiconque quelles pouvaient être les peines et les angoisses d'une jeune fille forcée à devenir nonne dans un monastère où, plus de six mois par an, il faisait si froid qu'il fallait briser la glace des bassines.

À qui, alors, aurait-elle pu raconter l'épreuve qu'elle venait de subir ? Elle avait si peur d'être renvoyée et jetée sur les routes glacées comme une mendiante…

La seule personne compatissante, et qui paraissait faire partie de ce monde, était le gentil lama sTod Gling.

Il servait à la fois de sacristain au couvent et de secrétaire au Révérend Ramahe sGampo.

Elle avait eu la chance qu'on la plaçât auprès de ce moine au regard compréhensif, qui s'exprimait toujours avec la plus grande douceur.

C'était lui qui avait appris à Manakunda, avec patience et gentillesse, à classer et à ranger les ustensiles et les ornements liturgiques dans les grosses armoires de la sacristie de la grande salle de prière.

Leur relation était empreinte de complicité, mais, de là à penser qu'elle pouvait tout lui avouer, il y avait un pas que Manakunda n'aurait jamais osé franchir.

Aussi la jeune moniale n'avait-elle rien dit à lama sTod Gling et avait préféré se jeter aux pieds de la grande statue de bois du bodhisattva compatissant Avalokiteçvara, celui qui était le plus accessible aux humains, celui qui tenait la main à ceux qui souffraient, celui auquel on pouvait tout demander, par exemple de faire pleuvoir sur les champs de blé ou encore d'aider les brebis à accoucher des agneaux, sans crainte de déclencher son courroux.

Elle s'était sentie si minuscule et souillée, sous l'imposante statue de cèdre dont les yeux en amande incrustés de lapis-lazuli, aux paupières ciselées d'argent, semblaient pourtant la regarder en souriant, qu'elle avait eu terriblement honte ; honte de ce désir subit et irrépressible qu'elle avait éprouvé, malgré sa répulsion première, de poursuivre cette étreinte folle avec cet homme, à même le sol de la pièce enfumée, au milieu des bougies de cire rouge qu'il avait allumées autour d'eux, en invoquant une pratique « magique » pour former ce « cercle cosmique parfait » dont leurs têtes, avait-il prétendu, étaient l'« indicible centre » et leurs membres écartés les « divins rayons »…

La honte l'avait reprise chaque nuit, après qu'elle avait constaté qu'il lui suffisait de repenser à ce pieu de chair pour éprouver la même onde de plaisir dont la force la faisait chavirer.

L'association qu'elle venait d'opérer entre le sûtra sacré dont elle s'était s'emparé et l'instrument de cette coupable jouissance provoquait en elle, à nouveau, dans ce lieu interdit, l'ivresse de ses sens.

Elle faillit tomber à la renverse sur la table et, en voulant se retenir, s'accrocha à une étagère. Quelques livres précieux se déroulèrent sur le sol.

Après les avoir ramassés à la hâte, en faisant le moins de bruit possible, elle s'efforça de reprendre ses esprits.

Puis elle étala soigneusement la largeur de trois mains du rouleau sacré pour y inscrire la phrase d'expiation à l'endroit le moins visible.

Elle pouvait déchiffrer, grâce aux rudiments de sanskrit qu'elle apprenait chaque jour, le titre du sûtra appelé à recueillir sa confession : au regard d'une délicate miniature qui représentait le bodhisattva du Futur, le Bienheureux Maitreya, somptueusement paré de sa tiare et de ses pendentifs d'oreilles, *Sûtra de la Logique de la Vacuité Pure* était écrit en grandes lettres.

Juste à côté, des lignes qui lui parurent être du chinois devaient en constituer la traduction. Elle était incapable de les lire, n'ayant pas eu la chance d'apprendre cette langue dont le nombre des caractères, disait-on, dépassait les dix mille !

Il ne lui restait plus qu'à prendre son courage à deux mains.

Concentrée à l'extrême, penchée comme une vieillarde au-dessus de l'espace encore vierge situé entre le titre de l'ouvrage et les premières phrases de texte, elle se mit à écrire avec application les onze mots de sa confession, en prenant soin de ne pas écorcher le nom de l'homme dont le pieu de muscles lui avait fait subir cette souillure dont elle serait bientôt délivrée.

Et, au fur et à mesure qu'elle accomplissait son geste scripturaire, elle constatait avec ravissement que son cœur, peu à peu, s'apaisait.

Les ondes sournoises de plaisir, qui la laissaient toujours plus pantelante et culpabilisée, s'évanouissaient.

Elle voyait à présent clairement la Pureté de cette Vacuité insondable, de ce grand vide consolateur et salvateur dont faisait état le titre du merveilleux Livre sacré, posé bien à plat devant elle, qu'un enlumineur avait de surcroît orné de somptueuses figures du Panthéon bouddhique.

Quel extraordinaire don de la Très Sainte Providence ! Voilà que le bodhisattva compatissant avait mis dans ses mains exactement le sûtra dont elle avait besoin !

Manakunda avait l'impression de se réveiller d'un cauchemar et de recouvrer enfin ses esprits, après les atroces semaines qu'elle venait de vivre.

À la suite de cet acte, ces lettres de feu que l'homme avait écrites sur son ventre s'effaceraient à coup sûr. Bientôt, la cérémonie prétendument magique mélangée à ce viol lugubre ne serait plus qu'un mauvais souvenir.

Lorsqu'elle ressortit, sur la pointe des pieds, de la réserve aux livres du couvent de Samyé, Manakunda était loin de se douter qu'elle n'en avait nullement fini avec le souvenir du pieu de chair qui l'avait violée.

Elle ne savait pas, la pauvre petite moniale que ses parents avaient confiée, pour s'en débarrasser, au plus grand et au plus vénérable monastère bouddhique du Tibet, qu'elle était déjà enceinte d'un peu plus de deux mois.

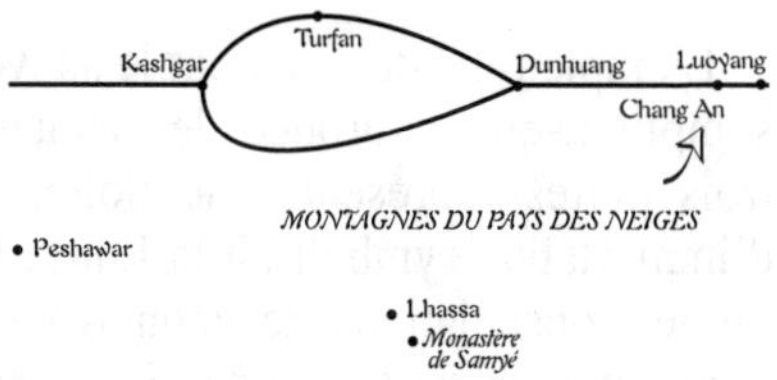

1

Palais impérial de Chang An, capitale des Tang, Chine. 12 décembre 655

Il était exactement midi, dans l'immense salle des Audiences et des Fêtes du palais impérial de Chang An, la capitale de la dynastie chinoise des Tang.

À ce moment précis où le soleil, d'essence Yang, culminait au zénith, inondant de sa lumière la cour intérieure, d'essence Yin, située devant elle, les yeux embrumés de larmes de Wuzhao se fermèrent de jubilation.

Les étendards portant les symboles des quatre directions, la Tortue Noire pour le nord, le Dragon Vert pour l'est, le Tigre Blanc pour l'ouest et l'Oiseau Rouge pour le sud s'étaient dressés quand l'empereur avait fait son entrée.

Quant à la cinquième direction, celle du centre, dont la couleur était le jaune, elle n'avait pas besoin d'étendard puisque c'était entièrement vêtu de soie mordorée que venait de pénétrer dans la salle, juste après celle qui allait devenir son épouse officielle, l'empereur de Chine.

Le jaune était de surcroît la couleur de la Terre, sur laquelle régnait celui qu'on appelait aussi le « Fils du Ciel ».

Wuzhao avait enfin atteint son objectif.

Elle était à présent assise juste à côté de l'empereur Gaozong, sur un trône à peine plus petit que le sien.

L'ample robe de soie dont le souverain se réservait l'usage était somptueusement brodée des Douze Ornements : le corbeau à trois pattes représentait le Soleil ; le lièvre, pilant la poudre d'immortalité, symbolisait la Lune ; la guirlande des disques figurait les constellations ; les montagnes, où résidaient les dieux et les sages, évoquaient le lieu de l'Immortalité ; le dragon, le faisan et le phénix, animaux emblématiques du pouvoir impérial, signifiaient que le souverain était habile et ferme ; mais il y avait aussi l'algue de la sagesse, les flammes de la vertu, les grains des céréales nourricières, la hache de l'autorité, sans oublier le mystérieux caractère Ya, dont personne n'était capable de donner le sens exact mais que personne n'eût osé ôter de la liste, car elle remontait à l'époque des premiers souverains légendaires de la Chine.

Une fois Gaozong assis, d'un simple hochement de tête il indiqua au chef du protocole que la cérémonie pouvait commencer.

— Gloire à Wuzhao, la nouvelle épouse de l'empereur Gaozong ! hurla à la foule, qui reprit en chœur, un héraut dont le sabre immense pendait à la ceinture.

Soucieuse de ne pas laisser entrevoir l'émotion qui l'étreignait, Wuzhao baissa la tête au moment où le grand chambellan impérial, tout de soie rouge habillé, posait sur sa tête la couronne d'impératrice.

C'était une couronne d'or, à laquelle le bijoutier avait donné la forme de rameaux emmêlés sur lesquels il avait perché des oiseaux phénix, aux becs d'émail et aux ailes serties de pierres précieuses. Ils avaient été si délicatement forgés qu'ils paraissaient sur le point de s'envoler.

— Prosternation et vénération ! s'écria le même héraut.

Alors, la cour tout entière se mit à genoux, dans un bruissement de soie froissée, pour rendre hommage à celle qui, en épousant l'empereur de Chine, devenait la nouvelle souveraine du pays.

Il y avait là, au premier rang de l'assistance réunie pour la circonstance, tout ce que la cour de Chang An pouvait compter de nobles et de puissants.

Pour la plupart de ces ducs, de ces généraux d'armée et de ces marquis, chamarrés d'or et d'argent, ainsi que pour les familles princières, escortées de pages portant les étendards multicolores à leurs armes, la montée de cette femme sur le trône était un véritable scandale.

Ceux qui, parmi les nobles, admettaient le choix de l'empereur se comptaient sur les doigts de la main.

Tous les autres, qui souriaient à la nouvelle impératrice en se congratulant bruyamment, n'en pensaient pas moins. Wuzhao n'était pas dupe, qui savourait avec délices l'humiliation qu'elle était parvenue à infliger à tous ces courtisans de noble extraction, obligés, en ce jour qu'ils maudissaient secrètement, de plier le genou devant elle.

Juste derrière les nobles, elle pouvait apercevoir les hauts fonctionnaires de l'empire, les directeurs généraux, hauts chambellans, secrétaires généraux et autres grands dignitaires de l'administration impériale, reconnaissables à leurs robes noires au col d'hermine et aux barrettes dorées qu'ils portaient à la poitrine, dont le nombre attestait de leur position hiérarchique dans la pyramide des emplois publics.

Au troisième rang venaient les eunuques, ces représentants d'un troisième sexe dont l'emprise était importante dans les affaires de l'État. Ils s'efforçaient d'en tirer les ficelles depuis les coulisses de la scène sur laquelle ils ne montaient jamais.

Juchés sur des socques aux semelles dorées qui les faisaient doucement tanguer, ils dépassaient les deux premiers rangs d'une bonne tête, si bien que Wuzhao pouvait contempler avec amusement, malgré leur éloignement, les mimiques de leurs visages fardés. Wuzhao avait plutôt de bons rapports avec la caste de ces hommes asexués, issus, comme elle, de milieux humbles. Souvent, ils avaient été vendus pour quelques taels de bronze par leurs parents. Après quoi, ils avaient été castrés à l'hôpital des eunuques, dont ils étaient sortis avec leurs « deux trésors » dans un petit sac de cuir qu'ils devaient garder afin de pouvoir être enterrés « entiers » après leur mort, par respect pour leurs ancêtres.

Pour devenir eunuque, sous la dynastie des Tang, il ne suffisait pas d'avoir des parents susceptibles de vous vendre à l'État, puis de supporter physiquement et psychologiquement l'opération pratiquée sans la moindre anesthésie, encore fallait-il être né intelligent.

Et même, si possible, des plus doués sur le plan de l'intellect.

Consciente qu'il en allait de sa survie, la caste mettait un point d'honneur à ne sélectionner, par la voie d'un concours annuel, que de jeunes garçons particulièrement vifs auxquels était prodigué un enseignement poussé, tant dans les matières linguistiques que calligraphiques, judiciaires et fiscales.

Dans l'entrelacs du pouvoir suprême où elle venait enfin de mettre le pied, Wuzhao savait pertinemment qu'il valait mieux ne pas s'aliéner cette catégorie, dont l'importance tenait surtout au fait qu'elle avait le droit d'accéder aux parties les plus réservées du palais impérial.

Wuzhao avait bien conscience qu'il lui faudrait trouver des alliés.

C'était par effraction qu'elle était entrée dans le saint des saints de la Chine, en plaçant son pied dans l'entrebâillement de la porte de la chambre à coucher de l'empereur.

Car c'était par le lit, où elle excellait, que cette jeune ambitieuse était arrivée à ses fins, à force d'user de ruse et de charme.

Mais c'était aussi, à n'en pas douter, grâce à son intelligence et à l'à-propos dont elle savait faire preuve en toutes circonstances, sans oublier le sens inné qu'elle possédait pour évaluer justement l'état des rapports de force.

Sa victoire n'avait pas été acquise sans mal.

Un mois plus tôt, l'empereur Gaozong avait enfin consenti à publier le décret par lequel son épouse légitime, l'impératrice Dame Wang, ainsi que la première concubine impériale, surnommée Jolie Pure, étaient déchues de leur rang et des privilèges de leur statut, pour cause de tentative d'empoisonnement de l'empereur.

C'était grâce à ce joli coup double que cette jeune femme au visage angélique, dont le petit nez retroussé et les lèvres pulpeuses étaient éclairés par des yeux en amande à l'incomparable éclat d'émeraude, avait pris sa revanche sur un destin qui, jusqu'alors, ne l'avait pas favorisée.

Elle revenait de loin !

Mais elle n'avait pas hésité à en payer le prix.

À présent que des courtisanes issues des familles les plus nobles de la cour s'affairaient à ses pieds pour arranger les plis et les rubans de l'immense manteau de soie brodé de papillons multicolores dont on venait de recouvrir ses épaules, les épisodes les plus saisissants de sa courte vie se mirent à défiler dans sa tête.

Toujours sans manifester la moindre émotion, elle se rendit compte que les bourrelets du sceptre d'argent qu'on lui avait placé entre les mains et qu'elle serrait à s'en briser les phalanges ressemblaient à s'y méprendre aux vertèbres de la petite fille qu'elle avait eue, deux ans plus tôt, avec l'empereur Gaozong, lorsqu'elle avait fini par les broyer.

Elle ne détestait rien tant que revivre ce geste atroce qu'elle avait accompli comme une sorte de sacrifice aussi inéluctable qu'indispensable, destiné à la propulser au firmament du pouvoir.

Elle n'était à l'époque qu'une simple concubine du cinquième rang, à peine mieux qu'une esclave, que l'empereur convoquait de temps à autre, selon son bon vouloir.

En 653 elle avait eu de lui un garçon, Lihong, mais cela n'avait pas changé grand-chose à sa condition.

De fait, Jolie Pure, une des concubines préférées de Gaozong, plus âgée que Wuzhao, avait déjà donné un garçon à l'empereur. Lizhong, c'était son nom, avait acquis, entre-temps, le titre de prince héritier de l'empire. Wuzhao, dont le rêve était d'obtenir pour son propre fils cette charge de prince héritier, avait vite conclu que la seule place à laquelle elle pourrait exercer réellement une influence était celle de l'impératrice Wang en personne.

Il n'y avait pas de demi-mesure : soit elle réussissait à écarter Dame Wang, soit elle finirait comme toutes les concubines vieillissantes du gynécée, recluse et amère, infantilisée à jamais dans sa condition d'esclave de luxe.

Pendant des mois elle avait donc cherché en vain le moyen de discréditer dans l'esprit de Gaozong son épouse légitime, issue d'un noble lignage, mais dont le tort était d'être inféconde.

Quelques heures à peine après la naissance du deuxième enfant qu'elle avait eu avec l'empereur Gaozong, constatant qu'il s'agissait d'une petite fille, ce qui rendait vaine toute stratégie héréditaire, Wuzhao avait décidé de la sacrifier à la raison d'État dont elle se sentait déjà animée.

Elle n'avait pas été longue à peser le pour et le contre,

s'interdisant même de prendre le bébé dans ses bras pour ne pas ressentir le moindre attachement.

Après coup, elle avait été surprise par la détermination dont elle avait fait preuve, alors qu'elle adorait les enfants.

Aussi, le rappel de ce meurtre, au moment précis où elle obtenait la récompense de son acte inqualifiable, lui faisait-il toucher du doigt que la blessure intime était toujours là. L'espèce de boule de feu qu'elle sentait dans son ventre en était le signe manifeste, de même que les gouttelettes de sueur qui humectaient le rebord de velours de la couronne impériale.

De plus en plus bouleversée, face à tous ces gens qui la haïssaient et qui, bien sûr, ne se doutaient de rien, la seule façon de tenir était de se dire, comme à l'accoutumée, qu'elle avait agi parce que des forces supérieures l'y avaient conduite.

Pour accomplir un tel geste il fallait être poussé par son destin, dont on n'était que l'instrument et qui vous dépassait ; si elle avait disposé de cette force qui lui ouvrait les chemins du pouvoir suprême, c'est qu'ainsi l'avait décidé Celui dont elle n'était que le sceptre.

Siddharta Gautama, le Bienheureux et l'Éveillé, dont elle était une dévote assidue !

Le Bouddha dont elle rêvait de faire de la doctrine la religion officielle de l'empire le plus peuplé du monde !

Coiffée de sa précieuse tiare, assise sur le trône impérial devant lequel les chefs des clans et des familles nobles venaient, le regard en coin, se prosterner, elle revoyait, le ventre noué par l'angoisse, son horrible infanticide dans les moindres détails.

Elle avait profité de la visite de Dame Wang, venue prendre des nouvelles de la jeune accouchée.

C'était ce moment, et pas un autre, qu'elle avait choisi pour commettre son crime et lancer, aussitôt après, l'insidieuse rumeur. Elle entendait encore le bruit mat du craquement du cou de son bébé qu'elle avait étranglé de toutes ses forces. Elle sentait encore entre ses mains son petit corps tiède, désarticulé, déjà, et mou comme un paquet de chiffons. Puis elle se voyait sursauter en entendant le cri de l'empereur Gaozong, lorsqu'il avait compris, en se penchant au-dessus du berceau, que le bébé était mort.

— Ton bébé ne bouge plus ! Il faut vite appeler un médecin ! s'était écrié Gaozong.

— Ma petite fille est morte ! Quel grand malheur s'est abattu sur moi ! avait hurlé Wuzhao devant l'empereur encore tout hébété par sa macabre découverte, après que le médecin, accouru à la hâte, n'avait pu que constater le décès.

La suite n'avait été qu'un jeu d'enfant.

Il lui avait suffi de prétendre que le nouveau-né était parfaitement sain lorsqu'elle l'avait quitté pour aller se faire coiffer, que la dernière personne entrée dans la chambre était l'impératrice Wang, et les soupçons n'avaient pas tardé à se porter vers la femme de l'empereur.

Tout plaidait contre elle : son infertilité, mais surtout la jalousie qu'elle avait toujours témoignée à Jolie Pure. De là à ce qu'elle vît dans Wuzhao une rivale plus jeune et belle encore, qui allait supplanter ladite Jolie Pure, il n'y avait qu'un pas.

À présent que Wuzhao avait atteint son but, voilà qu'elle éprouvait à nouveau, pour la première fois depuis des mois, un certain dégoût d'elle-même. Décidément, le Bienheureux n'hésitait pas sur les moyens pour arriver à ses fins !

Car Wuzhao, avec le meurtre de sa petite fille, n'était pas allée au bout de ses peines.

Dame Wang, bien sûr, ne s'était pas avouée vaincue sans combattre. Usant des nombreux soutiens dont elle bénéficiait à la cour, et notamment de ceux des membres de son clan qui occupaient de très hautes fonctions politiques et administratives, elle n'avait cessé de protester de sa bonne foi, certifiant qu'elle n'était pour rien dans l'affreux meurtre du bébé de cette concubine à la réputation déjà sulfureuse.

L'empereur Gaozong, qui avait en horreur d'arbitrer les conflits, surtout entre les femmes de son entourage, s'était laissé fléchir. Il avait refusé de mettre en cause son épouse officielle, maintenant un statu quo qui devenait de plus en plus insupportable à Wuzhao, laquelle continuait à accuser Dame Wang.

Les deux femmes, pourtant, n'avaient pas commencé par être rivales.

C'était même Dame Wang qui avait imposé Wuzhao au sein du

gynécée impérial, alors que celle-ci en avait été éloignée pour toujours à la mort du grand empereur Taizong dont elle était déjà l'une des plus jeunes amantes.

À l'époque, c'était à son corps défendant que Wuzhao avait réintégré le premier cercle des femmes de l'empereur. Car, entretemps, la jeune courtisane avait connu la révélation qui allait bouleverser sa vie.

Elle avait été illuminée par la Vérité du Bouddha dont elle était devenue une dévote ardente.

Le Grand Taizong s'étant tardivement converti au bouddhisme, toutes les concubines du défunt empereur, après sa mort, le 10 juillet 649, avaient été transférées au couvent bouddhique de Ganye pour y devenir des nonnes.

Et Wuzhao se souviendrait longtemps du choc qu'avait été pour elle la découverte de cette religion lorsqu'elle était arrivée avec ses congénères éplorées dans ce bâtiment austère, situé à une journée de marche de la capitale.

Ganye, qui comptait près de dix mille moines et moniales, était l'un des plus vénérables monastères bouddhiques de l'Empire chinois.

Il avait été fondé trois siècles plus tôt, à l'époque où le bouddhisme commençait à avoir droit de cité en Chine, grâce à des moines bilingues, tantôt indiens, tantôt han[1], animés d'une foi à toute épreuve et capables, avec une agilité intellectuelle hors du commun, de traduire en chinois les sûtras en sanskrit du Bienheureux Bouddha.

Ces moines traducteurs avaient pour modèle Kumârajîva, un Koutchéen formé au Cachemire et à Kashgar[2], qui s'était installé à Chang An à la fin du IVe siècle.

Grâce à sa science et à son incommensurable sagesse, ce saint homme, après avoir traduit une bonne centaine de sûtras, avait réussi à convaincre la dynastie des Qin Postérieurs[3] du bien-fondé

1. Han est le nom d'origine des Chinois.

2. Kucha et Kashgar étaient des oasis situées sur le tronçon méridional de la Route de la Soie.

3. Les Qin Postérieurs sont l'une des dynasties qui régnèrent en Chine pendant la période dite des Dynasties du Nord et du Sud (317-519).

de la religion bouddhique, avant de venir finir ses jours dans cet illustre monastère où Wuzhao avait été placée d'office.

Là, la courtisane ensorcelante, habituée toute jeune aux poses lascives qui laissaient entrevoir ses atouts intimes, la diablesse capable de réveiller, d'un simple mouvement de langue ou de l'effleurement d'un doigt, les ardeurs de l'empereur vieillissant, avait dû se raser le crâne, l'enduire de cendres et revêtir la tunique de bure blanchâtre qui était celle du deuil.

Une grosse nonne, qui avait plus de trois poils de barbe, l'avait jetée aux pieds d'une immense statue de pierre, noircie par les fumées de cierge, dont le beau visage au sourire compatissant représentait le bodhisattva Avalokiteçvara. Puis, avant de l'enfermer dans la salle de prière, la matrone avait lancé, d'un air revêche :

— Maintenant, il faut prier ! Avec tout ce que tu as dû faire de mal, tu n'as certainement pas fini de payer tes mauvais karmans...

Et la petite Wuzhao, demeurée seule, s'était mise à pleurer toutes les larmes de son corps.

C'était peu de dire que la mort de l'empereur Taizong le Grand, le 10 juillet 649, faisait basculer son existence.

La belle Wuzhao avait été repérée par Taizong lui-même, car ce grand stratège militaire se doublait d'un redoutable expert en femmes, dont il était capable de deviner les charmes au premier coup d'œil.

Wuzhao était la seconde fille d'un modeste fonctionnaire, employé dans un obscur service de comptabilité fiscale. Très jeune, sa passion pour les chevaux et le talent dont elle faisait preuve dans la pratique équestre lui avaient permis d'intégrer une des équipes féminines de polo qu'on amenait chaque année, le jour de la fête du Printemps, devant Taizong pour le distraire.

En tant que capitaine de son équipe, Wuzhao était passée et repassée devant le vieil homme, tandis qu'elle chevauchait un petit cheval au pelage noir et luisant.

Et l'assistance, éblouie par tant de grâce et d'intrépidité, n'avait eu d'yeux que pour elle.

Subjugué par l'insolente beauté de cette jeune fille dont les charmes, sous la tunique à moitié dégrafée, éclataient au grand jour, le vieil homme l'avait immédiatement fait placer au gynécée avec le titre de « cinquième concubine impériale ».

Au sein d'une hiérarchie extrêmement précise, les concubines du cinquième rang étaient chargées d'apporter à l'impératrice son linge de toilette ainsi que les parures de son lit, dûment brodés aux insignes et aux couleurs de la saison, que le directeur des services du linge gardait dans des armoires aspergées de citronnelle pour les protéger des attaques des mites.

C'était en 638. Wuzhao avait ensuite passé quelque onze années à se morfondre au gynécée impérial de Chang An.

C'était là, par son sens de l'observation et grâce à sa vive intelligence, qu'elle avait compris de quoi était faite la comédie du pouvoir, cette pièce de théâtre où il convenait de ne jouer que les premiers rôles, si on voulait survivre, ce qui, dans son cas, revenait à passer du statut de concubine à celui de favorite.

Elle n'avait pas tardé à savoir qu'une seule méthode permettait d'espérer y arriver.

Il fallait se faire remarquer par l'empereur, lui plaire et, surtout, lui re-plaire ; faire en sorte qu'il daignât enfin jeter ses yeux sur votre personne et, ce jour-là, en tirer tout le parti possible en le ferrant comme un vulgaire poisson, avant qu'il ait eu le temps de passer à une autre !

Telle était la seule méthode pour s'extraire de sa condition et gravir une marche supplémentaire dans l'échelle de la considération et des honneurs : c'était bien ce à quoi rêvaient toutes ces jeunes femmes dont l'empereur disposait comme bon lui semblait.

Elles auraient toutes payé fort cher pour se rapprocher du souverain, ces centaines de courtisanes, plus séduisantes les unes que les autres, réduites à l'état d'esclaves, même si rien ne leur manquait.

Les soieries dans lesquelles étaient coupées leurs robes ne leur appartenaient pas ; pas plus, d'ailleurs, que les parures dont on ornait leur front lorsque, par groupe de cinq, elles étaient présentées au souverain entre deux audiences, au cas où il aurait souhaité passer la nuit avec l'une d'entre elles.

Les concubines impériales étaient traitées comme des objets précieux, des raretés archéologiques ou autres gemmes qui eussent été posées délicatement sur des coussins de soie, après avoir été enchâssées dans de l'or ou de l'argent, devant un collectionneur blasé.

Le gynécée n'était qu'une luxueuse prison dont fort peu réussissaient à s'extraire.

Alors que la plupart des jeunes filles entrées au gynécée considéraient comme une chance d'avoir été distinguées, la petite joueuse de polo s'était fait le serment de tout tenter pour échapper au destin de ces courtisanes dont la morne existence se passait à attendre l'hypothétique nuit où l'empereur les inviterait à partager sa couche. Et encore leur faudrait-il tomber enceintes pour continuer à bénéficier des faveurs impériales. Puis, une fois engrossée, restait à espérer que ce fût d'un garçon, faute de quoi la parturiente, à moins qu'elle ne disposât d'atouts extraordinaires, retombait illico dans l'anonymat.

La jeune Wu avait compris qu'il lui faudrait beaucoup de chance pour obtenir du vieil empereur Taizong autre chose qu'un clignement des yeux ou une petite tape sur la fesse, la seule gratification que le vieillard lui octroyait volontiers lorsqu'elle s'arrangeait pour passer devant lui, cambrée comme une danseuse.

Elle avait donc jeté son dévolu sur le prince héritier Lizhi, l'un des nombreux fils du tout-puissant monarque dont les forces diminuaient de jour en jour.

Et la chance lui avait souri.

Elle avait obtenu de faire partie des rares privilégiées qui aidaient le futur empereur Gaozong à se laver les mains, ainsi que l'exigeait l'étiquette, lorsqu'il se rendait au palais pour voir son père.

Le charme indéniable de la jeune concubine de cinquième rang, l'éclat de ses yeux verts et la forme d'impertinence que suggéraient à la fois son petit nez retroussé et les pointes frémissantes de ses seins, qu'il devinait sous le voile de soie de sa chemise largement échancrée, avaient fini par rendre Lizhi fou de désir.

Fort habilement, la belle Wu n'avait jamais répondu à la moindre des nombreuses œillades dont le prince héritier était devenu coutumier. Alors qu'il était plutôt avare de ces visites protocolaires, Lizhi ne cessait désormais de venir au palais impérial pour se rincer les mains dans la bassine de cuivre tenue avec tant de grâce par la jeune femme.

Un jour où Lizhi avait éclaboussé Wuzhao en plongeant ses mains trop vivement dans le récipient posé sur ses genoux, elle s'était contentée de murmurer, d'une voix flûtée, en réponse aux excuses du prince héritier :

— Ce n'est pas grave ! Je suis comme les plantes, l'eau me fait du bien.

— Puissé-je un jour t'arroser de ma rosée intime ! lui avait alors murmuré à l'oreille le fils de Taizong, tout émoustillé par le désir de la tenir dans ses bras.

La mort soudaine de l'empereur avait interrompu, hélas, ce début d'idylle, lorsque Wuzhao avait été internée avec les autres femmes du gynécée dans la partie réservée aux moniales du couvent bouddhique de Ganye.

Aussi, c'était de désespoir qu'elle avait éclaté en sanglots devant la statue de pierre représentant le bodhisattva Avalokiteçvara, au regard compatissant, après le départ de la grosse nonne barbue.

Tous les espoirs qu'elle avait mis dans la conquête du fils, faute d'avoir eu le père, s'étaient effondrés.

D'un début de lumière, elle retombait dans l'obscurité totale.

À force de verser des larmes, elle avait fini par s'endormir d'épuisement, aux pieds de la statue noircie par la fumée des cierges.

Une main doucement posée sur son crâne l'avait réveillée. Ouvrant les yeux, elle avait découvert, penché sur elle, un visage ridé dont les yeux marqués par l'âge irradiaient une infinie bonté.

— As-tu bien dormi, petite sœur ?

Ne sachant si elle rêvait ou non, elle s'était redressée. La face plissée était celle d'une très vieille moniale, habillée de bleu. Elle tenait à la main un chapelet dont elle faisait tourner les perles d'ambre.

La vieille femme regardait en souriant cette jeune consœur au crâne rasé comme le sien.

— Puis-je connaître le nom de cette statue ? demanda Wu en se redressant sur son séant.

Elle désignait la silhouette de pierre dont l'ombre protectrice se dessinait, telle une immense feuille de bananier, sur le sol du temple où les rayons du soleil entraient par de hautes fenêtres.

— Son nom indien est Avalokiteçvara. C'est un bodhisattva intercesseur, accessible aux pauvres humains que nous sommes. Son nom chinois est Guanyin. En Inde, on le représente sous les traits d'un homme, tandis qu'ici il a l'aspect d'une femme.

— Est-ce là une déesse secourable ? Pour ma part, je n'ai jamais entendu parler que du Bouddha !

— Souviens-toi de Guanyin : elle t'aidera toujours, dans la mesure où tu sauras trouver les mots et les gestes pour le lui demander.

Alors Wuzhao avait à nouveau regardé les yeux de la statue de pierre. Bien que noircis, ils paraissaient l'observer avec gentillesse. Quant à la bouche étroite et fine de cet ample visage, elle lui souriait. Le bodhisattva compatissant Guanyin semblait même lui susurrer des choses agréables.

Et Wu se sentit, d'un seul coup, redevenir une petite fille.

Bouleversée, elle éprouvait un indicible bien-être, en même temps que cette paix intérieure qu'une courtisane désireuse de se faire remarquer ne pouvait jamais connaître.

C'était ainsi que sa conversion avait débuté, par cet étrange apaisement de l'incendie de son cœur et de son esprit. Lorsqu'elle s'était mise debout, aidée par la vieille moniale, Wuzhao s'était sentie inondée de la lueur qui sortait des yeux d'Avalokiteçvara-Guanyin.

Elle était sûre que ce bodhisattva pouvait devenir un allié privilégié, tel un père désintéressé et protecteur qui ne lui voudrait que du bien.

Pour la première fois depuis qu'elle avait été enrôlée de force par Taizong dans le gynécée impérial, elle était profondément calme et sereine.

Tout, dans ces conditions, n'était peut-être pas perdu pour elle !

N'était-ce pas une chance que de pouvoir s'adonner à la prière, à la pénitence et aux bonnes actions, pour échapper au cycle inéluctable de renaissances et à cette vie terrestre qui rend les hommes malheureux en raison de leur insatiable désir des choses matérielles, comme ces animaux assoiffés qui assèchent les mares à force de boire et finissent par mourir de soif dans d'atroces souffrances ?

Aussi, en sortant du temple, où elle avait été veillée une nuit entière par le beau sourire du bodhisattva compatissant, au moment où elle regagnait la petite cellule partagée avec une autre ancienne concubine, Wuzhao avait eu une révélation, sous la forme d'un éclair qui lui avait traversé l'esprit : elle venait d'être submergée par la Lumière du Bienheureux et par sa Sainte Vérité !

Wuzhao en était même si certaine qu'elle était devenue la plus pieuse et la plus zélée de toutes les novices du monastère de Ganye.

S'efforçant de suivre avec constance les préceptes de la vieille moniale, la petite concubine du cinquième rang était la première à se rendre aux offices et la dernière à quitter le temple.

Capable de passer de longues heures immobile, assise dans la posture du lotus, devant la statue où elle avait reçu l'Illumination, son esprit s'échappait d'elle-même et elle rêvait qu'elle devenait aussi légère qu'un nuage. Elle se voyait flotter au-dessus du monde des hommes, auxquels elle se promettait de dispenser toute sa compassion. À ce moment-là, elle eût été capable, à l'instar du Bienheureux Bouddha lui-même, au cours d'une de ses innombrables existences antérieures, de donner ses si beaux yeux émeraude au premier aveugle venu, si d'aventure ce pauvre hère les lui avait demandés. Et nul doute que Gautama, qui avait guidé ce geste, les transformerait, à la mort de leur récipiendaire, en magnifiques pierres précieuses qui seraient à leur tour vendues par la famille du défunt afin de donner tout cet argent à des bonnes œuvres !

C'était ainsi, le cœur rempli d'allégresse et la tête pleine d'histoires édifiantes dont elle rêvait de devenir l'héroïne, que Wuzhao, toute à la joie d'avoir été élue par la grâce du Bienheureux, pensait avancer sur le chemin de la sainteté qui la mènerait au paradis du nirvana, là où toute douleur cesse enfin pour les hommes parce qu'ils ont réussi à atteindre ce Néant Apaisé où n'existe plus aucun désir…

Comme elle ne tolérait pas la moindre trace de cheveux sur son crâne et qu'elle était adepte des jeûnes fréquents, Wuzhao, que les nonnes surnommaient déjà « la petite sainte », avait pris une allure androgyne qui la rajeunissait et la rendait encore plus charmante.

Cette existence de nonne zélée, dans laquelle elle se plaisait tant, avait, hélas, été interrompue au bout de quelques mois.

Un matin, le coiffeur du monastère auprès duquel Wuzhao se faisait raser le crâne avait refusé de s'exécuter.

— J'ai des ordres pour te laisser repousser les cheveux ! avait-il répondu quand Wu lui avait demandé la raison de son geste. Des ordres venus du pouvoir suprême ! avait-il ajouté, inquiet, lorsqu'elle avait fait mine de protester.

— Mais je n'ai que faire de tels ordres. Je suis bouddhiste, un point c'est tout !

Cela avait été peine perdue. Le coiffeur n'avait pas cédé. Au bout de deux mois, les courts cheveux de la belle Wuzhao faisaient déjà un casque aérien à son visage angélique.

— Comme vous êtes ravissante ! Cette petite chevelure vous sied à merveille !

C'était par cette apostrophe que la jeune nonne avait été interrompue au cours de sa séance matinale de méditation par Dame Wang en personne. L'impératrice avait déboulé dans sa cellule sans prévenir, en compagnie de son secrétaire.

— Il faut vous préparer, ma chère enfant, à revenir au palais impérial, lui avait murmuré, avec un sourire mielleux, Dame Wang dont le parfum au jasmin imprégnait l'atmosphère de la minuscule cellule.

— Mais ma vocation est désormais ici, dans la lumière du Très Saint Bienheureux ! avait protesté Wuzhao.

— Vous êtes toujours, que je sache, concubine impériale ! Fût-ce du cinquième rang ! Et à ce titre, vous continuez à appartenir à l'empereur ! avait sifflé Dame Wang, d'une voix devenue soudain coupante comme une lame de sabre, où perçait la haine.

Puis elle avait fait un signe au secrétaire qui, cassé en deux par sa courbette, avait extirpé de sa large manche un rouleau de papier.

— Voilà le décret impérial ordonnant votre réintégration au gynécée du palais… Vous y êtes attendue ce soir ! avait laissé tomber Dame Wang.

Au bord des larmes et consternée, serrant les poings de rage, Wu s'était aperçue qu'à son tour elle haïssait cette impératrice revêche dont le regard témoignait de l'incommensurable morgue que lui conféraient ses origines nobles.

Wuzhao ne savait pas encore que l'impératrice avait manigancé son retour à Chang An pour l'utiliser comme contrepoids à l'influence grandissante auprès de Gaozong de Jolie Pure, sa rivale et première concubine.

Voilà pourquoi elle avait ordonné, quelques semaines plus tôt, qu'on empêchât Wuzhao de se raser le crâne.

C'est ainsi que le 8 février 650, alors qu'elle s'apprêtait à fêter ses vingt-cinq printemps, Wuzhao, sur ordre impérial, avait été extraite de ce monastère où elle était résolue à passer le reste de sa vie à s'abîmer dans la prière.

Par l'entremise de Dame Wang, soucieuse d'éliminer au plus vite Jolie Pure, Wuzhao s'était retrouvée dès le soir de son arrivée au palais dans le lit de celui qui, après la mort de son père, était à son tour devenu empereur de Chine sous le nom de Gaozong.

— Wuzhao, on m'avait dit qu'avec ta nouvelle coiffure tu ressemblais à une petite biche, mais tu es encore plus ravissante que je ne l'imaginais ! s'était écrié ce dernier, ivre de bonheur, en la serrant par la taille, à peine s'était-elle présentée devant lui.

Atterrée par la tournure des événements, Wuzhao avait été entraînée malgré elle contre la poitrine velue de celui dont elle avait si longtemps lavé les mains en ondulant des hanches et en s'arrangeant pour qu'il aperçût, logée au creux de son décolleté, la douce rondeur de ses seins. C'était sur les mêmes trésors, enfin à sa portée, que couraient à présent les mains de cet homme qui venait de l'allonger sur sa couche en lui dégrafant sa chemise avec fébrilité.

Tandis qu'il pressait laborieusement sa bouche contre son ventre, Wu s'était mise à réfléchir.

Elle avait le choix entre deux attitudes.

S'insurger ou accepter. Refuser les étreintes de l'empereur supposait qu'elle fût d'abord capable de lui résister physiquement. Mais les armes, si combat il devait y avoir, étaient inégales. Gaozong, dont le souffle court et rauque chauffait son cou, était aussi gros qu'athlétique.

Que pouvait-elle contre une telle masse de chair ?

Ne valait-il pas mieux se dire qu'elle était une branche d'arbre entraînée par le courant puissant d'un fleuve ? Que ce fleuve l'amenait vers son propre destin, et que en fin de compte, les événements si surprenants – et parfois si contrariants – qu'elle venait de vivre, n'étaient que la manifestation de la volonté du Bienheureux ?

Après tout, n'était-ce pas de l'arrogance que de s'être projetée dans l'avenir en simple moniale pieuse ?

Ce souhait de consacrer le reste de son existence à des actes bénéfiques qui eussent amélioré son karman n'était-il pas la marque d'un orgueil démesuré, peu conforme à ce que le Bienheureux attendait d'elle ?

Était-ce ainsi, vraiment, qu'on atteignait la sainteté, en se postant à l'endroit où l'on était sûr d'y parvenir ?

La voie de la sainteté n'empruntait-elle pas des chemins plus détournés, et n'était-ce pas dans la renonciation à ses ambitions et dans l'acceptation des épreuves qu'on finissait par progresser vers ce dépassement, toujours inattendu, qui était l'antichambre de l'Illumination ?

Tandis que le bâton de jade de Gaozong allait et venait dans la grotte d'émeraude de Wuzhao, la jeune femme se repassait mentalement les enseignements qu'elle avait pu tirer de son séjour à Ganye.

Sans exception, ils l'amenaient à accepter cette nouvelle épreuve, sous la forme de cet homme, qui, après un long rugissement, s'était épanché en elle.

Oui, ne valait-il pas mieux accepter tout cela ?

En se laissant emporter par le fleuve impétueux de la vie, l'être humain ne devenait-il pas l'instrument favori du Bienheureux ?

Elle n'avait certes pas choisi d'être là où elle était, pas davantage maintenant qu'hier. Pourtant, plus elle y repensait, et plus elle percevait la cohérence de tout ce qui lui était arrivé depuis la fameuse partie de polo.

Ses pas, dès sa naissance et sans qu'elle le sût, n'avaient pu être que guidés par le Bouddha lui-même…

Et, forte de cette certitude qui n'avait pas tardé à devenir inébranlable, Wuzhao avait décidé, tandis que Gaozong, comme un fauve repu, ronflait bruyamment, qu'elle irait désormais jusqu'au bout de ces rêves.

Elle ne finirait donc pas sa vie comme moniale, puisque le Bienheureux en avait décidé ainsi.

Elle deviendrait ce dont elle avait rêvé, enfant : la propre impératrice et – pourquoi pas ? plus tard – le propre empereur du Centre. D'ailleurs, elle ne ferait qu'accomplir la prophétie du devin aveugle sollicité par Taizong selon laquelle, un jour, régnerait sur l'empire de Chine une femme du nom de Wu qui prendrait le titre d'empereur. Elle avait fini par oublier cette prédiction dont chacun, à l'époque, s'était gaussé, même si nombreux avaient été ceux qui, le sourire en coin, lui en avaient rebattu les oreilles.

— Ce devin ne manque pas d'air ! Une femme, empereur de Chine, du nom de Wu, ça ne peut être de toi qu'il s'agit ! s'écriait-on, ici et là, devant elle, pour la railler et lui faire perdre contenance.

À présent que tout s'éclairait, elle ferait mentir leurs sarcasmes.

Empereur de Chine, voilà ce qu'elle deviendrait !

Elle en était sûre.

C'était le choix du Bienheureux.

N'était-ce pas là, après tout, le meilleur moyen pour que le peuple de l'empire respectât les divins préceptes que le Bouddha avait dispensés aux hommes, avant de quitter cette terre pour s'évanouir dans le nirvana ?

Cela lui paraissait une évidence.

Allongée au côté de Gaozong endormi, elle se voyait déjà en commandant suprême de son peuple, favoriser les monastères, ordonner la construction de pagodes aux quatre coins du territoire. Ainsi, elle introduirait la paix civile entre les castes et décréterait une paix armée avec les autres croyances, dont les adeptes ne cessaient de proliférer : le taoïsme, d'abord, cette religion première de la Chine, fondée sur le Yin et le Yang, dont le goût pour l'alchimie et l'immortalité la fascinait ; le confucianisme, bien sûr, cette morale sociale officielle qui n'avait de religion que le nom et l'attirait moins en raison du trop grand respect des situations acquises dont témoignaient ses adeptes, issus des milieux nobles et lettrés. Mais il y avait aussi les croyances arrivées d'Asie centrale avec ces caravanes de marchands qui transportaient autant de marchandises précieuses que d'idées subversives : le nestorianisme et le manichéisme, étranges cultes venus de l'Ouest, dont on parlait de plus en plus, à mots couverts, sans oublier le mazdéisme et son dieu Zoroastre, dont on disait que le sanctuaire de Chang An, ouvert par un mage bizarre, ne désemplissait pas.

Une fois le bouddhisme instauré comme religion officielle, Wuzhao pourrait enfin demander à tous ces riches marchands recrus d'arrogance et de morgue, ainsi qu'aux familles nobles qui possédaient des milliers d'hectares de terres cultivées par des esclaves, de faire l'aumône aux pauvres gens…

De cette première nuit avec Gaozong, au cours de laquelle elle avait décidé de son destin, c'était peu de dire que Wuzhao n'avait guère gardé un souvenir impérissable…

Le fils de Taizong lui avait tellement labouré le ventre, comme si son bâton de jade avait été le soc d'une charrue, qu'elle en avait eu la peau toute raclée. De peur de déclencher sa colère et réconfortée par les certitudes qui, désormais, l'habitaient, elle s'était pourtant laissé faire, allant jusqu'à s'efforcer de mimer le contentement au moment où il le fallait.

Et puis les mois avaient passé. Et les années aussi, pendant lesquelles elle avait continué à caresser ce même rêve fou d'accéder au poste suprême. Et elle avait fini par enfanter un fils de Gaozong, son Lihong bien-aimé.

Mais elle ne pouvait que constater, hélas, que l'horizon demeurait bouché par Dame Wang.

Elle devait absolument agir pour éliminer l'impératrice. Les stratagèmes subtils qu'elle avait imaginés avaient fait chou blanc. Il fallait envisager une action beaucoup plus radicale, quitte à forcer le destin en jouant son va-tout.

C'est ainsi que Wuzhao avait décidé qu'elle assassinerait son bébé et qu'elle accuserait Dame Wang d'avoir accompli ce meurtre.

Mais cela n'avait pas suffi, hélas, à éliminer l'impératrice haïe.

Il lui avait donc fallu se préparer à inventer autre chose de plus diabolique encore.

C'est alors que le hasard avait voulu que la propre mère de Dame Wang commît un incroyable impair en demandant à un sorcier de jeter un sort à Jolie Pure, son éternelle rivale.

L'affaire, où chacun avait vu l'évidente main de l'impératrice, s'était rapidement éventée et transformée en scandale public.

Malgré l'opposition des hauts fonctionnaires de l'empire, toujours acquis à la cause de Dame Wang, Gaozong avait dû se résoudre à prendre le décret qui la destituait. Pour faire juste mesure, les bonnes âmes qui continuaient à soutenir secrètement l'impératrice déchue avaient suggéré à l'empereur d'abattre du même coup Jolie Pure. Ainsi, nul ne saurait le soupçonner de favoritisme, puisqu'il éliminait à la fois son épouse et sa première concubine dont chacun, à la cour et ailleurs, connaissait l'immémoriale rivalité.

C'était la raison pour laquelle la tentative d'empoisonnement contre la personne de l'empereur – un crime passible de la peine capitale – avait été invoquée dans le considérant principal du décret impérial qui destituait les deux femmes de leurs rangs respectifs.

À peine l'encre rouge de l'énorme sceau de Gaozong, apposé au bas du texte, avait-elle séché que des gendarmes étaient allés quérir les deux femmes avant de les jeter dans une chambre tout au fond de la partie du palais impérial réservée aux eunuques, et d'en refermer la porte à double tour.

Wuzhao, qui n'était pour rien dans cette double disgrâce, en était désormais certaine : le Bienheureux en personne avait réussi à la placer dans la première case, ô combien favorable, de cette sorte de jeu de l'oie.

Le souverain avait fini par décider de faire d'elle son épouse.

Et c'est ainsi qu'après avoir failli être enfermée à vie dans le monastère de Ganye, l'obscure cinquième concubine impériale de feu l'empereur Taizong, en devenant la femme de l'empereur Gaozong des Tang, accédait enfin au titre d'impératrice.

Dans la salle des Audiences et des Fêtes, l'incomparable éclat de la beauté de la nouvelle souveraine faisait taire nombre des secrètes protestations.

Un homme, cependant, et non des moindres, faisait davantage grise mine que les autres.

Il avait eu beau s'opposer de toutes ses forces à l'ascension de celle qu'il considérait comme une usurpatrice, il avait échoué.

Et pourtant ni le poids ni le prestige ne lui faisaient défaut.

Commandant en chef suprême des armées, Zhangsun Wuji était le propre oncle de l'empereur Gaozong. La sœur du général

Zhangsun avait en effet épousé l'empereur Taizong le Grand, lequel avait volontiers confié à ce beau-frère des missions militaires dont celui-ci s'était tiré avec vaillance, ce qui avait justifié sa fulgurante carrière dans le métier des armes et même, au final, une nomination comme Premier ministre. Ce général austère et traditionaliste, respectueux de l'étiquette, avait déjà considéré d'un fort mauvais œil l'adoption par l'impératrice Wang du fils de Jolie Pure, de même que la désignation de ce dernier comme prince héritier.

Pour essayer d'amadouer cet oncle ombrageux, Wuzhao avait convaincu Gaozong d'aller lui rendre visite avec elle.

— Comme il est doux d'avoir une aussi belle descendance ! avait susurré Wuzhao devant la nombreuse progéniture du général.

Puis Gaozong, après avoir ordonné à ses gardes de poser aux pieds de celui-ci une dizaine de paniers remplis à ras bord de soieries précieuses et de bijoux, s'était écrié :

— Cher oncle Zhang, en prenant Wuzhao comme épouse officielle, je ne souhaite qu'une chose : faire comme vous avec vos si beaux enfants ! Si Dame Wang avait été féconde, nul doute qu'elle fût demeurée impératrice !

— Mon neveu, tu as beau être empereur de Chine, je n'approuverai jamais pour autant ta conduite. Elle est tout simplement contraire au code de l'honneur, tel que le définit le *Zhouli*, le Code des Rituels de tes vénérables ancêtres de la dynastie impériale des Zhou ! avait répondu assez sèchement le vieux général qui n'avait même pas daigné jeter un regard à Wuzhao.

Ulcérée, celle-ci avait entraîné son futur époux et ils étaient repartis, plantant là, devant les paniers regorgeant de présents, cet oncle rigide et têtu dont elle savait désormais qu'il était son ennemi irréductible. De ce jour, elle avait compris qu'entre eux toute paix serait impossible.

Elle n'avait pas d'autre issue que de trouver un moyen de s'en débarrasser.

Ce serait lui ou elle.

En attendant, elle ne boudait pas son plaisir en observant le visage défiguré par la contrariété du vieux Zhang. Malgré la somptuosité de son uniforme de commandant en chef suprême des armées impériales, bardé de décorations et entièrement chamarré d'or, qu'il avait revêtu en ce jour de couronnement, le général faisait peine à voir et tranchait singulièrement au milieu des sourires appuyés des milliers de courtisans qui la regardaient désormais avec respect et crainte, comme on pouvait regarder une divinité.

Parmi eux, combien étaient réellement sincères et combien n'étaient mus que par l'intérêt et la veulerie ?

Wuzhao n'était pas dupe.

Le pouvoir ne se conquérait et ne se gardait que par la force.

À partir de ce jour, elle n'avait aucun droit à l'erreur.

Rien, dans cette sphère, n'était jamais acquis.

À elle, qui n'avait hérité de rien, si ce n'était de sa force de caractère et de son courage, rien ne serait jamais donné et, surtout, rien ne serait jamais pardonné.

Mais les combats ne faisaient pas peur à Wuzhao la combattante.

La jeune impératrice avait trente ans, mais elle n'en paraissait même pas vingt, tant son visage resplendissait de l'éclat de la jouissance d'être enfin arrivée à ses fins.

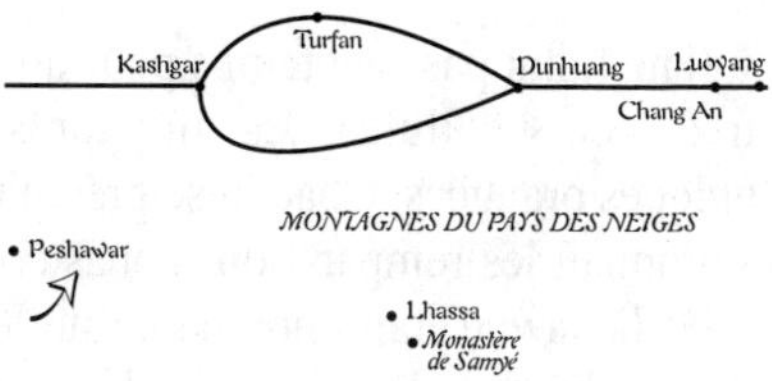

2

Monastère de l'Unique Dharma[1], *Peshawar, Inde*

— Bouddhabadra est de retour ! Bouddhabadra est de retour !

La rumeur, d'abord, enfla.

Puis des cris de joie fusèrent de toutes parts.

— Bienvenue et honneur à Bouddhabadra l'Inestimable ! Honneur à notre Inestimable Supérieur !

L'air satisfait, Poignard de la Loi, le premier acolyte de Bouddhabadra, regardait l'horizon des montagnes jaunes dont les sommets dentelés découpaient l'azur.

Il était soulagé et se disait qu'il avait eu tort de s'inquiéter.

Son Supérieur était bien cet homme de parole qui rentrait dans les temps.

Avant de partir en voyage, ne lui avait-il pas précisé qu'il ferait tout pour être de retour afin de présider le « Petit Pèlerinage » ?

Et celui-ci, comme chaque année, devait commencer au début du mois suivant, soit dans quatre semaines exactement.

Donc, tout était normal et parfaitement conforme à ce qui avait été convenu.

La salutation se propageait le long des couloirs sombres du couvent de l'Unique Dharma, tel un long tapis de prière déroulé sous les pieds nus de ceux qui la lui adressaient, comme à un véritable dieu.

1. *Dharma* : vérité, en sanskrit.

Il ne fallut pas longtemps pour qu'ils soient un bon millier à sortir de leurs cellules, les uns après les autres, revêtus de leurs tuniques orangées. Chacun se précipitait sur le chemin de ronde qui couronnait les remparts du monastère-forteresse.

De là, la vue était imprenable sur le sentier qui descendait du col, situé au bord de la crête, vers le monastère.

De fait, ils croyaient tous distinguer, se détachant en contre-jour sur le ciel qu'un crépuscule apaisant rosissait, les silhouettes de ces deux hommes intrépides qui auraient dû être là depuis bientôt trois semaines.

Cela faisait plus de dix jours, l'inquiétude aidant, qu'ils guettaient fébrilement l'arrivée de leur Inestimable Supérieur qui n'était pas, de surcroît, parti seul.

Pour la première fois, il avait emmené avec lui un trésor vivant : l'éléphant blanc du monastère, un animal sacré d'une valeur inappréciable.

Cela ferait bientôt six mois qu'il avait pris la route avec l'éléphant et son cornac, vers la fin de l'été, avant l'apparition des premières neiges, afin que le pachyderme ne fût pas trop gêné dans sa progression.

Le cornac était un pauvre analphabète s'exprimant à peine en sanskrit, et assurément plus habile à s'occuper d'un éléphant qu'à réciter des versets de sermons ou à déchiffrer les *mudrās*, ces postures des mains du Bienheureux, aussi précises qu'un langage, que les sculpteurs immortalisaient sur les parois des temples ou sur les murs des grottes.

Pour se rendre au Pays des Neiges, le joli nom donné par les Indiens au Tibet, il fallait traverser de part en part la chaîne himalayenne, en contournant ses sommets les plus extrêmes dont les murailles glacées étaient si hautes qu'elles évoquaient immanquablement, pour les voyageurs qui osaient s'aventurer dans leurs parages, le mont Meru, la Montagne du Trésor, la Montagne Cosmique la plus haute du monde.

Le périple était aussi rude que long.

Plus d'un voyageur intrépide laissait ses phalanges ou son nez sur ces chemins balayés tout l'hiver par les vents glacés, bordés par des précipices si abrupts qu'il eût fallu tomber dedans pour en apercevoir le fond.

Et pour sauver sa peau, là-haut, il fallait au moins avoir un comportement de saint.

Mille sortes d'histoires couraient, en effet, sur la présence dans ces montagnes de démons et de fantômes retors qui s'attaquaient aux marcheurs et que seule l'extrême piété de ceux qui, au nom de leur foi, osaient s'aventurer dans ces enfers frigorifiés pouvait faire reculer.

À côté d'eux, les léopards des neiges, les ours ou encore les loups qui peuplaient aussi ces routes inhospitalières n'étaient que peccadilles.

On ne franchissait pas inopinément la gigantesque barrière naturelle qui séparait des mondes aussi dissemblables que la Chine et l'Inde.

Il était temps que Bouddhabadra fût de retour !

Le printemps finissant était froid et le court été passerait très vite, sur les hauteurs.

Alors, l'eau des bassines rituelles du monastère de l'Unique Dharma serait de nouveau gelée au petit matin, annonçant la venue de l'hiver.

Chaque jour qui filait eût alors rendu plus problématique le retour de leur Supérieur respecté, qu'ils considéraient tous comme un père spirituel.

Aussi le soulagement et la joie étaient-ils manifestes chez tous ces hommes qui, telles des sentinelles du haut de leurs murailles, scrutaient l'horizon.

La maigreur de leurs corps et leurs crânes soigneusement rasés les faisait tous, curieusement, se ressembler, malgré leur différence d'âge puisque certains moines approchaient les cent ans tandis que les plus jeunes novices n'en avaient pas encore quatorze. Leurs mains jointes, au milieu desquelles ils plaçaient la pointe de leur nez, témoignaient des actions de grâces que, mentalement, ils accomplissaient en l'honneur de ce retour tant attendu.

Même s'ils étaient nombreux à le craindre, car Bouddhabadra ne laissait jamais rien passer à ses novices, tous admiraient la science et la rigueur de cet homme de petite taille, allant sur la cinquantaine, au corps sec, amaigri par les jeûnes et les mortifications, aux sourcils charbonneux encadrant des yeux de braise, à l'oreille gauche ornée d'un anneau d'argent torsadé.

Élu vingt ans plus tôt Grand Supérieur Inestimable, il était arrivé au monastère à l'âge de dix ans. Issu d'une famille gandharienne de haut lignage, où l'on pratiquait un bouddhisme qui se voulait le plus « pur » et le plus « orthodoxe », Bouddhabadra incarnait à merveille la volonté de son clan de maintenir intacte la tradition issue des premiers disciples du Bienheureux.

À peine installé dans ses nouvelles fonctions de chef de la communauté bouddhique gandharienne, dont le monastère de l'Unique Dharma était le centre religieux principal, Bouddhabadra avait fait élever à treize ans l'âge minimum à compter duquel il était possible, pour un adolescent, d'accéder au noviciat.

Ainsi en resterait-il à jamais le plus jeune impétrant, celui qui avait le plus tôt appris les milliers de pages de textes qui constituaient le Canon bouddhique, cet ensemble de règles et de préceptes, assortis de commentaires philosophiques, métaphysiques et moraux, que les disciples de l'Illuminé avaient commencé à établir puis à rédiger au moment où le Bouddha avait quitté sa vie terrestre vers la fin du VIe siècle avant notre ère.

De même, connaissait-il dans leur moindre détail les milliers de Jâtakas, ces merveilleuses histoires qui retraçaient avec minutie les existences antérieures du Bienheureux. Le Bouddha avait ainsi vécu sous les formes les plus diverses : dompteur du roi-dragon Gopāla (un nagâ géant), en laissant sur les murs de la caverne la trace de son ombre ; ermite des bois, en acceptant de tomber sous les flèches d'un roi cruel pour défendre ses vieux parents ; prince, sous l'apparence de Viçvantara qui possédait un éléphant blanc capable de provoquer la pluie.

Bouddhabadra, en bouddhiste fier de lui, était capable de passer des heures à réciter aux enfants émerveillés ces contes enchanteurs destinés à mieux faire connaître le Bienheureux et, surtout, à mieux le faire aimer.

Il était persuadé que son monastère était le premier conservatoire de la vraie doctrine bouddhique dont il se considérait lui-même comme la mémoire essentielle ainsi que le garant principal de l'orthodoxie.

Aussi était-il craint et respecté par les moines, ses disciples, sur lesquels il exerçait un ascendant indiscuté, n'hésitant pas à leur imposer des jeûnes et de longues stations à genoux, prosternés devant les visages androgynes des bouddhas et bodhisattvas que les sculpteurs gréco-bouddhiques avaient laissés dans la pierre.

Le but de son dernier voyage au Pays des Neiges, de même que les précédents, était soigneusement tenu secret. À telle enseigne que le Supérieur du monastère de l'Unique Dharma ne confiait jamais à quiconque le lieu exact de sa destination.

Le premier acolyte de Bouddhabadra, Poignard de la Loi, était un moine extrêmement respecté, tant pour sa connaissance des canons bouddhiques que pour celle de la langue parsie, apprise au cours de son enfance, mais également du chinois, et même du tibétain.

Cette caractéristique lui permettait d'accueillir les nombreux religieux venus en pèlerinage, depuis ces pays orientaux, pour visiter les lieux les plus sacrés du bouddhisme et qui passaient obligatoirement par ce monastère situé sur la route de l'Inde du Nord, là même où le Bienheureux avait vécu.

Poignard de la Loi était, de surcroît, un moine obéissant et loyal.

Il n'avait jamais osé faire comprendre à Bouddhabadra qu'il admettait mal ses cachotteries, au sujet de ses voyages, tout en se gardant bien de considérer que c'était là un inexplicable manque de confiance à son égard. Il se disait que la raison devait en être suffisamment importante pour que Bouddhabadra eût estimé devoir agir ainsi, tant avec lui qu'avec les autres membres de la communauté de l'Unique Dharma.

Bouddhabadra se contentait toujours de la même réponse évasive aux novices qui osaient lui demander, plus hardiment que les vieux moines, dans quelle partie exacte du Tibet il comptait se rendre :

— Je pars pour le Toit du monde. C'est un sacré périple !

Le Toit du monde ! Rien que ça !

C'était à dessein que Bouddhabadra employait cette expression, en lieu et place de « Pays des Neiges », comme s'il voulait souligner et garantir la part de mystère qui entourait ses expéditions.

Cette coquetterie de son Vénérable Supérieur n'avait fait qu'accroître l'angoisse de la communauté orpheline, lorsqu'elle avait constaté que Bouddhabadra tardait à revenir de cette contrée lointaine où il était parti sur le dos de l'éléphant blanc sacré.

— Le Toit du monde n'est-il pas un enfer ? Ne dit-on pas que le pire des enfers est celui du froid intense ?

Que de fois la question avait été posée à Poignard de la Loi, par de jeunes novices terrifiés et aux cent coups !

— Nous devons faire confiance à notre maître Bouddhabadra. S'il ne revenait pas de là-bas, c'est que le Bienheureux aurait choisi de l'accueillir auprès de lui, au nirvana ! répondait le premier acolyte, de son air le plus impavide.

— Qu'est-ce que le nirvana, exactement ? Est-ce un paradis ou est-ce le néant ? lui demandaient alors les mêmes.

— C'est le stade où la conscience du Saint Homme s'anéantit dans la paix de l'Extinction, mettant un terme au tragique enchaînement des réincarnations qui transforment l'être en le forçant à vivre, dans la douleur, d'innombrables existences sous les formes les plus diverses. Par exemple, en cas de mauvais karman, il se retrouve dans le corps d'une fourmi sur laquelle un enfant s'apprête à uriner, ou encore dans celui d'un cochon sauvage devenu la proie des tigres !

— Comment fait-on pour devenir un Saint Homme ?

— Il faut commencer par être un bon novice ! répondait alors en riant Poignard de la Loi, qui se montrait volontiers d'humeur primesautière.

En réalité, il ne croyait pas une seconde que le Bienheureux Bouddha mettrait un terme au voyage de son Supérieur. Il connaissait trop sa prudence et son intelligence. Depuis que Poignard de la Loi était à son service, il avait déjà vu Bouddhabadra partir et revenir trois fois, toujours à la date prévue.

À vrai dire, quelques jours avant son quatrième départ, six mois auparavant, le Supérieur avait levé légèrement le coin du voile, à l'attention exclusive de son acolyte, quant à l'objet de son imminent périple.

— Je vais défendre les intérêts de notre Église du Petit Véhicule. Sur le Toit du monde, au Tibet ou, si tu veux, comme on l'appelle ici, au Pays des Neiges. Et crois-moi, compte tenu de ce que j'ai appris il y a peu, ça ne sera pas une mince affaire, surtout depuis les nouvelles exigences de mes amis !

— De quels amis parles-tu ainsi, Inestimable Supérieur ?

Devant l'absence de réponse de l'intéressé, Poignard de la Loi avait formulé une nouvelle question.

— Pourquoi aller si loin ? Et qui menace nos intérêts ? Sont-ce ces « amis » dont tu viens de parler ?

— À ton avis ? avait laissé tomber, légèrement agacé, Bouddhabadra.

— Serait-ce donc le Grand Véhicule ?

Le Petit Véhicule, ou Hînayâna, était l'appellation quelque peu condescendante qui avait été donnée au bouddhisme indien par le bouddhisme chinois du Grand Véhicule, ou Mahâyâna.

Les mahayanistes chinois voyaient dans la pratique du bouddhisme indien primitif une forme moins noble et plus étriquée que la leur.

Au lieu de réserver le salut éternel aux seuls moines et nonnes ayant prononcé des vœux, ainsi que le spécifiait le Hînayâna en s'appuyant sur les propos du Bienheureux, les adeptes chinois du Mahâyâna avaient opté pour une position plus pragmatique, à l'origine de l'immense succès populaire de leur religion en Chine. Après d'innombrables controverses théologiques qui avaient donné lieu à toutes sortes d'exégèses des sermons du Bouddha, ils avaient admis que les laïcs, pour peu qu'ils suivissent les prescriptions morales du Bienheureux, pouvaient aussi prétendre au salut.

C'est ainsi que leur « Véhicule d'accès à la Délivrance » était, d'après eux, plus « Grand » que celui des tenants du « Petit » Véhicule, lesquels préféraient s'en tenir au dogme du bouddhisme primitif selon lequel le salut était expressément réservé à ceux qui acceptaient de professer des vœux monastiques.

La rivalité entre les deux Églises, de ce fait, était réelle, et Poignard de la Loi avait parfaitement compris ce que recouvraient les énigmatiques propos de Bouddhabadra sur cette Église concurrente dont l'ampleur croissante commençait à porter atteinte à leurs intérêts.

En revanche, le premier acolyte demeurait dans le brouillard le plus complet sur le lieu précis où Bouddhabadra comptait aller pour les défendre.

— Tu m'en as trop dit. Si je savais au moins où tu te rends, je pourrais t'aider ! s'écria-t-il.

— Mon cher Poignard de la Loi, il est des secrets qu'on a juré de ne partager qu'avec ses égaux. Il est inutile d'insister ! Je ne peux rien ajouter de plus. Si je vais loin, c'est que j'ai des raisons valables. Même si cela me coûte, car je n'ai que peu de goût pour l'escalade et les nuits glacées…

Poignard de la Loi, désarçonné par la violence du propos, s'était excusé platement pour son excès de curiosité.

Depuis ce moment-là, il s'était abstenu de toute question indiscrète à Bouddhabadra jusqu'à son départ.

Pour calmer sa curiosité, il lui suffisait de songer que les intérêts supérieurs du Petit Véhicule coïncidaient avec ceux du monastère de l'Unique Dharma et de sa communauté, et que, par conséquent, nul n'était mieux placé que son Supérieur pour les défendre.

D'ailleurs, en collaborateur discipliné, il était bien décidé, pour lui montrer qu'il avait tenu compte de ses directives, à ne lui poser aucune question indiscrète lorsqu'il serait à nouveau devant lui, ce qui ne saurait tarder.

— Honneur à Bouddhabadra, l'Inestimable Supérieur de l'Unique Dharma !

Autour de Poignard de la Loi, qui s'était précipité sur le chemin de ronde pour assister à l'arrivée de son Supérieur, montait toujours la clameur des moines.

Et c'étaient à présent de véritables cris de joie qui fusaient de toute part en l'honneur du retour de ce pieux et intrépide bouddhiste, de ce véritable héros qui n'avait pas hésité à braver les contreforts des montagnes les plus hautes de l'univers, si hautes qu'elles touchaient le nirvana lui-même !

Sous la lumière ocre d'un crépuscule qui les faisait rougeoyer, les crêtes dentelées des montagnes surplombant la ville indienne de

Peshawar ressemblaient aux ailes d'un immense rapace qui l'aurait prise sous sa protection.

Le monastère de l'Unique Dharma avait été construit quelque onze siècles plus tôt, un peu à l'écart de cette ville grouillante de commerçants et de pèlerins, pour abriter le célèbre reliquaire de l'empereur Kaniçka. Il avait ainsi pour fonction de garder ce monument parmi les plus sacrés du bouddhisme indien.

La ville royale de Peshawar, au temps de sa splendeur, lorsqu'elle était encore la capitale de l'Empire gandharien gréco-bactre des Kushana, ne comptait pas moins de mille monastères.

Depuis les terribles dévastations que lui avaient fait subir, un siècle et demi plus tôt, vers 530, les tribus de Huns Hephthalites, elle n'était plus que l'ombre d'elle-même.

Des milliers de stûpas qui s'élevaient, hier, à chaque coin de rue, il ne restait que des tas informes de pierres que les enfants ôtaient les unes après les autres pour tirer les moineaux à la fronde.

Aux portes des sanctuaires qui n'avaient pas été rasés, on trouvait encore quelques visages de bouddhas et de bodhisattvas, rayonnants de grâce, sculptés par les artistes gréco-bouddhiques dont Peshawar avait été l'un des ateliers les plus célèbres.

La plupart de ces figures angéliques, dont les doux contours mettaient en évidence l'admirable élégance de la statuaire grecque classique et la spiritualité que requérait la représentation de l'Illuminé, avaient été arrachées ou martelées sans vergogne par les soldats de ces peuples païens.

De cette désolation architecturale, seule émergeait encore la silhouette imposante et plutôt fière de l'immense couvent de l'Unique Dharma dont les hauts murs dressés à mi-pente d'une colline étaient visibles de si loin que les pèlerins avaient rarement besoin de se renseigner pour aller y faire leurs dévotions.

Le Très Saint Couvent de l'Unique Dharma, au temps des Kushana, avait compté jusqu'à quinze mille moines.

C'était une véritable ville, avec ses écoles, ses boulangeries, ses aires de jeux pour les novices, ses lavoirs où l'on avait détourné l'eau des sources venue de la montagne et même ses vergers dont les fruits gorgés de soleil servaient à confectionner de gigantesques plateaux d'offrandes que les pèlerins allaient déposer en procession au pied du si précieux reliquaire de Kaniçka.

C'était aux alentours de l'an 100 après Jésus-Christ que l'empereur Kaniçka, régnant sur le Kûshana, un grand empire qui réunissait une partie de l'Inde du Nord, la Bactriane et le bassin du Tarim[1], avait fait ériger ce reliquaire votif, à l'issue d'un épisode charmant.

De la vallée du Gange aux sommets du Pamir, s'étendait alors une constellation de territoires que les valeureux cavaliers de la dynastie des souverains Kushana avaient réussi à conquérir et à fédérer.

Au cours d'une partie de chasse, l'empereur indo-scythe Kaniçka avait été miraculeusement conduit par un lièvre blanc auprès d'un jeune berger qui faisait pacager son troupeau dans une prairie verdoyante.

— Tu es le roi Kaniçka ! avait alors lancé le jeune homme au souverain éberlué.

— Comment connais-tu mon nom ?

— Je ne fais que reprendre la prédiction du Très Saint Bouddha : *quatre cents ans après ma mort régnera sur ce territoire un roi du nom de Kaniçka,* avait poursuivi le jeune pâtre en souriant.

— À compter de ce jour béni, je m'en tiendrai aux préceptes du Bienheureux ! s'était écrié le roi, qui était promptement descendu de son cheval pour se prosterner devant l'enfant.

De retour à Peshawar, il avait ordonné qu'on élevât, à l'endroit où il avait entendu la Sainte Prédiction, un immense stûpa ; puis il avait commandé au plus célèbre orfèvre de la région, le Grec Agésilas, l'extraordinaire stûpa-reliquaire qui porterait dorénavant son nom.

D'après les textes anciens, rien n'avait été assez beau pour fabriquer l'édicule en bois de santal incrusté d'argent au sommet duquel l'orfèvre avait fixé la statue commémorative du Bienheureux, en or massif, incrustée de pierres rares et précieuses.

1. Soit, de nos jours, le nord de l'Inde, le Pakistan, l'Afghanistan, l'Ouzbékistan et le Tadjikistan, sans oublier une partie de la région autonome chinoise du Xinjiang.

La tradition voulait que deux diamants à l'éclat incomparable, sertis à la place de ses yeux, eussent été le cadeau du roi à cette représentation du Saint.

On racontait qu'il les avait choisies entre mille autres gemmes provenant de ses butins de guerre, ces pierres jumelles si grosses et si pures que les bardes n'avaient jamais cessé d'en vanter l'éclat. Dans l'épopée du glorieux Kaniçka, il était spécifié qu'il avait confié ces pierres à Agésilas parce qu'elles étaient censées commémorer un célèbre épisode des vies antérieures du Bouddha : celui de l'aumône qu'il avait consenti à faire de ses yeux à un pauvre aveugle qui, de ce fait, avait recouvré la vue.

Une fois la statue achevée, le pieux empereur l'avait fait emmurer dans une niche située tout au sommet d'une tour, à plus de cinquante mètres du sol, dont les étages étaient scandés par des apsaras volantes sculptées dans les pierres. Ces créatures ailées étaient supposées veiller sur cet inestimable trésor qu'on ne pouvait atteindre qu'au moyen d'un échafaudage, de telle sorte que personne ne pouvait le dérober.

C'était toujours le même empereur Kaniçka, en tant que souverain bouddhiste animé par la foi fervente des nouveaux convertis, qui avait réuni au Pendjab un concile destiné à favoriser l'expansion du bouddhisme vers les oasis d'Asie centrale d'où, par la suite, il avait gagné la Chine.

La statue d'or et de diamants avait ainsi passé des siècles à l'abri du monde dans le reliquaire géant, jusqu'à ce qu'elle soit pillée par les Huns.

Depuis lors, ce qui restait des reliques avait été placé dans un coffret en or de forme pyramidale, si soigneusement fermé que nul moine n'eût osé l'ouvrir, qu'on démurait de son réceptacle tous les cinq ans, durant le « Grand Pèlerinage » qui était l'occasion pour une foule immense, venue de tout le nord de l'Inde, de les vénérer.

Le reliquaire de Kaniçka restait en effet l'un des sanctuaires les plus glorieux du bouddhisme.

Chacun des principaux lieux de culte était censé détenir une des reliques saintes du Bienheureux. Une tradition déjà ancienne voulait que le monastère de l'Unique Dharma de Peshawar fût l'endroit où étaient conservés les yeux du Bouddha.

La renommée du lieu attirait les pèlerins chinois, tibétains, koutchéens, turfanais et sogdiens.

Ces intrépides voyageurs venaient en général de ces oasis luxuriantes qui allaient faire d'une simple route l'un des vecteurs de contact entre les civilisations d'Occident et celles d'Asie.

Servant d'étapes aux voyageurs qui traversaient les déserts hostiles, elles avaient pour nom Kashgar, Yarkand, Khotan, Kucha, Turfan, Hami, ou encore Dunhuang.

Sur ces routes de pèlerinage qui menaient de la Chine aux Très Saints Lieux de l'existence du Bouddha, on ne croisait pas que des dévots et des moines bouddhistes, déjà venus prêcher leurs croyances en Chine centrale.

Une marchandise plus précieuse que toutes les autres circulait sur ces chemins de pierres balayés par les vents brûlants ou glacés.

Elle avait déjà été repérée par les Romains, qui étaient prêts à se ruiner pour l'obtenir. Elle faisait l'objet des soins les plus jaloux de la part des caravaniers qui la transportaient. Ces petits ballots entourés d'une étoffe grisâtre, entassés sur le dos des chameaux et des chevaux, ne payaient pas de mine. Ils contenaient en réalité une étoffe à l'incomparable toucher et aux couleurs chatoyantes que les femmes se plaisaient, dès qu'elles l'avaient en main, à broder de fils d'or et d'argent.

C'était elle qui donnerait son nom à cet itinéraire : la Route de la Soie.

L'un des ultimes tronçons de cette Route débouchait à la hauteur du col vers lequel étaient toujours tournés un bon millier de paires d'yeux, avides de voir se détacher sur la crête la silhouette de leur Inestimable Supérieur juché sur le dos de l'éléphant sacré du monastère.

D'ailleurs, qu'il fût parti, cette fois, avec ce pachyderme aux yeux rouges qui avait près de cinquante ans et dont la couleur, unique en son genre, faisait l'admiration de tous les pèlerins, en disait long sur l'importance du voyage que Bouddhabadra venait d'accomplir.

Cette décision avait même fait l'objet d'une petite passe d'armes entre Poignard de la Loi et son Supérieur.

Car c'était en vain que le premier acolyte avait tenté de

convaincre Bouddhabadra de ne pas emmener avec lui, sur les chemins du Pays des Neiges, alors que l'hiver s'annonçait des plus rudes, le trésor vivant du monastère. Le monastère de l'Unique Dharma comptait six autres éléphants, bien plus jeunes et, donc, plus vigoureux que le vieux pachyderme sacré, que les novices lavaient et pomponnaient quotidiennement avant de le nourrir avec les fruits frais et les gâteaux apportés par les pèlerins.

Presque vénéré comme une divinité, l'animal possédait deux immenses privilèges.

À l'occasion du Petit Pèlerinage, qui avait lieu une fois par an, le pachyderme, tout harnaché d'or et d'argent, transportait en grande pompe dans l'enceinte du monastère la minuscule boîte dans laquelle était enfermé le Saint Cil du Bienheureux, que le Supérieur du couvent conservait le reste de l'année dans l'armoire forte de sa cellule.

Mais, surtout, l'animal sacré était le seul autorisé à emporter sur son dos, lors de la fête quinquennale de Kaniçka, celle du Grand Pèlerinage, le petit reliquaire d'or pur, de forme pyramidale, qui contenait la principale relique du monastère de l'Unique Dharma, les Yeux de Bouddha.

Avec d'infinies précautions on plaçait l'écrin pointu d'or pur dans le palanquin arrimé sur le dos du pachyderme blanc. Puis cette montagne de chair rendue plus blanche encore par la farine dont elle était poudrée, aux yeux fardés de vieille courtisane, aux membres sertis de colliers constellés de pierres précieuses, commençait son lent périple devant la foule des moines et des dévots qui l'ovationnaient, tandis qu'elle se rendait, de son pas majestueux, jusqu'au bâtiment principal du couvent, situé au fond d'une longue avenue bordée de cyprès.

Et quelle que fût la relique transportée, le pachyderme se dandinait comme si c'était à lui-même que ces centaines de milliers de fidèles en extase rendaient ainsi hommage.

Aussi Poignard de la Loi avait-il hâte de voir revenir à Peshawar le vieux pachyderme blanchâtre.

Il était tout heureux de le retrouver et se disait qu'il avait eu tort, là aussi, de remettre en cause le choix que son Supérieur avait fait de l'emmener avec lui.

La joie de Poignard de la Loi allait malheureusement s'avérer de courte durée.

À force de regarder la montagne dont Bouddhabadra était à présent censé descendre la pente pour arriver à la porte septentrionale de la forteresse-monastère, son premier acolyte ne tarda pas à comprendre qu'il se passait quelque chose de grave.

La silhouette un peu tassée qui avançait sur l'entrelacs du chemin de descente ne pouvait être que celle du cornac, un petit homme grassouillet dont le corps était aussi large que haut, et non celle, bien plus ascétique, de Bouddhabadra.

Surtout, contrairement à ce qu'il avait cru voir, en raison d'une illusion d'optique due à la chaleur dont rayonnaient les pierres de la montagne au passage du col, l'homme en question était seul.

Ce que Poignard de la Loi avait pris pour l'éléphant sacré n'était en réalité qu'un gros rocher immobile.

Il n'y avait, hélas, aucun doute.

Seul le cornac était de retour.

Ni Bouddhabadra ni l'éléphant blanc sacré ne revenaient, ce jour-là, du Pays des Neiges…

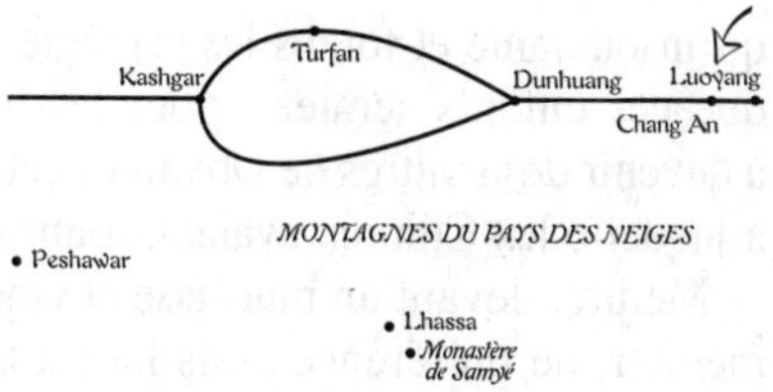

3

Monastère de la Reconnaissance des Bienfaits Impériaux, Luoyang, Chine

— Cinq Défenses, pourrais-tu m'expliquer qui était, en fait, le Bienheureux Bouddha Gautama, dont tu ne cesses de lire les commandements pour que nous les apprenions par cœur ? On dit qu'il était gentil, mais, si j'en crois ce que tu viens de nous raconter, il demande aux novices de se priver de tout ce qui est bon !

Demeuré seul avec son professeur, à la fin du cours de doctrine, l'adorable garçonnet, assis au premier rang de la classe, qui venait de poser sa naïve question, avait à peine plus de cinq ans.

C'était l'âge à partir duquel des parents pouvaient amener leur enfant au noviciat d'une communauté du Grand Véhicule chinois.

Dans la cour de l'école bouddhique, ses petits camarades, au nombre d'une vingtaine, tous nés la même année, jouaient à lancer des billes de terre séchée dans la salle de cours.

— Gare à vous ! Cinq Défenses est fort comme un tigre ! Il va vous botter les fesses ! s'écria alors le jeune élève, sur le crâne parfaitement rasé duquel une bille venait de s'écraser.

Aussitôt, telle une nuée de moineaux, les enfants se dispersèrent en riant pour aller se cacher derrière les colonnes de l'immense galerie, ornée de peintures des épisodes les plus édifiants de la vie du Bouddha, qui entourait l'aire de récréation.

Qui aurait pensé, en observant leur attitude aussi agitée

qu'insouciante et toutes les espiègleries auxquelles ils se livraient, que ces enfants seraient, pour les meilleurs d'entre eux, appelés à devenir des maîtres de Dhyāna [1], cette méditation en posture assise à laquelle les Chinois avaient donné le nom de Chan [2].

Méditer devant un mur lisse et vide ! Toujours méditer et encore méditer, de préférence assis face à un écran dénué de toute peinture, proéminence, ou tout autre élément qui pourrait détourner l'attention… Laisser le vide envahir son esprit pour atteindre ce stade où le plus petit raisonnement n'avait même plus cours. Revenir à l'état d'une plante ou d'un caillou et attendre que l'Illumination, subitement, vous arrivât dessus comme une vague de la mer…

Telle était la recette infaillible, et bien plus efficace que les fastidieuses récitations de sûtras, pour atteindre le stade de l'Éveil, celui de la conscience absolue de la Vérité telle que le Bouddha l'avait lui-même découverte sous le figuier sacré *pipal* dans la banlieue de Vanârâsi, après avoir parcouru les Quatre Stades de la Méditation.

Mais, pour atteindre un tel degré de concentration, un long apprentissage était nécessaire, car il s'agissait, en quelque sorte, de désapprendre à réfléchir et d'oublier tout ce qu'on avait dans la tête. Cela supposait de nombreux efforts, surtout quand on était encore des enfants insouciants, plus enclins à jouer qu'à faire le vide, à l'instar de cette classe quelque peu dissipée, et même en proie au fou rire, à laquelle le moine Cinq Défenses, à l'issue de la récréation, faisait à nouveau face.

Comme tout professeur, le jeune moine Cinq Défenses était assis derrière un bureau installé sur une estrade.

Penché sur un manuscrit en caractères tibétains dont il avait beaucoup de mal à décrypter le sens, il n'avait même pas entendu les éclats de rire et le chahut des élèves dus à ce hanneton que l'un d'eux faisait voler, attaché à une ficelle.

Ils risquaient pourtant à tout moment de provoquer l'irruption du

1. *Dhyāna* : méditation, en sanskrit.

2. Mot chinois dérivé du terme sanskrit Dhyāna, méditation. Le mot Zen est l'équivalent japonais.

maître des études muni de son bâton de punition dans la salle de classe. Car c'était peu de dire qu'on ne badinait pas avec la discipline, au noviciat du monastère de la Reconnaissance des Bienfaits Impériaux de Luoyang.

Cette ville majestueuse perchée sur des collines boisées, située à quelque trois jours de navigation vers l'est de Chang An, la capitale centrale des Tang à laquelle elle était reliée par un canal, était devenu le principal centre de formation des maîtres du Chan, ainsi qu'on appelait, en Chine, les maîtres de Dhyāna.

Capables de rester des journées et des nuits entières assis, dans la posture du lotus, à méditer sur la mise en mouvement par le Bouddha de la Roue de la Loi, c'est-à-dire sur la quintessence de sa Doctrine du Salut, ces hommes épris de sagesse deviendraient les fers de lance de cette armée de prédicateurs montée, depuis plusieurs siècles déjà, à l'assaut de la Chine taoïste et confucéenne, qui n'avait pas tardé à être submergée par l'immense vague de ferveur religieuse venue de l'Inde et de l'Asie centrale.

Après avoir appris par cœur des milliers de strophes de sûtras nécessaires à la connaissance des divines paroles de Gautama, les maîtres de Dhyāna étaient capables d'expliquer aux adeptes les merveilleuses histoires relatant les innombrables existences antérieures du Bouddha, qui attestaient de ses bienfaits et de la pertinence de sa doctrine.

Et il leur fallait se montrer particulièrement persuasifs. On ne pouvait, en effet, se contenter d'adhérer à cette doctrine sur un plan intellectuel. Le Bouddha lui-même en avait donné l'exemple : il fallait s'y conformer entièrement, tant dans ses actes que dans son comportement.

Pour vivre en vrai bouddhiste, il fallait commencer par accepter de se soumettre aux deux cent cinquante interdictions figurant dans le Vinaya, ce code de bonne conduite qui permettait de pratiquer les dix Extrêmes Vertus [1], lesquelles amenaient vers ce premier stade de l'Éveil qu'on appelait encore du nom sanskrit de « bodhi ».

1. Don, pratique orale, abnégation, intelligence, énergie, patience, vérité, détermination, bienveillance et imperturbabilité.

Alors, seulement, fort de sa posture correcte, l'adepte connaîtrait enfin la Sainte Vérité qui menait à la cessation de la douleur, ce mal absolu qui continuait à accabler les hommes. La Sainte Vérité se trouvait au bout du chemin de la Voie aux Huit Membres, à savoir, l'opinion correcte, la parole correcte, l'activité corporelle correcte, les moyens d'existence corrects, l'effort correct, la mémoire ou l'attention correctes, la concentration correcte, que tout moine sincère et soucieux d'appliquer les préceptes enseignés par le Bienheureux devait s'efforcer de pratiquer.

Les garçonnets auxquels le jeune moine Cinq Défenses enseignait ces points de doctrine avaient tous été rigoureusement sélectionnés pour leur vivacité et leur intelligence, mais aussi pour leur aptitude à trier, sans les connaître à l'avance, au milieu de récipients divers, tous de la même forme, disposés au hasard sur une table, les plateaux à offrandes que les dévots plaçaient, remplis de fleurs, de fruits et de biscuits, devant les statues des pagodes.

C'était le signe qu'ils étaient capables de devenir à leur tour des maîtres du Chan.

Ils avaient été choisis parmi les milliers d'enfants que les familles pauvres, souvent venues de fort loin, présentaient chaque mois au monastère, dans l'espoir de leur faire obtenir une vie meilleure tout en allégeant le poids des bouches qu'elles avaient à nourrir. Mais surtout, c'était l'assurance, pour ces bambins, d'atteindre le nirvana, puisque le Bouddha l'avait spécifié : seuls les moines qui consacraient toute leur vie à cet objectif pouvaient prétendre devenir des Éveillés.

Constatant que son maître n'avait pas répondu à sa question, l'enfant, qui souriait en ouvrant largement une petite bouche édentée, s'approcha de lui. Puis, tirant la manche de sa robe couleur safran, il lui demanda de nouveau :

— Le Bouddha était-il gentil ?

Alors, le moine Cinq Défenses leva enfin la tête du rouleau sur lequel il était penché, et le tumulte qui agitait la classe se tut subitement. On n'entendait plus que le hanneton, toujours avec son fil à la patte, voler en bourdonnant.

Cinq Défenses avait un beau visage émacié, éclairé par de grands yeux noirs, à peine bridés, qui rayonnaient de vivacité.

Entré au monastère au même âge que le garçonnet qui l'interrogeait, il avait été rapidement remarqué par son supérieur, Pureté du Vide.

Deux ans plus tôt, à l'âge de vingt ans, il avait été ordonné moine et avait pris le nom de Cinq Défenses. Cela signifiait qu'il possédait la faculté de ne jamais accomplir les Cinq Actes Nocifs qui faisaient renaître en enfer les malheureux humains qui les avaient accomplis intentionnellement : le parricide et le matricide, le meurtre d'un saint *arhant*[1], la blessure du corps d'un Bouddha et le schisme au sein d'une communauté monastique.

Cinq Défenses avait le corps athlétique et souple des moines soucieux de préserver leur forme physique au même titre que leur force mentale. En bon adepte des arts martiaux, il pouvait, d'un coup du tranchant de la main, briser une épaisse planche de bois, ou encore, avec la seule force de ses bras, tordre une lame d'épée en acier. Il lui suffisait d'un simple mouvement du poignet pour jeter à terre un adversaire apparemment beaucoup plus fort que lui. Il savait pousser ce cri paralysant qui stoppait net, comme s'il avait reçu un coup au ventre, celui qui se ruait sur lui armé d'un poignard ou d'une lance. Sa souplesse était telle qu'il pouvait, sans la moindre difficulté, lorsqu'il était assis dans la position du lotus, nouer ses jambes autour de son cou comme les anses d'un panier.

Ses qualités physiques et mentales faisaient de Cinq Défenses un modèle admiré par tous les petits novices qui rêvaient, à leur tour, de faire tournoyer dans les airs les trois adversaires aguerris que Cinq Défenses, lors de démonstrations, était capable, en trois gestes instantanés et précis, de neutraliser en même temps.

— Le Bouddha était bien plus qu'une gentille personne, c'était un vrai saint ! Un grand arhant ! Un maître de Dhyāna exemplaire, ainsi que tu le deviendras, petit, si tu travailles dur…, déclara-t-il en souriant.

— Il était aussi fort que toi, lorsque tu casses cinq briques superposées avec le coude ?

— Bien plus fort encore ! La force et le rayonnement du

1. *Arhant* : terme sanskrit signifiant méritant, vénérable, par lequel le bouddhisme désigne un « saint homme ».

Bienheureux Gautama Bouddha, quand il vivait encore, se trouvaient dans sa tête. À côté de lui, nous ne sommes que des fourmis qui essaient de devenir des éléphants ! Nous en avons du chemin à faire, je t'assure – moi compris –, pour arriver ne serait-ce qu'à sa cheville ! ajouta-t-il, déclenchant, dans cette turbulente assistance, des rires et des cris de joie.

Cinq Défenses n'avait pas son pareil pour faire passer à son auditoire, qui ne savait pas encore lire ni écrire, sous des formules imagées qui prenaient volontiers l'allure de contes pour enfants, l'austérité complexe et parfois ésotérique du Canon bouddhique.

Celui-ci n'était pas facile à expliquer à des enfants aussi jeunes. Il enseignait en effet que la *dukhâ*, ou douleur, gouvernait ce monde où tout était impermanent et dépourvu d'*atman*.

Atman signifiait « soi » en sanskrit. Il servait à désigner le principe d'individualité, nié par le Bouddha, tant pour les êtres que pour les choses.

Pour atteindre la Voie de la Délivrance, c'est-à-dire échapper au cycle perpétuel des renaissances, en sortant définitivement du monde de la douleur, l'homme devait se conformer à la morale prônée par le Bouddha.

C'est ainsi, à force de pratiquer les karmans corrects, ces actes intentionnels dont l'effet bénéfique vous rapprochait de la Délivrance, qu'il progresserait dans la Voie du Salut.

Et malheur à ceux qui ne respectaient pas cette morale : les peines encourues pouvaient être terrifiantes !

Lorsqu'il décrivait aux bambins les enfers auxquels étaient promis les pécheurs et les récalcitrants, Cinq Défenses provoquait invariablement des pleurs et des cris de terreur.

Les tortures infligées aux damnés, coupables de grands péchés, étaient effroyables ; certains étaient attelés à de lourds chariots et obligés de marcher sur des braises incandescentes ; d'autres étaient forcés à se jeter tête en avant dans un chaudron d'airain bouillant ou dans une rivière de feu où ils rôtissaient comme des quartiers de viande ; d'autres encore, surnommés « revenants », hantaient la terre et les intervalles situés entre les mondes, tenaillés par la faim et la soif, leur bouche n'ayant que la dimension du trou d'une aiguille, ce qui les obligeait à se nourrir de minuscules immondices. Il n'y avait pas moins de huit enfers chauds et de huit enfers froids, chacun d'entre eux, pour faire bonne mesure, entouré de deux autres petits enfers...

L'un des enfers chauds les plus atroces était celui où les damnés s'arrachaient mutuellement la chair avec des griffes de métal ; dans un autre, c'étaient des éléphants d'acier qui piétinaient leurs victimes.

Dans l'un des enfers froids, la chair des condamnés éclatait, avant de se couvrir de plaies, tandis que, dans un autre, les lèvres des pénitents gelaient et se craquelaient de crevasses, les empêchant de se nourrir.

Mais le plus terrible de tous était l'enfer du Chaudron de fer : on ne mettait pas moins de trente ans à en atteindre le fond. Et là, tout en bas, ce qui vous attendait était tellement pire que tout le reste que c'était indicible. Il n'en existait nulle description.

Heureusement pour les fidèles et, en particulier, pour le jeune auditoire de Cinq Défenses, les épisodes de la vie du Bienheureux, mais aussi de ses milliers d'existences antérieures, étaient au contraire de merveilleux contes qu'ils ne se lassaient pas d'écouter.

— Mais s'il était si fort et si lumineux, pourquoi est-il mort ?

— Il n'est pas mort. Le Tathâgata, « celui qui est allé vers la Vérité », s'est endormi au pied d'un arbre, dans un bosquet de *çalas*, non loin de la maison du forgeron Chunda chez qui il avait pris son dernier repas, avant d'entrer dans l'extinction complète et la suprême paix du nirvana, répondit, un tantinet agacé, Cinq Défenses au garçonnet, qui n'était pas décidé à le lâcher.

— Mais ce Chunda, le forgeron, était-il aussi gentil que le Bienheureux Bouddha ? Un forgeron, ça fabrique des épées ! Comment celui qui fabrique des épées peut-il être gentil ?

Cinq Défenses levait les yeux au ciel, devant une question aussi incongrue, lorsqu'un moinillon étonnamment grassouillet, compte tenu des jeûnes auxquels tous étaient astreints, passa la tête par la porte de la classe.

— Notre Vénérable Supérieur souhaite te voir tout de suite, ô Cinq Défenses !

— Vraiment tout de suite ?

— Je sors de son bureau à l'instant. Pureté du Vide n'a pas

l'habitude de plaisanter..., répondit le moinillon, la voix teintée d'angoisse.

Cinq Défenses ressentit un petit pincement au cœur.

Il avala sa salive et se mit à rouler le sûtra écrit en tibétain qu'il avait étalé bien à plat sur le bureau.

Il était très rare qu'un enseignant se fît appeler ainsi, toutes affaires cessantes, en pleine activité pédagogique, par maître Pureté du Vide.

La raison devait en être grave.

Après avoir confié la classe au moine grassouillet, Cinq Défenses, sans perdre une seconde, se précipita vers le bureau du Supérieur du couvent de la Reconnaissance des Bienfaits Impériaux.

Pour s'y rendre, il fallait traverser pratiquement tout le monastère, parcourir les galeries couvertes de peintures des enfers et des paradis, passer les trois cours gravillonnées où les moines se livraient aux arts martiaux, accéder à la pagode principale et grimper l'escalier de bois qui permettait de monter au troisième étage, d'où une imprenable vue sur Luoyang révélait la mer azurée de ses toits de tuiles vernissées aux courbures élégantes et aux arêtes en « queue d'hirondelle ».

C'était là, dans une cellule minuscule meublée d'une simple table et d'un escabeau, à deux pas de la salle de prière réservée aux maîtres du Chan, que le Supérieur Pureté du Vide présidait aux destinées de son monastère.

Maître Pureté du Vide impressionnait toujours, par sa prestance quelque peu hautaine et la sévérité de son regard impassible, ceux qui avaient l'occasion de l'approcher.

C'était son visage, surtout, qui intimidait ses visiteurs.

Il était si maigre qu'on aurait dit un crâne.

D'immenses oreilles, décollées et tombantes comme des voiles, encadraient le subtil assemblage de ses pleins et de ses creux osseux que recouvrait une peau si diaphane et fine qu'on aurait cru du parchemin.

Tout, chez Pureté du Vide, dénotait l'ascétisme et l'inébranlable foi bouddhique, comme si son corps entier eût été un hymne vivant à la gloire de la Vérité du Bouddha : la maigreur squelettique des bras, qui sortaient de ses manches de bure marron ; les mains longues et noueuses tels des ceps de vigne, toujours en train d'égrener les cent huit perles du *mala*, le gros chapelet d'ambre qui permettait de mieux compter les mantras, ces formules rituelles qu'on répétait des milliers de fois par jour.

Mais il y avait surtout sa façon de se tenir en retrait, cette économie de gestes, cette distance qu'il mettait entre lui et les choses, comme s'il n'était déjà plus qu'à moitié de ce monde, tout entier tourné vers son but : faire triompher le bouddhisme et, grâce à lui, sauver les hommes de leur tragique condition.

Le temps semblait n'avoir aucune prise sur le chef incontesté de l'Église chinoise du Grand Véhicule. Sa vie ascétique l'avait préservé de tous les miasmes, de ces maladies et infirmités qui s'abattent sur les hommes à partir d'un certain âge.

Une poignée de riz gluant par jour et quelques fruits secs, arrosés de thé vert, suffisaient à maintenir son corps en éclatante santé et tous ceux qui l'avaient connu comme jeune Supérieur juraient qu'il n'avait pas changé.

Cela faisait pourtant plus de quarante ans que Pureté du Vide dirigeait la vie de cette communauté de dix mille moines dont il était devenu le chef sous la dynastie des Sui, des Chinois de pure souche qui avaient réussi à soumettre et à unifier les royaumes partiellement barbares qui les avaient précédés, avant leur remplacement par les Tang en 618.

À ce titre, il était l'un des principaux acteurs de l'expansion du bouddhisme et de son immense succès, notamment auprès du peuple. Tout à son objectif de s'affirmer comme une institution à part entière, autonome et libre de ses mouvements, le bouddhisme chinois, fabuleusement riche grâce au flux intense des donations de terre, avait fini par engendrer une certaine méfiance de la part des autorités politiques. Il connaissait le sort de tous les pouvoirs émergents lorsqu'ils marchent sur les plates-bandes des États autoritaires. Pureté du Vide entretenait, de ce fait, des rapports complexes avec la cour de Chang An, au sein de laquelle le puissant clan des confucéens se démenait pour contenir l'influence grandissante de cette morale concurrente.

— Entre, Cinq Défenses, j'ai à te parler ! tonna la voix

rocailleuse du Vénérable Supérieur après que son visiteur eut frappé à la porte de la pièce obscure où il passait le plus clair de ses journées à méditer et à écrire des exégèses de sermons.

À genoux devant l'ascète, Cinq Défenses lui baisa le poignet en signe de respect.

— Je suis votre humble serviteur !

C'était toujours la même chose lorsqu'il se retrouvait seul face à maître Pureté du Vide : le jeune moine, d'habitude parfaitement calme, perdait tous ses moyens.

Il est vrai que le Vénérable Supérieur avait de quoi intimider les plus jeunes membres de sa communauté, qui n'étaient pas loin de voir en lui un être d'essence divine, une sorte de bodhisattva, ou à tout le moins une espèce de saint arhant, même s'ils ne le croyaient pas capable, encore, de voler à travers l'espace ni de marcher sur l'eau.

— Comment avances-tu sur la Voie de la Vérité ?

C'était toujours ainsi que Pureté du Vide, soucieux de vérifier leur état spirituel, commençait ses entretiens avec ses disciples.

Ce n'était pas pour rien qu'il était considéré par tous les moines chinois ayant prononcé leurs vœux comme le garant principal de la pureté et de l'orthodoxie du bouddhisme Chan, celui dit du Mahâyâna ou Grand Véhicule.

Par sa connaissance intime des sûtras prononcés par le Bouddha et sa capacité dialectique à en extirper les fondements spirituels, il était de ceux qui avaient fait évoluer le bouddhisme vers son statut de religion à vocation universelle, ouverte à tous les hommes et à toutes les femmes, à condition qu'ils fussent de bonne volonté.

Cette reconnaissance et ce respect dont il était l'objet, Pureté du Vide les devait à son travail et à la tâche aussi ardue qu'indispensable à laquelle il s'adonnait depuis qu'il avait été ordonné : collecter, trier, commenter et ranger toute la doctrine bouddhique dans une sorte d'encyclopédie destinée aux générations futures.

— Je travaille tous les jours, entre les cours que je dispense, pour saisir le sens profond du Sermon de la Sagesse Suprême ! Mais je vous mentirais en vous assurant que j'en comprends toutes les subtilités..., répondit humblement le jeune moine.

La somme spirituelle contenue dans les vingt-cinq mille strophes du célèbre Sermon de la Sagesse Suprême – en sanskrit, le *Prajnaparamita sûtra* – servait de pont entre le bouddhisme indien et le bouddhisme chinois.

— C'est un texte complexe et subtil. Voilà pourquoi j'ai toujours souhaité que mes plus valeureux soldats spirituels, dont tu fais partie, le connaissent sur le bout des doigts.

— Je fais tout pour muscler ma pensée comme je muscle mon corps, avec les arts martiaux.

— Nous aurons besoin de ta force morale et spirituelle ! Des trois Églises, c'est le Grand Véhicule qui finira bien par prendre le pas sur les autres…, murmura Pureté du Vide comme s'il se parlait à lui-même.

Depuis l'extinction du Bienheureux et la création de ce qui allait devenir son Église, près de mille ans déjà s'étaient écoulés. De nombreuses péripéties avaient peu à peu transformé le bouddhisme en un ensemble hétéroclite de croyances et de pratiques d'où émergeaient trois grands courants qui se livraient une concurrence acharnée.

D'un côté, il y avait la voie ritualiste du Petit Véhicule indien, religion essentiellement réservée aux moines ; de l'autre, il y avait la voie morale, philosophique et spirituelle, du Grand Véhicule chinois. Tout les opposait, si ce n'était que leurs adeptes vénéraient le même Bouddha. Ce n'était pas un schisme en bonne et due forme qui avait abouti à la constitution de ces branches rivales, mais plutôt une succession de ré-appréciations théologiques et d'acclimatations à des milieux culturels nouveaux, tel celui de la Chine, très différent de celui de l'Inde, qui avaient pris des siècles.

— Maître Pureté du Vide, vous venez de parler de trois Églises et je n'en connais que deux, notre Mahâyâna et le Hînayâna ! osa, timidement, Cinq Défenses.

— Je ne t'ai pas parlé de la voie magique et ésotérique ? fit, faussement étonné, Pureté du Vide, qui savait fort bien n'avoir jamais révélé à son disciple cette troisième forme de bouddhisme qu'on n'évoquait qu'à mots couverts.

— Je n'en ai aucun souvenir !

— Il s'agit du bouddhisme du pays de Bod. Le lamaïsme. Tu auras bientôt l'occasion d'en juger sur pièces…

Entre le bouddhisme indien originel, tel que le pratiquait le monastère de l'Unique Dharma de Peshawar, et le bouddhisme chinois, dont le couvent de la Reconnaissance des Bienfaits Impériaux de Luoyang était le centre de rayonnement principal, il y en avait un autre, venu également de l'Inde, mais beaucoup plus mystérieux, qu'on appelait déjà le lamaïsme tibétain.

De ce troisième grand courant, la magie et le secret n'étaient pas absents, ce qui expliquait qu'on n'y accédait pas facilement. Il fallait se rendre au pays de Bod pour découvrir, à côté du panthéon bouddhique traditionnel, des divinités grimaçantes et cornues, aux terribles canines sortant de la bouche, des guirlandes de crânes et des charniers qui tranchaient singulièrement avec les représentations apaisantes des sculpteurs indiens et des peintres chinois.

Ses adeptes faisaient appel à des pratiques secrètes et ésotériques, accessibles aux seuls initiés, plutôt bizarres, vues de l'extérieur, et se situant fort loin, dans leurs formes, de ce que les rituels indiens et chinois préconisaient.

— Je vais aller sur le Toit du monde ? s'enquit Cinq Défenses que la réponse de son supérieur avait laissé pantois.

— Il y va de la paix entre les trois Églises du Bouddha, déclara mystérieusement Pureté du Vide.

Ces trois courants principaux essayaient depuis des lustres de gagner du terrain les uns sur les autres. D'ailleurs, quand il était convaincu du bien-fondé de ses idées, l'homme n'était-il pas tenté de les imposer aux autres ?

Mais le Bouddha rejetait la violence et l'usage des armes, et il enseignait aussi que la fin ne justifiait jamais les moyens.

Aussi les bouddhistes avaient-ils accepté de se conformer à ce précepte, que les pratiquants d'autres religions, notamment monothéistes, qui prônaient pourtant l'amour du prochain, avaient le plus grand mal à respecter.

Pendant des siècles, dans cette guerre pacifique à laquelle ils se livraient, tous les coups, à condition qu'ils fussent non violents, avaient été permis.

Les combats se menaient à grand renfort de textes et les joutes philosophiques faisaient rage, tandis que les controverses doctrinales prenaient parfois la proportion de luttes titanesques, où l'on pouvait s'envoyer à la face, par exemple, une phrase tirée d'un sermon en sanskrit dont la traduction en pali n'était pas la plus fidèle, ou encore une notule rédigée par un moine chinois qui aurait fait un faux sens dans l'interprétation du mot sanskrit correspondant. C'étaient généralement les hinayanistes indiens, davantage sur la défensive en tant que dépositaires du bouddhisme primitif, qui reprochaient aux traducteurs koutchéens, turfanais ou chinois de déformer le sens de certains propos du Bienheureux.

Depuis quelque temps cependant, entre ces trois courants, une sorte de trêve spirituelle s'était instaurée.

Chacun s'interdisait de dire du mal de l'autre, ou de le dénigrer, voire d'aller chasser sur le territoire du voisin.

Tout se passait comme si une sorte de pacte de non-agression avait été conclu entre les responsables de ces courants en les incitant à vivre en bonne intelligence.

— Ainsi, la paix entre les trois Églises est menacée ? Mais pourquoi le Bouddha ne s'interpose-t-il pas ? s'écria naïvement Cinq Défenses.

— Tu tiens là des propos légers. Notre camp est celui du Mahâyâna ! Il n'a heureusement fait que progresser depuis quatre siècles, mais il nous faut espérer qu'il en ira de même pour les quatre suivants. Nous défendons des valeurs qui sont les bonnes, Cinq Défenses ! lui lança Pureté du Vide, l'air courroucé.

C'était peu de dire que l'énorme travail de compilation, de traduction et d'exégèse auquel le chef de l'Église bouddhique chinoise avait consacré son existence commençait à porter ses fruits.

Le Grand Véhicule n'avait cessé d'étendre son influence sur le territoire depuis qu'il y avait été introduit.

Les moines prosélytes étaient même remontés vers le nord, dans le royaume coréen de Cylla où ils avaient accompli le tour de force d'intéresser la famille royale coréenne – une dynastie de guerriers sanguinaires – à cette religion qui professait pourtant la paix et la compassion ! D'autres frères prêcheurs avaient déjà traversé la mer de Chine pour s'en aller diffuser au Japon la doctrine de la méditation et de la recherche de la vacuité, les deux piliers du bouddhisme zen qui correspondraient à merveille à la mentalité japonaise.

Grâce à l'acharnement de moines et de théologiens comme Pureté du Vide, lentement mais sûrement, le courant du Grand Véhicule était en train de supplanter un peu partout son rival. Le Petit Véhicule se mettait même à perdre pied en Inde, devant l'offensive des cultes indiens traditionnels armés de l'innombrable et ô combien efficace cortège de dieux bienfaisants ou terribles, tels Indra, Çiva, Vishnu et autres Brahma, sans oublier les premiers assauts de l'Islam conquérant qui ne tarderaient pas à se faire sentir, décimant dans l'Inde du Nord ce qui restait encore du bouddhisme primitif.

— Je vous demande pardon. J'ai eu une expression maladroite. Je n'ai qu'une famille, celle du Grand Véhicule ! bredouilla le jeune moine, conscient de sa bévue.

— Décidément, mon cher Cinq Défenses, tu ne changeras pas. Quand tu entres dans mon bureau, tu as toujours le même air intimidé ! À croire que mon irréprochable assistant s'attend à recevoir une réprimande ! s'exclama, l'air plutôt amusé, l'ascète mahayaniste, avant de lui donner une tape amicale sur l'épaule, comme s'il avait voulu le mettre enfin à l'aise.

— Maître, devant votre personne, il est vrai que je me sens comme un pauvre insecte !

— À ce propos, tu emporteras ces œufs d'insecte, enchaîna Pureté du Vide en lui montrant une petite boîte remplie de minuscules grains sombres.

— Des œufs d'insecte ? Je n'ai jamais rien vu de tel !

— Et pour cause, ce sont là des œufs de la chenille du bombyx, le papillon du ver à soie ! On n'en trouve que dans les élevages d'état. Leur commerce est strictement interdit, puisque, ainsi que tu le sais, la soie reste un monopole. Et ça, c'est un pied de mûrier !

Il désignait un petit arbre, pas plus haut qu'une baguette, planté dans une grosse jarre remplie de terre.

— Notre monastère entendrait-il, désormais, tisser la soie de ses bannières ? demanda le jeune moine, se sentant moins intimidé devant la familiarité dont Pureté du Vide faisait preuve à son égard.

— Non. En revanche, ce pourrait être le cas d'un autre… Tiens, prends une de ces lentes ! Dans ma famille, on disait que, dilués dans du thé, les œufs de vers à soie sont un excellent fortifiant. Tu risques d'en avoir besoin, lâcha-t-il d'un ton énigmatique.

— Je suis votre humble assistant. À vous de commander et à moi d'obéir !

— Ta modestie et ta sagesse t'honorent. Et pourtant si je t'ai fait venir devant moi aujourd'hui, c'est parce que je crois à tes nombreuses qualités… car ce que je vais te demander n'est pas simple ! déclara maître Pureté du Vide, soudain devenu grave, avant de se mettre à marcher de long en large en faisant rouler son chapelet mala entre ses doigts.

— Je suis prêt à vous servir dans la mesure de mes moyens, y compris en allant jusqu'au pays de Bod !

Cinq Défenses, qui s'était assis sur un geste de Pureté du Vide, regardait à présent ce dernier avec une attention extrême.

Il pouvait voir les pommettes parfaitement lisses du vieil ascète, couleur ivoire, tels des galets polis par une rivière et ces yeux infiniment doux desquels se dégageaient l'insondable fermeté et l'immense force dont Pureté du Vide paraissait imprégné.

— Je vais te demander, mon cher Cinq Défenses, un service considérable, dit lentement le Vénérable Supérieur.

— Je vous écoute avec toute l'attention du monde ! répondit Cinq Défenses d'un ton où la fierté n'était plus absente.

— Pour la mission que je vais te confier, il te faudra solliciter autant tes qualités physiques que tes qualités morales, la discrétion mais aussi le courage.

Les allées et venues de l'ascète s'étaient faites un peu plus rapides.

— Depuis mon retour de Samyé, au Tibet, j'ai beaucoup réfléchi…, lança, l'air un peu gêné, le maître de Dhyāna à son disciple.

— Vénérable maître, cela ne m'étonne pas. Vous passez plusieurs heures par jour dans la posture du lotus à méditer les douces paroles du Très Bienheureux !

— Ce n'est pas de cela qu'il s'agit ! C'est de quelque chose… voilà ! de beaucoup plus ennuyeux…

Cinq Défenses fixait son maître. Jamais il ne l'avait vu aussi inquiet.

— La réalité, c'est que je n'ai plus confiance..., poursuivit celui-ci d'une voix sourde.

— Mais confiance en qui, mon vénérable maître ? Vous parlez de quelqu'un que vous auriez rencontré lors de votre dernier voyage au pays de Bod ? s'enquit timidement Cinq Défenses.

Pureté du Vide s'abstint de répondre. Visiblement, il ne souhaitait pas en dire plus.

— Allons à l'essentiel. Tu vas partir pour Samyé et tu récupéreras l'exemplaire du *Sûtra de la Logique de la Vacuité Pure* que j'ai laissé là-bas.

Cinq Défenses n'osa pas demander au Vénérable Supérieur pourquoi il n'avait pas rapporté ce précieux rouleau lorsqu'il était revenu de son voyage six mois plus tôt, la mine plutôt sombre.

Comme d'habitude, et ce malgré son âge qui avançait, Pureté du Vide s'y était rendu avec pour seule compagnie le grand étalon noir Droit Devant pour participer, comme il le disait mystérieusement à sa communauté, à l'« importante réunion quinquennale destinée à faire tenir la concorde entre les Églises ».

Cinq Défenses, tout comme les autres jeunes moines, était bien trop discret et trop respectueux des principes de soumission à l'autorité du chef de son couvent pour essayer d'en savoir davantage au sujet de ces voyages au Pays des Neiges que le Supérieur de Luoyang accomplissait tous les cinq ans et dont les moines plus âgés paraissaient, en revanche, connaître la raison tout en se refusant à la révéler.

Lors du dernier périple, personne, au monastère, ne s'était étendu sur les motifs pour lesquels Pureté du Vide avait emporté cet exemplaire du *Sûtra de la Logique de la Vacuité Pure* orné de somptueuses miniatures, œuvres d'un moine à la fois peintre, copiste et calligraphe, dont l'encre venait pourtant à peine de sécher.

Après tout, qu'y avait-il de plus naturel, pour l'auteur d'une œuvre, que d'en disposer à sa guise, même s'il s'agissait d'un livre qui avait nécessité deux années pleines d'un travail acharné à son copiste et à son enlumineur ?

Car, pour Pureté du Vide, ce texte était bien l'œuvre de sa vie, et, d'une certaine manière, son testament spirituel.

Il avait écrit la *Logique de la Vacuité Pure* après des années de compilations, d'études et de réflexions, à partir des milliers de textes originaux en sanskrit de la bibliothèque du monastère de Dunhuang dont les mahayanistes avaient fait le conservatoire de leurs écrits religieux. En codifiant, en quelque sorte, la supériorité d'une démarche fondée sur la méditation face au Vide pour atteindre l'Illumination, il y avait résumé tous les arguments qui, selon lui, faisaient du Grand Véhicule la religion la plus respectueuse de l'esprit de la doctrine du Bienheureux.

— Maître Pureté du Vide, est-ce là l'unique exemplaire de votre somme ? hasarda Cinq Défenses, soucieux de se rendre compte du degré d'importance de la mission que son supérieur lui confiait.

— Au départ, je n'en avais rédigé qu'un exemplaire, mais très vite, il me fut réclamé par des centaines de moines bibliothécaires des principaux couvents mahayanistes de Chine. Face à une telle demande, j'ai consenti à en faire établir trois copies. Pas plus, car il est bon que la décision de faire recopier un sûtra soit prise par ceux-là mêmes qui portent la bonne parole du Bienheureux. C'est bien plus efficace ! L'essentiel est de conserver en lieu sûr la version originale, celle qui fait foi.

— Et où se trouve l'original de votre sûtra, maître Pureté du Vide ?

— À Dunhuang. En un endroit soigneusement tenu secret.

— Sur la Route de la Soie ? s'exclama le jeune moine.

— Parfaitement. J'ai demandé à Centre de Gravité, le Vénérable Supérieur du couvent du Salut et de la Compassion, de le dissimuler dans sa réserve à manuscrits.

— Mais pourquoi l'avoir caché si loin d'ici, dans une oasis de la Route de la Soie, maître Pureté du Vide ? demanda le plus respectueusement possible Cinq Défenses.

— Pour des raisons de sécurité ! Les manuscrits les plus précieux de la bibliothèque de ce monastère, situé en plein désert, sont conservés dans une cache secrète qui a été creusée dans une falaise inaccessible. Et je te prie de croire que cet endroit, pour le trouver, il faut savoir qu'il existe… et être doué pour l'escalade ! En ce qui me concerne, par exemple, je suis déjà trop vieux pour m'aventurer sur l'échelle de corde qui permet d'y monter ! L'original est là, définitivement à l'abri, à l'unique disposition des générations futures..., s'écria Pureté du Vide sur un ton quelque peu péremptoire qui n'était pas dans ses habitudes.

— L'oasis de Dunhuang est célèbre pour ses falaises dont on dit qu'elles la surplombent comme un vaste balcon. Est-il vrai que les moines y ont creusé des milliers de grottes ornées de peintures et de sculptures ?

— C'est exact, Dunhuang est une pure merveille ! Aussi l'appelle-t-on « les Mille Grottes aux Dix Mille bouddhas » ! murmura Pureté du Vide en souriant.

— Vous avez parlé de trois copies...

— Les deux premières sont entre les mains de saints hommes qui prêchent la Voie du Salut, l'un dans le sud de la Chine, au pays des singes, et l'autre dans les îles du Japon, où la Sainte Vérité ne tardera pas à être révélée à la population. Il ne restera plus au saint homme qu'à le faire traduire dans la langue autochtone. C'est ainsi que nous aurons converti au Grand Véhicule la population de cet immense archipel de pêcheurs et de guerriers.

— C'est donc la troisième version, maître Pureté du Vide, que vous me chargez d'aller récupérer au pays de Bod ?

— C'est exact. Je l'ai laissée en dépôt au monastère de Samyé. Mais tout bien réfléchi... euh !... ça n'était pas prudent de ma part. Ce troisième exemplaire, il me le faut désormais au plus vite.

— Serait-il dans des mains hostiles ?

— Pas encore, du moins je l'espère ! répondit le vieux moine du Grand Véhicule dont la voix trahissait une certaine angoisse.

Des trois exemplaires du *Sûtra de la Logique de la Vacuité Pure*, c'était assurément le plus somptueusement orné que Pureté du Vide avait emporté à Samyé.

Il se présentait sous la forme d'un long rouleau de papier de riz immaculé marouflé sur de la soie qu'on dévoilait par petits bouts, pour en parcourir les colonnes serrées d'idéogrammes que Pureté du Vide avait dictées à un moine calligraphe spécialisé dans l'écriture en style des « chancelleries » ou *lishu*, utilisé par l'administration pour ses documents officiels et qui était facile à déchiffrer pour les non-lettrés. Pour éviter toute rayure ou toute tache sur un document aussi fragile pendant son voyage long et périlleux, il avait fait confectionner par le menuisier du monastère une boîte oblongue constituée d'un morceau de vieux bambou évidé et fendu en deux dont l'intérieur avait été capitonné de soie.

C'était dans cet étui d'une solidité à toute épreuve que le précieux rouleau avait été soigneusement rangé, avant d'être arrimé comme un fourreau de sabre à la selle de l'étalon Droit Devant.

— Et quand je serai arrivé au monastère de Samyé, vénérable maître, comment retrouverai-je le Saint Rouleau ?

— Au moment de mon départ il a été placé dans la bibliothèque du monastère ! Il y est encore, du moins j'ose l'espérer…

— Mais comment le reconnaître au milieu de tous les autres livres ?

— Son étui en bambou est facilement identifiable. Comme tu sais, les rouleaux sont plutôt disposés dans des petites caisses ou dans des sacs de soie. J'ai fait gainer l'intérieur de soie rouge d'une qualité extraordinaire, toute brodée de phénix…

— De la soie impériale ! s'exclama Cinq Défenses, qui savait les broderies de phénix réservées à l'empereur de Chine.

— Elle provient d'un coupon dont l'empereur Taizong le Grand, dans son incomparable générosité, fit cadeau à ce monastère juste avant sa mort. L'extérieur de la boîte a été laqué. Aucun autre étui n'a ces deux caractéristiques ! Tu le reconnaîtras entre mille. Il te suffira alors, avant de le prendre, de vérifier qu'il n'est pas vide…, murmura Pureté du Vide qui ne cachait plus son inquiétude.

Dans la tête de Cinq Défenses, les questions, à présent, se bousculaient.

Quelle impérieuse raison commandait à Pureté du Vide de le solliciter ainsi ? À quoi – ou à qui – faisait-il allusion en évoquant cette confiance qu'il n'avait plus ? Que s'était-il passé pour qu'il se ravisât ainsi ? Quelle avait été sa mission exacte, lorsqu'il s'était rendu au lointain pays de Bod, seul, avec le dernier exemplaire disponible de son testament spirituel ?

Le disciple, à la fois flatté de la confiance que lui témoignait son maître, mais aussi quelque peu inquiet devant une telle somme d'énigmes, se demandait si un jeune moine, qui n'avait pratiquement jamais quitté son monastère, serait à même de s'acquitter d'une tâche aussi ardue.

Samyé !

Combien de fois Cinq Défenses avait-il entendu parler de ce monastère mythique, situé à quelques journées de marche de Lhassa, la capitale d'un royaume au sujet duquel se racontaient toutes sortes d'étrangetés, à commencer par celle qui courait sur la boisson que ses habitants buvaient pendant l'hiver à longueur de journée : un thé noir brûlant, assaisonné de beurre de yak rance !

Et pour atteindre Lhassa, depuis Luoyang, ce n'était pas une mince affaire.

Il fallait emprunter la Route de la Soie vers l'ouest sur plus de deux mille li [1] puis, à la hauteur de l'oasis de Hetian, célèbre pour son jade, obliquer vers le sud pour se diriger tout droit vers le massif de l'Himalaya dans lequel la route, de plus en plus sinueuse et escarpée, s'enfonçait.

Alors commençait ce chemin que les difficultés rendaient initiatique. On longeait des rivières et des fleuves impétueux, on traversait des plateaux désertiques au-dessus desquels tournaient des vautours hostiles, on gravissait d'innombrables montagnes et parfois on franchissait des torrents tumultueux par des ponts suspendus à des cordes qui menaçaient de rompre.

Il fallait surtout accepter, pendant des jours et des jours, d'être seul face à soi-même, de ne jamais rencontrer âme qui vive.

Pureté du Vide s'était déjà rendu à cinq reprises au pays de Bod et, par conséquent, il connaissait bien les dangers et les surprises du chemin.

Il ne mettait généralement pas moins de quatre mois, parfois plus quand la neige était abondante, pour accomplir cet étrange pèlerinage qui était un voyage à la fois dans l'espace et dans le temps, tellement il avait l'impression, au fur et à mesure qu'il s'éloignait de la Chine centrale, de revenir aux temps mythiques.

Lors de son dernier voyage, il avait ressenti une impression encore plus forte de dépaysement.

Dès les premiers jours, à côté de Luoyang la pimpante, Chang An la cosmopolite lui avait paru encore plus démesurée que d'habitude.

Cette immense ville regorgeant de richesses, où toutes les ethnies

1. Un li représente environ 576 mètres.

du monde connu se mélangeaient et où on entendait parler une multitude de langues bizarres, était devenue le plus grand centre commercial de la planète. Des milliers de marchands et d'acheteurs, venus de toute part, s'y côtoyaient de façon pacifique.

La somptuosité des rues et des magasins le disputait à celle des bâtiments publics censés représenter la puissance de l'administration impériale chinoise.

Mais ce qui surprenait toujours Pureté du Vide quand il arrivait dans la capitale impériale, c'était l'extraordinaire symphonie d'odeurs qui embaumait son atmosphère.

À Chang An, les sensations olfactives étaient bien plus fortes qu'ailleurs. Toutes sortes d'odeurs se mêlaient, des plus putrides, émanant du quartier des tanneurs, aux plus subtiles et enchanteresses, sur les étals des marchés aux fleurs et aux plantes, sans oublier celles, ensorcelantes, des innombrables parfumeurs.

Lors de son dernier passage, Pureté du Vide s'était dit qu'il y avait là, rien qu'avec son nez, de quoi reconstituer la géographie du monde !

Tout ce que Chang An comptait de raffiné et de riche vivait en effet dans un nuage d'encens et de parfums à brûler. Il n'y avait pas que les temples, bouddhiques, confucéens ou taoïstes, à en consommer. Les courtisanes en parfumaient leur corps avant l'amour, de même que les lettrés, lorsqu'ils recevaient un collègue ; les médecins les dispersaient en fumigations, sous le nez des malades, en guise de remèdes et, surtout, pour chasser les esprits maléfiques. Quant aux marchands, ils en inondaient leur marchandise, pour la rendre plus attractive.

Pureté du Vide profitait de cette halte pour sélectionner, auprès du fournisseur habituel du monastère de la Reconnaissance des Bienfaits Impériaux, les encens les plus subtils, qu'il commanderait l'année suivante, et dont le monastère consommait de grandes quantités.

Dans la composition des encens entraient des plantes chinoises comme la cannelle, le camphre, la citronnelle, le nard, le térébinthe et le gardénia. D'autres aromates végétaux venaient d'Arabie ; le musc arrivait du Tibet, de Sogdiane et du Gansu ; l'*onychia*, cet opercule de coquillage à l'odeur marine, était pêché sur les côtes de la mer de Chine. Quant à l'ambre gris de cachalot, l'un des produits les plus chers, qu'on appelait du joli nom de « salive de dragon », il était rapporté par les pêcheurs indiens et transporté par bateau en Chine centrale.

La dernière fois qu'il avait quitté l'incomparable capitale parfumée pour prendre le chemin de Lanzhou, construite sur les escarpements d'une vallée encaissée, au bord du fleuve Jaune, Pureté du Vide avait ressenti l'impression presque physique de passer d'un luxe inouï à l'austérité la plus sévère, mais aussi de revenir à une sorte de Moyen Âge après avoir goûté aux délices d'une ère moderne.

Sur la bande de terre que sillonnaient les caravanes, d'odeurs il n'y avait plus que celle des troupeaux de moutons et de chèvres ou encore celle, particulièrement âcre, de ces plantes résineuses qui poussaient sur des terres devenues soudain arides et dont on coupait des branches pour allumer les feux du bivouac.

Quant à l'encens, qu'on respirait à chaque coin de rue aussi bien à Chang An qu'à Luoyang, tellement les pagodes y étaient nombreuses, il ne le retrouverait que dans les sanctuaires bouddhiques qui jalonnaient, comme autant de boules d'un chapelet sâma, la Route de la Soie, puisque c'était par elle que cette religion avait effectué l'extraordinaire percée qui l'avait amenée jusqu'en Chine centrale.

Plus on avançait et plus les langues de désert pénétraient dans les zones pastorales, tandis que le climat devenait plus tranché, très froid l'hiver et brûlant l'été.

Bien après Lanzhou s'ouvrait le célèbre « corridor de Hexi », bordé à l'est par la chaîne des montagnes Wushaoling et à l'ouest par le désert de Gobi. Sur plus de deux mille li, la route des caravaniers y déroulait son étroit ruban de sable tassé, jalonné par les oasis dont la première avait pour nom Dunhuang.

Cette fois-là, dûment sollicité par son maître, l'étalon Droit Devant avait galopé encore plus vite que d'habitude, pour arriver à Dunhuang avec deux jours d'avance sur le temps normal.

Sitôt parvenu dans cette petite ville, dont les marchés grouillants de monde restaient ouverts toute la nuit, Pureté du Vide n'avait eu de cesse qu'il n'atteignît le monastère du Salut et de la Compassion pour aller saluer son ami Centre de Gravité.

Creusé dans la falaise qui barrait le désert, à une dizaine de li du centre-ville, ce monastère était incontestablement le plus grand des trente-trois sanctuaires troglodytes que comptait l'oasis.

Le Supérieur de la Reconnaissance des Bienfaits Impériaux de Luoyang avait hâte de s'assurer auprès de son collègue que l'exemplaire du *Sûtra de la Logique de la Vacuité Pure* était toujours à sa place sur son étagère de la « caverne aux livres ».

— Ne t'inquiète pas. J'ai fait murer l'entrée de la grotte au torchis, de telle sorte que même un rôdeur expérimenté ne pourra se douter qu'il y a une cache derrière ! s'était exclamé Centre de Gravité lorsque Pureté du Vide lui avait demandé des nouvelles du testament qu'il lui avait remis quelques années plus tôt.

— J'espère bien ne pas m'être trompé lorsque j'ai choisi ton monastère pour lui confier cet exemplaire original. N'oublie pas que j'ai hésité entre six monastères !

— Nous allons y aller, ainsi tu seras tranquillisé, avait proposé Centre de Gravité.

Joignant le geste à la parole, après s'être rendu avec ce dernier au pied de la falaise où avait été creusée la cache, le moine Centre de Gravité avait fait monter Pureté du Vide par l'étroite échelle de corde pendant de la falaise et qui permettait d'atteindre la plate-forme rocheuse où se situait l'entrée de ce qu'il appelait la « caverne aux livres du monastère ».

Et là, rassuré, le vieil ascète avait constaté que son ami disait vrai : on ne voyait que du rocher.

Centre de Gravité lui avait expliqué avec force détails comment le mur de briques de terre séchée assemblées au mortier avait été recouvert d'un enduit ton pierre auquel les ouvriers, munis de petites spatules, avaient donné l'aspect du rocher de la falaise. Ces mortiers et ces enduits, fabriqués par les maçons du désert qui les liaient à la chaux, devenaient aussi durs que la pierre et résistaient aux vents violents comme aux pluies diluviennes qui balayaient fréquemment ces contrées.

— Mais comment pourrai-je vérifier que mon sûtra s'y trouve, si tout est muré ? avait demandé, quelque peu fébrile, Pureté du Vide.

— Regarde comme c'est simple !

Il avait suffi à Centre de Gravité de donner quelques coups de marteau pour qu'un trou apparaisse, dans lequel un homme pouvait facilement se glisser.

Après avoir constaté, muni d'une chandelle, que l'exemplaire original du *Sûtra de la Logique de la Vacuité Pure* était toujours en place, dans une simple boîte de bois, Pureté du Vide, sans plus attendre, avait repris sa route, apaisé.

— Mais où repars-tu si vite ? s'était exclamé Centre de Gravité, déçu devant la hâte de Pureté du Vide.

— Au pays de Bod !

— Serait-ce le moment de la « rencontre quinquennale destinée à faire tenir la concorde » ? avait demandé, à mots couverts, Centre de Gravité.

— C'est exact ! Cinq ans passent si vite ! s'était contenté de répondre l'auteur du précieux sûtra avant d'embrasser son collègue et de poursuivre son chemin, aussi promptement qu'il était arrivé.

À partir de Dunhuang, les deux principaux itinéraires de la Route de la Soie se séparaient.

Pour gagner les contreforts du massif tibétain, il allait emprunter celui du sud, qui longeait la partie méridionale du désert de Taklamakan dont les tempêtes de sable terrifiantes surprenaient souvent les voyageurs qui osaient s'y aventurer et dont fort peu, hélas, sortaient vivants.

Pureté du Vide avait dû affronter, lui aussi, ce désert trompeur dont les collines aux formes douces et régulières s'étendaient à l'infini de chaque côté de la piste, au point de faire perdre le sens de l'orientation au voyageur le plus aguerri. Ses vents brûlants étaient capables de dessécher sur pied un homme en deux heures, le temps pour lui d'aller à la recherche d'un point d'eau. Alors survenait la terrible mort par la soif, précédée par ces hallucinations qui faisaient croire au mourant qu'il était en train de se baigner dans un lac, quand c'était dans un tombeau de sable qu'il était peu à peu enseveli par la phénoménale force des vents.

Arrivé dans les environs de l'oasis de Hetian, l'une des régions du monde les plus riches en jade, il fallait abandonner la Route de la Soie et piquer plein sud.

Là, c'était un monde différent, plus primitif encore, qui s'ouvrait enfin au voyageur.

Un monde fait de vallées profondes, où serpentaient les torrents dévalant de ce gigantesque entonnoir naturel qui, mille li plus au nord, constituait le bassin du Tarim ; un univers irréel, où, par d'étroits sentiers bordés de ravins vertigineux, longeant les premiers lacs glaciaires à la surface azurée et plate comme un miroir, on accédait enfin aux hauts plateaux des contreforts himalayens.

C'était au bout de ces immenses terrasses naturelles qu'on voyait se dresser, couronnés de leurs neiges éternelles, les premiers sommets de la chaîne du Toit du monde.

Et pour Pureté du Vide, cette vision provoquait toujours le même choc indicible, si proche de celui qu'on éprouvait à la fin de la méditation.

Le choc de l'Illumination.

Une fois les hauts plateaux atteints, l'incomparable montagne tibétaine se laissait découvrir.

À perte de vue, au milieu de prairies grasses où nul animal sauvage ne venait jamais déranger leurs bêtes, les bergers faisaient pacager en toute quiétude leurs yaks, leurs vaches et leurs *dzo*, issus du croisement des deux premières espèces.

Ici et là s'élevaient des stûpas, petites taches blanches au milieu des pentes verdoyantes, sur les toits desquels on laissait flotter ces bannières multicolores qui enchantaient le regard.

Seuls les cris des marmottes et les sifflements des rapaces qui fondaient brusquement, tels des projectiles, sur ces rongeurs au pelage soyeux troublaient le silence qui régnait sur ces étendues où l'homme se sentait un être minuscule.

La majesté des paysages, leur infinité, la solitude, aussi, dans laquelle soudain on se trouvait plongé, tout cela transformait peu à peu le regard qu'on portait sur la nature : on ne pouvait plus s'empêcher de l'imaginer peuplée d'esprits bénéfiques et de démons vengeurs ; de voir dans la forme surprenante d'un rocher la marque de la main d'un bodhisattva venu se recueillir ici au cours d'une de ses milliers d'existences intérieures, et dans le vol plané d'un aigle la réincarnation d'un être dont le karman n'était pas mauvais puisqu'il était chasseur, et pas une proie, à son instar…

Au cours de son dernier périple, à mesure qu'il montait en altitude, le souffle court, Droit Devant à ses côtés pour ne pas le fatiguer inutilement, Pureté du Vide avait ressenti l'impression étrange que ses jambes le rapprochaient du Bienheureux Bouddha…

Pour un fervent bouddhiste de son espèce, grand maître en méditation transcendantale, la traversée du Tibet était une preuve supplémentaire du bien-fondé de sa philosophie et de sa raison de vivre.

Et il fallait être de la trempe du Supérieur de la Reconnaissance des Bienfaits Impériaux pour ne pas s'abandonner au découragement tant les sommets paraissaient proches, comme à portée de main, alors qu'ils étaient si loin ! Il fallait enchaîner les cols les uns après les autres et, souvent, parcourir encore des vallées et des vallées, avant d'arriver, enfin, au pied de la montagne enneigée vers laquelle on grimpait depuis des jours et des jours !

Et après tant de marches usantes, qui laissaient les pieds en sang à force de trébucher, cerné par ces pics et ces murailles touchant presque le ciel dont on ne se lassait pas de contempler les formes ahurissantes, on n'était pas au bout de ses peines.

Le but était désormais à quelques enjambées, juste derrière ce sommet enneigé, un peu plus haut que les autres, qui se dressait au loin, mais comme il n'était pas question de le gravir, il fallait le contourner.

Et le contournement de la moindre montagne, au pays de Bod, prenait des semaines.

C'est dire si la joie du voyageur était méritée, lorsque, après avoir passé un ultime col d'altitude, apparaissaient soudain, tels de gros bijoux posés sur leur coussin de velours émeraude, les toits du monastère de Samyé, en forme de cloche renversée et somptueusement dorés à la feuille.

Pureté du Vide, lorsqu'il était parvenu en vue du monastère, avait éprouvé un profond soulagement. La réunion à venir était si importante que ne pas y participer, en raison d'un empêchement ou d'un accident, eût été catastrophique.

Aussi, la façon dont les événements s'étaient déroulés après son arrivée à Samyé avait été d'autant plus décevante que son périple s'était plutôt bien passé.

Faire autant de chemin et braver autant de dangers, cela pratiquement pour rien…

Et Pureté du Vide avait jugé que, lui-même n'étant plus capable d'entreprendre une si longue route, le jeune moine Cinq Défenses possédait les qualités nécessaires pour accomplir à son tour le même exploit.

Il ne doutait pas que Cinq Défenses, excellent sportif et de surcroît cavalier émérite, ne mettrait pas plus de temps que lui pour se rendre là-bas.

— Tu seras à Samyé dans quatre bons mois. Et dans un peu plus de huit tu seras revenu parmi nous ! lança-t-il à son jeune disciple.

— J'ai simplement besoin d'une bonne carte pour ne pas me perdre, maître Pureté du Vide. Je ne connais cette Route de la Soie que de nom…

— Prends ce document : c'est un itinéraire où sont marqués les villes, les villages, les oasis et les principaux carrefours. Il te suffira de le suivre à la lettre, dit le vieil ascète en lui tendant un livre dont les feuilles pliées en accordéon étaient protégées entre deux planchettes de bois.

Puis il agita une clochette de cuivre dont le manche avait la forme d'une tige de bambou.

Aussitôt apparut dans l'embrasure de la porte la tête du moine Premier des Quatre Soleils Illuminant le Monde.

— Tu prépareras pour Cinq Défenses l'étalon Droit Devant ! ordonna le Supérieur.

— Ce sera fait, répondit le moine en s'inclinant avec respect.

— Ce cheval a déjà effectué trois fois la route du pays de Bod. Il file comme l'éclair d'un pas assuré, même sur les sentiers les plus tortueux ! J'ai toujours pensé que le karman d'un grand explorateur s'était réincarné dans cet animal…, ajouta plaisamment Pureté du Vide.

— Je vous suis reconnaissant de me prêter Droit Devant, maître Pureté du Vide. Je vous assure que je ferai de mon mieux ! murmura Cinq Défenses.

— Je sais ! J'ai confiance en toi. Fais attention aux femmes. Tu es un joli garçon…

— Maître, j'ai fait vœu de chasteté ! protesta Cinq Défenses.

— Je te taquinais ! plaisanta Pureté du Vide.

Cinq Défenses ne put s'empêcher de rire.

C'était la première fois qu'il entendait une plaisanterie de ce genre de la part de Pureté du Vide. Il y voyait une inestimable marque de confiance à son égard, aussi importante que de mettre à sa disposition Droit Devant, l'étalon au pelage luisant.

— Prends soin du cheval, recommanda Pureté du Vide comme s'il avait suivi ses pensées.

— Ne vous inquiétez pas, je soignerai Droit Devant aussi bien que s'il s'agissait d'un parent !

Brillant comme s'il avait été huilé, objet des soins les plus attentifs de la part des moines palefreniers du monastère, ce cheval avait été offert à la communauté bouddhique par l'empereur Taizong lui-même pour célébrer l'une de ses innombrables victoires sur les peuples qualifiés de barbares qui stationnaient aux marches de l'Empire chinois et qu'il annexait de proche en proche, au fur et à mesure qu'il étendait son influence vers l'Asie centrale.

C'était la monture attitrée du Vénérable Supérieur qui ne laissait à personne le soin de le promener et de le faire galoper dans les collines autour du couvent.

Juché sur cet animal impétueux et fort, nul doute qu'un jeune moine de son espèce, qui n'avait jamais quitté la Chine centrale, réussirait à atteindre le pays de Bod. Et là, il découvrirait ce qu'était ce monde en soi, au sujet duquel couraient tant de légendes.

— Tes qualités d'athlète expert en lutte et adepte des arts martiaux, à l'évidence, pourront te servir utilement…, ajouta Pureté du Vide qui venait de se lever et arpentait de nouveau sa cellule, malgré son étroitesse.

La remarque fit sortir le jeune moine de la torpeur où son imagination foisonnante l'avait plongé.

Pureté du Vide, manifestement, ne l'envoyait pas faire une simple promenade !

— … Au cas où, à Samyé, ils refuseraient de me rendre le rouleau ? hasarda Cinq Défenses.

— Tu l'as dit ! Je ne suis pas sûr, au demeurant, qu'il te faille leur demander la permission de l'emporter…

— Vénérable maître, je vous l'assure, je ferai l'impossible pour m'en emparer, dussé-je mettre par terre dix moines à la fois.

— Je compte sur toi. Ce sûtra, il me le faut absolument ! conclut gravement le grand maître de Dhyāna.

Les yeux de Cinq Défenses brillaient à présent d'un éclat guerrier.

Il était bien décidé à tout mettre en œuvre, y compris la force et la ruse, pour remplir le contrat dont son Vénérable Supérieur le chargeait.

Devant un enthousiasme si sincère, le vieux maître ascétique avait cessé de marcher de long en large, et la vitesse à laquelle il égrenait les perles d'ambre de son mala témoignait de son émotion.

L'heure était grave.

Pour un peu, il eût pris dans les siennes les mains de Cinq Défenses pour les serrer de toutes ses forces.

L'espace d'un instant, il fut même tenté d'en dire un peu plus à son disciple sur la vraie raison qui l'amenait à lui demander de rapporter ce sûtra à Luoyang.

Mais dévoiler le fin mot de l'histoire, fût-ce à Cinq Défenses, lui paraissait bien trop dangereux et, surtout, extrêmement risqué pour l'intéressé lui-même.

Il valait mieux que le jeune moine eût l'esprit complètement libre pour accomplir cette mission et qu'il ne sentît pas sur ses épaules le poids trop lourd de la responsabilité que le Vénérable Supérieur venait de lui confier.

Ne rien dire de plus à son disciple, n'était-ce pas, en l'occurrence, la meilleure façon d'alléger, autant que possible, ce poids ?

Sans doute… Du moins Pureté du Vide finissait-il par s'en persuader !

Car s'il avait vraiment voulu protéger Cinq Défenses, il n'eût pas omis de lui parler d'un quatrième courant religieux, bien plus obscur et tortueux que le lamaïsme, le Mahâyâna et le Hînayâna qu'il avait évoqués devant lui.

C'était une religion très particulière, dont on ne s'entretenait qu'à mots couverts, et avec des airs entendus.

Ses rituels, objets de tous les fantasmes en raison de leur nature érotique et sexuelle, faisaient appel à l'union des corps et aux coïts entre adeptes.

Venant du mot sanskrit *tantra* qui signifie « extension », ou « chaîne de l'esprit », le tantrisme entendait maîtriser les énergies spirituelles et corporelles, inépuisable source lorsqu'on arrivait à les combiner.

Aussi, au lieu de proscrire les plaisirs terrestres, on ne cessait de les cultiver dans les moindres détails, surtout le plaisir sexuel dont l'exaltation permettait d'atteindre un niveau de conscience proche du stade de l'Éveil, tel que l'avait connu le Bouddha lui-même.

Née en Inde, cette convergence, quelque peu sulfureuse pour les moralistes, entre l'absolu et le sexe, qui préexistait au bouddhisme, avait fini, quelques siècles plus tard, par déteindre sur la religion du Gautama lui-même, sous la forme du bouddhisme tantrique, une doctrine aux aspects ésotériques dont les pratiques, toutefois débarrassées du pan-sexualisme du tantrisme indien proprement dit, étaient décrites avec un extraordinaire luxe de détails dans le *Sûtra du Lotus* qui en était le texte emblématique.

Et Pureté du Vide, toujours soucieux d'en dire le moins possible, s'était bien gardé de parler à Cinq Défenses du curieux personnage, adepte du tantrisme, qui était à l'origine des tracas l'amenant à solliciter le jeune moine.

Comme tous les hommes de pouvoir, fût-il l'un des plus grands exégètes de son temps et le chef suprême du bouddhisme chinois, le Supérieur du monastère de la Reconnaissance des Bienfaits Impériaux de Luoyang se méfiait des autres.

Il n'avait pas compris que la vraie sagesse était réservée à ceux dont la confiance ne se monnayait jamais.

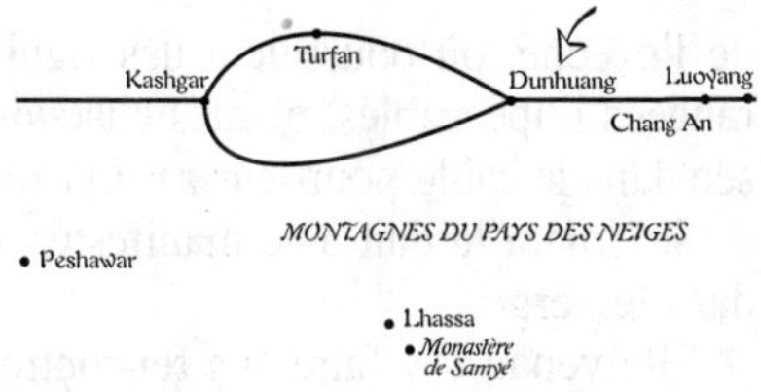

4

Oasis de Dunhuang, Route de la Soie

— Umara, où donc te caches-tu, ma chérie ? Je t'ai déjà dit cent fois qu'il fallait rentrer à la maison dès le coucher du soleil !

L'après-midi, pourtant, était à peine entamé et un éclatant soleil d'été finissant inondait les ruelles et les vergers de l'oasis.

— Umara, veux-tu venir immédiatement, s'il te plaît ! Si tu ne me réponds pas, je serai obligée d'aller prévenir ton père !

La voix était stridente, et l'angoisse manifeste. Cela faisait d'ailleurs près d'une heure qu'elle s'égosillait, à force d'appeler ce nom.

Mais celle dont le prénom était Umara faisait la sourde oreille.

Umara était une jeune fille qui supportait de moins en moins, au fur et à mesure qu'elle avançait en âge, l'encombrante attention que lui manifestait cette gouvernante toujours inquiète.

À peine disparaissait-elle de sa vue que cette femme du nom de Goléa, dont l'embonpoint la faisait ressembler à une barrique de vin de raisin, la cherchait en criant pour conjurer son angoisse.

D'habitude, la jeune fille, des plus sages et dociles, soucieuse de ne pas l'affoler outre mesure, réagissait sans tarder à ses appels pressants.

Cette fois-là, cependant, Umara avait décidé de s'abstenir.

Elle se trouvait du côté opposé à celui d'où provenait la voix, tout contre l'épais mur de terre sèche qui entourait le verger de l'évêché, où poussaient des figuiers et des pêchers alignés en rangées impeccables, plantés chacun au milieu d'une vasque creusée dans le sable pour leur assurer un arrosage efficace.

Si Umara tardait à se manifester, c'est qu'elle n'était pas seule dans le verger.

Elle venait d'y faire une rencontre intéressante.

Et pour une enfant à ce point protégée du reste du monde, habituée à jouer en solitaire dans cet immense parc, quand elle ne passait pas ses journées à recopier et à apprendre les alphabets syriaque et sanskrit, ainsi que les trois mille caractères chinois qui permettaient de se débrouiller dans cette langue, cela méritait bien, pour une fois, de ne pas se plier aux angoisses de son omniprésente gouvernante.

De fait, alors qu'elle courait après sa balle, la jeune fille avait surpris, perché sur un arbre, un jeune garçon en train de mordre à pleines dents une de ces pêches odorantes, aussi rondes et rougeaudes que les joues d'un nouveau-né en hiver, qui faisaient la fierté du jardinier de son père.

— Mais que fais-tu là, petit fripon ? avait lancé Umara au malandrin.

À première vue, celui-ci était si crasseux qu'elle pouvait à peine distinguer son visage, si ce n'était sa bouche souriante, dont les dents blanches dégoulinaient de jus. Les cheveux raides du garçon étaient gris de poussière de sable, et ses vêtements en lambeaux n'étaient plus qu'un tas de haillons.

Assurément, ce devait être un de ces enfants abandonnés qui hantaient les ruelles de Dunhuang à la recherche d'un bol de riz ou d'une galette de blé, comme on en trouvait, surtout, à l'entrée des trente-trois monastères bouddhiques que comptait l'oasis, où leurs parents avaient essayé de les faire entrer au noviciat, mais en vain, parce qu'il n'y avait plus de places disponibles, les demandes étant toujours très supérieures à l'offre…

— Comment t'appelles-tu ? Moi, c'est Umara ! demanda celle-ci, à qui le sourire éclatant du garçon, qui suçait à présent le noyau de sa pêche, avait donné envie d'engager la conversation.

— Je n'ai pas vraiment de nom. Dans les oasis, on a l'habitude de m'appeler Brume de Poussière !

— Brume de Poussière, que voilà un joli petit nom xiaoming !

— Joli, oui, sans doute, mais pas autant que toi ! Quel âge as-tu ?

Le compliment avait fusé si gentiment qu'il avait fait rosir de plaisir la jeune fille.

— Je vais sur mes dix-sept ans ! Et toi ?

— J'ai eu treize ans l'année dernière. Tu es belle ! Tu parles chinois à la perfection, Umara, ajouta le jeune garçon sans aucune gêne.

C'est vrai qu'elle était belle, Umara !

Beaucoup plus belle que toutes les filles que Brume de Poussière avait croisées.

Pourtant, il y en avait, des filles, et de toutes races, et de toutes tailles, des plus menues aux plus fortes, des plus brunes, à la chevelure d'ébène, aux plus rousses, à la crinière de flammes, des plus jaunes, aux yeux étroits comme des fentes, aux plus blanches, aux yeux bleus comme le ciel, tantôt des diablesses et tantôt des anges, sur cette longue Route de la Soie et dans les marchés des oasis, où la plupart étaient vendues par leurs familles à de riches marchands, ou encore, cédées à l'encan par des chefs de guerre qui les retenaient prisonnières et se débarrassaient ainsi de leur butin pour mener grand train.

Et ce qui avait le plus frappé Brume de Poussière, quand il s'était approché de ce visage parfait, à la peau lisse et claire, aux lèvres carmin charnues comme des fruits et à l'étonnante chevelure frisée noire et brillante, semblable à la laine bouclée de certains agneaux dont on faisait des cols de manteau, c'étaient les yeux d'Umara.

Une grande douceur émanait de celui de gauche, bleu comme les eaux d'un lac, tandis que la fougue, et même la passion, se lisaient dans celui de droite, dont l'iris marron était illuminé par les rayons dorés qui partaient de sa pupille.

Brume de Poussière, dont c'était la première occasion de contempler, dans un même visage, des yeux de couleurs différentes, en était tout retourné.

Au moment où il s'apprêtait à lui en faire le compliment, il fut arrêté par des cris stridents qui provenaient du fond du jardin.

— Umara ! Umara ! Je t'ai déjà dit de sortir immédiatement de ta cachette ! Ton professeur de chinois va arriver et tu seras en retard !

C'était la gouvernante Goléa qui approchait.

Umara pouvait distinguer sa silhouette épaisse au bout de la longue rangée où avaient été plantés les arbres fruitiers.

— Au moins, tu sauras pourquoi je parle chinois ! Mon père souhaite que je pratique les langues d'ici… le chinois et aussi le sanskrit.

Le garçon poussa un sifflement admiratif.

— Le chinois, c'est ma langue… Mais le sanskrit ! N'est-ce pas totalement incompréhensible ? murmura-t-il.

— Allez, mon cher Brume de Poussière, il te faut rentrer… sinon, ils vont lancer les chiens à tes trousses ! lâcha-t-elle.

— C'est que je ne sais même pas où aller ! protesta l'enfant.

Umara ne savait trop que répondre à la constatation désabusée du garçon dont les yeux, soudainement, étaient devenus tristes à en mourir, sous son bonnet de cheveux grisâtres raidis par la poussière.

— Reviens demain à la même heure. Nous jouerons à la balle ! lui souffla-t-elle, avant de s'éloigner en courant pour rejoindre sa gouvernante éplorée.

— Umara, tu m'as fait la peur de ma vie… Je croyais que tu avais été enlevée par des bandits de grand chemin… Je me voyais déjà annoncer cette horrible nouvelle à ton père ! Un peu plus et le précepteur chinois aurait attendu et il serait allé se plaindre à lui…

Les phrases de reproche s'enchaînaient sans la moindre cohérence, témoignant de l'angoisse dans laquelle sa recherche l'avait plongée.

— Je n'ai plus cinq ans ! Quand je pars à cheval, devant papa, en galopant, il me laisse faire. Je jouais sur un arbre, voilà tout ! maugréa-t-elle en repoussant l'énorme créature qui la serrait dans ses bras jusqu'à l'étouffer.

— Rassure-toi, je ne dirai rien à ton père !

— Je n'ai pas peur ! J'ai atteint l'âge du libre arbitre !

— Umara, une jeune fille se doit de respecter son père !

Et, de fait, ce n'était pas n'importe qui, le père de cette superbe jeune fille aux boucles brunes, à la peau blanche comme l'ivoire et aux yeux bicolores, qui parlait déjà couramment des langues aussi éloignées l'une de l'autre que le chinois, le syriaque ainsi que le sanskrit, et montait également à cheval comme un cavalier émérite, à force de l'accompagner dans ses chevauchées enivrantes comme seul le désert les permettait !

C'était d'abord un homme qui aimait sa fille par-dessus tout et avait souhaité que son éducation fût complète, tant sur le plan intellectuel que moral et physique.

C'était surtout l'évêque Addai Aggai, le dirigeant spirituel d'une minuscule communauté chrétienne qui avait eu le culot insigne de s'installer, quelques années plus tôt, fort loin de ses bases, dans cette oasis proche de la Chine centrale : l'Église nestorienne de Dunhuang.

Par quel hasard – ou plutôt miracle ! – des représentants de cette Église chrétienne orientale non orthodoxe pouvaient-ils se retrouver ainsi à des milliers de kilomètres de chez eux, aux portes de l'empire du Milieu, dans la dernière oasis de la Route de la Soie avant celui-ci lorsqu'on venait d'Asie centrale ?

L'Église nestorienne avait été créée un peu plus de trois siècles plus tôt par le patriarche de Constantinople Nestorius qui déniait au Christ sa double nature d'homme et de Dieu telle que l'avait décrétée l'Église de Rome, en s'appuyant sur les Évangiles.

Pour Nestorius, la Vierge, qui n'était qu'une femme, comme le précisaient les Écritures, ne pouvait en aucun cas avoir engendré un dieu.

Cette controverse, qui occupait à l'époque de nombreux théologiens, n'avait pas fait l'objet d'un réel débat lors du concile de Nicée (325), au cours duquel il avait été réaffirmé que Marie était bien « mère de Dieu ».

Nestorius, qui refusait la nature duale, à la fois humaine et divine, du Christ, persistait à dénommer Marie « mère du Christ » et non pas « mère de Dieu ».

La théorie nestorienne avait été finalement condamnée officiellement en 431 par le concile d'Éphèse qui avait adopté, après d'âpres discussions, la thèse bâtarde de Cyrille, le patriarche d'Alexandrie. Elle avait l'avantage de réconcilier tout le monde : contrairement aux affirmations de Nestorius, le Christ possédait bien la double nature, mais chacune d'entre elles se rencontrait dans une seule personne ou hypostase.

Les nestoriens avaient définitivement perdu la partie devant les autorités ecclésiales, avant d'être rejetés dans les ténèbres de l'hérésie.

Persécutée, la communauté nestorienne, qui se proclamait chrétienne, n'avait eu d'autre choix que de se réfugier en Mésopotamie, dans la Perse sassanide, où elle avait été accueillie favorablement par les colonies juives qui y étaient déjà implantées.

Leur langue liturgique était le syriaque, une branche de l'araméen, la langue de Jésus lui-même, dont l'apprentissage était particulièrement difficile.

Mais malgré son essor, le nestorianisme n'avait jamais réussi à obtenir auprès des Sassanides le statut de religion d'État.

Les deux courants religieux dominants de la région persane étaient le manichéisme et le zoroastrisme. Cette dernière religion, dont les prêtres étaient des mages regroupés sous l'autorité du Mage Suprême, appelé le Mobed des Mobed, s'était efficacement organisée pour limiter l'influence des nestoriens.

Ceux-ci avaient alors compris qu'il valait mieux essayer de sortir de Perse pour aller s'établir vers l'Asie centrale où toutes les religions de la terre, pratiquement, coexistaient déjà, sur des territoires dont les autorités politiques, peu au fait de ces subtilités, se montraient tolérantes.

Aussi, dès la fin du ve siècle, les nestoriens s'étaient-ils implantés en Bactriane et, de proche en proche, grâce à la Route de la Soie, avaient fini par toucher les abords de la Chine.

De cette longue marche destinée à faire partager aux autres la vérité qui les habitait, de cette croisade pacifique dont ils savaient pertinemment qu'elle prendrait des siècles, les nestoriens avaient décidé que Dunhuang serait le principal et dernier avant-poste sur la route de la Chine centrale.

Addai Aggai, leur évêque, relevait de l'autorité directe du Katholikos, l'évêque de Nisibis, petite ville perse où l'Église nestorienne avait établi son siège.

Chargé par le Katholikos d'aller ouvrir un monastère dans cette oasis sous protectorat et statut chinois, il avait brillamment accompli cette tâche.

Quelques mois seulement après son arrivée dans l'oasis, les fondations du couvent étaient terminées et les premiers moines nestoriens chinois avaient commencé à prononcer leurs vœux dans le chantier dont les murs étaient à peine sortis de terre. Ainsi, avant même de disposer d'une église achevée, la communauté nestorienne comptait déjà quelques membres.

L'évêque nestorien, fort astucieusement, avait engagé comme nouvelles recrues les ouvriers du chantier de l'église, auxquels un paiement rubis sur l'ongle ôtait tout scrupule d'abandonner ainsi leurs croyances originelles.

Le bouche à oreille s'était mis en marche, et les pièces d'argent qu'Addai Aggai faisait tinter, tous les matins, sur les pierres du chantier attiraient chaque jour un nombre croissant de nouveaux convertis.

Féru de langues, doué pour les parler, un don qu'il avait d'ailleurs transmis à sa fille, outre le syriaque et le parthe, qu'il connaissait parfaitement, l'évêque Addai Aggai s'était mis au chinois et au sanskrit.

Il maîtrisait ainsi les grandes langues des deux extrémités de cette extraordinaire chaîne culturelle, sociale, religieuse et économique entre des peuples de races et de croyances différentes qu'était la Route de la Soie.

Quant à ses nouveaux adeptes, dont la plupart étaient des habitants de la région parlant le chinois, l'évêque mettait un point d'honneur à leur apprendre des rudiments de syriaque, juste de quoi prononcer après lui les paroles liturgiques sacramentelles utilisées lors des cérémonies.

Mais c'était suffisant pour conférer aux cultes de sa petite église une ferveur communicative. Addai Aggai organisait de longs rituels au cours desquels étaient célébrés Dieu Unique et le Christ, son fils humain intercesseur auprès des hommes, et à l'issue desquels l'évêque, conscient que c'était là un moyen supplémentaire d'engager des recrues, régalait ses ouailles de pain azyme fourré à l'agneau grillé aux herbes dont elles raffolaient.

Le monastère comptait ainsi déjà plus de trois cents moines

lorsque l'évêque Addai s'était retrouvé veuf, quelques jours à peine après la naissance d'Umara dont la mère n'avait pas résisté à un accouchement difficile.

C'est Goléa, la gouvernante venue de Perse avec le couple, qui fut, par voie de conséquence, chargée de l'éducation et de la surveillance de l'enfant qui venait de naître. Goléa était aussi large que haute. Son embonpoint était tel que les garnements de Dunhuang l'appelaient « la montagne » quand ils la voyaient déambuler dans les ruelles commerçantes du quartier où était bâtie l'église nestorienne.

Nombreux étaient ceux, dans cette région où la sécheresse pouvait provoquer des famines, qui prêtaient volontiers des pouvoirs surnaturels à cette énorme matrone dont les seins tombants ressemblaient étrangement aux bosses jumelles des chameaux. Certains disaient que toucher « la montagne » donnait de la force, d'autres qu'elle savait ordonner à la pluie de tomber. Il est vrai qu'à Dunhuang les gros étaient très rares. Chacun était habitué à des repas qui permettaient tout juste de survivre dans le désert de Gobi lorsqu'on décidait de s'y aventurer.

Quelques commerçants sogdiens ou certains caravaniers iraniens se démarquaient, que l'on croisait au milieu de la foule des pasteurs et des paysans venus vendre leurs moutons sur les marchés, dont la maigreur faisait peine à voir, comme celle des moines bouddhistes à la même peau basanée et aux mêmes pommettes creuses, qui mendiaient pieusement leur nourriture.

L'évêque nestorien, inconsolable depuis la mort de son épouse, trop occupé, de surcroît, par les affaires de son Église dont il rêvait d'étendre l'influence vers la Chine, ne s'était jamais remarié.

Addai Aggai tenait donc sa fille unique pour son bien le plus précieux.

Aussi la gouvernante avait-elle toujours tendance à la considérer, à près de dix-sept ans, comme la petite orpheline dont le père lui avait solennellement confié la charge, l'obligeant à jurer qu'elle s'occuperait d'elle comme de sa propre fille et veillerait sur elle comme sur la prunelle de ses yeux.

Son incomparable et bouleversante beauté en faisait déjà, pour le plus grand bonheur de l'évêque, le portrait tout craché de sa mère.

Mais tant de grâce et de charme réunis dans une seule personne faisaient également d'Umara une cible de choix pour tous ceux qui en auraient voulu à Addai Aggai.

L'évêque, au sujet de sa fille bien-aimée, était toujours sur le qui-vive. Souvent, au cours de la nuit, il se réveillait, haletant, et se ruait dans sa chambre pour vérifier si elle dormait toujours dans son lit : il venait de rêver qu'un commando entré par effraction dans l'église nestorienne l'avait enlevée…

De fait, les nestoriens ne s'étaient pas fait que des amis dans les oasis de la Route de la Soie où ils avaient décidé d'ouvrir des églises qui disposaient, outre d'importants subsides envoyés par Nisibis, d'instruments liturgiques en or et en argent, et d'ornements de tissus précieux brodés, que chacun pouvait voir en assistant à une messe.

Et sur la Route de la Soie, tout ce qui brillait était objet de convoitise.

Toutes sortes de bandits, d'escrocs et de sacripants y traînaient leurs semelles à la recherche d'argent facile.

Ces experts en extorsion de fonds préféraient la technique de l'enlèvement contre demande de rançon à celle, beaucoup plus risquée, de l'attaque frontale de la caisse d'un riche marchand ou du pillage de sa caravane, surtout lorsqu'elle était escortée par des gardes armés.

Dans la plupart des cas, ces expéditions hasardeuses s'achevaient en bain de sang pour leurs instigateurs. Car, sur ces chemins hantés par le grand banditisme, les commerçants fortunés louaient à prix d'or des mercenaires et employaient même parfois de véritables milices privées pour défendre leurs biens et leurs précieuses cargaisons.

Mais, outre l'étalage de luxe du culte nestorien, Addai Aggai avait une raison bien plus importante de craindre pour la vie de sa fille aimée, raison qu'il ne lui eût, au demeurant, pour rien au monde révélée, de peur de l'effaroucher et, surtout, de la mettre en danger…

Tous les jours que son Dieu Unique et Indivisible faisait, l'évêque nestorien se disait en effet qu'il prenait des risques immenses non seulement pour lui-même, mais en premier lieu pour

Umara, sans oublier l'ensemble de la communauté dont il avait la charge, en s'adonnant à son activité clandestine, certes très rentable mais qui l'exposait à la terrible persécution de l'administration des Tang si, par malheur, elle venait à être découverte.

De cette activité, il n'avait jamais parlé, par exemple, à Centre de Gravité, le chef de l'Église bouddhique de Dunhuang, avec lequel il entretenait cependant des rapports de bon voisinage qui les amenaient à se rencontrer tous les mois pour faire le point sur leurs activités respectives et aplanir les éventuelles difficultés susceptibles de surgir à tout moment entre deux Églises aussi éloignées l'une de l'autre, tant sur un plan philosophique que pratique.

Tout arrêter, pourtant, de cette activité, comme il y songeait parfois, lorsque l'angoisse se faisait trop forte, était rigoureusement impossible.

Cela eût signifié tout bonnement la ruine de sa petite communauté.

Il y avait belle lurette, en effet, que l'argent n'arrivait plus à Dunhuang, depuis Nisibis.

À peine le monastère construit, tout versement avait cessé de la part du siège de l'Église nestorienne.

Il lui avait donc fallu se débrouiller seul et faire preuve d'imagination, ce dont il ne manquait pas, afin de trouver la solution appropriée pour pallier la défaillance du siège de l'Église.

Addai Aggai était bien placé pour savoir que l'absence de moyens financiers signifiait immanquablement l'arrêt des vocations nouvelles, l'impossibilité d'aller plus loin vers la Chine centrale, avec pour tragique conséquence le piteux retour au bercail que serait le repli de l'avant-poste nestorien de Dunhuang vers la Perse.

Une telle issue eût signé l'échec de la mission que le Katholikos lui avait confiée, une quinzaine d'années plus tôt, lorsqu'il l'avait chargé de répandre vers l'Asie le dogme de Nestorius.

C'est ainsi que tout un pan des activités et des contacts de l'évêque nestorien de Dunhuang était devenu totalement inavouable, car sa révélation eût entraîné les pires châtiments pour lui-même et ses proches, tout en sonnant irrémédiablement le glas des velléités expansionnistes de son Église.

Souvent, il se disait qu'il avait pris bien trop de risques et que c'était pure folie de sa part de s'être lancé dans une telle aventure !

Mais dans la vie d'un homme pouvaient surgir des nécessités impérieuses auxquelles il fallait faire face.

Et c'était son activité secrète, rapidement devenue indispensable à la survie du monastère nestorien, qui obligeait Addai Aggai à adopter une conduite au-delà de la simple méfiance.

Ce qu'il craignait désormais par-dessus tout, c'était la trahison d'un de ses moines, qui, moyennant quelques pièces d'argent, serait allé vendre la mèche aux autorités chinoises, lesquelles n'auraient plus qu'à déclencher leurs foudres. Aussi avait-il soigneusement sélectionné, même si en l'espèce, on n'était jamais sûr de rien, ceux qui avaient accès à l'inavouable secret.

Cette inquiétude permanente l'amenait aussi à s'assurer plusieurs fois par jour auprès de la pauvre Goléa que tout allait bien pour sa fille adorée.

Enfant unique et choyée, Umara souffrait de la solitude due à l'isolement dont elle était l'objet depuis qu'elle était toute petite, tandis que l'angoisse manifestée par son père pesait aussi de plus en plus sur ses jeunes et frêles épaules.

— Étais-tu seule ? Il m'a semblé t'entendre parler à quelqu'un… Tu sais que ton père t'interdit tout contact avec des inconnus ! gémit la gouvernante, l'air inquiet et soupçonneux, en lui prenant la main.

Autour d'elles, c'était l'heure de la journée où le verger de l'évêché nestorien embaumait le plus.

— Où as-tu vu ou entendu quelqu'un ? Il n'y a jamais personne dans ce jardin !

Le cœur de la jeune fille battait à tout rompre.

C'était la première fois qu'Umara mentait à sa nourrice.

Combien de fois, pourtant, lui avait-on dit que mentir était l'un des plus grands péchés du monde… et voilà qu'elle venait d'y succomber !

Elle l'avait fait sans réfléchir et sans se poser la moindre question.

Jamais, au grand jamais, elle n'eût dénoncé ce garçonnet aux cheveux grisâtres et au sourire si avenant, qui lui avait fendu le cœur en lui révélant qu'il ne savait même pas où aller dormir…

Surtout, elle brûlait déjà de revoir ce gentil voleur de pêches, qui ferait assurément un excellent et amusant partenaire au jeu de balle.

Le lendemain, à l'heure dite, le petit garçon se tenait sur la même branche de pêcher que la veille.

— Salut Brume de Poussière ! Comme tu es ponctuel !

Umara était vraiment heureuse qu'il eût tenu parole.

— Bonjour, Umara… J'espère que ta gouvernante ne t'a pas trop réprimandée, hier soir !

— J'ai un père qui a toujours peur qu'il m'arrive quelque chose ! dit-elle sobrement.

— Moi, c'est plus simple, je n'ai jamais eu de parents…, murmura tristement son nouveau camarade.

— Tu es orphelin de père et de mère ?

— Je suis un enfant abandonné. J'ai appris à me débrouiller tout seul. Sur les marchés de Dunhuang, on trouve largement de quoi se nourrir. Il suffit d'être serviable avec les commerçants, de les aider à ranger leur étal ou de le leur garder quand ils vont uriner !

— Dès que je t'ai vu, j'ai su que j'avais affaire à un garçon astucieux !

— À quoi veux-tu jouer, Umara ?

Un grand sourire illuminait à présent le visage rond et plat de Brume de Poussière, à peine plus sombre de crasse que la veille, dont les yeux noirs brillants d'astuce et le nez légèrement épaté, aux narines ouvertes, dénotaient bien l'origine asiatique.

Pour toute réponse, Umara sortit de sa poche sa petite balle ronde en cuir rembourré de chiffons et la lança de toutes ses forces, le plus haut possible, en direction du ciel. La trajectoire de la balle l'amena bien au-delà du mur de terre sèche, qu'ils eurent tôt fait d'escalader, après que le petit garçon eut fait la courte échelle à la jeune fille.

C'était la première fois qu'Umara franchissait ainsi, subrepticement, le mur d'enceinte du verger et se retrouvait à l'extérieur de l'évêché en dehors de toute permission de son père.

Elle éprouvait un sentiment délicieux, mélange subtil de satisfaction et de peur, qui se transformait en euphorie irrépressible, avant de devenir cette incomparable saveur que procure la transgression, lorsque, naturellement docile et respectueux des règlements, on ose enfin la désobéissance.

— Je n'avais encore jamais fait le mur ! s'écria-t-elle.

— J'espère que cela ne te vaudra pas des tracas ! murmura, ennuyé, Brume de Poussière.

En guise de réponse, elle fila droit devant elle, sur une avenue qui allait vers le nord de la ville. Elle courait à toute allure en riant, comme un jeune animal enfermé dans une cage et qui, soudain, découvre l'ivresse de la liberté.

Pris au jeu, Brume de Poussière se lança à sa poursuite, à travers les marchés qui barraient l'avenue.

Sous le regard médusé des marchands de denrées précieuses venues de l'Ouest, si chères qu'on ne pouvait les acheter qu'avec des pièces d'or ou des coupons de soie, les amandes, le jade, la poudre verte de sulfate de soude, le mascara pourpre tiré du murex, la teinture d'indigo et le narcisse parfumé qui allait devenir la fleur fétiche qu'on s'échangeait, en Chine, pour le Nouvel An, ils hurlaient tellement de rire que personne n'osait leur demander d'arrêter de courir entre les étals.

Ici et là, dans des coupelles de cuivre, des petits tas d'encens et de myrrhe embaumaient l'air. Pour en obtenir une pincée, il eût fallu donner à leur marchand au moins deux beaux petits agneaux vivants.

Ils manquèrent de bousculer un marchand d'amiante, dont les fibres, venues de Perse, tissées comme la laine, suscitaient l'admiration des badauds.

— Ta laine vient de quel animal ? interrogèrent-ils, devant cette matière unique au si curieux toucher.

— Ce sont des poils filés de salamandre ! Si tu en fais une tunique, tu pourras traverser sans aucun problème tous les murs de flammes que tu voudras ! expliqua le Persan dans un chinois impeccable.

Mille fois, ils faillirent renverser des pyramides de pastèques, de pêches et de raisins mais aussi de courges, de blettes et de concombres, posées à même le sol, autour desquelles se pressait la foule qui se mettait à insulter ces deux chiens fous qui continuaient à courir l'un derrière l'autre, riant et hoquetant comme des garnements.

La liberté semblait avoir donné des ailes à Umara.

Malgré son habitude des ruelles et des placettes de Dunhuang,

Brume de Poussière avait du mal à la rattraper, tellement elle avançait vite.

Au bout de l'avenue bordée de maisons rases, blotties les unes contre les autres, d'où s'échappaient des cris d'enfants et des odeurs de cuisine, ils firent irruption dans un troupeau de chèvres qui occupait toute sa largeur, provoquant les bêlements apeurés des bêtes que d'énormes chiens au pelage fauve empêchaient de s'éparpiller.

— Attention à toi Umara ! Si tu ne veux pas tomber, il faut leur sauter par-dessus, s'écria le garçon, hilare.

Et, cerné par les petites chèvres, il lui montra comment il fallait s'y prendre. Umara, moins aguerrie que lui, termina sa course à quatre pattes au milieu du troupeau affolé.

Il se précipita pour l'aider à se relever. Coincée entre deux chèvres qui la léchaient, elle était tordue de rire.

— T'es-tu fait mal ? lui demanda-t-il.

Sans même prendre la peine de lui répondre, elle se releva d'un bond et repartit en courant.

— Attrape-moi ! hurla-t-elle, alors qu'elle était déjà loin devant.

Leur folle course-poursuite, après les avoir entraînés hors de la ville dont ils avaient, sans même s'en rendre compte, dépassé les derniers faubourgs, leur avait fait traverser une petite étendue désertique et pierreuse, avant de les amener au pied d'une falaise devant laquelle ils s'étaient arrêtés, ne pouvant aller plus loin, hors d'haleine.

— J'ai fini par t'attraper ! lança Brume de Poussière à Umara en lui glissant un baiser sur la main.

— Si j'étais un lézard, tu n'aurais pas pu me prendre, je serais déjà montée là-haut !

Elle désignait la muraille rocheuse dont le sommet situé en retrait n'était pas visible depuis le sol.

— Je ne suis pas un lézard, mais je crois bien qu'il y a là quelque chose qui devrait résoudre ce problème !

Un peu au-dessus de leurs têtes, une échelle de corde pendait, qui devait permettre d'accéder à une sorte de plate-forme dont on pouvait, à condition de reculer de quelques pas, distinguer la rambarde de bois sculpté.

— Regarde-moi toutes ces sculptures ! Il doit y en avoir, là-haut, un trésor, derrière un aussi beau balcon ! Chiche que tu sauras y grimper aussi vite que moi ! ajouta le jeune garçon, tandis que ses petites mains crasseuses agrippaient déjà le premier barreau de l'échelle.

Souple comme un chat, après une contorsion et un rétablissement, Brume de Poussière, en un rien de temps, était déjà en haut.

— Tu vois, c'est plutôt facile. Maintenant je vais t'aider à monter…

Le garçon tendit la main à la jeune fille et réussit à la hisser à son tour.

Derrière la balustrade de bois sculpté, facile à enjamber, la plate-forme rocheuse n'avait pas moins de quatre pieds de large. Elle formait, le long de la paroi de la falaise, une sorte de balcon naturel d'une vingtaine de pieds de long. Curieusement, aucune porte ni fenêtre ne s'ouvrait dans la muraille, comme si le balcon n'avait eu d'autre fonction que de permettre au visiteur de contempler le moutonnement des dunes de sable du désert que, de là, on pouvait contempler à perte de vue.

Quelques pierres jonchaient le sol de ce qui ressemblait à une terrasse, au milieu de traces de poussière grisâtre qui faisaient penser à du mortier.

— Jamais je n'ai vu le désert d'aussi haut ! Tant de dunes à la fois ! Comme c'est beau ! s'écria Umara, émerveillée.

— C'est de là que je viens. Je suis né à Turfan, mais, m'a-t-on dit, de parents chinois. C'est une autre oasis. Plus vaste encore que celle de Dunhuang. Elle est à des mois de marche d'ici, vers l'ouest. Depuis que j'ai perdu mes parents, les dunes de sable font partie de mon quotidien, dit le garçon, soudain pensif.

— Brume de Poussière… de Turfan.

— Je fus confié à un tailleur de jade, mais je me suis enfui quand j'avais six ans. Il me battait.

— Tu as appris à tailler le jade !

— Je l'ai vu polir à la meule, avec des abrasifs. C'est un travail de longue haleine, que de tailler la pierre d'immortalité !

— Mon père dit toujours que seul Dieu Unique est immortel !

— Je suis content d'être ici avec toi !

Il souriait.

— Comment fait-on pour vivre seul, quand on est un petit garçon de six ans et qu'on a quitté sa famille adoptive ?

— On survit ! L'hiver, on dort dans les étables, à la chaleur des troupeaux. Le matin, quand on se réveille, on est en nage tellement on a chaud ! L'été, il suffit de se mettre au pied d'un arbre, et on s'endort sous le manteau des étoiles…, lança le garçon d'un ton jovial.

Umara se disait que ce petit Brume de Poussière, malgré ses apparences fluettes, était de la trempe des vrais guerriers.

— Je constate qu'il faudrait des milliers de dunes pour étouffer la joie de vivre et la vitalité du valeureux Brume de Poussière !

Le compliment était joli.

Aussi joli que la bouche carmin de celle qui venait de le lui adresser et qu'il eût volontiers embrassée, comme il voyait les jeunes gens un peu plus âgés que lui le faire avec les jeunes filles, dans les rues ou sur les marchés.

— Bon. Et maintenant que nous sommes là, au balcon, qu'est-ce qu'on fait ? Où est-il, ce fameux trésor dont tu m'as parlé ? demanda Umara, d'un ton enjoué, à son nouvel ami, pour le taquiner gentiment.

— Sois patiente, je suis sûr que nous ne sommes pas grimpés ici pour rien…

— En fait de trésor, je ne vois qu'une plate-forme rocheuse sur laquelle sont posées des pierres…, plaisanta-t-elle.

— Ces pierres et ce mortier, sur le sol, sont le signe qu'on a érigé là un mur destiné à camoufler une entrée.

De son index recourbé, sous les yeux d'Umara médusée, Brume de Poussière s'était mis à frapper la paroi rocheuse de la terrasse de haut en bas et de droite à gauche, sur toute sa surface, comme s'il s'agissait d'une immense porte dont il avait voulu éprouver la solidité.

— Umara, je peux te dire qu'à cet endroit ce rocher est factice. Juste derrière, il doit y avoir une cache ! s'écria-t-il avec des accents de triomphe.

— Mais comment peux-tu dire qu'il y a une grotte derrière cette roche ? demanda, de plus en plus abasourdie, la jeune fille.

— Là où je frappe, ce n'est pas de la pierre mais de la terre séchée peinte, en trompe l'œil, en faux rocher. Écoute bien ! fit le garçon en tapotant la paroi avec son index recourbé.

Ses petits coups résonnaient, en effet, comme sur la face d'un tambour.

— J'ai l'habitude. Plus d'une fois, je me suis nourri en allant piocher dans la récolte de pommes d'un paysan qui mure ainsi, pendant la saison hivernale, l'entrée de sa cave creusée dans la roche ! Lorsque la partie d'un mur de torchis sonne creux, c'est qu'elle est fine comme une planchette. Ces pierres sur le sol et ces traces de mortier en sont la preuve : des maçons ont dû venir récemment murer une ouverture juste ici ! ajouta-t-il en prenant son élan.

D'un brusque coup de pied, il fit exploser un endroit situé à la lisière du faux rocher et du sol de la terrasse.

À la place de la pierre factice s'ouvrait désormais une chatière.

— Tu m'épates ! dit-elle en battant les mains de joie.

Après avoir agrandi l'ouverture pour s'y faufiler – un jeu d'enfant, tant la couche de torchis, à cet endroit, était mince –, Brume de Poussière se glissa à l'intérieur, bientôt suivi par Umara, laquelle brûlait de curiosité.

— Incroyable ! On dirait une bibliothèque ! s'exclama, médusé, le jeune garçon.

— Tu as raison… Comme c'est étrange ! murmura Umara, juste derrière lui.

Leurs yeux n'étaient pas près d'oublier le spectacle qu'ils découvraient à présent et qui les laissait, l'un comme l'autre, pantois.

Dans la pénombre de la pièce, juste éclairée par le soleil qui entrait par l'ouverture, d'innombrables rouleaux jaunis étaient empilés les uns sur les autres, formant devant eux une muraille compacte.

Il y en avait de toutes sortes, des gros et des petits, des longs et des plus courts, serrés comme des fagots de bois dans un bûcher.

Avec difficulté, Brume de Poussière réussit à en extraire une petite brassée et, suivi par la jeune fille, ressortit sur la terrasse avant de la poser sur le sol.

Il y avait là quatre rouleaux.

À la lumière du soleil, trois d'entre eux étaient blancs comme l'ivoire et le dernier, plus usé, jauni comme de la vieille corne.

— Ce sont des manuscrits ! s'écria Umara, familière des rouleaux de textes en syriaque que son père lui faisait apprendre et commenter, et que les trois moines copistes de l'évêché traduisaient en chinois pour que fût mieux répandue la doctrine de Nestorius.

— Nous sommes tombés sur des archives secrètes ! N'est-ce pas là, Umara, un beau trésor ? demanda le jeune Chinois qui venait d'apporter un fagot supplémentaire de manuscrits.

Les uns étaient attachés avec des rubans de soie, tandis que d'autres, dont ils pouvaient constater, en les entrebâillant, qu'ils étaient ornés de somptueuses peintures, étaient soigneusement rangés dans des cylindres de bambou pour assurer leur conservation.

Devant tant de raretés, ils ne savaient pas où donner de la tête.

Umara venait de dérouler une somptueuse bannière peinte, où les vêtements d'une divinité féminine formaient d'élégantes volutes blanches sur un fond carmin orné de trois nuages noirs cernés d'or.

— Ce sont là, visiblement, des textes saints bouddhiques. Une fois, mon père m'en a montré, expliqua la jeune fille.

— À qui appartiennent-ils ?

— Je n'en ai pas la moindre idée ! Il s'agit peut-être de la bibliothèque secrète de ce couvent troglodyte, situé un peu plus loin dans le désert. On l'appelle le monastère de la Compassion ; mon père en connaît le directeur. Il m'a expliqué un jour que la plupart des monastères bouddhiques de la Route de la Soie possèdent une cache aux trésors pour préserver ceux-ci des pillards.

— Au lieu de quoi, ici, ce ne sont que des livres rares ! Je n'ai pas vu de bijoux d'or ni d'argent !

— N'as-tu pas souvent entendu dire que les divines paroles du Saint Bouddha étaient, pour un bouddhiste, ce qu'il y avait de plus précieux ? murmura Umara, soudain quelque peu pensive.

— C'est vrai ! Dans la maison de mon tailleur de jade, il y avait une statuette du Bouddha, dans une niche creusée du mur de sa chambre, devant laquelle brûlait de jour comme de nuit une petite lampe à huile.

Umara replaça délicatement le rouleau ornementé dans son étui.

— Je n'ai jamais rien vu d'aussi beau… mais je crois qu'il est temps de rentrer. Ma nourrice et mon père doivent se demander où je suis !

De fait, le soleil déjà haut avait largement entamé sa course. Il leur fallait repartir vers Dunhuang au plus vite. Umara était consciente qu'elle avait dû plonger son père et sa nourrice dans une insupportable angoisse.

Cela faisait près de trois heures qu'elle avait franchi le mur du verger de l'évêché avec Brume de Poussière.

Brume de Poussière se faufila de nouveau dans la cache aux livres pour y déposer les objets précieux qu'il y avait pris. Puis, avisant une des grosses pierres qui jonchaient la terrasse, il la fit rouler au pied du mur factice, pour masquer l'ouverture par laquelle ils avaient accédé à la cache aux livres.

Arrivés devant le mur du verger, complètement exténués après un retour effréné, ils se séparèrent, tandis que l'odeur des pêchers couverts de fruits embaumait à nouveau l'air.

— Grâce à toi, j'ai pu enfin découvrir Dunhuang et le vaste désert…, dit Umara en prenant la main du garçon.

— As-tu aimé notre escapade ?

— Ta compagnie, surtout, m'a plu, Brume de Poussière ! répondit-elle en baissant les yeux.

Les yeux sombres, dans le visage crasseux du jeune garçon, brillaient de plaisir devant le compliment.

— Et maintenant, jure-moi que tu ne parleras à personne de la cache aux manuscrits bouddhiques, ajouta-t-elle.

— Cela restera notre grand secret à tous les deux. Promis juré, Umara ! À la vie comme à la mort, s'écria-t-il avec fougue.

Alors, les lèvres humides et chaudes d'Umara effleurèrent celles du garçon.

Comme elles étaient douces et agréables !

Pour la première fois, ne sachant pas encore de quoi étaient faits les plaisirs de la chair, il ressentait un curieux picotement entre les jambes, au fur et à mesure que son sexe se durcissait lentement.

À regret, il l'aida à escalader le mur du verger, derrière lequel elle disparut.

Lorsqu'elle se présenta devant son père, la jeune fille n'en menait pas large.

La grosse Goléa, éplorée, s'était jetée à ses pieds et avait commencé à la palper sur tout le corps, en se félicitant qu'elle fût bien entière.

— Où étais-tu passée, Umara ? tonna sévèrement Addai Aggai.

— Je courais après ma balle. Elle était tombée de l'autre côté du mur. Je suis allée la chercher. Je ne suis plus un bébé. Je crois savoir me comporter ! Il faut cesser de me traiter comme une enfant, bredouilla-elle, l'air fermé.

Dans sa tunique de laine immaculée, sur le devant de laquelle était brodée la croix nestorienne flanquée de l'alpha et de l'oméga de l'alphabet syriaque, Addai Aggai, dont le visage était aussi blanc que le vêtement, laissa soudain éclater sa colère.

— Sais-tu que c'est extrêmement dangereux pour toi de quitter ainsi l'enceinte de l'évêché sans que je sois au courant ! s'écria-t-il en la prenant violemment par le bras.

— Je ne vois pas où est le danger ! Je ne suis plus une petite fille ! rétorqua-t-elle en dégageant son bras, sur lequel s'étalait la marque rouge laissée par les doigts de son père.

Umara se sentait désormais une jeune fille plus indépendante, et presque rebelle, à qui la compagnie de Brume de Poussière avait révélé le goût irremplaçable de la liberté, et montré qu'elle ne courait pas les dangers dont on l'avait menacée, après s'être échappée pour la première fois de sa cage dorée.

— Tu m'as fait mal ! lui lança-t-elle.

— Umara, si ton père est inquiet à ce point, c'est qu'il a sûrement de bonnes raisons ! À l'avenir, il ne faut plus recommencer ! gémit Goléa.

— De quelles raisons parles-tu ? demanda Umara, agacée, les yeux remplis de larmes.

Au moment où la gouvernante, encore éprouvée, était sur le point de répondre, Addai Aggai, d'un geste qui n'appelait pas de réplique, lui intima l'ordre de se taire.

Pour rien au monde, il n'eût révélé à sa fille bien-aimée la nature de l'activité clandestine qui le rendait si anxieux pour son intégrité.

Alors, l'évêque nestorien fit un pas en direction de sa fille et posa doucement sa main sur le front de celle-ci avant de l'étreindre en murmurant :

— Que le Dieu Unique te protège, ma fille aimée. Que le Christ, l'homme modèle, fils de Marie, te serve d'exemple !

Et Umara, serrée contre lui, se sentit redevenir la petite fille qu'elle n'avait, en réalité, jamais cessé d'être.

— Si tu savais ce que je tiens à toi, ma chérie ! Il ne faut plus agir ainsi ! Tu as failli me faire mourir d'inquiétude ! souffla l'évêque, dont le soulagement était égal à l'angoisse qu'il venait de connaître.

Umara ne répondait pas.

Ses beaux yeux fermés, le nez enfoui dans les fils d'or et d'argent de la croix nestorienne de son père, tout imprégnée de la chaleur de son corps, elle rêvait, déjà, de ces dunes du désert de sable s'étendant à l'infini, qu'elle ne s'était pas lassée de contempler, avec Brume de Poussière, depuis le balcon de la cache aux manuscrits.

Qu'y avait-il après le désert ?

D'autres oasis et d'autres mondes, d'autres vergers, sûrement bien plus vastes encore que le sien, celui dont son père ne souhaitait à aucun prix qu'elle s'évadât !

Elle pensait aussi à tous ces livres entreposés dans le noir, qui attendaient que des yeux les lisent. Qu'y avait-il dans ces rouleaux bouddhiques écrits et peints ? Quelles histoires racontaient-ils ? Quels paysages décrivaient-ils ? Quels horizons nouveaux ouvraient-ils à ceux qui avaient la chance de se pencher sur eux ?

Assurément, de fabuleuses légendes, sur des mondes encore plus lointains et plus merveilleux que ceux situés au-delà du désert !

Il suffisait de considérer la délicatesse et la préciosité de leurs calligraphies ainsi que de leurs somptueuses images peintes : elles parlaient d'elles-mêmes !

Et ce serait là comme son jardin secret !

Lorsque son père, avec douceur, la détacha de lui pour s'en aller célébrer le culte, elle constata avec satisfaction qu'elle n'avait eu aucun mal à ne rien lui révéler au sujet de cette fabuleuse grotte aux manuscrits que le jeune Brume de Poussière lui avait fait inopinément découvrir.

Elle n'était plus la petite fille soumise qui obéissait au doigt et à l'œil à son père et à sa gouvernante. Elle avait grandi et aspirait, comme il était normal pour les jeunes filles de son âge, à exister par elle-même.

La découverte qu'elle avait faite resterait donc son secret à elle.

Et, pour rien au monde, elle ne l'eût dévoilé, pas même à ce père que, pourtant, elle adorait.

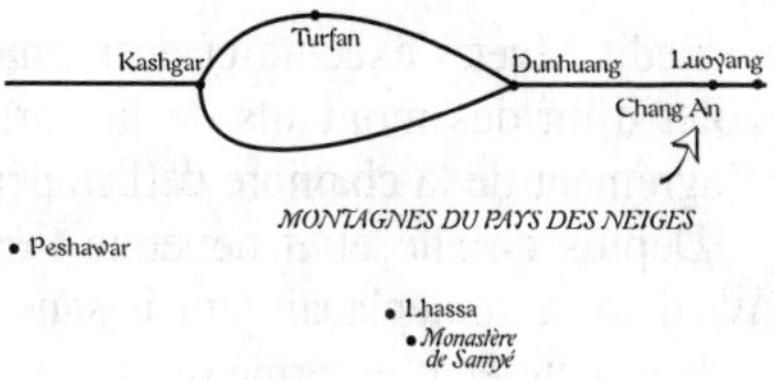

5

Palais impérial de Chang An, Chine. 8 janvier 656

L'entretien que l'impératrice Wuzhao allait avoir avec Pureté du Vide revêtait pour elle la plus grande importance, même s'il tombait fort mal.

Elle avait, depuis son réveil, ce terrible mal de crâne qui la prenait au moins une fois par semaine et pouvait la conduire jusqu'aux vomissements.

C'était un véritable étau de feu qui lui serrait les tempes à la faire hurler de douleur. La crise pouvait durer plusieurs jours d'affilée, la contraignant à demeurer sur son lit, immobile comme une statue, dans le noir absolu, à tel point qu'elle se demandait, en proie au délire où elle finissait par sombrer, si elle était toujours vivante, ou bien si elle était morte, ou, pis encore, si elle n'avait pas été enterrée vivante…

Et ce matin-là, malgré l'absorption de son bol de thé aux Huit Trésors brûlant, qui d'habitude la calmait, l'impression que sa tête allait éclater persistait.

L'impératrice Wuzhao était migraineuse et les nuits agitées ne valaient rien de bon à ce mal dont elle était affectée depuis l'enfance.

— Le Muet, place cet insecte hors de la portée de mes oreilles. J'ai l'impression qu'il est en train de me scier les méninges ! demanda-t-elle, les yeux mi-clos, tant elle souffrait.

Ledit Muet s'exécuta et accrocha prestement la petite cage au volet d'un des montants de la porte qui donnait sur le jardinet d'agrément de la chambre de l'impératrice.

Depuis qu'elle était devenue l'épouse officielle de Gaozong, Wuzhao ne se déplaçait jamais sans son grillon personnel.

L'insecte était enfermé dans une petite cage sphérique, faite de lamelles de bambou tressées, que portait toujours le factotum auquel elle venait de s'adresser.

Celui-ci, un homme impressionnant avec sa queue de cheval qui surgissait du haut d'un crâne entièrement rasé, était un Turco-Mongol de près de deux mètres de haut, dont la musculature développée saillait sous la tunique ajustée.

La langue de ce garde du corps avait été coupée par un colonel chinois quand il avait été fait prisonnier, à l'issue d'un des conflits périodiques qui opposaient l'armée impériale des Tang à cette ethnie dont les combattants sanguinaires, massés aux marches de l'empire, tentaient par tous les moyens de franchir sa Grande Muraille.

Wuzhao avait repéré le Muet alors que Gaozong l'avait emmenée faire une tournée d'inspection des butins de guerre ramenés à Chang An par l'armée de l'Ouest.

Le butin, conquis de haute lutte, avait été déposé dans la cour centrale de la caserne, afin que l'empereur pût choisir, le premier, ce qu'il voulait au milieu de l'amoncellement d'armes, de jarres remplies de pièces d'or et d'argent et d'objets précieux posés sur des tapis de haute laine et de soie. Devant un gigantesque tambour de bronze, dont la fonte permettrait de forger de dizaines de milliers de pointes de flèches, attaché par de lourdes chaînes, se tenait un géant au crâne rasé surmonté d'une queue de cheval, dont les moustaches tombantes, torsadées et huilées, paraissaient prêtes à piquer, comme des serpents, tous ceux qui oseraient s'en approcher.

— Veux-tu choisir un bijou ou une tiare précieuse ? avait demandé l'empereur à Wuzhao en lui effleurant la taille.

— La seule chose qui m'intéresse, c'est lui ! avait-elle répondu, en désignant le Turco-Mongol qui dépassait l'empereur d'au moins trois têtes.

— Mais, Majesté, ce monstre a massacré neuf de nos soldats en trois coups de sabre ! avait protesté le commandant en chef de l'armée de l'Ouest, effaré par le souhait dont Wuzhao venait de faire état. Nous aurions pu le tuer mais sa force nous intéresse. Pour le punir, nous lui avons coupé la langue. Au moins, il a cessé de proférer des insultes. Cela dit, il est extrêmement dangereux. Voyez la taille de ses muscles… C'est pourquoi nous l'avons attaché à ce tambour… Il est si dangereux que j'hésite à le garder vivant ! D'ailleurs, je déconseille à toute personne seule de s'aventurer près de lui ! avait encore soufflé le commandant.

Il désignait les énormes bras du géant turco-mongol, constellés de tatouages et de cicatrices, aussi gros que des troncs d'arbre, qui jaillissaient des manches bouffantes de la tunique qu'il portait sous un petit gilet de mailles d'acier largement échancré.

Wuzhao s'était contentée de plonger son regard le plus langoureux dans celui de son mari, avec cette petite moue polissonne qu'elle utilisait toujours pour arriver à ses fins, consistant à pointer sa langue entre ses lèvres, ce qui avait pour conséquence d'éveiller certains souvenirs fort précis chez l'intéressé.

Le manège avait provoqué l'effet escompté : elle avait obtenu gain de cause.

Il est vrai que, la nuit précédente, la même langue pointue et rose de la belle Wu avait fait subir à la tige de jade de Gaozong une série fort ajustée de petites morsures, succions et autres polissages qui avaient fini par faire hurler l'empereur de plaisir, au moment où la bouche de Wu avait happé son appendice pour en recueillir la liqueur blanchâtre au goût indéfinissable, avant de lui murmurer, pour achever de le flatter et de le posséder, qu'elle était délicieuse.

Alors, l'empereur de Chine, qui croyait dur comme fer à la sincérité d'un tel aveu, se rengorgeait comme un coq. Puis, toujours ivre de désir et soucieux d'empocher ce qu'il appelait en riant et en minaudant son « gros lot », il n'avait eu de cesse, à force de le malaxer et de le passer sur le bouton de pivoine de la sublime porte de Wuzhao, que de faire re-durcir son sexe afin d'honorer son épouse par la cour arrière qu'il préférait, de très loin, désormais, à celle du devant.

Il en allait ainsi de chaque cohabitation nocturne que l'impératrice consentait à l'empereur son époux.

Consciente qu'il était dans son intérêt de continuer, toujours, à se laisser désirer, sous peine d'en faire un blasé, elle refusait obstinément de partager sa couche tous les soirs avec Gaozong.

Wuzhao avait fort bien compris que ces plaisirs dont l'empereur était si friand seraient d'autant plus prisés qu'ils ne lui seraient pas délivrés sur simple demande.

Il convenait de lui tenir la dragée haute et de se faire prier, ce dont Gaozong, au demeurant, ne se privait pas.

Dès qu'il quittait sa couche, l'empereur de Chine demandait en effet à sa jeune épouse un nouveau rendez-vous, en la suppliant de le lui accorder dès le lendemain.

— Je vous enverrai un message sous peu à ce sujet ! lui rétorquait-elle en minaudant, avant de le repousser avec force hors de sa chambre, d'où il sortait tout penaud.

Quant au reste, pour attiser le désir de l'empereur, elle prenait soin de l'émoustiller en permanence, en usant de sa langue, au cours d'une embrassade furtive, ou encore en lui effleurant la nuque, et toujours par surprise, à quelque moment de la journée que ce fût, pour rappeler au passage, au cas où il ne s'en souviendrait pas, les abîmes de plaisir dans lesquels elle était capable de le plonger.

Aussi, devant le Turco-Mongol, à peine Gaozong avait-il aperçu la pointe de l'instrument utilisé si habilement quelques heures plus tôt qu'il avait senti, au milieu de ses linges de soie, son sexe durcir, puis se dresser comme un serpent nagâ.

Il avait cru deviner dans l'éloquent clin d'œil qu'elle venait de lui décocher la preuve que Wu lui revaudrait ça, si d'aventure il acceptait qu'elle prît ce géant à son service.

— Aujourd'hui, les désirs de l'impératrice sont des ordres ! L'homme à la langue coupée est à elle ! lança-t-il fermement, sans hésiter, à l'adresse du général en chef de l'armée de l'Ouest, cassé en deux.

C'était ainsi que le Muet était entré au service de Wuzhao, échappant au sort funeste que lui réservaient les militaires.

Depuis ce moment-là, il ne quittait jamais sa maîtresse d'une semelle.

Très vite, Wuzhao avait senti les avantages qu'elle pouvait tirer de la présence de cet homme dont personne ne se méfiait, chacun croyant, puisqu'il n'avait plus de langue, qu'il était incapable de répéter à sa maîtresse ce qu'on pouvait dire à son sujet.

Wuzhao lui avait appris les éléments du chinois courant et avait inventé un langage qui leur permettait de se comprendre mutuellement. Au bout de quelques mois d'un étrange apprentissage surtout fait de gestes, la communication entre l'impératrice et le Turco-Mongol avait été établie. Entre eux, elle se traduisait à présent en un langage codé, inaccessible aux tiers, qui leur garantissait une absolue confidentialité.

Et comme le Muet, en l'occurrence, n'était pas sourd, Wuzhao ne se privait pas de tendre des pièges à ses ennemis potentiels. Il lui suffisait de les laisser seuls en compagnie du géant à la langue coupée. C'est ainsi que maints secrets inavouables étaient tombés dans son escarcelle, dont elle tirait toujours le plus grand profit.

Wuzhao avait à la cour de Chang An un nombre incalculable d'ennemis, surtout au sein du clan des nobles et des grandes familles qui lui reprochaient d'avoir évincé leur représentante, la première impératrice, Dame Wang. Grâce au Muet, elle en tenait la liste précise et savait exactement ce qui se racontait dans son dos.

Si, ce matin-là, Wuzhao avait ordonné au Muet de mettre le grillon dehors, c'était que le bruit de râpe incessant que produisait l'insecte, associé à la douleur de sa migraine, lui rappelait l'horrible cauchemar qui, de temps à autre, hantait ses nuits, depuis qu'elle avait été sacrée impératrice de Chine…

La scène était invariablement la même.

Réincarnée en souris minuscule, en raison d'un karman dégradé par les efforts qu'elle avait déployés pour évincer sa rivale, Wuzhao se voyait pourchassée par un énorme matou dont les yeux lui rappelaient étrangement ceux de l'ex-impératrice. Au moment où les griffes acérées du félin s'apprêtaient à s'enfoncer dans son petit corps, dodu à souhait, Wuzhao se réveillait en nage en poussant un cri de terreur.

Lorsque ce cauchemar survenait pendant les nuits où l'empereur Gaozong partageait sa couche et qu'après avoir été réveillé en sursaut par son hurlement d'horreur, il lui demandait ce qui se passait, elle refusait obstinément de lui raconter ce rêve, dont elle ne s'était ouverte qu'auprès du Muet.

À vrai dire, cela faisait huit jours que ce rêve terrifiant ne cessait de l'importuner, depuis qu'elle avait appris, grâce à des conversations surprises par le Muet, que Dame Wang se trouvait toujours au palais impérial, enfermée, à quelques pas de là, avec la concubine Jolie Pure. Ainsi, malgré leur condamnation et en dépit de leur déchéance, ces deux femmes continuaient à la côtoyer. Elle avait la fâcheuse impression qu'on la narguait et en avait conçu une vive irritation.

De cette promiscuité insupportable, elle hésitait pourtant à parler à Gaozong, ne sachant trop s'il n'était pas à l'origine de ladite mesure.

Elle était mieux placée que quiconque pour connaître le caractère hésitant de son mari qui, répugnant à trancher dans les conflits de personnes, avait un mal fou à accepter l'élimination de sa première épouse légitime ainsi que celle de son ancienne favorite.

Ne supportant plus l'idée de continuer à passer ses nuits à rêver qu'elle était poursuivie par un chat, elle avait résolu d'en finir avec cette cohabitation délétère. Tant que ces femmes continueraient à la narguer ainsi, à deux pas de sa chambre, ce maudit chat hanterait ses nuits.

Mais avant toute chose, elle avait décidé de consulter le meilleur spécialiste du karman bouddhique en la personne de Pureté du Vide, le Vénérable Supérieur du couvent de la Reconnaissance des Bienfaits Impériaux, qu'elle avait fait venir tout exprès de Luoyang.

Au cours de son entrevue avec le dirigeant de l'Église chinoise du Grand Véhicule, elle comptait obtenir une évaluation des conséquences, sur son propre karman, de l'acte qu'elle s'apprêtait à accomplir pour faire cesser cette atroce vision nocturne et éliminer définitivement sa rivale.

Lorsqu'elle fit son entrée dans le petit salon où l'attendait Pureté du Vide, dans cette partie du palais impérial appelée « Grand Dedans », où ne pénétraient que les hôtes de marque, Wuzhao avait si mal au crâne que ses yeux rougis auraient pu laisser croire à son interlocuteur qu'elle venait de pleurer à chaudes larmes.

À son arrivée, le Supérieur, qui était assis devant une table basse où étaient disposés les Quatre Trésors des Délassements Élégants qu'étaient le luth, les rouleaux de calligraphies enrubannés, les livres avec les pinceaux ainsi que l'échiquier, se leva. Il était vêtu d'une tunique de bure grise dont les larges plis, retenus à la taille par une ceinture de cuir noir, retombaient amplement vers le bas, comme ceux d'une toge.

— Il y a longtemps que votre renommée de grand doctrinaire du Mahâyâna a dépassé Luoyang. Aussi me suis-je autorisée à vous demander de venir me voir car j'ai à m'entretenir avec vous d'une question délicate ! lança gentiment l'impératrice, en guise de bienvenue, à Pureté du Vide.

— Si j'ai la possibilité de vous aider, ce sera volontiers, répondit le vieux moine dont la haute et maigre silhouette se découpait à présent, de dos, devant une fenêtre où il était allé se poster pour contempler un bassin de marbre, situé en contrebas, au milieu duquel tournoyaient d'énormes carpes rouges tachetées de noir et de blanc.

— Il va être question de mon karman !

Pureté du Vide se retourna.

— Le Grand Véhicule est l'allié de l'empire de Chine. De ce fait, ma présence auprès de vous est normale ! Mais je ne sais si je serai capable de satisfaire à toutes vos interrogations, Majesté, surtout s'il s'agit d'une question relative au karman ! précisa le maître dont elle pouvait à présent voir le visage émacié au crâne soigneusement rasé.

Le détachement avec lequel Pureté du Vide venait de prononcer ces mots n'avait pas manqué d'impressionner Wuzhao qui, la gorge nouée, se décida enfin à poser la question qui lui brûlait les lèvres.

— Maître Pureté du Vide, qu'advient-il du karman de celui qui est obligé de faire le mal au nom de l'intérêt supérieur ?

Le maître du Grand Véhicule, qui regardait l'impératrice avec attention, attendit un moment avant de répondre.

— Le bouddhisme Chan ne déteste pas les paradoxes. Les chemins de l'Illumination sont parfois détournés. J'ai connu un très vieux moine qui n'hésitait pas à dire qu'il était nécessaire, pour recevoir l'Illumination, de « se débarrasser définitivement du Bouddha » !

— Votre formulation me rassure ! lâcha l'impératrice, mi figue-mi raisin.

Le grand maître se racla la gorge, tout en continuant à la transpercer de son regard. Avec ses beaux yeux si innocents, du moins en apparence, elle ressemblait encore à une toute jeune fille.

Dans le boudoir où elle le recevait, le silence s'était installé, à peine troublé par le frottement des boules du chapelet que le grand maître de Dhyāna avait commencé à égrener.

C'était ainsi qu'il procédait pour faire sortir, comme il disait, « la vérité de la bouche de ses interlocuteurs » : il les laissait face à eux-mêmes et attendait que ce silence devînt assourdissant, au point de les faire sortir de leur réserve.

Pour Wuzhao, cela ne tarda pas.

— Je cherche l'Illumination ! s'écria-t-elle, soudain fébrile.

Pureté du Vide, impassible, continuait à la regarder.

— Entre ceux qui prétendent que l'Illumination vous tombe dessus « subitement » et les autres qui préconisent des exercices adaptés pour amener « graduellement » l'esprit vers elle, je n'ai toujours pas fait mon choix ! ajouta-t-elle alors, d'une voix hésitante, comme pour meubler la conversation.

L'impératrice venait de faire allusion à la célèbre querelle entre ce qu'on appelait le « subitisme » et le « gradualisme » qui correspondaient en fait à deux formes opposées de pratique religieuse.

La première était fondée sur la méditation transcendantale dont le but ultime était de faire le vide dans la tête du méditant afin de provoquer en lui cette étincelle « subite » qui lui ouvrirait brusquement les voies de la Connaissance, un peu comme si un voile s'était déchiré devant ses yeux. L'autre voie, apparentée à celle pratiquée par les yogis indiens, consistait à accomplir des exercices adéquats en adoptant des postures précises et à suivre des rituels parfaitement codifiés qui étaient seuls capables, pensait-on, à force de travail et donc progressivement (d'où le terme de « gradualisme ») de conduire l'esprit humain à l'état d'Éveil.

— L'Illumination surgit toujours comme la tempête sur la mer : au moment où on ne l'attend pas ; et elle semble venir de nulle part… Mon meilleur collègue, le moine Huineng, vient d'écrire un très beau sermon sur ce thème ! répliqua, quelque peu agacé, le supérieur de Luoyang, qui ne voyait pas où Wuzhao voulait en venir.

— De quel sermon s'agit-il ?

— Du sermon du grand *Sûtra de l'Estrade*. Il y dévoile les Quatre Sublimes Portes qui ouvrent l'esprit.

— C'est extraordinaire ! Comme j'aimerais que quelqu'un me le lise !

La conversation continuait à dévier et l'impératrice louvoyait.

— Huineng s'est passablement inspiré de mes propres sermons, lâcha le mahayaniste qui, à la fois par coquetterie et par prudence, ne souhaitait pas en dire plus.

— Mais comment fait-on pour ouvrir ces Quatre Portes, très éminent maître ? demanda-t-elle d'un ton des plus intéressés.

— Il faut faire le vide en soi. Une bonne vingtaine d'années, au bas mot, sont nécessaires pour se débarrasser de tout le fumier qui encombre l'esprit ! ajouta-t-il à voix basse, comme s'il se parlait à lui-même.

Que l'impératrice de Chine pût ignorer à ce point le « subitisme », dont le couvent de la Reconnaissance des Bienfaits Impériaux était l'école majeure, n'était pas sans le décevoir.

C'est dire – et il en prenait acte, tout en se jurant d'y remédier à l'avenir ! – si la thèse essentielle défendue par ses soins dans le *Sûtra de la Logique de la Vacuité Pure* méritait d'être mieux diffusée !

Wuzhao elle-même, malgré ses retentissantes professions de foi bouddhiques placardées, afin que nul ne l'ignore, à chaque croisement des routes, aux quatre coins de l'empire, n'en avait manifestement jamais lu la moindre ligne…

— Je suis à la veille d'accomplir un karman que la morale condamne, au nom d'une cause juste ! Est-ce bien ? s'exclama-t-elle en reprenant le fil du début de leur conversation.

— De quel acte, exactement, s'agirait-il ? demanda de façon plus abrupte, pour lui faire accoucher le fond de sa pensée, le Vénérable Supérieur.

L'impératrice Wuzhao, pour rien au monde, ne le lui eût révélé.

Elle ne se voyait pas, en effet, lui avouer qu'elle projetait d'ordonner au Muet d'assassiner Dame Wang et Jolie Pure, en espérant ainsi se défaire du cauchemar qui lui valait d'épouvantables migraines.

— Disons qu'il s'agirait d'actes qui me seraient imposés par l'intérêt supérieur… d'une cause que nous aurions en commun, vous et moi ! bredouilla-t-elle.

— Puis-je savoir quelle est cette cause ou cet intérêt supérieur que nous partageons ? Vous régnez sur un grand empire, alors que je ne suis qu'un humble directeur de conscience ! souffla-t-il.

— Je ne me suis pas forcément bien exprimée… Voilà, il s'agit d'un intérêt supérieur d'une forme particulière ! D'un sujet qui concerne votre impératrice, son avenir, mais également celui des millions de consciences dont vous avez la charge !

Voir ainsi l'impératrice tourner autour du pot avait, pour Pureté du Vide, quelque chose d'irritant.

— Il s'agit donc de quelque chose d'essentiel, marmonna-t-il.

— Y compris pour votre Église dont je resterai, quelles que soient les circonstances, l'inconditionnelle dévote.

— Il est heureux que l'impératrice de Chine ne mette pas sa foi en la Noble Vérité du Bouddha sous son mouchoir de soie.

— Mais pour cela, il faut que le karman de l'impératrice ne soit pas affecté de façon négative par l'acte dont elle a parlé à maître Pureté du Vide !

— Si je comprends bien, vous voulez que je sois, pour vous, une sorte d'intercesseur ?

— Vous avez tout compris, dit-elle sobrement.

— Vous n'êtes pas sans savoir que chacun est responsable de ses actes !

— Je voudrais être sûre de suivre la Voie de la Vérité ! s'écria Wuzhao, soudain éplorée.

— Si vous estimez que votre but ultime est légitime et qu'il s'inscrit dans la Voie de la Vérité, ce que vous aurez accompli et qui aura produit cet effet positif sera obligatoirement considéré comme un bon karman ! Tel est, du moins, ce que nous enseigne la théorie de la maturation des actes ! déclara, l'air quelque peu pincé, le maître de Dhyāna.

À ces mots, Wuzhao poussa un immense soupir de soulagement. Pureté du Vide venait de prononcer la phrase qu'elle souhaitait entendre.

Replacée dans le cadre de la mission d'essence divine dont elle était investie, l'élimination définitive de sa concurrente, qui risquait à tout moment, tant qu'elle était vivante, de revenir en grâce, allait de soi !

La maturation des actes le voulait ainsi : à l'origine de tout karman, il y avait une intention ; de même que tout karman était porteur de sa conséquence.

Et le karman du meurtre de Dame Wang, puisqu'il aurait pour effet, en fin de compte, de faire triompher la Noble Vérité du Bouddha, n'aurait de crime que le nom, c'était aussi simple que ça !

Wuzhao, comblée d'aise, en était à présent à regretter d'avoir fait venir de si loin – Luoyang, la capitale de l'Est, était tout de même située à environ huit cents li de Chang An – le maître du Grand Véhicule pour lui poser une question dont la réponse était si évidente !

De son côté, Pureté du Vide continuait à se demander pourquoi l'épouse de Gaozong l'avait appelé à ses côtés, toutes affaires cessantes.

Il n'avait pas réussi, loin de là, à la faire accoucher d'une quelconque « vérité »…

— Je souhaiterais faire une offrande à votre monastère ! Au moins vous ne serez pas venu pour rien. Ce que vous réclamerez, vous l'aurez ! lança-t-elle à Pureté du Vide, comme pour se racheter de l'avoir inutilement dérangé.

La dynastie des Tang était coutumière des offrandes au clergé bouddhique, lequel, au demeurant, ne lui ménageait pas son soutien.

Malgré l'opposition viscérale des confucéens au bouddhisme et à son système monastique, qu'ils accusaient de concurrence déloyale, les maîtres du Grand Véhicule avaient fort bien compris tout le parti qu'ils pouvaient tirer d'une alliance avec le pouvoir temporel impérial.

Et c'était en vain que les confucéens s'étaient battus pour tenter d'enrayer leur inexorable montée en puissance dans la société chinoise.

Il s'en était fallu de peu, en 626, pour qu'un décret de l'empereur Liyuan fût publié, à l'initiative d'un certain Fuyi, zélé confucéen, rendant obligatoire le mariage des cent mille bonzes et moniales qui peuplaient les grands monastères chinois du

Mahâyanâ. Mais l'Église bouddhique, déjà fort bien implantée dans les hautes sphères de l'État, avait réussi à faire échouer la manœuvre.

Car le rayonnement spirituel du Grand Véhicule se doublait de sa puissance économique, grâce à l'argent des adeptes, de plus en plus nombreux et riches, que drainaient les monastères.

Les bouddhistes étaient en passe de réussir à inverser à leur profit le rapport de force avec un État, de plus en plus dépendant, qui redoutait désormais que leur Église ne s'arrogeât le droit de disposer du seul pouvoir qui lui manquait : le pouvoir temporel.

Dans cette dialectique subtile entre l'Empire chinois et le bouddhisme, l'allégeance de l'Église bouddhique au régime impérial se monnayait au prix fort, les Tang allouant des moyens financiers de plus en plus colossaux aux monastères, sous la forme de donations foncières ou mobilières.

— C'est gentil de me le proposer. Il nous manque en effet de la soie pour peindre des bannières de procession. Mes sacristains n'ont pas réussi à en dénicher le moindre ballot sur les marchés de Luoyang ! répondit en souriant le Vénérable Supérieur, soulagé de revenir à une conversation plus normale.

— Il vous en sera livré dès le mois prochain ! C'est un engagement solennel de l'impératrice de Chine, promit-elle avant de prendre congé de son visiteur.

En regagnant ses appartements, elle se jura qu'elle obtiendrait de l'empereur Gaozong, le triple de la quantité de soie nécessaire à Pureté du Vide.

À en juger par le sourire du vieux moine, cette offrande était la bonne façon de s'assurer l'appui du chef de l'Église bouddhique chinoise du Grand Véhicule dont elle ne doutait pas que, le moment venu, il lui serait précieux.

À peine revenue dans sa chambre, elle ordonna brièvement au Muet d'aller trouver ses deux anciennes rivales dans le réduit où elles étaient retenues prisonnières afin de les étrangler avec un lacet de soie rose qu'elle lui tendit.

Il acquiesça comme si elle l'avait chargé d'une course banale.

— Dès que tu auras accompli ce travail, je ne veux plus voir un seul chat dans ce palais, y compris dans ses parties ouvertes au gouvernement et destinées aux audiences publiques. J'ai bien dit plus un seul chat, le Muet ! lui lança-t-elle nerveusement, juste avant qu'il ne parte accomplir son effroyable besogne.

Elle voulait être certaine d'avoir définitivement éliminé Dame Wang au cas où celle-ci se fût réincarnée dans un félin domestique et elle-même dans une souris…

Alors, le Muet, dont l'immense bouche, déjà tout sourire, dévoilait une dentition impeccable qu'aucune langue ne venait cacher, mima le geste par lequel, d'un coup sec, il était capable de détacher la tête du corps d'un animal.

Wuzhao le regarda partir avec soulagement.

Au moins, elle avait là un factotum sans états d'âme, obéissant et dévoué comme un chien féroce à son maître.

Puis elle s'allongea, la tête ailleurs, sur son immense lit. Son mal de tête, loin de cesser ne faisait qu'empirer.

Au bout d'un moment, n'y tenant plus, elle se releva et s'assit dans la posture du lotus, en fixant le pan de mur vide qui s'élevait devant elle.

Puis, les yeux face à ce néant qu'elle essayait de visualiser, elle s'abîma dans une prière au Bienheureux.

C'était la première fois qu'elle s'adressait ainsi à lui.

Elle lui demandait de bien vouloir, dans son infinie compassion, prendre en compte la raison qui l'avait poussée à agir.

C'était elle ou Dame Wang, le Bienheureux devait le savoir !

Et, sans elle, que deviendrait le bouddhisme dans l'empire du Milieu où le taoïsme et le confucianisme bénéficiaient de tant d'appuis ?

Ce n'était pas ce benêt de Gaozong qui interviendrait pour défendre le Chan des attaques incessantes des confucéens.

Elle agissait pour le bien de la cause du Bienheureux Bouddha qu'elle avait épousée.

Aussi le suppliait-elle de toutes ses forces de passer outre au crime qu'elle venait de commettre et de n'en retenir que la raison supérieure.

En regardant à présent ses mains, comme si elle avait voulu s'assurer qu'elles n'étaient pas tachées de sang, elle ne se sentait pas inquiète mais, au contraire, confiante et apaisée.

D'ailleurs, si Pureté du Vide avait compris le bien-fondé de ce karman, comment le Bienheureux n'en ferait-il pas de même ?

Yeux fermés, Wuzhao se laissait aller avec délices dans la méditation de l'autopersuasion, comme entraînée vers son destin par le courant d'un fleuve puissant. Se laisser transporter, dans un rêve, par ces eaux tumultueuses apaisait l'esprit.

C'était sa façon à elle de faire le vide.

Elle était toujours dans cette posture méditative lorsque l'empereur la rejoignit, ce soir-là, tout égrillard, ainsi qu'elle l'y avait expressément autorisé.

— J'ai besoin que Votre Majesté me procure une centaine de ballots de soie…, minauda-t-elle, sourire béat, en remuant la croupe, avant qu'il ait pu dire un mot ou même effleurer son épaule.

La mine réjouie de l'empereur Gaozong se renfrogna.

— Mais c'est là une quantité astronomique ! Vous n'ignorez pas que l'empire manque cruellement de soie. La demande extérieure est telle que nos réserves sont asséchées. Le ministre de la Soie vient encore de me transmettre à ce sujet un rapport des plus alarmiste ! lança-t-il, contrarié qu'elle ne lui ouvrît pas plus vite ses cuisses.

— Je ne comprends pas comment il peut y avoir pénurie de soie alors que des milliers de fermes produisent le bombyx dont il n'est besoin que de dévider le cocon pour obtenir un fil dont la longueur suffit presque à mesurer la distance qui sépare le palais d'hiver du palais d'été…, murmura-t-elle en lui effleurant les lèvres avec son doigt.

— Ma chère, convoquez le ministre de la Soie et vous verrez que je n'exagère pas ! répondit Gaozong, qui n'avait d'yeux que pour ses seins, qu'elle venait de faire jaillir de son corsage dégrafé.

— … alors que des milliers et des milliers de femmes possèdent un édredon, sous lequel il suffit de placer les œufs pondus par le ver pour qu'ils éclosent ! ajouta-t-elle en glissant une main dans son pantalon, ce qui le fit se tortiller comme un vermisseau dans le bec d'un oiseau.

— Je vois que vous avez bien appris votre leçon ! souffla-t-il, sans qu'elle sût s'il parlait de l'élevage des vers à soie ou de l'entreprise à laquelle se livrait sa main experte.

— … alors que nos immenses forêts de mûriers n'attendent qu'une chose, c'est que leurs feuilles nourrissent ces larves minuscules qui vont se transformer en chenilles et tisser leur cocon avec leur bave !

Au mot de bave, Gaozong leva les yeux au ciel et son expression en disait long sur ce à quoi il pensait.

Lorsque sa tige de jade répandait en elle sa liqueur, il disait toujours, pour plaisanter, que c'était de sa « bave de dragon » qu'il allait l'inonder…

— Dites-moi que vous me donnerez cette soie !

Mais l'empereur s'abstint de répondre et se contenta de plonger le nez dans les seins de son épouse officielle qui se laissa faire, comme à son habitude, même si son esprit voguait ailleurs.

— C'est bizarre, je ne sens pas de rosée dans ton bouton de pivoine ! roucoula-t-il après lui avoir massé le haut des cuisses, en se rapprochant progressivement de la cible qu'il souhaitait atteindre.

Gaozong ne tutoyait ses épouses et ses concubines que lorsqu'il leur faisait l'amour.

— Majesté, ce n'est rien ! C'est que je dors mal depuis quelques semaines…, lui souffla-t-elle dans le creux de l'oreille en écartant largement les jambes.

Il ne vit pas dans les beaux yeux verts de Wuzhao l'éclair d'une pointe d'angoisse qu'elle était incapable de cacher, après ce qu'elle avait ordonné au Muet.

— Tu ne vas pas me dire que cette histoire de soie t'empêche de faire l'amour ! Je t'assure que je mettrai tout en œuvre pour te la procurer ! souffla l'empereur de Chine d'une voix de plus en plus saccadée.

Les femmes, décidément, étaient toutes pareilles : insouciantes comme des libellules, peu au fait des réalités économiques et encore moins des contraintes provoquées par celles-ci.

Mais Gaozong, qui, tout à son affaire, allait et venait en Wuzhao tel le piston du foyer d'un forgeron, était loin de se douter combien sa demande serait difficile à satisfaire.

Il venait d'introduire son sexe dans celui de Wuzhao et, déjà, il sentait les premières ondes de plaisir prendre naissance dans le bas de son dos, puis monter en lui, tandis que son ventre était parcouru de fourmillements annonciateurs de cette explosion finale qui lui arracherait un rugissement sonore comme une trompe.

Alors, le cri de jouissance de l'empereur traverserait les murs épais de la chambre à coucher de son épouse et résonnerait dans les couloirs du palais intérieur.

Nul, de ce fait, n'ignorerait que Gaozong avait pris son plaisir et que Wuzhao, dont l'aura s'en trouverait décuplée, avait su, une fois de plus, le lui donner.

— Et d'abord, quel usage comptes-tu en faire ? ajouta-t-il, au bord de l'extase, d'une voix entrecoupée par l'excitation.

— Je voudrais récompenser le couvent de Luoyang. C'est là qu'on me dit que le Très Saint Bouddha est le mieux vénéré… Son Supérieur, maître Pureté du Vide, connaît par cœur, dit-on, tous les sûtras du Grand Véhicule !

— Ta piété m'amuse ! N'oublie pas, ma petite Wu, que tu n'es plus une nonne mais désormais l'impératrice de Chine, plaisanta l'empereur entre deux râles de contentement.

— Le fait d'être le souverain vous autoriserait-il à douter de l'existence passée du Bienheureux et des bienfaits qu'il procure à ses fidèles ? lança-t-elle, en le défiant.

Pour toute réponse, elle obtint de Gaozong un long râle, aussi sonore qu'une « flûte-jambe », ce cor constitué par un fémur humain dont l'embout en forme de conque, façonné dans du cuivre, amplifiait le son. Elle en avait entendu jouer par les lamas de la pagode tibétaine de Luoyang où elle allait parfois déposer une fleur de lotus devant la statue de bronze de Guanyin.

Alors, elle ne put s'empêcher d'éprouver un certain mépris pour cet homme au ventre rebondi, affalé contre elle, de côté, la tête enfouie dans le nuage de soie des draps immaculés de son lit. Elle sentait qu'il ne tarderait pas à la dégoûter, à force de se montrer aussi vorace avec elle, au point d'en devenir vulgaire, et, surtout, hélas, si peu attentif à ce qu'elle était.

Que pourrait-elle lui demander, cette fois, pour lui faire payer sa conduite ?

Exiger sans délai les cent coupons de soie ?

Elle savait déjà qu'il ferait tout pour que le ministre de la Soie les lui fournît.

Non, il lui fallait inventer autre chose.

Elle ne devait jamais cesser de le mettre sous tension.

C'était ainsi, elle en était sûre, qu'elle le dominerait, qu'elle le soumettrait et qu'elle finirait par amener où bon lui semblerait cet homme de peu qui régnait sur un pays si grand.

Avec la mort de ses deux rivales, elle tenait l'occasion de pousser ses feux, de faire un pas de plus vers le pouvoir suprême, non plus par procuration, comme c'était le cas aujourd'hui, mais en devenant à son tour le propre « empereur » de Chine.

N'était-ce pas, en effet, le moment idéal pour exiger de Gaozong qu'il nomme leur fils Lihong prince héritier du trône, en lieu et place de Lizhong, l'enfant de Jolie Pure, sa rivale honnie, et la meilleure façon de clore le premier chapitre de l'histoire qu'elle venait d'écrire, celui qui s'achevait par l'élimination des deux femmes qui lui avaient barré la route avec un tel acharnement ?

En même temps qu'elle fomentait cette ultime manœuvre au profit de son fils, elle ne pouvait s'empêcher de ressentir une sorte de dégoût d'elle-même.

Jusqu'où lui faudrait-il aller, désormais, pour arriver à ses fins ?

N'était-elle pas entraînée, malgré elle, vers l'accomplissement d'actes abjects qui risquaient de la conduire dans l'enfer des réincarnations les plus viles, les plus dérisoires, mais surtout les plus dangereuses, d'où le nirvana devenait pratiquement impossible à atteindre ? Celles, par exemple, de larves ou d'insectes qui étaient la proie de tous les rongeurs ou encore de rats musqués dont le cobra royal aimait tant se régaler ?

Le regard tourné vers le plafond de la chambre, accablée par la bouche grande ouverte de Gaozong ronflant comme un sonneur qui le faisait ressembler à une grosse carpe en quête de nourriture, Wuzhao se sentait submergée par une irrépressible vague de tristesse.

Ce chemin que son ambition démesurée, sa foi irrationnelle et sa paranoïa lui faisaient emprunter, à force d'escarpements, ne devenait-il pas trop dangereux ?

Pour se donner du courage, elle se repassa la prophétie que ce devin aveugle avait faite au grand empereur Taizong – d'une autre classe, celui-là, que son gros mari ! – selon laquelle régnerait un jour sur la Chine une femme, avait-il spécifié, dont le nom commençait par Wu…

Elle finit par s'apaiser, en se disant que, si le prophète de Taizong le Grand l'avait annoncé, c'est bien qu'elle était sur la bonne voie. Puis, après avoir repoussé l'assaut haletant de son pauvre empereur qui, dans un demi-sommeil, tentait de repartir à l'assaut, elle sombra d'épuisement.

Le lendemain, en fin d'après-midi, la rumeur publique rapporta à Wuzhao qu'on avait retrouvé, dans le réduit où elles vivaient enfermées, les cadavres froids de Dame Wang et de Jolie Pure, baignant dans une mare de sang caillé.

Alors, devant le pan de mur vide situé en face de son lit, elle ferma simplement les yeux. Son plan s'était déroulé comme prévu. Le Muet était un factotum efficace.

Quand Gaozong, la mine sombre, vint lui annoncer la nouvelle, elle éclata en sanglots en se tordant les mains de désespoir.

Wuzhao savait jouer la comédie à merveille.

Elle avait peur, gémissait-elle, pour sa propre vie – « assassinées au sein même du palais, ô mon Gaozong bien-aimé ! » On n'était pas en sécurité, même à l'abri de ces murs…

L'empereur, consterné par l'état de son épouse si désemparée, s'efforça de la consoler en lui offrant sur-le-champ une superbe parure de jade qu'il fit sortir du trésor impérial.

— Vous n'aimez pas cette parure ? lui demanda-t-il, constatant que son air affligé ne disparaissait pas.

— Je n'ai que faire d'une parure de jade !

— Dites-moi ce que vous voulez, ma mie ?

— Je voudrais tant que notre petit Lihong devienne votre prince héritier ! souffla-t-elle entre deux sanglots, en prenant soin de se coller à lui.

Et il acquiesça, sans même réfléchir, au souhait qu'elle venait d'émettre, de voir enfin le fils qu'elle avait eu de lui remplacer Lizhong, celui que lui avait fait une autre.

Après cet assentiment, elle se précipita sur Gaozong pour défaire sa ceinture et lui octroyer ce qu'il souhaitait, sans oser l'exprimer, vu les circonstances.

Lorsqu'elle mit le nez dehors, après être montée dans son palanquin, pour aller aux nouvelles, tout Chang An tremblait d'effroi à l'annonce de cet horrible meurtre commis au sein même du palais de l'empereur. La rumeur affirmait que l'assassin des deux femmes leur avait également coupé le nez et les pieds.

Revenue dans sa chambre, accoudée à sa fenêtre en écoutant le chant de son grillon qui, cette fois, ne lui provoquait aucune migraine, Wuzhao se disait que le Muet y était peut-être allé un peu fort.

Mais que lui était-il donc passé par la tête, à ce géant dépourvu de langue ?

Elle ne se souvenait pas de l'avoir incité à mutiler ainsi ses deux victimes !

Elle aurait dû lui ordonner de s'en tenir au lacet de soie !

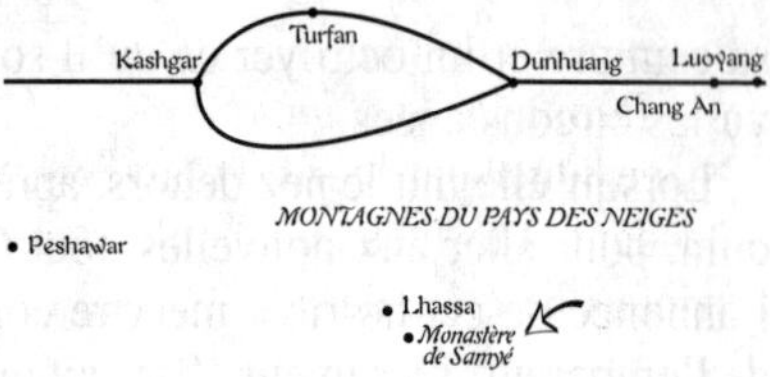

6

Monastère de Samyé, Tibet

Cinq Défenses n'était plus très loin de sa destination.

Le fameux col dont lui avait parlé Pureté du Vide était en effet en vue.

Il apercevait même la silhouette sombre des stûpas jumeaux qui se détachaient sur le ciel, signalant au voyageur que son périple touchait à son terme.

À cette heure tardive de la journée où l'obscurité commençait à tomber, Cinq Défenses n'y voyait plus goutte, mais il entendait parfaitement le claquement sec des drapeaux de prières, sous l'effet du vent violent.

Ils annonçaient la présence du monastère.

D'ordinaire, le long des chemins, il n'y avait que des *rlung-rta*, des « chevaux de vent ».

Enfilés sur des cordes, telles des guirlandes, ces petits fanions rectangulaires et multicolores, entièrement recouverts de mantras, ainsi que de signes astrologiques peints au pochoir, permettaient aux souffles qui, en l'occurrence, venaient prêter main-forte aux orants, de disperser dans les airs les bienfaits de ces inscriptions.

En revanche, aux abords des stûpas ou des temples plus importants, formant une sorte de haie d'honneur, c'étaient les majestueux et imposants *darchok* qu'on voyait flotter sur leurs longues bannières accrochées à des mâts, recouvertes de strophes du *Sûtra de la Pointe de la Bannière de Victoire*.

À en juger par leur nombre croissant, nul doute que ce chemin ascendant et tortueux en diable, dont la lune, qui venait de jaillir de derrière une crête dentelée, faisait briller les pierres, ne serait plus très long à mener Cinq Défenses jusqu'au but de son voyage.

Avec un peu de chance, il arriverait au couvent de Samyé avant même la retombée de l'astre nocturne.

Il avait à présent atteint le col, d'où la vue était imprenable sur le plus vénérable monastère du Tibet.

De chaque côté de lui, les deux petits stûpas qui paraissaient en garder le passage lançaient vers le ciel leur « Joyau du Sommet », ce curieux bouton de pierre par lequel ils s'achevaient et qui symbolisait la réalisation de tous les souhaits des fidèles.

Autour des stûpas jumeaux du col de Samyé, avaient été dressés ces petits tas de pierres blanchies à la chaux qui représentaient les divinités guerrières des montagnes, sur lesquels des pèlerins, pour les amadouer, avaient déposé des têtes entières de yaks et de bouquetins que le vent avait peu à peu momifiées.

En passant devant ces charniers d'animaux, Cinq Défenses n'éprouvait aucune peur, tant son esprit était occupé ailleurs, à imaginer comment il lui faudrait procéder pour rapporter à Luoyang le sûtra écrit par son maître.

Il aperçut enfin, après avoir dépassé les stûpas et contourné un gros rocher, le pâle scintillement des toits d'or du monastère, sous la lumière froide de l'astre nocturne.

Tout au long du chemin qu'il avait parcouru depuis Luoyang, combien de dangers avait-il bravés, avec tous ces précipices contournés, ces pentes abruptes gravies et descendues, ces torrents franchis et ces chutes de pierres évitées, dont le maître Pureté du Vide s'était bien gardé de lui parler, certainement pour ne pas l'effaroucher inutilement !

Il ne lui restait plus un seul des œufs de vers à soie que Pureté du Vide lui avait donnés pour les faire bouillir dans l'eau chaude, en raison des vertus fortifiantes de cette décoction. Il avait bu trois jours plus tôt la dernière goutte de ce breuvage qui lui donnait du courage quand la lassitude devenait trop forte.

Le jeune moine se rendait compte, maintenant qu'il touchait au but, de la manière d'exploit qu'il venait d'accomplir.

Cela ne faisait pas moins de cent deux jours qu'il avait quitté le couvent de la Reconnaissance des Bienfaits Impériaux, dont les deux tiers passés dans une solitude extrême.

Les rares hommes qu'il avait croisés, à partir des hauts plateaux, étaient des pasteurs tibétains qui s'enfuyaient devant lui.

À de pareilles altitudes, où l'orge et le sarrasin ne poussaient plus depuis belle lurette, les seules traces de vie étaient les yaks, les dzos, les chevaux sauvages, pour la plupart des hémiones [1], au-dessus desquels tournaient toujours, à tout hasard, des aigles et des vautours.

Quant aux innombrables marmottes qui se gavaient de potentille, l'unique plante comestible poussant sur les pentes herbeuses, dont il avait, sur les conseils de Pureté du Vide, goûté la racine farineuse en purée, on n'entendait guère que leurs sifflements : dès qu'elles sentaient la présence humaine, elles couraient s'abriter dans leurs terriers.

Mais comme tout moine du Grand Véhicule, auquel s'appliquait l'interdiction de consommer de la viande d'un animal tué par ses soins, Cinq Défenses, malgré la faim qui le tenaillait souvent, s'était abstenu de capturer la moindre marmotte pour la rôtir, ainsi qu'il l'avait vu faire par les bergers.

Ce qui l'avait le plus émerveillé, au-delà de la majesté des montagnes aux cimes vertigineuses, là où, selon les Tibétains, séjournait « la lionne blanche à la crinière turquoise » qui servait d'emblème à leurs oriflammes, c'était la façon dont le paysage pouvait changer, au détour d'un chemin, d'une vallée à l'autre, à peine avait-on fait quelques pas.

C'est ainsi qu'on passait, sans même s'en apercevoir, de la luxuriance à la sécheresse, et d'un ciel azuré parfaitement transparent à l'épaisseur humide d'une brume hostile.

Les nuages, à ces altitudes, tels des traîneaux emballés, parcouraient le ciel à vive allure, plongeant subitement dans l'obscurité et la pluie le marcheur qui ne tardait pas à grelotter, après l'éclatant soleil sous lequel il étouffait encore, quelques instants plus tôt.

1. Hémione : cheval de la race *equus jiang*.

Cinq Défenses n'avait jamais connu une telle juxtaposition de mondes.

C'est dire si l'homme s'y sentait seul, à l'instar de ces moines ermites qui passaient leur vie à méditer dans des cabanes perdues au cœur des montagnes, si loin du monde réel que les hommes finissaient par oublier jusqu'à leur existence.

La traversée du Tibet s'apparentait ainsi à un parcours initiatique dont nul ne pouvait sortir indemne.

Heureusement pour Cinq Défenses, l'étalon Droit Devant s'était montré à la hauteur de sa réputation.

L'infatigable et vaillant cheval, dont le sabot paraissait fait exprès pour les escarpements, avait été un compagnon de route indispensable.

Juché sur son dos luisant, après avoir longé les forêts primitives situées au sud du fleuve Tsangpo, Cinq Défenses avait remonté le cours supérieur du fleuve Jaune Huang He, contourné le grand lac de Kokonor, puis traversé la « plaine du Nord », immense étendue caillouteuse parsemée de lacs salés et d'herbages gras qui faisaient les délices des troupeaux de yaks.

De là, pour arriver dans la vallée du Yarlung, il fallait continuer à monter et à descendre d'innombrables cols, jusqu'à ce fameux dernier passage d'où il découvrait, émerveillé, la splendeur des toits d'or du couvent de Samyé dont le faîte était orné de la gigantesque Roue dorée du Dharma, symbolisant l'enseignement du Bouddha.

Soutenue par deux biches affrontées, elle se dressait au beau milieu de l'arête du toit du bâtiment principal.

Ses huit rayons représentaient les Voies du Noble Sentier : la vue et la pensée justes ; la parole et l'effort justes ; les nourritures et l'attention justes ; l'absorption et l'action justes. Quant aux biches qui bloquaient la Noble Roue comme pour l'empêcher de tourner, elles rappelaient aux croyants et aux visiteurs du monastère le souvenir du parc des Gazelles, non loin de Bénarès, dans lequel le Bienheureux avait délivré son premier enseignement au sujet des Quatre Nobles Vérités : celle de la Souffrance, celle de ses causes, celle de la façon dont on y mettait fin et enfin celle de l'Éveil.

La splendeur de Samyé, le plus sacré de tous les monastères bouddhiques du pays de Bod, témoignait de l'immense ferveur suscitée par la doctrine du Bouddha dans un pays dont la religion originelle était le Bon, aussi surnommé « religion des hommes », par opposition au bouddhisme qu'on appelait « religion des dieux ». Ce culte primitif proche du chamanisme était fort éloigné des préceptes de compassion, de tolérance et de pénitence tels que les prônait le bouddhisme.

Selon les adeptes du Bon, les bonpo, le monde avait été créé à partir de l'Œuf Primordial dont la coquille extérieure donnait naissance au Rocher blanc des « dieux d'en haut », et le blanc s'était transformé en Lac blanc de la conque féminine, tandis que du jaune étaient éclos les dix-huit œufs qui étaient à l'origine de la création de tous les êtres.

Le panthéon religieux tibétain primitif était ainsi peuplé de dieux bizarres, qui hantaient la nature et le sol du pays.

Il en existait à tête de bœuf, de bouquetin ou de mouton, et de bien plus terrifiants encore, comme celui, à tête de démon cornu, dont la bouche laissait échapper des flammes.

On ne pouvait communiquer avec ces dieux multiples que par la transe, au cours de danses qui duraient parfois deux jours d'affilée, amenant au bord de la folie, sinon de l'épuisement, les fidèles aux lèvres ointes du sang des animaux sacrifiés.

De toute cette sauvagerie, d'où les sacrifices humains n'étaient pas exclus, le bouddhisme tantrique venu de l'Inde, qui n'était d'ailleurs pas avare de sang, d'extases et encore moins de transes, avait peu à peu aboli la pratique.

Ce bouddhisme, qui faisait appel aux coutumes des religions indiennes primitives, reposait sur l'union indissociable entre la divinité et l'officiant, que celui-ci s'efforçait d'« apprivoiser » en pratiquant les trois grands rituels relatifs à l'Eau, au Feu et à l'Esprit.

Appliqué à la religion bouddhique, le tantrisme avait donné lieu à un mélange des plus originaux, dont l'arrière-plan doctrinal était consigné dans le célèbre *Sûtra du Lotus* que les grands monastères du Tibet conservaient précieusement.

Au départ considéré par le Grand Véhicule comme une secte habitée par des adeptes déviants – et parfois même sacrilèges – le bouddhisme tantrique avait trouvé dans la religion primitive tibétaine l'alliée inespérée qui lui avait permis de devenir, quelques siècles plus tard, dans cette partie du monde, le partenaire privilégié du Mahâyâna.

Mais Cinq Défenses, qui n'ignorait pas, pour l'avoir entendu de la bouche de Pureté du Vide, que Samyé était l'un des plus grands sanctuaires de cette forme tibétaine du bouddhisme, savait aussi que son Supérieur ne l'y avait pas mandaté pour prier, mais bien pour s'emparer d'un manuscrit précieux.

Mieux valait donc arriver incognito dans ce lieu où l'on ne l'attendait pas forcément à bras ouverts.

Aussi avait-il décidé de patienter jusqu'au lendemain matin.

Et là, il se mêlerait à l'immense foule de fidèles qui se presserait, à coup sûr, à la porte d'entrée, chargée d'offrandes de toutes sortes : fruits, lait caillé, fleurs de lotus, bâtonnets d'encens ou encore, pour les plus riches, étoffes précieuses, voire espèces sonnantes et trébuchantes, car pour assister au culte et recevoir la bénédiction de moines, dans n'importe quel monastère, il était indispensable de faire un cadeau destiné à assurer la subsistance de la communauté.

Il décida toutefois qu'il irait repérer les lieux, afin de perdre le moins de temps possible le lendemain.

Arrivé à quelques mètres de l'enceinte, le jeune moine de Luoyang sauta de son cheval, pour s'en approcher discrètement à pied.

Après avoir attaché Droit Devant au tronc épineux d'un arbre, il descendit avec précaution l'étroit chemin qui menait à ce qui ressemblait à un porche d'entrée.

Flanquée par un encadrement où fourmillait une constellation de monstres de pierre et de figures terrifiantes dont les corps et les queues entremêlés formaient d'inextricables rinceaux, se dressait une porte imposante. Ses deux vantaux cloutés étaient ornés de masques de démons aux yeux mauvais et à la bouche débordante de dents si acérées qu'on n'eût jamais osé y mettre la main, de peur de se faire mordre.

Cinq Défenses n'avait plus qu'à étendre le bras pour toucher une des planches et constater, soulagé, qu'il ne rêvait pas et avait enfin atteint son but, lorsqu'il constata avec stupeur que l'imposante porte aux démons carnassiers était entrouverte.

À peine l'avait-il effleurée de la pointe de ses doigts qu'une voix venue d'outre-tombe le fit sursauter.

— Bienvenue à Samyé ! Comment t'appelles-tu ?

Tapie dans la pénombre, juste derrière la porte, une bouche invisible s'était adressée à lui. Le jeune moine sentit son sang, d'un seul coup, se glacer. Après s'être assuré que ce n'était pas l'un des masques de bronze qui venait de lui parler, il aperçut, juste derrière la porte, à l'abri d'une colonne qui cachait son visage, la silhouette d'un homme à contre-jour.

L'inconnu, à en juger par l'ombre qui se profilait à ses pieds, avait la tête recouverte par un chapeau *horpa* à large bord, comme en portaient certains bergers qu'il avait croisés au long de sa route.

Cette étrange apparition le fit penser à ces démons plus ou moins facétieux qui hantaient le pays de Bod et que certains novices venus des contrées sino-tibétaines évoquaient devant lui au monastère de la Reconnaissance des Bienfaits Impériaux, lorsqu'ils se sentaient en confiance.

À les en croire, ce si lointain et mystérieux pays était un territoire isolé, en proie à la sauvagerie, dont certains habitants pratiquaient encore les sacrifices humains, et, à ce titre, une région parcourue par toutes sortes de spectres, où il ne faisait pas bon circuler sans la protection du Bouddha.

Sur le moment, il n'avait pas prêté attention à de telles fadaises, mais à présent qu'il faisait face à ce qui avait tout l'air d'une apparition néfaste, il se remémorait les propos de ces novices venus des marches du Toit du monde : au cœur de ces inaccessibles vallées et de ces montagnes, si hautes qu'on en voyait à peine les cimes, on n'hésitait pas à sacrifier les vieillards inutiles ; on enduisait d'or, pour plaire aux dieux, les visages des morts ; les rois étaient enterrés avec cinq ou six de leurs amis, qu'on appelait « destins communs » ; et on ne demandait pas leur avis aux « destins communs » puisqu'ils avaient prêté serment au roi « à la vie et à la mort »…

Cinq Défenses, dont le voyage jusque-là s'était déroulé sans la moindre crainte, sentait l'effroi monter en lui, et se disait qu'il aurait dû se douter plus tôt que ce pays de Bod n'était pas un repaire de tendres.

Comment avait-il pu, sachant tout cela, s'approcher si près, à découvert, de ce maudit porche d'entrée ?

Il n'eut pas le temps de continuer à se poser des questions, car la silhouette avait déjà surgi de l'ombre pour faire quelques pas vers lui.

Voyant qu'elle ôtait lentement son chapeau, laissant apparaître le crâne rasé d'un moine, Cinq Défenses poussa un grand soupir de soulagement.

Ce n'était pas un démon !

— Bienvenue ! Comment t'appelles-tu ?

L'inconnu avait renouvelé sa question. Sa voix était douce, et son ton plutôt engageant.

— Je suis le Tripitaka Cinq Défenses ! répondit le jeune moine sans réfléchir, avant de regretter d'avoir révélé de la sorte son identité à un inconnu, au seul prétexte que ce dernier n'était ni un diable ni un spectre, ni même une de ces divinités guerrières qui se cachaient dans les tas de pierres blanches que les Tibétains érigeaient au passage des cols et qu'ils appelaient *btsan-mkhar*, « châteaux des guerriers »…

Cinq Défenses avait même employé le terme de Tripitaka, ou « Triple Corbeille », par lequel se désignaient volontiers les moines du Grand Véhicule lorsqu'ils rencontraient des adeptes d'autres courants bouddhiques.

Autant dire qu'il enrageait déjà d'avoir parlé trop vite.

En même temps qu'il maudissait son stupide élan, il avait pris conscience que l'inconnu, fort habilement, s'était adressé à lui en chinois, ce qui avait contribué à ce qu'il se laissât prendre de court.

Dans quel piège venait-il de tomber ? Ne s'était-il pas réjoui un peu tôt ? L'inquiétude, à nouveau, faisait place au soulagement.

— De quel couvent viens-tu ? Je parierais que tu es issu d'un grand monastère chinois, un de ceux où l'on professe à des milliers de moines la doctrine du Grand Véhicule : à Chang An… ou plutôt à Luoyang…, dit le moine qui désignait en souriant le reliquaire pectoral que les moines du Mâhayana avaient coutume de porter.

En baissant les yeux, Cinq Défenses s'aperçut que la minuscule amulette d'argent, représentant un bodhisattva assis en méditation, avait glissé à l'extérieur de sa chemise et pendait sur sa poitrine, accrochée à sa chaînette.

Le jeune moine grimaça.

Face à un individu si perspicace, s'emparer subrepticement du sûtra de Pureté du Vide ne serait pas une tâche facile.

Il considéra à nouveau l'inconnu et remarqua qu'il tenait dans la main un objet en bronze de forme bizarre, qui ressemblait à des griffes d'aigle reliées entre elles.

— N'aie pas peur. C'est mon *vajra-dorje* ou, si tu veux, mon foudre-diamant. Ici nous l'appelons « seigneur des pierres » parce qu'il symbolise l'indestructibilité et l'illumination. Quand tu le tiens fermement, il t'aide à entrer en méditation…

Puis l'inconnu tourna les talons et revint muni d'une torchère.

— Je n'ai pas peur ! Si je comprends bien, vous êtes un religieux comme moi…, bredouilla Cinq Défenses qui lorgnait à présent le chapelet mala de l'inconnu, dont les boules de cristal étaient chacune gravées d'une tête de mort.

— Tu as vu juste. Je m'appelle sTod Gling et je suis lama. Tu as l'air d'avoir peur !

— C'est que… ces objets ne sont pas des plus engageants ! dit Cinq Défenses, quelque peu gêné, en montrant le foudre-diamant et le chapelet.

Il n'eût servi à rien, si ce n'était à le vexer, de révéler à ce lama qu'il avait failli le prendre pour un démon.

— Il ne faut pas t'étonner. Nos objets rituels paraissent terrifiants, au premier abord, mais nos cultes sont pacifiques ! Quand tu verras nos couperets rituels *kartrikâ*, utilisés pour hacher menu les lingas des esprits mauvais, il ne faudra pas les craindre ! Pas plus que le trident rituel *trisûla* ou l'épée rituelle *khadga*…

— Mais ne s'agit-il pas là, tout de même, d'objets très coupants et piquants ? objecta l'assistant de Pureté du Vide, de moins en moins rassuré.

— Les armes de notre culte sont symboliques. Elles sont là pour tailler le mal et couper les mauvais esprits. Que je sache, tu n'es ni l'un ni l'autre ! Mais tu ne m'as toujours pas dit de quel monastère tu venais !

— Tu as prononcé le nom de la ville de Luoyang. Tu as misé juste ! bredouilla Cinq Défenses.

— Je dirai même qu'il s'agit du monastère de la Reconnaissance des Bienfaits Impériaux ! ajouta, sur un ton satisfait, le moine au crâne rasé dont le visage venait enfin d'apparaître dans la lumière de la lune.

Cinq Défenses sursauta. Comment ce moine aux ustensiles terribles pouvait-il savoir autant de choses ?

Il essaya de se donner une contenance en le toisant, vu qu'il était beaucoup plus grand que lui.

Le moine, en fait, n'avait pas l'air méchant. Son regard intelligent et doux avait même un je-ne-sais-quoi d'amical.

— Comment devines-tu tout cela ? hasarda Cinq Défenses, incapable de lui opposer la moindre dénégation.

— Je suis intuitif, voilà tout !

Après lui avoir assené cette réponse laconique, le moine fit signe à Cinq Défenses d'avancer dans l'immense cour sur laquelle donnait le porche d'entrée.

Elle était entourée de murs de briques sur lesquels s'étalaient d'imposants bas-reliefs de bronze qui représentaient les Huit Symboles de Bon Augure : la conque dextrogyre pour symboliser le son du dharma ; la bannière de victoire du dharma sur les forces du mal ; le parasol destiné à protéger les êtres ; les poissons d'or, témoignant de l'absence de peur de se noyer dans l'océan de la souffrance ; la roue d'or de l'enseignement du Bouddha ; le nœud sans fin, symbole de l'union entre la sagesse et la compassion ; le lotus, qui évoquait la libération du corps et de l'esprit, et enfin le vase aux trésors, rempli du bien et du beau.

— Je connais même le but de ta visite ici. Je suis l'assistant de notre Vénéré Supérieur Ramahe sGampo ! ajouta-t-il en plaçant une main sur l'épaule droite de Cinq Défenses, pour lui indiquer la direction vers laquelle il fallait aller.

L'envoyé de Pureté du Vide, de stupeur, eut l'impression que les gravillons crissants de la cour étaient en train de se dérober sous ses pieds et que les Symboles de Bon Augure, dont les huit formes paraissaient désormais des masques, ricanaient sur son passage.

Comment ce diable de lama, au nom, de surcroît, impossible à prononcer, pouvait-il connaître le motif de sa présence à Samyé ?

C'était bien la peine de vouloir arriver incognito au monastère, alors qu'il y était accueilli comme s'il était attendu, et même qu'on l'eût dénoncé !

De plus en plus abasourdi, Cinq Défenses se perdait en conjectures.

Qui avait pu avertir ce moine tibétain de son voyage au pays de Bod ?

Encore heureux que le religieux possédât ce regard compatissant qui avait contribué à le rassurer, lorsqu'il l'avait accueilli sous le porche du monastère !

Mais il pouvait feindre la bienveillance pour mieux le circonvenir…

Aussi bien aurait-il pu être la réincarnation d'un être malfaisant…

Dans quelle sorte de piège l'avait-on fait tomber ? Pureté du Vide lui avait-il vraiment tout révélé de la mission et, surtout, de son contexte ? Tout cela ne devenait-il pas un peu fou ? Le jeune moine, au demeurant, ne pouvait pas imaginer un seul instant que son Vénérable Supérieur l'eût dépêché dans ce qui s'annonçait comme une sorte de traquenard et encore moins qu'il eût prévenu le Supérieur de Samyé de son arrivée. C'eût été contraire à l'objet même de la mission qu'il lui avait confiée.

Le pauvre Cinq Défenses, de plus en plus en proie au doute, regardait à présent avec effroi le poignard effilé que le lama portait à la ceinture. Son manche était surmonté par trois visages monstrueux accolés…

Le jeune moine ignorait que tout lama portait ainsi sa dague rituelle *phurbu*, destinée à poignarder les esprits malfaisants qui empêchaient l'adepte d'atteindre l'Éveil, lesquels étaient représentés par les lingas, ces marionnettes façonnées dans des matériaux éphémères dont la destruction équivalait à la rédemption et à la purification des « êtres domptés »…

Après lui avoir fait franchir, à l'extrémité de la cour, une immense porte flanquée de dragons sculptés dont les gueules tenaient, suspendus par des anneaux de cuivre, des moulins à prières, lama sTod Gling le guida à travers un dédale de couloirs étroits aux murs noircis par la fumée des bougies et imprégnés de l'odeur entêtante de l'encens et de celle, indéfinissable, de renfermé.

Le jeune moine pouvait entendre le murmure assourdi des psalmodies de sûtras qui parvenaient à ses oreilles depuis les salles de prière, malgré l'énorme épaisseur des murs. De temps à autre, le gong d'un tambour ponctuait le flot de ces formules sacramentelles auxquelles Cinq Défenses ne comprenait goutte, tellement elles étaient prononcées par des voix basses et caverneuses, venues d'outre-tombe, qui le faisaient frissonner comme s'il avait été un enfant poussé dans le noir.

L'assistant de Pureté du Vide n'en menait pas large lorsque le lama, au bout d'un étroit corridor, tira une petite tenture de coton plissé, graisseuse à souhait et à la couleur indéfinissable.

Derrière, il y avait une pièce minuscule, occupée par un simple lit.

Cinq Défenses ne put s'empêcher d'avoir un haut-le-cœur devant le tambour-sablier *damaru*, fait de deux moitiés de crânes humains accolés par l'extérieur et recouverts de peau tendue, qui trônait au milieu de la petite table située au chevet du lit. Les damaru les plus précieux étaient fabriqués avec une moitié de crâne appartenant à un jeune garçon et l'autre à une jeune fille. L'union de ces deux moitiés de têtes, mâle et femelle, symbolisait la perfection de ces objets utilisés au cours de rituels secrets, pour accompagner la récitation de textes du *chö*, cette technique de méditation d'origine indienne, dite de la « découpe », et qui avait pour but de trancher l'attachement au « moi ».

— Voilà de quoi dormir ! lâcha le lama en lui jetant une couverture.

Avant que Cinq Défenses ait pu interroger lama sTod Gling au sujet de cet objet terrifiant, celui-ci avait déjà disparu derrière le rideau de soie.

Le jeune moine, à présent, se retrouvait seul dans cette cellule du monastère de Samyé.

Soudain, il pensa à Droit Devant, resté attaché à l'arbre épineux.

Qu'allait-il devenir, l'étalon vedette du monastère de la Reconnaissance des Bienfaits Impériaux ?

C'était pure folie que de l'avoir abandonné ainsi, en pleine nuit !

Depuis qu'il avait stupidement décidé de venir reconnaître le monastère, Cinq Défenses ne faisait qu'accumuler les bévues et les maladresses. Non seulement il s'était laissé piéger par ce lama, qui lui avait soutiré facilement son identité, mais voilà qu'il en avait oublié son cheval dehors, alors qu'il devait geler à pierre fendre !

Sortir, pour mettre l'animal à l'abri du froid ? C'était impensable ! Ce lama avait refermé au moins trois fois, à double tour, des portes sur le parcours qu'il lui avait fait suivre depuis le porche jusqu'à cette cellule.

Il se sentait piégé, et furieux, de surcroît, d'en avoir tellement dit à ce sTod Gling, pour s'ôter toute chance, désormais, de parvenir à ses fins…

Que donnerait-il comme explication à Pureté du Vide, qui ne pourrait que se mordre les doigts d'avoir fait confiance à un benêt de son espèce, lorsqu'il se présenterait, bredouille, devant lui, contraint peut-être, pour faire bonne mesure, de lui annoncer qu'il avait perdu Droit Devant ?

Les pensées les plus noires parcouraient son esprit. Son abattement et sa fatigue étaient tels qu'il finit par se jeter sur sa couche et là, sombrer dans un profond sommeil agité de rêves déprimants, où il finissait réincarné en libellule qu'une couleuvre verte s'apprêtait à avaler toute crue après l'avoir hypnotisée.

Posé sur une feuille de nénuphar, Cinq Défenses essayait vainement de s'envoler pour échapper au reptile, lorsqu'il fut brutalement réveillé en sentant quelque chose posé sur son épaule.

Ce n'était pas une couleuvre mais bien la main de lama sTod Gling, dont les yeux le regardaient avec douceur.

— Je faisais un terrible cauchemar ! J'étais une libellule qui allait être dévorée par un serpent ! bredouilla le jeune moine en se redressant.

Il regarda par l'étroite fenêtre. Il faisait toujours nuit noire.

— Ça se voit ! Tu es en nage. À présent, il faut te lever. Tu as dormi près de trois heures, c'est déjà ça ! constata le lama.

— Les cultes commencent si tôt ici ?

— Je ne vais pas t'emmener au culte. Il faut que nous discutions tranquillement toi et moi..., répondit mystérieusement le moine tibétain.

Cinq Défenses n'en menait pas large.

Il sentait même que son esprit, d'ordinaire si calme, était en train de flancher.

Désormais, il pouvait s'attendre au pire : à voir surgir – pourquoi pas ? – les gardiens des Quatre Directions, qu'on appelait aussi les Quatre Dieux-Rois Lopkâpâla. Postés aux angles du mont Meru et armés jusqu'aux dents, avec, chacun, leur attribut spécial, il les avait reconnus à plusieurs reprises sur les peintures des couloirs et des galeries qu'il avait traversés. Il pouvait être certain, compte tenu des circonstances, qu'ils n'hésiteraient pas à en descendre, avant de se ruer sur lui pour le jeter dans une geôle où ils tenteraient de le faire parler sous la torture...

— Allons dans un endroit où personne ne nous entendra. J'ai une proposition à te faire, ajouta lama sTod Gling en lui indiquant de le suivre.

Après avoir emprunté un nouveau dédale de couloirs, monté puis descendu des volées d'escaliers, les unes étroites et les autres plus larges, traversé une grande cour gravillonnée puis une autre, de terre battue, ils arrivèrent dans une salle de prière dont le décor somptueux fit pousser à Cinq Défenses un soupir d'émerveillement, après que le lama eut allumé une grosse lampe à huile de bronze.

Au fond de cette salle au sol jonché de coussins de prière en soie brodés au fil d'or et d'argent, sur une vaste estrade qui ressemblait à la scène d'un théâtre, un trône monumental avait été installé.

Il était partiellement recouvert d'un brocart de soie orné du double « diamant », ou vajra, symbole d'indestructibilité, au-dessus duquel avait été brodée la croix svastika, symbole d'éternité.

Sur le bois sombre de son dossier, qui surgissait des plis du brocart comme un vigoureux tronc d'arbre du sol, étaient sculptées les six *paramitas*, ou qualités transcendantes, que les fidèles devaient s'efforcer d'acquérir et de pratiquer. Elles étaient représentées sous la forme des animaux qui les symbolisaient : l'oiseau mythique Garuda pour la générosité (*dhana*) ; le génie des eaux Naga pour l'éthique (*sila*) ; le monstre aquatique Nakara pour la patience (*kçanti*) ; le nain gnome pour l'effort (*virya*) ; le lion pour la connaissance (*prajna*) ; l'éléphant pour la méditation (*dhyâna*).

— Qui s'assied sur cette chaise ? demanda Cinq Défenses, ébloui par tant de richesses.

— En tant que l'un des trois chefs suprêmes de la Sainte Église bouddhique tibétaine, notre Vénéré Supérieur Ramahe sGampo est le seul à avoir le droit d'occuper ce trône.

Cinq Défenses écarquillait les yeux.

La grande salle de prière du couvent de Samyé était beaucoup plus richement décorée que celles dans lesquelles il récitait ses sûtras à Luoyang.

— Mais je ne t'ai pas fait venir ici pour t'en mettre plein la vue avec toutes ces dorures…

La voix du lama s'était faite soudain plus grave et presque pressante.

— En fait, j'ai un marché à te proposer, dit-il à Cinq Défenses en tendant vers lui sa main ouverte.

Le jeune moine vit, dans la paume du lama, une petite clé de bronze toute luisante des reflets de la flamme de la lampe à huile qu'il tenait dans l'autre main.

Au sommet de la tige, il distinguait une tête de démon, celle-là même qui avait tant effrayé la jeune nonne Manakunda.

— C'est la clé de la réserve aux livres de ce monastère. Le *Sûtra de la Logique de la Vacuité Pure* est posé sur la première table, tout près de la porte d'entrée.

Cinq Défenses demeurait sans voix.

— Mais qu'ai-je donc fait pour que tu m'ouvres ainsi la route ? bredouilla-t-il, la gorge nouée, au lama.

— Je me doute bien que Pureté du Vide t'a envoyé ici pour le récupérer ! répondit-il laconiquement.

Cinq Défenses, de plus en plus livide, se demandait comment ce sTod Gling pouvait lire aussi facilement dans le cœur des autres.

Le lama lui fit signe d'approcher.

— Tu pourras le prendre. Je te demanderai une seule contrepartie !

— Laquelle ?

— Tu emporteras un paquet que je te confierai !

— Un paquet de quoi ?

— Son contenu est aussi précieux que le sûtra rédigé par ton maître…, conclut mystérieusement le lama, visage collé à l'oreille du jeune moine, comme s'il venait de lui livrer là le plus inavouable et le plus terrible des secrets.

C'était, d'ailleurs, au tour de lama sTod Gling de montrer à son interlocuteur qu'une certaine angoisse venait de se faire jour en lui. Elle était notamment perceptible à la hâte avec laquelle il avait fait à Cinq Défenses cette proposition, brusquement et d'un seul trait, comme s'il lui en eût coûté infiniment de lui proposer un tel marché, mais qu'il ne pût faire autrement.

— De quelle sorte de colis précieux s'agit-il ? J'espère que ce n'est pas quelque chose ni de prohibé, que tu me proposes là…, murmura Cinq Défenses d'une voix tremblante.

— Je ne peux pas te le dire. Tu pourras l'ouvrir une fois que tu seras sorti d'ici ! Il n'y a rien de dangereux dedans.

— Il me faudrait des précisions ! gémit le jeune moine.

— N'insiste pas, c'est inutile. C'est à prendre ou à laisser ! Il faut te décider tout de suite. Si tu refuses, tu reviendras à Luoyang les mains vides.

Le ton du lama était des plus fermes. La dureté de son expression témoignait de son inébranlable résolution.

Cinq Défenses, sans un mot de plus, prit donc la clé de bronze dans la main de sTod Gling.

— J'étais sûr que tu accepterais. Crois-moi, Cinq Défenses, tu ne fais pas une mauvaise affaire. D'une part, tu vas remplir ta mission dans des conditions irréprochables. D'autre part, en me rendant ce service, tu accompliras un acte positif, qui ne manquera pas d'améliorer le bilan de tes karmans…

Lorsqu'ils arrivèrent devant la lourde porte cadenassée de la réserve aux livres et que Cinq Défenses l'ouvrit sans peine avec sa clé à tête de démon, le lama lui demanda :

— J'aimerais, à mon tour, savoir comment tu aurais fait pour pénétrer ici, si je ne t'avais pas donné la clé : elle est aussi hermétiquement fermée qu'un coffre-fort…

Le jeune moine, qui reprenait peu à peu ses esprits, répondit du tac au tac :

— Tu me permettras de garder mes secrets pour moi !

Cette réponse avait échappé à Cinq Défenses. Et c'était là presque un mensonge.

De fait, il n'avait pas la moindre idée de la façon dont il se serait emparé du sûtra de Pureté du Vide, sans la clé du lama.

Il se promit d'en faire la remarque, dès qu'il le pourrait, à son maître de Dhyāna.

Fallait-il que ses raisons fussent impérieuses pour l'avoir envoyé effectuer, d'une façon aussi improvisée, une mission à ce point délicate ! À moins qu'il ne considérât que Cinq Défenses était doté de qualités intellectuelles et physiques, lui permettant de s'introduire dans une réserve fermée à double tour, puis de s'emparer d'un de ses livres les plus précieux sans savoir, a priori, où il se trouvait au milieu des milliers de rouleaux qui y étaient entassés, et enfin de quitter ce monastère aussi subrepticement qu'il y était entré !

— Il est là, sur la table. Tu peux le prendre ! dit le lama en désignant un étui de bambou laqué.

Alors, Cinq Défenses ouvrit l'étui pour vérifier qu'il était bien gainé de soie rouge. Après en avoir déroulé quelques pouces, et s'être assuré qu'il s'agissait effectivement de l'œuvre de son Très Vénérable Supérieur, il ne put s'empêcher de pousser un soupir de soulagement.

Il ne rentrerait pas les mains vides à Luoyang, et Pureté du Vide serait fier de son assistant.

— Suis-moi ! Maintenant que tu as le sûtra, il me reste à te confier ce fameux paquet dont je t'ai parlé. Tu verras, il n'est pas lourd…

— C'est déjà ça ! plaisanta le jeune moine.

— Du moins pour l'instant, ajouta mystérieusement le lama.

Après s'être éclipsé quelques instants il revint, tenant un panier recouvert d'un linge aux insignes du monastère.

Quand il tendit le cabas à Cinq Défenses celui-ci s'en empara comme s'il n'avait plus peur de rien.

Ce panier d'osier, du type de ceux dans lesquels on plaçait les denrées alimentaires pour mieux les conserver avant de les suspendre à une poutre, ne pesait effectivement pas très lourd.

Que pouvait-il contenir ?

Le jeune moine regarda de nouveau le lama.

Il ne voyait plus dans ces yeux sombres d'ascète, enfoncés au milieu de profondes orbites, aucun soupçon d'angoisse ni la moindre trace d'impatience, pas même camouflés, mais simplement cette douceur et cette compassion qui l'avaient frappé, quelques heures plus tôt, lorsque le lama l'avait accueilli à l'entrée du monastère.

Alors, il se souvint de la phrase qu'aimait répéter à ses jeunes novices le maître Pureté du Vide.

Elle tenait en quelques mots, que le grand maître de Dhyāna avait apposés en exergue du texte dont Cinq Défenses tenait à présent le rouleau serré contre son cœur :

Imaginez la compassion et la tendresse avec lesquelles le Bienheureux Bouddha regardait les êtres humains, puis faites comme lui ; alors, à votre tour, vous pourrez un jour devenir Bouddha !

Cinq Défenses, à présent, en était sûr : lama sTod Gling avait tout de l'homme de bien, et s'il l'avait laissé sortir de la réserve aux livres avec le précieux *Sûtra de la Logique de la Vacuité Pure,* c'était le signe évident de l'importance du service qu'il lui avait demandé en contrepartie.

Le jeune moine qui serrait de la main gauche la boîte oblongue de l'étui sacré et, de l'autre, un panier recouvert d'un voile qu'il s'était bien gardé de soulever se sentait investi d'une mission importante, même s'il était loin d'imaginer jusqu'où celle-ci le conduirait…

Juste au moment où il s'apprêtait à franchir le porche du monastère, le lama lui fit signe de l'attendre.

Lorsqu'il revint, à la grande surprise de Cinq Défenses il tenait en laisse un immense chien jaune, de la taille d'un petit veau, dont la gueule ouverte laissait entrevoir des crocs impressionnants.

— Penses-tu que j'aie besoin d'un tel animal ? demanda Cinq Défenses, fort surpris.

— C'est une chienne de garde. Lapika est dressée à garder les troupeaux de yaks. Rien ne lui fait peur. Ni le loup ni l'ours, pas plus que le léopard de neiges.

— Mais elle ne…

— Crois-moi, elle te sera utile. N'est-ce pas, ma Lapika ! lança lama sTod Gling en caressant la chienne dont la queue frétillait.

— Merci beaucoup ! Merci infiniment, lama compatissant ! Avec Lapika, mon voyage de retour sera beaucoup plus facile ! Que Bouddha le Bienheureux te bénisse !

Le disciple de Pureté du Vide, en même temps qu'il se confondait en remerciements et en salutations, avec force courbettes, se demandait pourquoi ce lama lui avait confié, avec ce panier à provisions, cette énorme chienne au pelage jaune.

Pour venir à Samyé, il n'avait manqué de rien.

La nature, même en haute altitude, n'était-elle pas, surtout pour un bouddhiste frugal habitué à manger des racines, un garde-manger à elle toute seule ?

Pourquoi le chemin du retour serait-il différent de celui de l'aller ? Pourquoi y aurait-il eu davantage d'ours, de léopards des neiges et de loups de Samyé à Luoyang que de Luoyang à Samyé ?

— Que Bouddha fasse de même avec toi. Tu auras besoin de sa Lumière protectrice ! Mais j'ai confiance. Je suis sûr que tu reviendras à bon port ! murmura sTod Gling d'une voix si basse que Cinq Défenses l'entendit à peine.

Au moment où lama sTod Gling refermait derrière lui la lourde porte du monastère, Cinq Défenses ne se doutait pas à quel point la suite de son voyage allait lui réserver des surprises, certaines bonnes et d'autres mauvaises…

Il n'était pas au bout de ses peines !

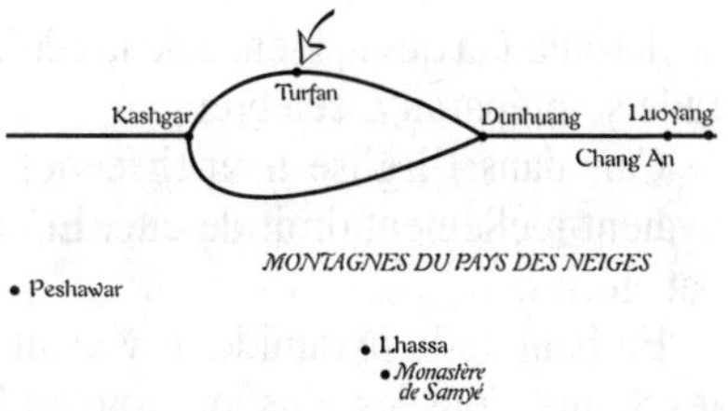

7

Oasis de Turfan, Route de la Soie

— Ô Bienheureux Fils de la Droite, levez-vous pour rendre une action de grâces au Très Saint Prophète Mani !

À ces mots, l'orchestre de harpes, de luths, de cithares et de flûtes s'arrêta brusquement de jouer.

Au milieu du transept, devant la table des Bénis, sorte d'autel de marbre ovale sur lequel avaient été disposés des assiettes regorgeant de galettes de blé, des gobelets et du vin de raisin, Cargaison de Quiétude, en tant que chef de l'Église manichéenne de Turfan, venait ainsi d'inviter les fidèles à se rassembler autour d'un immense cierge allumé par l'un de ses servants appelé Pointe de Lumière.

Cette pieuse assistance, où tous avaient revêtu une robe blanche immaculée, s'apprêtait à célébrer le sacrement du repas rituel réservé aux Élus.

Parce qu'ils n'étaient que des Auditeurs, et que ceux-ci n'étaient pas autorisés à assister au Divin Repas des Élus, Cargaison de Quiétude congédia les trois hommes qui avaient déposé les plateaux chargés d'offrandes au pied de l'autel.

Les œufs, les légumes secs, les oranges et les dattes qu'ils avaient apportés représentaient, au bas mot, un mois et demi de privations de la part des familles qui les avaient donnés. Pour autant, ces cadeaux ne les faisaient pas admettre dans le saint des saints, là où se déroulait la quintessence de la cérémonie que Cargaison de Quiétude se préparait à célébrer.

Car, dans l'Église manichéenne, seuls les individus consacrés avaient réellement droit de cité. Et ceux-ci étaient divisés en deux catégories.

En haut de la pyramide, il y avait les Élus, qu'on appelait aussi les Saints. Sous les Élus, on trouvait les Auditeurs, comme le jeune Pointe de Lumière, qui étaient en quelque sorte leurs assistants et avaient vocation, le moment venu, à entrer à leur tour dans l'étroit cercle des Élus.

Toujours vêtus de blanc et détachés du monde, ces derniers avaient accepté de consacrer leur vie à cette religion étrange, fondée par le Babylonien Mani vers 250 après Jésus-Christ.

À ce titre, les Élus devaient appliquer la règle des Trois Sceaux : le Sceau de la bouche, en s'abstenant de toute consommation de viande, de sang ou de vin, ainsi que de toute autre boisson fermentée hors celle qui servait lors des cérémonies ; le Sceau de la main, en évitant toute action susceptible de léser la « Croix de Lumière » de l'Église ; et enfin le Sceau du sein, en s'interdisant toute relation sexuelle, et en bannissant notamment toute velléité de procréation avec une femme.

Il y avait plusieurs grades d'Élus au sein de l'Église de Lumière, puisque c'était ainsi qu'on appelait l'Église manichéenne.

Dans les trois plus hauts grades se recrutaient les membres du clergé : prêtres, évêques et maîtres dont le chef suprême, le « Maître des maîtres » dont dépendaient tous les autres, siégeait à Babylone, le lieu où le prophète Mani avait vécu.

Car Mani, tout comme le Christ, après une vie de prêches et de révélations multiples qu'il avait transmises à ses disciples, était mort dans d'atroces souffrances.

Il avait reçu la révélation dès l'âge de quatre ans, dans un temple de Ctésiphon, et avait obtenu que sa jeune religion fût librement prêchée dans l'Empire iranien.

Mais les autorités civiles, devant le succès de ses sermons et la ferveur religieuse des foules qui le suivaient désormais à la trace, avaient fini par décider d'arrêter ce prophète coupable de tenir des discours de plus en plus séditieux, et l'avaient fait condamner à mort, au terme d'un simulacre de procès. Mani avait alors soixante ans et sa religion s'étendait déjà dans tout l'Empire parthe.

La Passion de celui qu'on appelait aussi « l'Illuminateur » avait duré vingt-six jours, dans la prison où il avait été enfermé, le corps chargé de chaînes, avant d'y mourir d'épuisement. Puis il avait été décapité et son pauvre corps mutilé exposé à la porte de la ville de Bêlapat, en Susiane. Des fidèles avaient pieusement recueilli ce qui pouvait rester de ce premier martyr de sa propre religion.

Alors, Mani était devenu, aux yeux de ses adeptes, le véritable Sceau des Prophètes, celui qui avait eu l'honneur insigne d'en clore la liste où l'on pouvait trouver, dans l'ordre chronologique, des personnages aussi importants qu'Adam, Zoroastre, Bouddha et Jésus.

Dans la hiérarchie des pratiquants de cette religion qui n'hésitait pas, non sans générosité, à englober toutes les autres, considérant qu'elle détenait seule la Vérité intégrale, le titre le plus recherché était celui de Parfait, c'est-à-dire membre de la communauté des êtres régénérés, détachés du monde terrestre. Tous ceux qui n'accédaient pas au statut de Parfait étaient baptisés Faibles.

Le manichéisme reposait sur le principe de la dualité du Bien et du Mal, de la Lumière et de la Nuit, de la région du Nord (le Bien) et de la région du Sud (le Mal).

Le Mal se matérialisait dans l'existence terrestre où tous les malheurs des hommes provenaient du terrible « Prince des Ténèbres ». Lorsque l'âme humaine se détachait de Dieu, pour retomber sur Terre, elle était inéluctablement liée au Mal. Il n'y avait que Dieu, le « Sauveur-Sauvé », à pouvoir la remettre dans la voie du Bien. Et pour rencontrer Dieu, les hommes devaient en recevoir la Lumière Originelle telle que le prophète Mani en avait eu la révélation, avant de consigner ses certitudes dans un Canon ecclésiastique regroupant sept livres dont *Le Livre des Géants* et les *Épîtres de Mani* étaient les plus célèbres.

Ce jour-là, au moment où il s'apprêtait à rompre le pain et à partager le vin entre les Élus, Cargaison de Quiétude avait un peu de mal à fixer son attention sur la petite assiette remplie de galettes de blé, ainsi que sur le somptueux calice orné de pierreries que venait de lui apporter le jeune Auditeur Pointe de Lumière expressément autorisé, pour la circonstance, à assister à la cérémonie.

Il avait la mine encore plus sombre lorsqu'il commença à verser le vin couleur rubis dans les gobelets disposés sur l'autel, avant de les bénir et d'inviter les autres Élus à se réunir autour de lui pour les porter à leurs lèvres.

Le Maître Parfait était inquiet, et même passablement agacé par les nouvelles reçues juste avant le début de cet office que, du coup, il célébrait machinalement, tout en s'efforçant de n'en rien laisser paraître.

C'était vraiment un terrible coup du sort, pensait-il au moment où il présenta à l'auditoire le reliquaire d'ivoire, taillé dans la défense d'un éléphant, qui contenait un tout petit morceau de peau de l'index gauche de Mani.

Alors, tous les Parfaits, comme un seul homme, se jetèrent à terre, afin de vénérer la sainte relique, en prononçant cent fois le nom de Mani, jusqu'à ce que l'écho de cette complainte achevât de se disperser sous la voûte immense du sanctuaire.

Cargaison de Quiétude était si perturbé qu'il en avait oublié de se prosterner à son tour, ce qui lui valait des œillades stupéfaites de la part de certains de ses frères plus hardis que les autres.

De retour à la sacristie, il retrouva un autre de ses assistants, un petit Sogdien impubère à la face basanée et aux cheveux noirs, bouclés, qui lui demanda naïvement, mais avec gentillesse, si quelque chose n'allait pas.

— Mon pauvre Ormul, si tu savais ! Pointe de Lumière et moi-même en sommes à nous arracher les cheveux ! Cette épidémie dans les élevages de vers à soie est pour nous une véritable catastrophe. Je ne sais vraiment pas ce que je vais pouvoir dire à l'envoyé de l'évêque Addai Aggai qui m'attend depuis tout à l'heure dans mon bureau !

Le Grand Parfait manichéen Cargaison de Quiétude paraissait encore plus pâle et hâve que d'habitude, alors même que les longs jeûnes auxquels il s'astreignait – que les manichéens appelaient l'« étouffement du lion », car selon eux, c'était cet animal qui sommeillait au sein du corps, et qu'il s'agissait de « dompter » par l'abstinence des aliments – lui conféraient déjà un teint blafard…

De fait, à force de « dompter le lion », Cargaison de Quiétude avait l'allure d'un arbre desséché dont les pieds eussent été les racines et les mains les extrémités des branchages morts.

Quant à son visage, il reflétait à la perfection l'homme pétri de spirituel et de mysticisme qu'était le Maître Parfait.

Nichés au fond d'orbites creusées par la maigreur osseuse de sa face, ses yeux de braise, témoins vibrants du mysticisme dont il brûlait, transperçaient tous les regards qui s'aventuraient à les croiser.

Cela ferait dix ans, l'année suivante, que Cargaison de Quiétude avait posé la première pierre de son église manichéenne à Turfan.

Le dynamisme et la prospérité de celle-ci se voyaient d'emblée, à la splendeur architecturale du bâtiment qui servait à la fois de lieu de culte et de siège épiscopal à la petite communauté des Parfaits et des Élus.

L'édifice de plan centré et octogonal, entièrement construit de moellons de calcaire rouge arrachés à la chaîne des Monts Flamboyants, que de nombreux voyageurs avaient tendance à prendre pour un mur de flammes tant ils réfléchissaient la chaleur des rayons solaires, avait la forme d'un calice renversé dont les pans évasés vers le ciel étaient percés d'oculi immenses par lesquels pénétrait la lumière du jour.

Juste au centre de l'édifice, qu'elle dominait telle une ombrelle, une voûte à côtes s'appuyait sur une élégante succession de colonnes de porphyre torsadées.

C'était là, sous ce dôme somptueux aux structures subtilement arachnéennes, que le Grand Parfait Cargaison de Quiétude procédait à la célébration du culte de l'Église de Lumière.

Autour de l'octogone, des cloîtres et des colonnades reliaient entre eux des pavillons qui servaient de dortoir, de salle d'étude et de réfectoire aux Parfaits.

Au milieu d'un jardinet soigneusement entretenu et parsemé de rosiers, adossé au sinueux mur d'enceinte qui isolait la communauté manichéenne du reste de la ville, s'élevait un élégant hôtel particulier de briques roses dont le porche d'entrée était orné d'une frise représentant la danse dite des « Cinq Lions », telle qu'on la pratiquait plus loin encore à l'ouest, aux abords du bassin du fleuve Tarim, dans l'oasis de Kucha.

Tout comme cette dernière, avec laquelle elle entretenait

d'ailleurs d'importantes relations commerciales, l'oasis de Turfan était déjà un important point de passage de la Route de la Soie au moment où les manichéens y étaient arrivés, sous la houlette de Cargaison de Quiétude.

En 626, le roi de l'oasis, qui portait alors le titre de « yagbu », avait envoyé à la cour de l'empire des Tang, à Chang An, une ceinture en or ornée de plus de « dix mille pierres précieuses ».

L'année suivante, c'était une admirable natte de prière, fabriquée avec de l'ivoire tressé, qui avait été adressée, en guise de cadeau d'allégeance, à l'empereur du Milieu en personne par le même yagbu. Il avait fallu, racontait-on, plus de trois ans à l'artisan qui l'avait tressée, pour tailler en lamelles plus fines que des joncs les trois défenses d'éléphant nécessaires à sa confection.

Surnommée la « Très Brillante Perle du Désert », l'oasis de Turfan, située à près de neuf cents li au nord-ouest de Dunhuang, sur l'itinéraire septentrional de la Route de la Soie, était toujours sous protectorat chinois.

On s'y adonnait, à titre principal, au commerce du coton, de l'alun et du sel. Parmi les nombreux étals, seuls quelques marchands disposaient d'objets en verre fabriqués en Occident, que les Chinois appelaient « liuli » et qu'ils ne vendaient – à des prix exorbitants – que contre des coupons de soie précieuse.

Ainsi, en échangeant le verre des Romains et la soie des Chinois, ils faisaient se rejoindre les deux extrémités de cette chaîne commerciale par laquelle s'effectuerait, pendant de nombreux siècles encore, une extraordinaire respiration entre deux mondes, l'Occident et l'Orient.

Au milieu de ce chapelet d'oasis, où l'on passait d'une civilisation à l'autre par étapes distinctes, à la manière du spectre des couleurs d'un arc-en-ciel, Turfan portait fort bien son surnom.

La Perle du Désert n'était pas qu'une simple étape commerciale. Elle était également célèbre pour son « Lac de Lune », situé à deux jours de marche de la ville, petite mer d'eau saumâtre qui fascinait les voyageurs en raison de la croûte de sel qui en ourlait les bords, comme s'ils étaient pris dans de la glace, alors même que, l'été, il régnait là une chaleur écrasante.

Pour le voyageur harassé qui y arrivait après avoir traversé des étendues de sable où les dunes se succédaient sans fin, l'oasis de Turfan était, tant pour les yeux que pour la bouche, un vrai régal.

Les riches commerçants et les moines bouddhistes y avaient toujours disposé, malgré le désert, des moyens matériels nécessaires à la construction de somptueux édifices, censés témoigner de leur poids économique ou spirituel, qui faisaient de la ville un véritable conservatoire de l'architecture religieuse.

Au milieu de tant de grandeur traduite en pierres et en briques, tantôt nues et géométriques, tantôt recouvertes de stucs savamment sculptés, l'octogone rougeoyant de l'Église de Lumière ne déparait pas quand le soleil, chauffant ses pierres, lui faisait prendre la couleur des braises.

Dans le quartier commerçant, les familles patriciennes n'hésitaient pas à étaler aux portes de leurs demeures des tapis de soie et de haute laine colorés comme des parures de pierres précieuses multicolores.

Devant les monastères bouddhiques, pourvus de pagodes de toutes tailles, s'entassaient, dans des vases d'argent en forme de fleur de lotus, des fleurs et des fruits destinés aux offrandes.

Dans les rues de cette ville animée par le commerce et le passage, on entendait parler sogdien, tokharien, tibétain, sanskrit et, bien sûr, chinois.

Au pied des immenses palmeraies, les vignobles et les vergers produisaient des fruits dont la renommée s'étendait jusqu'à la cour des Tang. Leur irrigation n'avait cessé de poser un redoutable problème aux autorités locales, qui avaient fini par mettre au point le système des puits « *karez* ». Ils recueillaient l'eau de fonte des glaciers des montagnes situées à des centaines de li de l'oasis, vers laquelle elle était acheminée au moyen de conduites souterraines creusées par des esclaves. Grâce à ce travail acharné, les habitants de Turfan avaient réussi à grignoter chaque jour un peu de ce désert pour le transformer en jardin.

À chaque début d'automne, les premières grappes d'un raisin ferme et dépourvu de pépins, le « pis de jument », étaient ainsi convoyées par une caravane jusqu'à la cour des Tang.

Et de ces raisins, dorés comme l'ambre et sucrés comme du nougat au miel, la nouvelle impératrice Wuzhao raffolait.

Mais Turfan ne produisait pas que des fruits et des légumes.

La Perle du Désert exportait aussi, de façon totalement illégale, une denrée bien plus précieuse encore.

Aucun de ses habitants, toutefois, à l'exception des quelques Parfaits de l'Église de Mani et du jeune Auditeur Pointe de Lumière, ne le savait.

De fait, cette denrée, compte tenu du statut juridique qui était le sien en Chine, et qui s'appliquait à Turfan, l'un de ses protectorats, ne pouvait y être produite que clandestinement et avec un luxe de précautions destiné à éviter que l'affaire ne s'ébruitât.

Elle était le produit d'un minuscule vermisseau tout noir, pas plus épais qu'un fil. En un mois, le vermisseau multipliait son poids par dix mille, jusqu'à changer plusieurs fois d'enveloppe pour finir de couleur grisâtre. Placé ensuite sur des petits tas de paille, gavé de feuilles de mûrier, il pouvait commencer ses quatre mues successives. Alors, il devenait ce petit ver fileur, cette extraordinaire usine dont les glandes sécrétaient un filament de fibroïne enrobé de séricines appelées grès qui servait à fabriquer le cocon. Une fois celui-ci achevé, le ver se muait enfin en chrysalide. Et là, de deux choses l'une, soit la chrysalide avait eu le temps de produire le liquide de la coconase qui, ramollissant le grès, lui permettait de sortir du cocon, sous la forme d'un papillon qui allait s'accoupler sans délai avec un congénère, ce qui aboutissait à rendre inutilisable le fil de soie ainsi rompu, soit la chrysalide mourait, ébouillantée, dans le cocon, laissant ainsi intacte sa merveilleuse substance filaire qui arrivait à dépasser un kilomètre.

Le fil de soie n'existait en effet qu'au prix du sacrifice de la chrysalide et l'on ne gardait celle-ci vivante que pour les besoins de la reproduction des vers.

C'était une soie de qualité incomparable, dont Cargaison de Quiétude, après de longs mois de tâtonnements et à force d'acharnement, avait réussi à obtenir le filage.

Ce fil, plus fin qu'un cheveu, aussi blanc que la glace d'où venait l'eau des puits karez, et plus brillant qu'un rayon de lune, était devenu, pour le Maître Parfait manichéen, le nerf de sa guerre sainte.

L'idée de créer un élevage de vers à soie et une filature

clandestine lui était venue lorsqu'il s'était rendu compte des prix astronomiques demandés par l'administration chinoise de la soie aux marchands qui souhaitaient se procurer ce bien précieux comme l'or, l'émeraude et le diamant.

Pline, l'historien romain, avait déjà écrit qu'elle s'obtenait en « recueillant le duvet des feuilles, à force de laisser couler de l'eau dessus » ; le philosophe Sénèque ne s'était pas privé de célébrer cette matière extraordinaire, lorsqu'il s'extasiait sur la transparence des « toges de verre » et des vêtements de soie vaporeux que portaient certaines femmes fort riches « dont on ne pouvait pas honnêtement jurer, notait-il, qu'elles n'étaient pas nues ! » …

Cela faisait ainsi près de huit siècles que la soie faisait l'objet de cet immense engouement et de ce si lucratif commerce le long de cette Route à laquelle elle avait fini par donner son nom.

Lorsqu'il avait imaginé le moyen de faire profiter l'Église de Lumière de cet énorme courant de richesses, Cargaison du Vide était arrivé à Turfan depuis plus de huit ans.

Il commençait déjà à mesurer l'ampleur des moyens qui seraient nécessaires à la construction de bâtiments ecclésiastiques, dignes des ambitions de son Église. Les subsides envoyés par le siège babylonien une fois par an étaient à peine suffisants pour nourrir les Élus.

Il lui fallait donc trouver autre chose.

Une production clandestine de fil de soie, c'était l'assurance, pour l'Église de Lumière, de pouvoir élever un temple qui montrerait aux autres religions pratiquées à Turfan la puissance du manichéisme. À cette époque, c'était le bouddhisme qui était devenu la religion conquérante, celle dont les fidèles étaient de plus en plus nombreux ; une religion que les manichéens n'hésitaient pas à considérer comme une vulgaire hérésie de la doctrine révélée par le Grand Prophète Mani – au demeurant très largement pardonnable, puisqu'ils voyaient dans celui-ci le véritable successeur du Bouddha.

Sur la Route de la Soie, les croyances et les religions se mesuraient entre elles un peu comme les chevaux à la course, chacune essayant de se donner les atouts pour faire avancer ses pions.

Pour gagner, il fallait, certes, être plus fort que les autres, mais l'important était de montrer qu'on était le plus fort. Ainsi, dans ce concours de puissance, l'avantage allait à celui qui était le plus riche et pouvait offrir aux nouveaux convertis les assurances économiques les plus solides, et surtout, à celui qui était capable d'étaler les fastes de sa puissance en édifiant les plus grandioses bâtiments dédiés au culte de ses dieux.

La soie clandestine était donc depuis deux ans, pour l'Église de Lumière, la véritable aubaine qui lui avait permis d'ériger le splendide bâtiment de pierres rouges qui faisait l'admiration de tous.

Pour s'initier à l'art de l'élevage du bombyx et à celui de l'évidage de son cocon, Cargaison de Quiétude avait chargé Pointe de Lumière d'une mission secrète, en l'envoyant à Chang An observer la façon dont procédaient les filatures impériales.

Le physique des plus avenants de ce jeune Auditeur, dont les yeux bleus perçants faisaient plaisir à regarder et les cheveux noirs noués en chignon brillaient comme de la soie, n'arrivait pas à la cheville de son intelligence, si l'un et l'autre avaient pu être mesurés de la même façon.

Koutchéen d'origine, Pointe de Lumière, dont la famille s'était convertie depuis deux générations au manichéisme, parlait une bonne dizaine de dialectes d'Asie centrale et baragouinait fort honorablement, à l'instar de la plupart de ses congénères du petit royaume de Kucha, le sanskrit, le chinois, ainsi que le tibétain.

Ce jeune homme était de la trempe de ceux auxquels les voyages lointains ne faisaient pas peur et il servait, à l'occasion, d'interprète au Grand Parfait.

Il n'avait donc pas boudé son plaisir lorsque Cargaison de Quiétude l'avait expédié en mission ultra-secrète en Chine centrale.

Là-bas, l'astucieux Auditeur, après avoir rapidement appris les rudiments de chinois nécessaires, avait réussi à s'infiltrer dans le Temple du Fil Infini, qui était la plus vaste des filatures impériales de la capitale des Tang. Puis, pour les besoins de la très noble et discrète cause qu'il servait, le jeune homme avait séduit une jolie ouvrière qui répondait au doux nom de Lune de Jade. Et Lune de Jade, tombée éperdument amoureuse de Pointe de Lumière, n'avait pas ménagé sa peine. Après quelques nuits torrides passées dans ses bras, elle lui avait fourni tout ce que Cargaison de Quiétude lui avait demandé : comment le cocon devait être plongé dans l'eau bouillante pour tuer la chrysalide, puis trié à la main et cuit à quarante-huit degrés, pour réussir à dévider le fil sans le casser.

C'est ainsi que le jeune Pointe de Lumière était rentré à Turfan avec, dans sa sacoche, deux cocons, ainsi que trois chenilles voraces de « Bombyx mori », accrochées à trois petits plants de mûriers, mais surtout une provision d'œufs dont le transport était sans risque vu qu'ils étaient encore dans leur période de repos, laquelle durait dix mois à l'issue de leur ponte.

Mais l'Auditeur rapportait aussi le savoir-faire indispensable à la fabrication de cette denrée si coûteuse qu'elle provoquait la folie des femmes.

La soie !

Cette matière était la plus précieuse de toutes. Bien plus que l'or, car elle était beaucoup plus rare que le métal jaune, et même que les épices, qu'il suffisait de cultiver, comme tant d'autres plantes aromatiques, ou d'aller cueillir, lorsqu'elles poussaient à l'état sauvage !

La soie était d'autant plus mystérieuse qu'elle était difficile à fabriquer. Qui pouvait croire que de simples larves fussent capables de se transformer en ouvrières douées et subtiles, et d'étirer un fil d'une longueur si inouïe ?

Et surtout, la soie était si suave au toucher et si chatoyante à regarder qu'on racontait, en Chine centrale, son pays d'origine, que c'était le mythique Empereur Jaune lui-même, après avoir inventé, des milliers d'années plus tôt, l'écriture et les mathématiques, mais également la médecine et les baguettes pour manger, qui avait octroyé à son peuple le somptueux cadeau de l'art de fabriquer et de tisser la soie…

Ce tissu, plus doux que la peau des femmes, était alors ce qui leur faisait le plus perdre la tête.

D'innombrables histoires couraient sur de sublimes princesses sogdiennes ou bactres, prêtes à céder aux avances de marchands chinois hirsutes et puant le bouc, contre l'octroi d'un coupon de la précieuse matière dont elles raffolaient, pour se lover la poitrine dans ce nuage de douceur… ou encore de reines parsies, aussi avides que dénuées de scrupules, qui avaient été capables d'échanger une de leurs propres filles avec un royaume ennemi, afin de disposer, à leur tour, d'un peu de cette soie.

Pointe de Lumière, au demeurant, ne s'était pas contenté de rapporter à Turfan les ingrédients et la recette de cette cuisine si particulière.

Il était revenu la tête pleine d'un souvenir aussi délicieux qu'impérissable, et pourtant inavouable, surtout au Parfait Cargaison de Quiétude.

C'était un secret si intime qu'il était exclu de le partager avec quiconque, au sein de l'Église de Lumière, en raison de son statut d'Auditeur ayant vocation à devenir Parfait, qui lui imposait de demeurer chaste et de ne jamais toucher, fût-ce en l'effleurant, la peau d'une femme.

Aussi, lorsque le Parfait lui avait demandé comment il s'était procuré les cocons, les œufs et les mûriers, il s'était bien gardé de lui parler de Lune de Jade.

— J'ai eu de la chance, voilà tout ! Mani me protégeait. Le Bien était là ; le Mal était absent ! s'était-il contenté de répondre.

— Compte tenu du plein succès de ta mission, je te charge de la suite des opérations. Que le Grand Mani te garde dans sa Divine Lumière ! s'était écrié Cargaison de Quiétude, après que Pointe de Lumière eut achevé de lui faire le récit de son séjour dans la capitale des Tang et expliqué, avec force détails, toutes les étapes qui allaient de l'œuf à la chrysalide.

— À Chang An, le dévidage des cocons est expressément réservé aux mains de femmes. Les Chinois prétendent qu'il faut être d'essence Yin, pour accomplir correctement cette opération. Comment dois-je faire ? avait fini par demander, quelque peu gêné, Pointe de Lumière à son chef.

De fait, hormis dans le sanctuaire principal, aucune femme n'était autorisée à pénétrer au sein de l'enclos de l'Église de Lumière et Pointe de Lumière se disait que c'était peut-être là le moyen de faire venir à Turfan la belle Chinoise qu'il avait laissée derrière lui.

— Les mains d'un Parfait ne valent-elles pas celles d'une femme ? Je te désignerai trois Parfaits en qui j'ai toute confiance et ils pourvoiront pleinement à cette tâche ! avait rétorqué d'un air sévère le Maître Parfait à son jeune Auditeur.

Pointe de Lumière, penaud et déçu, n'avait pu que piquer du nez.

Cargaison de Quiétude n'était pas homme à se laisser manipuler facilement, surtout au sujet d'une affaire aussi importante à ses yeux, puisqu'il y allait de l'avenir de la cause à laquelle il avait consacré sa vie et sa personne.

Après avoir mûrement pesé le pour et le contre, Cargaison de Quiétude avait décidé que l'Église de Lumière de Turfan s'en tiendrait à la production des cocons et à leur dévidage en fil de soie, laissant à d'autres, plus qualifiés, le soin de procéder à son tissage.

Celui-ci nécessitait en effet des technologies particulières, des machines à tisser, des bacs à teinture et des étendoirs de séchage, toutes choses qui prenaient de la place et qu'il était hors de question d'installer discrètement dans les serres que l'Église de Lumière possédait à Turfan, à un jet de pierres de son sanctuaire, où il comptait installer l'élevage des vers.

Il lui fallait donc absolument trouver un débouché au fil de soie et s'accorder avec un partenaire fiable, qui se chargerait de réaliser le tissage et la teinture du produit fini avant de l'écouler dans le circuit commercial.

Mais, si la première phase de son plan avait été facile à réaliser grâce à l'efficacité de Pointe de Lumière, la seconde s'était révélée délicate.

Le partenaire qu'il recherchait devait être, effectivement, aussi fiable que discret, autant dire, l'oiseau rare.

Outre qu'il devait être compétent, sur un plan technique, pour que la qualité du tissu fût à la hauteur de celle du fil, il devait être sûr, car eût-il joué le moindre double jeu que l'affaire de la production clandestine se fût éventée, mettant en péril l'existence même de l'Église de Lumière de Turfan.

Cargaison de Quiétude devait donc jouer serré.

Après avoir tourné le problème dans tous les sens, le Maître Parfait de l'Église de Lumière avait fini par se persuader que le plus pertinent était encore de chercher un comparse pour lequel le tissage et l'écoulement de la soie revêtaient le même degré de nécessité et d'importance : il fallait que, pour chacun, ce fût une véritable question de survie et que leurs sorts respectifs fussent, dans cette affaire, indéfectiblement liés.

Cela supposait, en fait, que le partenaire se trouvât dans une situation comparable à celle de l'Église de Lumière : luttant âprement, en milieu hostile, pour sa survie et engagé dans le difficile combat d'une propagation religieuse qui n'allait pas de soi.

Et, à cet égard, n'était-ce pas vers l'est, de préférence, qu'il fallait chercher, du côté de ces Églises missionnaires qui avaient notamment réussi à s'implanter dans les oasis de Hami ou de Dunhuang ?

À n'en pas douter, cela aurait l'avantage de permettre d'écouler plus facilement la marchandise vers la Chine, c'est-à-dire vers le point de départ du commerce de la soie, et au sein même de son marché principal.

Arrivée là, il suffirait de s'arranger pour que fût apposé sur les coupons scélérats le sceau officiel de l'administration séricicole, et la marchandise pourrait alors repartir dans l'autre sens, sur la Route de la Soie, munie cette fois du précieux passeport qui effacerait définitivement son origine clandestine.

Cargaison de Quiétude, après s'être dûment renseigné, avait acquis la conviction que l'évêque nestorien de Dunhuang, Addai Aggai, était ce partenaire idéal.

Certes, en pactisant avec le nestorien, le manichéen se privait par avance de toute compétition frontale avec l'Église syriaque, dont l'avancée vers la Chine était, à cette époque, un peu plus forte que la sienne.

Le siège babylonien souhaitait ardemment que Cargaison de Quiétude, dans la course de fond vers la Chine à laquelle se livraient les deux Églises, coiffât sur le poteau la rivale nestorienne que les moines bouddhistes, peu familiers de ces religions qu'ils qualifiaient déjà d'« occidentalisantes », avaient d'ailleurs largement tendance à confondre avec l'Église manichéenne.

Mais il n'avait pas le choix.

À Babylone, on ne pouvait pas juger des réels besoins de ceux qui étaient sur le front et qu'on laissait, peu ou prou, se débrouiller.

C'était donc seul, sans même daigner demander leur avis à ses propres autorités religieuses, qu'il avait pris la décision de contacter Addai Aggai.

Après tout ne valait-il pas mieux se côtoyer en bonne intelligence avec les nestoriens, éviter de se concurrencer inutilement, en épuisant ses forces respectives, tout en se renforçant jusqu'à « l'assaut final », ce moment où les manichéens seraient suffisamment puissants pour obtenir du pouvoir impérial chinois l'autorisation officielle d'implanter une église dans leur capitale centrale de Chang An ou, à défaut, dans la capitale orientale de Luoyang ? Alors chacun pourrait reprendre sa liberté vis-à-vis de l'autre.

Addai Aggai avait commencé par regarder Cargaison de Quiétude avec méfiance, quand il était allé à Dunhuang lui proposer cette alliance.

— Ma démarche est la preuve de mon entière bonne foi ! Face à la mer du bouddhisme, dans ces parages, nous ne sommes encore que de petits lacs ! avait plaidé Cargaison de Quiétude.

— En somme, vous me proposez là de faire un bout de chemin ensemble…, avait rétorqué, quelque peu songeur, le nestorien.

— Nos Églises respectives, tout en gardant leurs croyances, ne peuvent en tirer qu'un bénéfice ! Avec l'argent de la soie, vous et moi, nous gagnerons plusieurs années précieuses…

— Quels pourraient être les termes d'un tel accord ?

En entendant ces mots, Cargaison de Quiétude avait compris que la partie était gagnée.

— Je vous propose de tout partager par moitié, les coûts comme les bénéfices ! s'était-il empressé de répondre.

Et depuis que ce pacte avait été scellé entre les deux Églises, leurs chefs de file n'avaient connu que des raisons de s'en féliciter.

La complémentarité s'était, d'emblée, révélée parfaite entre les manichéens et les nestoriens.

La soie clandestine était d'une si haute qualité qu'elle n'avait eu aucun mal, vu le contexte de pénurie, à pénétrer le marché chinois. Les coupons parvenaient à Chang An cachés dans des ballots de tissu de coton grossier, et là, grâce au bouche à oreille, sans oublier l'appât du gain, ils se retrouvaient très vite sur les étagères des marchands du quartier de la soie. L'argent coulait à flots et une partie revenait à Dunhuang et à Turfan, à la plus grande satisfaction d'Addai Aggai et de Cargaison de Quiétude.

C'est dire si l'épidémie qui empêchait le bombyx de sortir de sa larve tombait fort mal pour les deux alliés momentanés.

Cela faisait déjà deux mois que pas un pouce de fil de soie ne pouvait être tissé à Turfan. Addai Aggai, de son côté, faute d'approvisionnement, arrivait à la fin de ses stocks. Bientôt, la fourniture clandestine des coupons deviendrait impossible et la filière dans son ensemble s'effondrerait, risquant de surcroît de provoquer l'éclatement de l'affaire au grand jour.

— Fais venir Pointe de Lumière. Je souhaite absolument qu'il assiste à mon entretien avec l'envoyé d'Addai Aggai, demanda Cargaison de Quiétude à Ormul, une fois les rangements de la sacristie achevée.

Le Maître Parfait était particulièrement nerveux et inquiet lorsqu'il fit son entrée dans son bureau, où le jeune Auditeur Pointe de Lumière l'attendait, en compagnie du nestorien. Pour occuper le temps, les deux hommes testaient avec application la solidité d'un fil de soie immaculé, enroulé sur une bobine que Pointe de Lumière était allé chercher à l'atelier de filage.

— Ô Diakonos, comment va mon éminent collègue, l'évêque nestorien Addai Aggai ? lança, d'un ton faussement jovial, Cargaison de Quiétude.

Avec l'élégance qui accompagnait le moindre de ses gestes, il venait d'effleurer les deux poignets de ce Diakonos, un homme de petite taille à la peau tannée par le soleil, portant la croix nestorienne sur un manteau jauni par la poussière de sable, qui avait plié un genou devant lui en signe de considération et de respect.

— Grâce à Dieu, Addai Aggai est en fort bonne santé. Il vous envoie ses meilleures salutations et souhaite bon vent à l'Église de Lumière. Mais il est soucieux. Et la raison de son inquiétude ne vous étonnera pas ! fit Diakonos, allant directement au fait.

— Pointe de Lumière en est témoin : hélas ! Trois fois hélas ! L'épidémie qui affecte nos chers vers à soie a été aussi subite que dévastatrice. Les insectes se dessèchent et noircissent au lieu de devenir les beaux vers blanchâtres qui sécrètent cette si précieuse matière dont nous avons tant besoin… Plus aucun cocon n'a été filé depuis quinze jours ! souffla le Maître Parfait.

Il avait abandonné toute sa jovialité et ne cherchait même plus à cacher à Diakonos sa consternation.

— Nous nous doutions bien qu'il se passait quelque chose de très ennuyeux ! Mais de là à imaginer une telle catastrophe ! constata, abasourdi, Diakonos.

— Le dernier bombyx vient de mourir ce matin et je ne dispose plus de chrysalides prêtes à se transformer en papillons destinés à se féconder ! ajouta, tête baissée, d'une voix tremblante, Pointe de Lumière.

Le jeune Koutchéen n'osait même pas affronter le regard de Cargaison de Quiétude.

— Tu m'annonces là un véritable désastre ! Et moi qui pensais que nous serions toujours à même de conserver quelques cocons, spécialement affectés à la reproduction ! gémit Cargaison de Quiétude.

— J'ai constaté, hélas, que ces dernières chrysalides n'avaient pas plus résisté que les autres aux ravages de l'épidémie ! murmura Pointe de Lumière.

— Est-ce à dire que tous nos efforts tombent à l'eau, et qu'on ne verra plus dans le vaste Empire chinois des Tang le moindre coupon de soie produit à Turfan et tissé à Dunhuang ? demanda Diakonos, non sans une certaine emphase, d'un ton à la fois désespéré et grandiloquent.

— Si nous sommes dépourvus de vers, je crains qu'il ne faille attendre au moins dix mois avant de disposer à nouveau de fil, le temps de nous assurer que les œufs au repos sont en bon état, ce que nous ne pourrons vérifier qu'au moment de leur éclosion, après avoir procédé à leur léger échauffement dans l'étuve adéquate…, gémit Cargaison de Quiétude.

— Maître Parfait… c'est que, depuis ce matin, ça n'est même plus un problème de qualité des lentes !

— Que veux-tu dire par là ? s'exclama le Parfait, fou d'angoisse.

— La vérité est que… Voilà ! Il ne reste plus aucun insecte vivant dans tout l'élevage. Les larves sont dures comme des cosses de haricots, les vers ne bougent plus et les œufs ressemblent à des grains de sable noirâtres alors que, normalement, ils passent du jaune au gris juste après la ponte et demeurent de cette couleur pendant toute leur période de repos ! déclara l'Auditeur d'une voix blanche.

— Si je comprends bien, les œufs, aussi, sont morts ! chuchota Diakonos, atterré.

Le Maître Parfait, d'ordinaire économe de ses gestes et immobile comme les statues des bas-reliefs de stuc qui ornaient son église, était si désemparé qu'il en venait à se tordre les mains comme un jeune Auditeur qui se serait vu infliger, par erreur, la période de jeûne de quarante jours réservée aux Élus chevronnés.

— L'évêque Addai Aggai comptait sur d'importantes rentrées d'argent pour la fin de l'année ! Nos stocks actuels de fil nous permettent de tenir trois mois, pas plus ! C'est insuffisant pour nous permettre de réaliser notre projet d'établissement d'un avant-poste nestorien ! souffla Diakonos.

— Un avant-poste de l'Église nestorienne ! Je vois qu'Addai Aggai ne perd pas de temps ! Et à quel endroit ton impatient évêque souhaite-t-il s'installer ? demanda Cargaison de Quiétude, piqué par cette forme d'aveu que l'envoyé du nestorien venait de lui faire.

— Juste avant la Porte de Jade…

Jiayuguan, la Porte de Jade, située à l'est de Dunhuang, sur la route de Chang An, était, ainsi que l'indiquait son nom, considérée comme le « portail » officiel de l'Empire chinois.

Idéalement placée sur la Grande Muraille, tel un point de passage obligé par où transitaient les hommes, les religions, les idées, la soie, la verrerie, les tapis précieux et les épices, Jiayuguan servait, depuis la dynastie des Han [1], de poste frontière officiel à l'empire du Milieu.

C'était une ville forte, ceinturée de murailles crénelées et flanquée de hautes tours de guet d'où aucune bribe, fût-elle infime, du trafic animal, humain et de marchandises, qui empruntait la Route de la Soie ne pouvait échapper à l'œil acéré des gardiens qui y étaient postés de jour comme de nuit.

La place forte barrait en effet le passage formé par le corridor de Hexi qui, à cet endroit, se rétrécissait de manière singulière. D'importants contingents de douaniers y avaient été établis et se

1. 206 av. J.-C. - 220 apr. J.-C.

chargeaient de fouiller les caravanes qui, dans tous les cas et quel que fût le sens de leur marche, devaient s'acquitter d'un droit de péage.

Si l'on voulait éviter de passer par la Porte de jade, ce qui était le cas, pour d'évidentes raisons, des convoyeurs de la soie clandestine de Cargaison de Quiétude et d'Addai Aggai, il fallait, bien avant d'y arriver, obliquer vers le nord et continuer à progresser le long des contreforts noirâtres des monts Mazong de la Crinière de Cheval, dont les parois d'ardoise bleutée étaient si glissantes, par temps de pluie, qu'il fallait attendre le retour du soleil pour avancer sur le chemin sans se rompre le cou.

Outre le fait de rapprocher un peu plus le nestorianisme du centre de gravité du pouvoir chinois, Addai Aggai avait pensé, à juste titre, que l'implantation d'une église nestorienne sur la Route de la Soie, un peu avant le poste frontière, contribuerait à faciliter ces expéditions périlleuses et rendrait moins délicate la traversée des massifs du Mazong.

Après deux bons jours de marche sur un sentier caillouteux emprunté par les troupeaux, on finissait par retrouver un autre tronçon de la Grande Muraille qui n'était plus, à cet endroit, qu'un petit muret de terre séchée dépassant à peine la hauteur d'un homme, sur le flanc duquel avaient été tracés des joints, censés donner l'illusion qu'il était construit en moellons.

De part et d'autre du mur-frontière, plus symbolique qu'opérationnel dans cette contrée si désertique où il ne servait à rien, puisqu'il n'y avait là que des cailloux et du sable à départager, les troupeaux de moutons et de chèvres pacageaient tranquillement, et la seule activité apparente était pastorale.

Mais il n'y avait pas que les bergers qui ne se gênaient pas pour l'escalader et le franchir, au gré de leurs besoins, un pied dans l'empire et l'autre au-dehors, à savoir que ce passage détourné servait aussi aux contrebandiers de tous poils. De nombreux brigands, poussés par leur avidité à braver les démons redoutables qui y rôdaient, disait-on, soufflés par le vent du désert de Gobi, hantaient ces montagnes hostiles, en guettant les convois clandestins de marchandises.

Aussi le petit convoi des nestoriens qui transportaient jusqu'en

Chine centrale la soie filée par les manichéens était-il toujours armé jusqu'aux dents.

Quand on arrivait devant la Muraille en faux moellons, signifiant qu'on avait réussi à éviter la Porte de Jade, on poussait un premier soupir de soulagement.

Pourtant, rien n'était encore gagné.

Il fallait marcher trois jours de plus, en évitant soigneusement les patrouilles de la police chinoise qui traquaient les trafiquants, pour retrouver enfin la Route de la Soie et de là, se replacer dans la file continue des caravanes, de plus en plus nombreuses, au fur et à mesure qu'on se rapprochait de la capitale des Tang.

— Juste avant la Porte de Jade…, dit, pensif, Cargaison de Quiétude avant d'ajouter : L'idée d'Addai Aggai n'est pas mauvaise, en effet.

— Vous conviendrez, dans ces conditions, que pour nous aussi, à Dunhuang, tout autant que pour vous, à Turfan, l'épidémie mortelle des bombyx tombe au plus mauvais moment ! gémit Diakonos.

— Malheureusement, je n'ai aujourd'hui aucune solution de remplacement sous la main ! conclut le Parfait, la mine de plus en plus sombre.

Sans un prompt rétablissement de ce trafic lucratif, c'étaient, pour les deux Églises, des années de perdues, le tarissement des recrutements et, surtout, l'impossibilité d'aller plus avant dans leur croisade religieuse, sans oublier les comptes, que, l'un et l'autre, ils auraient à rendre à leurs autorités respectives quand ils leur annonceraient l'échec de la mission qu'on leur avait confiée.

Le commerce clandestin de la soie restait l'indispensable pierre angulaire des édifices et des rêves échafaudés tant par Cargaison de Quiétude que par Addai Aggai.

— Tu diras à Addai Aggai que je m'engage, au nom du Prophète Mani lui-même, à faire l'impossible pour sortir de la situation désastreuse dans laquelle nous sommes ! murmura Cargaison de Quiétude à l'envoyé spécial de l'évêque nestorien. J'oubliais ! poursuivit-il. J'ai fait préparer le vin de messe habituel pour ton évêque.

Il désignait un tonnelet de bois luisant dont le couvercle avait été cacheté à la cire.

— Pointe de Lumière, ajouta-t-il, tu aideras Diakonos à le prendre, s'il te plaît, car il pèse assez lourd.

Lorsque le jeune Auditeur revint dans le bureau du Grand Parfait, celui-ci allait et venait nerveusement, en mordillant la plume d'oie qui lui servait à écrire.

— Je ne vois qu'une solution, mon cher Pointe de Lumière ! C'est que tu repartes à Chang An… pour aller y chercher une poignée de cocons et de larves. Qu'en penses-tu ?

— Pas de problème ! Quand on a déjà fait le chemin une fois, c'est facile ! Là-bas, je connais l'endroit où il me sera facile de trouver ce qui nous manque, répondit, enthousiaste, le jeune Koutchéen.

Cargaison de Quiétude, en regardant le visage rayonnant de Pointe de Lumière, bénit sa chance de disposer d'un Auditeur courageux et plein d'allant, que la périlleuse mission d'aller chercher à Chang An les précieux insectes non seulement ne semblait nullement effrayer, mais au contraire remplissait d'une joie communicative.

— Quand devrai-je partir ? Le plus tôt ne serait-il pas le mieux ?

— Le plus vite possible.

— Dès demain, je serai prêt !

— Tu en profiteras pour te renseigner discrètement sur les conditions exactes dans lesquelles notre production de soie est mise, là-bas, sur le marché, par nos amis nestoriens… Il y a longtemps que j'essaie de le savoir ! ajouta Cargaison de Quiétude, d'un air quelque peu soupçonneux.

— Vous paraissez avoir des doutes… Que craignez-vous au juste ? Que les nestoriens jouent leur propre carte ?

— Chang An est si loin d'ici !

— Addai Aggai ne vous a donc jamais expliqué la façon dont il s'y prenait pour écouler la marchandise dans le circuit commercial ?

Le Parfait fit alors signe au jeune Auditeur de s'approcher, comme s'il s'apprêtait à lui faire une confidence inavouable.

— Là-bas, j'ai mis en place un dispositif de surveillance.

— À votre usage exclusif ?

— Bien sûr !

— Vous mesurez donc à ce point votre confiance en Addai Aggai…

— Faire confiance ne doit pas empêcher d'être sur ses gardes ! Nous autres, manichéens, savons pertinemment que le Bien et le Mal, partout et toujours, se livrent un combat de géants !

— Vous redoutez l'entourloupe ?

— Tout est possible. Les enjeux financiers, à eux seuls, sont énormes. Aussi me suis-je décidé, au bout de quelques mois, à vérifier que nous ne sommes pas abusés par notre partenaire, en termes de facturation et de marges !

— Et vous avez implanté à Chang An un homme à vous…

— Disons que c'est le seul moyen d'être certain que tout se passe à la régulière ! C'est également une bonne façon de s'assurer que le réseau commercial, tel que l'a mis en place Addai Aggai, n'est pas infiltré par des espions chinois ! Si tel était le cas, je serais bien sûr le premier à avertir mon collègue nestorien.

— S'il jouait double jeu, vous seriez donc déjà prévenu !

— D'habitude, son responsable me donne de ses nouvelles trois fois par an. Cela fait actuellement un bon mois que j'aurais dû en recevoir !

— Et cela vous inquiète…

— Cela ne lui ressemble pas…, conclut, pensif, Cargaison de Quiétude dont l'angoisse était à présent perceptible.

— Vous souhaitez donc que j'aille aux nouvelles, au sujet de ce correspondant ?

— Il faudra te conduire de façon extrêmement prudente. J'ai peur que les autorités ne se servent de ce garçon comme appât et je ne voudrais en aucun cas que tu en sois à ton tour la victime. Ce serait catastrophique !

— Comment s'appelle-t-il ?

— Il vaut mieux que tu ne le saches pas !

— Dans ce cas, comment le reconnaîtrai-je ?

Cargaison de Quiétude sortit un fil de soie rouge de sa poche et le lui noua autour du poignet gauche.

— C'est le signe de reconnaissance de notre réseau à Chang An. Si tu n'es pas contacté, il y a de fortes probabilités que le réseau ait été mis à mal…

— On dirait un porte-bonheur ! s'écria un peu naïvement le jeune Koutchéen.

— Seule la Lumière de Mani le Grand Prophète nous apporte le bonheur ! rétorqua, un tantinet agacé, Cargaison de Quiétude, avec lequel il ne fallait pas plaisanter sur certains sujets.

— Vous pouvez compter sur moi, se rattrapa hâtivement Pointe de Lumière. Je redoublerai de prudence !

— On n'est jamais assez méfiant, Pointe de Lumière ! Et souviens-toi qu'un manichéen ne doit faire confiance qu'à un autre manichéen. Tous les jours, je supplierai Mani qu'il daigne te protéger ! conclut le Parfait en lui ouvrant ses bras.

Pour le jeune Auditeur, qui avait répondu à ce souhait d'accolade, en s'y jetant à son tour avec effusion, le jour de chance inespéré était enfin arrivé.

Cela faisait des mois qu'il cherchait un moyen de quitter Turfan pour aller retrouver la jeune amante qu'il avait abandonnée derrière lui au Temple du Fil Infini, deux ans plus tôt.

Il avait essayé de résister, tant bien que mal, au souvenir de la langue experte de la jeune ouvrière lui léchant le ventre et le sexe, mais rien n'y avait fait, ni les exercices de jeûne, ni la pratique de la lutte contre des Auditeurs aussi combatifs que lui, ni les heures allongé sur le ventre, à même les dalles froides du sanctuaire de l'Église de Lumière, à supplier Mani de le délivrer du souvenir qui ne cessait de hanter son corps : l'empreinte qu'elle y avait laissée paraissait indélébile.

Plus le temps passait, et plus ses subtiles caresses lui manquaient, et plus il lui en coûtait de nuits sans sommeil à imaginer qu'elle viendrait le rejoindre, dans sa couche étroite, où il n'en finissait pas de se morfondre.

Sans elle, il dépérissait.

Lune de Jade !

Il avait tout fait, pourtant, pour oublier le nom de cette jeune fille à l'odeur de menthe et de fleur d'oranger, dont elle aspergeait un sexe soigneusement épilé, capable de faire l'amour comme une acrobate, usant de postures plus voluptueuses et étonnantes les unes que les autres, qui aboutissaient à des extases dont l'intensité ne faisait que croître, aux doigts si experts qu'ils réussissaient, au petit matin, par un simple effleurement de la peau de son ventre, à réveiller ses sens, alors même qu'ils s'étaient aimés tout au long de la nuit.

Il n'en pouvait plus d'être loin d'elle.

Il était une plante proche de la mort, faute d'être arrosée.

Et cette soif, petit à petit, l'avait aidé à vaincre sa peur de désobéir aux règles que l'Église de Lumière imposait à ses Auditeurs.

Le point de non-retour était arrivé quelques mois plus tôt, tandis qu'il continuait à invoquer Mani, sous la coupole côtelée de l'immense sanctuaire octogonal.

Soudain, il avait pris conscience que la vie était courte, et que rien ne pourrait remplacer les sensations étranges que lui procuraient les plaisirs charnels, lorsqu'ils étaient portés à leur paroxysme et que deux êtres fusionnaient, au point de ne plus faire qu'un. Il comprenait mal, au demeurant, pourquoi les manichéens se méfiaient tellement de l'amour.

Jamais il ne s'était senti aussi bien, aussi apaisé et aussi épanoui que dans les bras de Lune de Jade, après leurs étreintes où chacun donnait à l'autre tout ce qu'il avait de meilleur !

Alors, après être sorti de l'édifice octogonal, Pointe de Lumière s'était rendu dans la serre aux mûriers, et là, il lui avait suffi de placer les bombyx tout près d'une lampe, les uns après les autres, pour qu'ils se dessèchent et deviennent durs comme des haricots.

En l'espace de quelques semaines, ils avaient tous progressivement été éliminés.

Derrière la mystérieuse épidémie, il y avait donc un acte scélérat et mûrement réfléchi du jeune Koutchéen dont le but avait été atteint, puisqu'il lui permettait de partir vers la femme dont il ne pouvait pas se passer et dont il ne doutait pas une seule seconde qu'elle l'attendait à Chang An.

Le lendemain, quittant Turfan, sûr de lui et tendu vers l'avenir, chevauchant désormais à bride abattue vers son destin, tout à sa hâte de se retrouver dans les bras de Lune de Jade, Pointe de Lumière ne pensait même plus à cet épisode bizarre consécutif à l'entretien qu'il avait eu avec Cargaison de Quiétude, juste après que celui-ci lui eut noué le fil rouge au poignet.

Cela s'était produit devant la serre aux mûriers, où il était allé vaquer aux préparatifs de son départ.

En sortant, il avait, sans le faire exprès, violemment heurté un inconnu qui était tombé à terre et s'était ouvert l'arcade sourcilière. Il l'avait fait entrer dans la serre pour laver sa plaie qui saignait abondamment.

L'individu, au visage émacié, à la peau basanée et à l'oreille gauche transpercée par un anneau d'argent, avait l'air d'un ascète indien.

Manifestement, il était habile à faire parler les autres. Il avait toutefois décliné son identité à Pointe de Lumière : il s'appelait Bouddhabadra, était indien et originaire de Peshawar. Pointe de Lumière, obsédé par la perspective de rejoindre Lune de Jade, n'avait écouté que d'une oreille.

Puis Bouddhabadra avait cuisiné l'Auditeur en long et en large sur les causes de la maladie des vers à soie, et ce dernier, sans méfiance, soucieux de se faire pardonner de l'avoir bousculé, lui avait raconté, par le menu et sans la moindre réticence, la façon dont on élevait les insectes, comment on les laissait faire leurs cocons avant de les plonger dans l'eau bouillante, et ainsi de suite, jusqu'à ce qu'il prononçât cette phrase énigmatique à laquelle Pointe de Lumière n'avait pas prêté attention, tellement il était occupé à penser aux jambes fuselées de Lune de Jade :

« Je reviendrai dans quelques semaines. Quand tes insectes seront guéris. Et là, tu n'auras pas à regretter la rencontre que tu viens de faire… À condition, bien sûr, de ne parler de tout cela à personne ! »

Il n'en avait, et pour cause, parlé à personne.

Mais moins pour répondre au souhait de cet homme que parce que, tout simplement, cette rencontre fortuite lui était sortie de la tête.

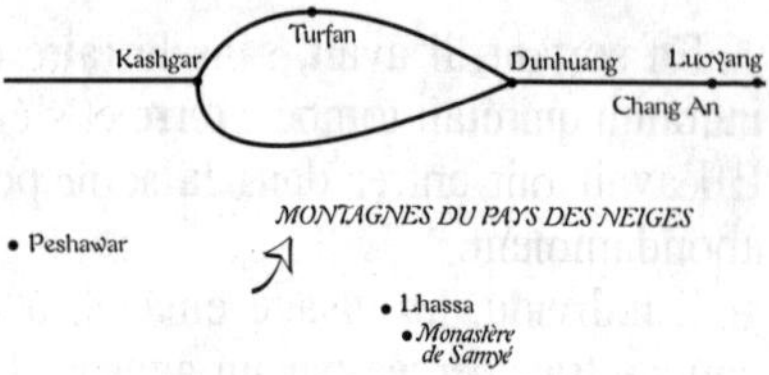

8

Dans les montagnes du Pays des Neiges

— Celui-là, c'est donc un petit singe ?

L'individu qui venait de poser la question à Cinq Défenses s'exprimait dans un très mauvais chinois, mais de façon suffisamment compréhensible pour que le jeune moine levât les yeux au ciel.

Lorsqu'il avait vu cet individu à l'allure étonnante, quelques instants plus tôt, en plein milieu du chemin, briser une lourde branche de bois sur sa poitrine puis tordre une canne sur son ventre, tendu comme la peau d'un tambour, et enfin faire le grand écart, en prenant appui sur les manches de deux poignards plantés dans le sol, tout cela, manifestement, pour mieux l'impressionner, Cinq Défenses avait compris qu'il avait affaire à un *ma-ni-pa*.

Les *ma-ni-pa*, comme le lui avait expliqué Pureté du Vide lorsqu'il apprenait à ses novices les arcanes du bouddhisme tel qu'il se pratiquait au pays de Bod, étaient ces religieux dont la fonction était de marcher sur les routes, munis du pouvoir de réciter la célèbre formule rituelle – ou mantra – du bodhisattva compatissant Avalokiteçvara : *Om ! Mani padme hum,* soit : « Om ! Le joyau est dans le lotus ! » Formule aux vertus si bénéfiques qu'on la qualifiait déjà dans les Upanishad, ces textes sacrés écrits vers 700 avant Jésus-Christ, de « tige sur laquelle toutes les feuilles étaient enfilées ».

Pour qualifier Om, qui était la syllabe la plus sacrée de l'Inde ancienne, on disait qu'elle était à la fois l'arc qui propulsait la flèche du « soi » atman vers la cible de l'absolu brahman, en même temps que le « son » de l'absolu silencieux.

Ce phonème divin était le résultat de quatre « quartiers » accolés et fusionnés : les deux premiers, le « O » de Om, représentaient la montée du feu lumineux universel, ainsi que celle des eaux cosmiques ; le troisième, « M », était le symbole de cette fusion créatrice que les bouddhistes avaient reprise à leur compte, le quatrième, figuré par le point, ou *bindu*, qui couronnait la forme de la syllabe, symbolisait l'absolu ou brahman.

L'usage du Om avait été récupéré par les bouddhistes pour en faire une apostrophe sacrée par laquelle il était d'usage que commencent les mantras.

Les mantras étaient ces formules sacrées, venues aussi des religions anciennes de l'Inde, censées traduire les vibrations fondatrices de l'univers contenues par le pouvoir cosmique ou *shakti*. Pour les bouddhistes, ces sonorités divines avaient été prononcées par le Bouddha lui-même. Elles constituaient la forme orale de sa Vérité Révélée. Leur incessante répétition permettait aux adeptes de se rapprocher, à petits pas, de la Sainteté.

Les *ma-ni-pa* allaient ainsi, de village en village, en récitant, sans jamais s'arrêter, cette formule sacramentelle *Om ! Mani padme hum !* ce qui leur valait la reconnaissance de la population, sous la forme de menues offrandes qui suffisaient largement pour survivre.

Le « joyau contenu par le lotus » représentait les quatre sentiments illimités dont faisait preuve Avalokiteçvara, le bodhisattva intercesseur entre les hommes et le Bouddha : l'amour, la compassion, la joie et l'équanimité.

Avalokiteçvara était la divinité à laquelle il était conseillé de s'adresser de préférence, afin que l'accumulation des gestes méritoires entraînât la plus haute rétribution possible des actes accomplis. Ce principe permettait, à l'issue de la mort, la réincarnation – ou transmigration – dans les six « états potentiels », tels qu'ils figuraient sur les représentations de la Roue du Monde, cette gigantesque Roue de la Fortune, du plus agréable au plus terrible : dieux, titans, hommes, animaux, fantômes affamés ou enfers.

C'est pourquoi de nombreux *ma-ni-pa* se postaient dans les rues pour réciter le mantra sacré, tout en déroulant des peintures où la divinité apparaissait, dotée de quatre bras et ses deux jambes croisées dans la posture du *vajra*, celle-là même où s'unissaient la compassion et la vacuité, une peau de biche jetée sur ses épaules, en souvenir de cet animal à la bonté légendaire dont le Bouddha aimait la compagnie.

Et au Tibet, nombreux étaient les *ma-ni-pa*, sur les marchés et sur les chemins, que les monastères rémunéraient en cachette, pour leur faire raconter les châtiments qu'ils étaient censés avoir subis en enfer, avant d'en ressortir vivants, tout cela pour signifier aux habitants qu'il était de leur intérêt de se convertir au bouddhisme s'ils ne voulaient pas connaître un terrible sort.

Certains décrivaient avec une incroyable précision, qui faisait s'ouvrir tout grands d'effroi les yeux de leur auditoire, la forme des divinités, tantôt inquiétantes, tantôt secourables, qu'on pouvait rencontrer pendant le *bar-do*, cette délicate période intermédiaire qui s'ouvre entre la mort et la vie suivante, à l'issue d'une réincarnation.

C'était pendant le bar-do qu'on avait, au demeurant, le plus besoin de la compassion et de l'aide d'Avalokiteçvara le Secourable.

Dans cet « entre-deux », en effet, le mort devenait un être extraordinairement fragile, susceptible de transmigrer vers l'incomparable statut divin ou, au contraire, vers les terribles flammes de l'enfer. Aux parents et aux proches de cette âme, en recherche d'un point de chute, il appartenait de déployer des trésors d'attention, sous la forme de prières et d'offrandes, selon des rites particuliers dont le tantrisme tibétain avait emprunté de nombreux aspects au çivaïsme indien et au yoga, afin d'amener la Roue du Monde à s'arrêter sur une bonne case…

Heureusement que les *ma-ni-pa* étaient là et veillaient au grain !

Pour bien manifester l'ampleur de leurs pouvoirs surnaturels, les *ma-ni-pa* raffolaient des exercices de force et de contrôle de la douleur, issus du yoga indien, tels que cet individu passablement crasseux et hirsute venait d'en faire la démonstration, sous les yeux quelque peu éberlués de Cinq Défenses.

Le *ma-ni-pa* sur lequel le jeune moine était tombé, au détour d'un virage de ce chemin étroit, bordé par des glaciers immaculés et des ravins insondables, s'était d'ailleurs livré à une autre prouesse.

Elle avait consisté, sans se départir d'un sourire éclatant, en même temps qu'il saluait Cinq Défenses, à s'enfoncer une longue aiguille de fer à travers les joues.

— *Ma-ni-pa* ? avait demandé Cinq Défenses à l'homme, alors qu'il ressortait, comme si de rien n'était, la fine tige qui lui transperçait le visage de part en part.

Les longs cheveux hirsutes du *ma-ni-pa*, malgré le bandeau rouge qui lui ceignait le front, se confondaient avec les poils graisseux de la peau de yak qui recouvrait ses épaules. Il portait des braies que la boue avait transformées en bottes montantes, tellement elle ne faisait qu'un avec ses jambières lacées.

Dans cet inextricable chaos de poils, de poussière et de crasse brillaient des yeux de chat à l'éclat vert comme du jade, qui éclipsaient quelque peu le désastre d'une bouche aux dents noirâtres, pourries par l'abus du mâchonnement de tiges de réglisse.

Incontestablement, l'homme avait l'air malin.

— Om ! Tu l'as dit, je suis un *ma-ni-pa* ! Om ! Mani padme hum ! avait-il répondu en acquiesçant.

Puis il s'était rapproché du panier confié par lama sTod Gling à Cinq Défenses, et que celui-ci avait attaché à la croupe de Droit Devant.

C'est alors que l'énorme chienne jaune Lapika, tous crocs dehors, s'était jetée sur lui en aboyant. Mais il avait suffi au *ma-ni-pa* d'effectuer une simple passe au-dessus de la gueule ouverte de l'animal prêt à lui déchiqueter la main, pour que celui-ci poussât un gémissement, comme s'il avait reçu un coup de bâton sur le museau, et allât tout droit se coucher, la queue basse, aux pieds de l'étalon.

— Je sais comment on peut arrêter un chien ! avait commenté sobrement le *ma-ni-pa,* avant de se pencher au-dessus du panier d'osier, ce qui avait entraîné un geste de recul de sa part.

C'est alors qu'il avait posé sa question à Cinq Défenses, au sujet du petit singe qu'il venait d'apercevoir dans le couffin.

— Non, ce n'est pas un singe ! C'est une petite fille. Et là, à côté, c'est un petit garçon. Ni l'un ni l'autre ne sont des animaux ! s'empressa de répondre le jeune envoyé de Pureté du Vide.

C'était la première fois que Cinq Défenses rencontrait âme humaine depuis qu'il avait quitté le monastère de Samyé, deux jours plus tôt.

Jusque-là, tout à sa hâte de rapporter à Pureté du Vide son précieux sûtra, il n'avait fait qu'avancer le plus vite possible, s'obligeant, avec l'étalon Droit Devant, à marcher du lever au coucher du soleil.

Il ne s'arrêtait que pour placer les deux bébés, lorsqu'ils hurlaient de faim, contre les mamelles de la chienne jaune, laquelle, depuis le premier jour, les traitait avec autant d'amour que s'il se fût agi de ses propres chiots.

L'apparition soudaine de ce *ma-ni-pa* aux yeux de chat avait fait resurgir, dans l'esprit de Cinq Défenses, l'étonnement, pour ne pas dire l'effarement, qui avait été le sien devant le contenu du panier de lama sTod Gling.

Cinq Défenses avait tout d'abord cru, à l'instar du moine errant, que lama sTod Gling lui avait confié un enfant et un singe.

À peine franchi le porche du monastère, le panier sur un bras et l'étui du livre sacré sous l'autre, suivi par Lapika qui ne paraissait nullement effarouchée, Cinq Défenses s'était précipité vers l'arbre épineux où il avait laissé son cheval.

Droit Devant se trouvait toujours là, fidèle au poste, sagement attaché à l'endroit où il l'avait laissé.

Cinq Défenses en avait conçu une joie tout aussi immense que le soulagement de ne pas avoir dilapidé, par pure étourderie, le patrimoine du couvent de la Reconnaissance des Bienfaits Impériaux.

Le cheval, de son côté, à en juger par sa façon d'encenser, puis de hennir, semblait éprouver une satisfaction équivalente à celle de son jeune maître. La présence de Lapika à ses côtés n'avait pas paru troubler le moins du monde l'ombrageux étalon, qui n'avait pas bronché lorsqu'elle était venue le renifler.

Arrivé à portée de son cheval, Cinq Défenses, voulant lui caresser l'encolure, avait posé sur le sol, sans doute un peu vivement, le panier d'osier remis par lama sTod Gling.

C'était alors que le jeune moine avait entendu des vagissements qui l'avaient fait sursauter.

Il avait d'abord cru à la présence d'un animal, tapi dans l'ombre, qui se fût apprêté à lui sauter dessus.

Aux aguets, il avait fait le tour du cheval inquiet, dont les oreilles s'étaient subitement rabattues.

Il n'y avait aucun doute possible : les vagissements provenaient bien du panier d'osier que lui avait remis le lama. Lapika, en revanche, n'avait pas émis le moindre grognement.

Cinq Défenses s'était senti fou d'angoisse, et sa main tremblait comme une feuille d'érable sous le vent de l'automne lorsqu'il avait soulevé, avec des précautions infinies, s'attendant déjà vaguement à ce qu'il allait y découvrir, le vaporeux tissu de soie qui recouvrait le couffin.

Deux petits enfants, langés de pied en cap, côte à côte, sur une couverture, dont seules les têtes apparaissaient, hurlaient à l'unisson.

Pour Cinq Défenses, le choc avait été si grand qu'il avait failli trébucher contre l'un des antérieurs de Droit Devant.

C'était donc ça que lui avait confié lama sTod Gling : ces deux bébés qui paraissaient ne pas avoir plus de quelques jours !

Le jeune moine, qui n'avait jamais touché la peau du moindre nourrisson, ne se sentait pas spécialement une vocation de garde d'enfants, de surcroît en si bas âge.

Il regardait gigoter le couffin à ses pieds, comme une poule qui eût trouvé une paire de ciseaux…

Pendant ce temps, profitant du désarroi de son nouveau maître, qui avait lâché sa laisse, la chienne jaune Lapika s'était précipitée vers le couffin et avait entrepris, à grands coups de langue sur leurs petits nez, de calmer les bambins, qui avaient dû la reconnaître, car leurs pleurs, par miracle, avaient cessé.

Sorti de sa consternation, Cinq Défenses comprenait mieux pourquoi le moine avait tellement insisté pour que la chienne l'accompagnât : à ces deux bébés, le molosse était déjà familier.

Cinq Défenses était ainsi resté prostré un bon quart d'heure, immobile comme une statue, à réfléchir à la situation nouvelle.

Certes, il avait obtenu ce que Pureté du Vide lui avait demandé d'aller chercher ; mais en prime, il avait hérité de deux bébés dont il ne savait absolument que faire.

Sa première réaction avait été de se dire qu'il fallait à tout prix les ramener au monastère et les déposer devant le porche.

Machinalement, il s'était retourné pour regarder si la porte du monastère de Samyé était toujours ouverte.

Elle était hermétiquement close.

Aurait-il le courage d'abandonner les deux enfants dehors, au pied de la muraille du couvent, là où ils risquaient d'être la proie des chiens errants ?

Cette perspective faisait grimacer le jeune moine de dégoût. Comment aurait-il pu se défaire de ces nourrissons, lesquels ne lui avaient fait aucun mal et n'étaient pour rien, les pauvres innocents, dans ce qu'il lui arrivait ?

Il s'en voulait presque d'avoir pu envisager une telle issue, si étrangère à l'obligation de compassion envers autrui à laquelle tout bouddhiste était tenu.

À bien y réfléchir, ce surprenant cadeau n'était que la contrepartie qui lui avait permis de sortir sans encombre, de la réserve aux livres de Samyé, le *Sûtra de la Logique de la Vacuité Pure.*

Elle devait être impérieuse, la raison qui avait contraint lama sTod Gling à lui confier ces tout jeunes enfants.

Quant à la chienne jaune, il l'en avait flanqué, c'était désormais certain, afin d'allaiter les bébés !

Aussi, lorsque Cinq Défenses acheva de se convaincre qu'il n'avait pas d'autre choix que d'emmener avec lui les deux enfants, il éprouvait déjà le sentiment qu'il était devenu le dépositaire d'une sorte de rareté et, même, qu'il avait été investi d'une mission par lama sTod Gling.

Il devinait que le lama n'avait pas eu d'autre choix que d'agir de la sorte, et que ces deux bébés n'avaient sûrement pas leur place, pour des raisons qu'il ignorait, au monastère de Samyé.

D'où venaient-ils ? Qui pouvaient être leurs parents ? Comment s'étaient-ils retrouvés dans un couvent où les nonnes et les moines avaient fait des vœux de chasteté et où les relations sexuelles entre religieux, par conséquent, étaient strictement prohibées, au point de figurer parmi les fautes les plus lourdes, qui pouvaient conduire jusqu'au bannissement pur et simple des intéressés ? Pourquoi ce lama sTod Gling s'était-il chargé de les lui confier, et à lui, de surcroît, qu'il ne connaissait que depuis quelques heures, après avoir deviné, autre fait inexplicable, qu'il était venu à Samyé afin d'en rapporter le sûtra laissé là par Pureté du Vide ?

Les questions et les conjectures de toutes sortes s'entrechoquaient dans la tête du jeune moine.

Devant l'étalon Droit Devant, le couffin à ses pieds, où les deux bébés, grâce aux coups de langue efficaces de Lapika, s'étaient à nouveau endormis, Cinq Défenses avait eu cette impression, passablement désagréable, d'être seul face à une gigantesque énigme dont il ne maîtrisait pas le moindre élément.

Conscient qu'il n'avait guère le choix, le jeune moine n'avait pas été long à adopter la marche à suivre.

C'était décidé : il reviendrait à Luoyang avec le sûtra et avec, en prime, les bébés, et là, ce serait au Vénérable Pureté du Vide de trancher le sort de ces bambins, appelés, à leur tour, à entrer dans les ordres.

Car ce ne serait pas faire injure à la règle du Bienheureux, du moins le pensait-il dans sa grande naïveté, que d'abaisser exceptionnellement, pour l'occasion, l'âge à partir duquel on pouvait commencer son noviciat.

Pour l'incorrigible optimiste qu'il était encore, en raison de son âge et de son caractère, tout allait donc, finalement, pour le mieux.

Dans ces conditions, il n'y avait plus qu'à attacher le couffin des enfants sur le dos de Droit Devant, puis l'étui du sûtra à la selle de l'étalon, avant de déguerpir sans demander son reste.

L'envoyé de Pureté du Vide était tellement absorbé par ses pensées qu'il avait franchi, dans l'autre sens, le col des deux stûpas sans même prêter attention aux « chevaux de vent » qui claquaient, pourtant, bien plus fort que la veille sous l'effet des rafales d'une violente tempête.

Au bout d'une heure de marche soutenue, les vagissements avaient repris de plus belle dans le couffin.

Les enfants devaient avoir faim.

La grande chienne jaune Lapika gémissait, collée aux jambes de Cinq Défenses.

Il avait tâté ses mamelles, qui étaient pleines de lait, avant de détacher le couffin de la croupe du cheval et de le poser délicatement à terre.

Puis, avec des gestes maladroits, tellement il avait peur de leur faire mal, il avait démailloté les deux enfants avant de les placer, avec des précautions infinies, contre le ventre de la chienne, couchée à terre, qui s'était laissé faire, allant même jusqu'à pousser de petits grognements de satisfaction dès que leurs minuscules bouches s'étaient goulûment jetées sur ses mamelles.

Comme il faisait nuit noire, Cinq Défenses n'avait d'abord rien vu de bizarre chez ces deux bébés, en assistant au spectacle attendrissant de leur tétée.

C'était au moment où il les avait retirés, repus, à la chienne que Cinq Défenses, en même temps qu'il s'apercevait qu'il s'agissait là d'un petit garçon et d'une petite fille, avait découvert, effaré, la terrible marque dont l'exacte moitié du visage de celle-ci était affligée.

D'un côté de l'arête du nez, elle présentait un adorable visage parfaitement lisse et clair, de l'autre, en revanche, la peau n'était plus qu'une tache rouge, recouverte d'un léger duvet de poils, qui partait de la pointe de son menton et remontait jusqu'à la base de sa chevelure.

Si on la regardait de profil, de son côté normal, on ne remarquait rien, si ce n'était son ravissant minois ; en revanche, vue du côté pileux, la moitié de ce petit visage était si inhabituelle, en raison de son aspect duveteux et rouge, qu'elle faisait penser à une race inconnue de singe.

Quant au reste, le corps de la fillette, potelé et rose, encore plissé comme celui des nouveau-nés, tout comme celui du petit garçon, ne présentait strictement aucune anomalie.

Il avait hérité d'un couple d'enfants dont l'un, assurément, était un monstre !

Il faisait si froid que Cinq Défenses, tout à sa hâte de recouvrir chaudement ces deux bébés, n'avait pas pu s'attarder à observer plus longtemps ce phénomène qui lui avait proprement coupé le souffle.

Curieusement, la première surprise passée, le jeune moine se rendait compte qu'il n'avait éprouvé aucune répulsion devant ce petit visage étrange et beau à la fois, dont l'extraordinaire particularisme le faisait ressembler à ces masques bicolores, rouge et blanc, que portaient certains acteurs de théâtre de rue, à Luoyang, les jours de fête.

Les traits de la fillette, d'une finesse exquise, n'étaient pas le moins du monde altérés par cette pilosité anarchique, sous laquelle la peau du visage avait à la fois l'aspect et la couleur de la framboise mûre.

C'était peu de dire, assurément, que la petite fille, malgré l'infirmité dont elle était frappée, avait du charme.

Son nez adorable et légèrement retroussé surmontait une bouche parfaitement dessinée, tandis que ses yeux rieurs, ronds comme des petites billes, regardaient fixement Cinq Défenses lorsqu'il l'avait reprise dans ses bras pour la remettre au chaud dans le couffin.

En contemplant ces enfants, qu'il s'était juré de ramener sains et saufs à Luoyang, de nouveau serrés l'un contre l'autre comme des marmottes dans leur terrier, Cinq Défenses n'avait pas tardé à éprouver l'impression qu'ils étaient aussi, désormais, un peu les siens.

De même, il avait compris que lesté ainsi, il lui faudrait plus de temps pour revenir à Luoyang qu'il n'en avait mis pour se rendre à Samyé.

Pour rassasier les enfants, aussi voraces l'un que l'autre, il fallait en effet s'arrêter environ toutes les quatre heures.

C'est d'ailleurs ce qu'il était à présent obligé de faire, sous le nez du *ma-ni-pa*, les deux enfants ayant commencé à réclamer.

— Om ! La chienne est devenue la « néné » des Jumeaux Célestes ! murmura celui-ci, médusé par le spectacle du molosse couché à terre contre lequel Cinq Défenses venait de placer le petit garçon et la petite fille.

Au Tibet, « néné » était le surnom employé pour désigner la « tante paternelle », qui était obligatoirement appelée à suppléer la mère auprès de ses enfants, en cas d'empêchement de celle-ci.

Une fois la tétée achevée, Cinq Défenses ôta les jumeaux des mamelles de leur « tante paternelle » au long pelage fauve, qui se mit à lécher copieusement les pieds du moine errant.

Il jugea que c'était là bon signe.

L'attitude de la chienne ne pouvait pas tromper. Elle était au contraire plutôt rassurante quant aux intentions pacifiques de celui qui venait de prendre pour un petit singe la petite fille au visage à moitié soyeux et rouge.

— Ce sont là, au moins, des demi-dieux ! Tu as beaucoup de chance de détenir un tel trésor ! lâcha le *ma-ni-pa.*

— J'ai bien noté que tu les avais qualifiés de Jumeaux Célestes. Qu'est-ce qui te fait dire cela ? demanda, quelque peu surpris, le jeune moine qui venait de détacher Droit Devant pour lui permettre d'aller brouter l'étroit tapis d'herbe piquante qui s'étendait juste de l'autre côté du chemin.

— Je vois que tu n'as pas l'air de bien connaître les origines du peuple tibétain ! s'exclama le moine errant, après avoir levé les yeux au ciel.

— Eh bien ! explique-toi donc ! répliqua, agacé, Cinq Défenses.

Les rudiments de tibétain qui lui permettaient de soutenir sans peine la conversation avec ce moine errant n'allaient pas jusqu'à une connaissance précise des légendes qui avaient trait à ses propres origines, selon ce peuple.

Le *ma-ni-pa* lui fit alors signe de venir s'asseoir à ses côtés, sur un petit tertre rocheux d'où ils pouvaient apercevoir des pyramides neigeuses, si abruptes qu'elles paraissaient atteindre le ciel.

Et là, devant ces montagnes sacrées qui soutenaient le Toit du monde, il commença à raconter avec des gestes et des mimiques qui en disaient long, à la fois sur sa conviction et sur le respect que lui inspirait ce récit, l'histoire des premiers hommes au pays de Bod.

— Notre ancêtre originel naquit d'un Singe et d'une Démone des Rochers. C'était dans les forêts du Grand Sud, là où les arbres sont si épais que les rayons du soleil n'y entrent jamais. Leurs enfants avaient la face rouge et poilue… exactement comme cette petite fille ! Le bodhisattva Avalokiteçvara, pris de pitié, les transforma en hommes et en femmes d'apparence normale, et donna à ces créatures qui mouraient de faim et de soif pendant l'été, et de froid pendant l'hiver, les « cinq espèces de grains » : la moutarde, le sarrasin, le sésame, le riz et le pois. Et c'est ainsi que naquirent les générations dont nous sommes issus, les uns et les autres, au pays de Bod !

Puis il se prosterna, à trois reprises, devant les enfants en joignant les mains au niveau de son front.

— Donc, si j'en crois tes dires, ces enfants seraient la réincarnation de ce couple originel ? demanda Cinq Défenses, quelque peu troublé par ces propos.

— Exact ! C'est même tout à fait exact ! À ceci près que, là, c'est la petite fille qui a l'apparence d'un singe et le petit garçon celle d'un homme ! C'est la preuve que la Roue de la Loi tourne ! C'est fort bien ainsi ! Ces enfants ne peuvent être que la réincarnation de nos demi-dieux originels ! répondit le moine errant, l'air presque triomphant, qui souriait de toutes ses dents aussi usées que noires.

Face à lui, Cinq Défenses, de plus en plus interloqué, s'était mis mentalement à rechercher un texte sacré du Grand Véhicule auquel il eût été possible de se raccrocher pour expliquer cet incroyable particularisme qui recouvrait la moitié du visage de cette petite fille.

Tout en regardant les cimes, dont la blancheur immaculée le faisait penser au nirvana, il se souvint soudain de l'histoire de ce petit singe qui, à force de jeûner comme un ascète, s'était laissé mourir de faim au bord du Gange, sous le règne du roi-poète Harsha, quelques années avant la naissance du Bouddha, à un endroit sacré nommé Prayâga.

L'édifiante histoire de ce primate était racontée par tous les moines du Grand Véhicule qui revenaient de leur pèlerinage sur les traces du Bouddha : le sympathique singe s'était comporté comme un dévot des plus pieux. Sa mémoire faisait l'objet d'un culte particulier, retenant l'attention de tous les voyageurs qui passaient par Prayâga : sur des perches immenses plantées dans le lit du fleuve, ceux qui venaient vénérer l'âme du primate devaient, en guise de dévotion, appuyer le pied et le bras, avant d'étendre leur corps à l'horizontale, comme un drapeau accroché à sa hampe, tout en regardant intensément la course du soleil dans le ciel, depuis l'aurore jusqu'au crépuscule.

La petite fille aurait pu être, assurément, la réincarnation de ce singe ascète dont le comportement annonçait l'arrivée du Bouddha sur terre.

Mais une autre histoire venait à présent à l'esprit de Cinq Défenses, celle d'un petit singe roux venu offrir au Bouddha, non loin de Mathura, un bol de miel sauvage. Tout à sa joie de voir cette offrande acceptée par le Bienheureux, l'animal avait fait une si folle gambade qu'il s'était tué en heurtant une pierre de la tête. Pris de compassion, le Bienheureux avait veillé à la bonne fin du généreux animal, qui s'était aussitôt réincarné dans le corps d'un saint, transformant ainsi ce terrible accident en un événement bénéfique.

Or, il y avait bien d'autres moments, au cours de ses innombrables vies antérieures, où les singes avaient joué un rôle dans la vie du Bienheureux, en lui rapportant, par exemple, rempli de miel à ras bord, son vase à aumônes, après le lui avoir dérobé.

Entre le Bouddha et les singes, c'était déjà une longue histoire.

Assis sur un rocher à côté du moine errant, Cinq Défenses, à mesure qu'il se repassait ces anecdotes relatées par les Écritures saintes, ne pouvait s'empêcher d'éprouver un trouble grandissant devant ces deux bébés. Ils dormaient à présent, gorgés de lait et rassasiés, leurs frimousses enfoncées dans la couverture de leur couffin contre lequel Lapika s'était allongée, afin de faire comprendre qu'il ne s'agissait pas de s'en prendre à ces petits êtres.

— Il va me falloir repartir. La route est longue ! dit enfin Cinq Défenses.

— Om ! Jusqu'où vas-tu aller ? Il faut que tu sois conscient que tu transportes, avec ces Jumeaux Célestes, une réincarnation du couple fondateur de ce pays ! Om ! Mani padme hum ! articula le *ma-ni-pa* en se jetant à genoux, au moment où le jeune moine attachait le précieux couffin à la croupe du cheval.

— Je dois ramener ces enfants chez moi, en Chine centrale. J'en prendrai le plus grand soin. Tu n'as pas à t'inquiéter ! finit par lâcher Cinq Défenses qui s'efforçait d'arrimer le berceau le plus solidement possible.

— La route est dangereuse ! Et même très dangereuse ! Elle est infestée de brigands et de rançonneurs. Les plus méchants coupent les doigts de leurs victimes pour en faire des colliers qu'ils accrochent à leur cou ! ajouta en tremblant le moine errant.

Ses yeux exorbités témoignaient de la peur que lui inspirait la description de ces « guirlandes sacrées » que certaines bandes armées, qui écumaient les chemins du pays de Bod, plus sanguinaires que d'autres, n'hésitaient pas à porter.

Cinq Défenses ne voyait pas à quoi faisait allusion son interlocuteur. Pureté du Vide ne lui avait jamais parlé de tels bandits au Tibet.

— Es-tu sûr que tu ne confonds pas ces brigands avec ces ascètes indiens qui vont entièrement nus sur les routes – on dit qu'ils sont vêtus d'azur ! – et qui suspendent à leur cou des chapelets de crânes ? Ils vénèrent un dieu capable du pire comme du meilleur, et qu'ils nomment Çiva ! lui lança Cinq Défenses.

— Tes hommes nus, en Inde, je n'en ai jamais eu vent ! Ceux dont je te parle, crois-moi, il ne fait pas bon les croiser quand on marche tout seul sur les chemins du pays de Bod !

— Tu veux dire des brigands venus d'ailleurs, qui hanteraient ces montagnes à la recherche de proies faciles ?

— Om ! C'est exact ! Ce ne sont jamais des Tibétains qui capturent ainsi les voyageurs pour les prendre en otages. En ce qui nous concerne, nous sommes doux et pacifiques ! répondit le *ma-ni-pa* en rajustant ses braies.

— Tout comme l'adepte du Grand Véhicule que je suis ! Même si je suis féru d'arts martiaux !

— Fais attention à toi, c'est tout. Ces deux petits demi-dieux ne méritent pas de finir vendus sur un marché à esclaves !

— Dans ce cas, aurais-tu un mantra ou bien un talisman quelconque, susceptible de m'éviter une aussi désagréable rencontre ?

Le visage du *ma-ni-pa* s'éclaira.

— Connais-tu la différence entre les Deux Vérités ? demanda-t-il au jeune moine qui s'apprêtait à reprendre sa route.

Cinq Défenses fit « non » de la tête.

— Il y a ce que nous appelons la Vérité Absolue : elle est réservée aux initiés, ceux qui savent pratiquer la « doctrine profonde ». Il y a la Vérité Relative : elle est accessible à tous les autres. Dans quel espace de Vérité te ranges-tu ? lança, soudain quelque peu soupçonneux, le *ma-ni-pa*.

Droit Devant, prêt à partir, s'était mis à hennir et Cinq Défenses était obligé de le maintenir serré pour l'en empêcher.

— Je n'ai jamais appris à pratiquer votre « doctrine profonde ».

Je ne connais de vos cultes que les rudiments enseignés par mon professeur, au cours de mon noviciat. Dans vos salles de prière, je ne saurais même pas reconnaître le quart des divinités qui peuplent les murs. Tous ces démons donnent l'impression de se promener en enfer ! lâcha Cinq Défenses, embarrassé par la fougue de l'étalon.

Il faisait allusion, tout en se gardant bien de citer le nom du lieu d'où il venait, à ce qu'il avait aperçu à Samyé quand lama sTod Gling lui avait fait parcourir le dédale de couloirs vers sa cellule.

Ces statues masquées aux multiples bras et jambes qui les faisaient ressembler à des soleils crachant des flammes de leurs horribles gueules, portant à leur cou des guirlandes de crânes humains, sans oublier les Lokapala, ces « Quatre Gardiens des points cardinaux » aux faces intimidantes et hideusement farouches sur lesquelles il n'avait pu que jeter un regard apeuré, alors qu'il suivait le lama dans les couloirs et les salles de prière du monastère, tout cela remontait à présent à la surface de son esprit.

— Nos rituels sont complexes, mais ils sont justes ! Ils rapprochent de la Vérité, se borna à répondre le moine errant.

— Je ne suis qu'un très modeste adepte du Dhyāna, cette branche de la religion bouddhique qu'en Chine nous appelons « Chan » et qui repose sur la méditation transcendantale..., reprit Cinq Défenses comme pour s'excuser d'en avoir trop dit.

— Dans ce cas, tu n'es pas apte à atteindre la Vérité Absolue ! s'exclama alors en plaisantant le *ma-ni-pa*.

— Nous autres, du Grand Véhicule, nous contentons de la recherche de la Vacuité ! lâcha Cinq Défenses, quelque peu agacé, avant d'ajouter : C'est volontiers que j'aurais continué cette discussion avec toi, mais le temps presse. Je dois repartir !

— Il me reste donc à te souhaiter le meilleur voyage possible, ainsi qu'aux Jumeaux Célestes ! Le devoir m'appelle aussi. J'ai moi-même une mission à remplir ! s'écria le *ma-ni-pa* avant d'exécuter une sorte de pirouette et de se mettre à courir, comme s'il s'enfuyait, sous les yeux quelque peu éberlués de Cinq Défenses.

L'envoyé de Pureté du Vide le regarda courir au loin en retenant par le cou la chienne jaune transformée en furie, qui avait provisoirement abandonné la garde du couffin et n'eût pas dédaigné de se lancer à la poursuite de cette tache informe et hirsute, recouverte de poils, tel un yak-homme monstrueux, qui ressemblait à un fuyard.

C'est alors que, malgré la distance, Cinq Défenses entendit parfaitement ce que l'homme, qui s'était arrêté et venait de se retourner, lui criait :

— Prends soin des Jumeaux Célestes ! Ils seront dans la Vérité Absolue ! Fais attention aux brigands ! Om ! Mani padme hum !

— Merci pour le conseil ! Si nous étions attaqués, je saurais me défendre ! Au revoir, *ma-ni-pa* ! hurla Cinq Défenses après avoir placé ses mains en porte-voix pour mieux se faire entendre.

Il avait à peine fini sa phrase qu'il constata non sans stupéfaction que le *ma-ni-pa*, au lieu de continuer sa route, revenait vers lui à la hâte.

Soudain, il eut peur.

Cinq Défenses, en fin de compte, avait trouvé un comportement bizarre à ce personnage fantasque.

Qu'est-ce que ce moine errant lui voulait en se ruant ainsi dans sa direction à toute allure ? En avait-il après les enfants ? À quelle mission avait-il fait une discrète allusion, quelques instants plus tôt, au moment de partir ?

À tout hasard, il vérifia que les doubles nœuds de la corde qui attachaient le couffin à la selle de Droit Devant étaient bien serrés. Puis il tâta sa ceinture pour s'assurer que son poignard était toujours caché dans ses replis.

Le moine errant, à présent, était tout proche. Il pouvait sentir l'odeur aigrelette de sa peau de yak graisseuse.

Mais Cinq Défenses, la main dans sa ceinture, prête à en faire jaillir la lame effilée de son glaive, constata avec soulagement que le *ma-ni-pa* affichait toujours son large sourire édenté.

— J'ai oublié de te suggérer une solution efficace, pour la suite de ton voyage : pourquoi ne placerais-tu pas ces enfants-dieux sous la protection divine de la « Chose Précieuse » ? Elle a des vertus incomparables !

— Tu es revenu pour me dire ça ? Qu'est-ce que cette « Chose » ?

— Om ! Mani padme hum ! Au revoir ! Pense à demander la protection de la « Chose Précieuse », alors tu ne seras pas déçu.

Puis, à mesure que le moine errant, hurlant aux montagnes sa formule rituelle, s'éloignait à nouveau sur le chemin, cette fois pour disparaître, minuscule tache noire happée par le chaos minéral, l'écho indéfiniment répété de son incantation acheva de se perdre dans les espaces infinis des montagnes immaculées dont les cimes s'élançaient vers le ciel.

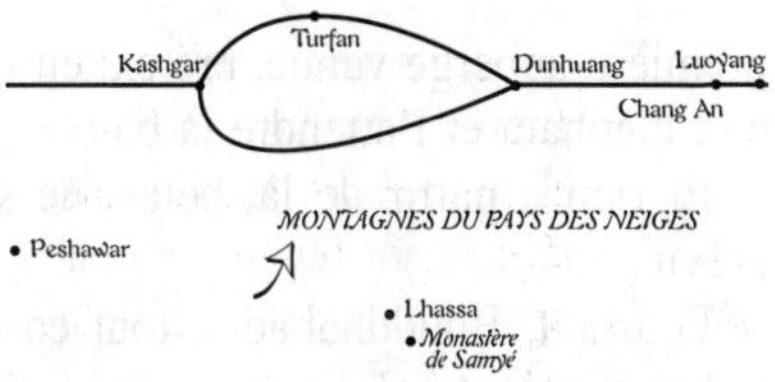

9

Dans les montagnes du Pays des Neiges

Enfin, le Divin Bienheureux y avait pourvu !

Loué soit-il !

Il était sur le bon chemin !

Telles étaient les actions de grâces que Bouddhabadra formulait à l'attention de celui qui avait fini par se manifester et dont il avait tant besoin : le Bienheureux Bouddha.

Il était temps, car sa cheville gauche lui faisait si mal qu'il pouvait à peine avancer.

Aussi, cette pierre levée grossièrement taillée qui servait de borne, sur laquelle avaient été gravés une flèche et le nom de Samyé pour indiquer au voyageur la direction du monastère, Bouddhabadra l'eût volontiers embrassée.

Cela faisait des semaines que le Supérieur de l'Unique Dharma de Peshawar errait dans la montagne, sans arriver à retrouver le chemin du plus vénérable monastère du Pays des Neiges.

L'apparition de cette borne, à ce carrefour où pas moins de trois sentiers se croisaient, signait la fin d'une incroyable errance de près de trois mois, pendant laquelle il avait bien failli perdre la vie.

Cette errance, elle avait commencé juste après son départ de Samyé, lorsqu'il avait été contraint d'abandonner son éléphant blanc dans la tempête de neige, après avoir envoyé le cornac à la première auberge venue, prétextant qu'il devait y réserver la place de l'éléphant et l'attendre là-bas.

Et rien à partir de là, hélas, ne s'était passé comme il l'avait prévu !

Pourtant, Bouddhabadra, tout en contemplant avec satisfaction la borne salvatrice, se disait qu'il n'avait pas à regretter le moins du monde les nombreuses péripéties qu'il avait traversées.

Il en était même persuadé, à présent qu'il disposait du recul nécessaire : dans son malheur, il s'était épargné de sérieux tracas, au moment où s'ouvrait, après la période de stabilité et de paix, une nouvelle ère de rivalité et de conquête entre les courants du bouddhisme.

Et dire qu'il avait fallu à Bouddhabadra un incroyable concours de circonstances pour s'apercevoir de l'inutilité du marché de dupes que Pureté du Vide, le Supérieur du monastère de la Reconnaissance des Bienfaits Impériaux, avait réussi à lui faire accepter, à force de persuasion et de diplomatie !

Depuis qu'il avait fait, quelques mois plus tôt, à Peshawar, une découverte accablante, catastrophique pour la crédibilité de son monastère, déroutante pour lui-même car elle aboutissait à le faire douter de tout, y compris de la réalité de l'existence terrestre du Bouddha, tout s'enchaînait de mal en pis, comme les grains d'un chapelet maléfique.

Alors, la seule issue était de tenter de retourner la situation à son profit en transformant le négatif en positif. Certains appelaient cela « faire du neuf avec du vieux » et d'autres, adeptes des arts martiaux, « retourner les forces d'un adversaire contre lui » !

Et Bouddhabadra, à cet égard, pas mécontent de lui, sa jambe endolorie mais le moral au beau fixe, toujours posté devant sa borne, pouvait se dire qu'il ne s'en sortait pas si mal.

Car il revenait de loin !

Ce que lui avait expliqué, démonstration irréfutable à l'appui, le petit homme qu'il était allé consulter au centre-ville de Peshawar était si dramatique qu'il ne s'était pas senti le courage de le révéler à quiconque, pas même à son premier acolyte, Poignard de la Loi.

Ce secret, il s'était ainsi condamné à ne pas le partager, et ce quel qu'en fût le prix…

Et dire qu'il avait cru bien faire en allant trouver ce petit homme sur lequel il s'était dûment renseigné et dont on lui avait assuré qu'il était l'un des meilleurs spécialistes de son espèce !

Car le plus ahurissant, c'était cette intuition qui l'avait poussé à accomplir ce geste, comme s'il se doutait que quelque chose clochait et qu'il convenait, à présent que ses deux collègues l'avaient sommé d'obtempérer, d'en avoir le cœur net.

Ce qu'il avait ressenti, au retour de sa brève équipée en ville, après s'être enfermé à double tour dans sa cellule, à l'abri des regards indiscrets, allait bien au-delà de la révolte. C'était un mélange de désespoir et d'incompréhension totale, au point qu'il avait commencé par regretter amèrement d'avoir sollicité l'avis du petit homme.

Alors qu'il croyait apaiser ses doutes, voilà que le Supérieur de Peshawar venait de déclencher un véritable cataclysme.

Trois jours et trois nuits durant, tétanisé par l'angoisse, Bouddhabadra avait tourné et retourné le problème dans tous les sens, avant de se rendre à l'évidence : il n'y avait rien d'autre à faire que de continuer à se comporter et à agir comme avant, car chacun, au monastère de l'Unique Dharma, devait continuer à ignorer ce que lui-même avait appris, sous peine d'entraîner la communauté tout entière dans un tourbillon destructeur.

C'était donc la mort dans l'âme, honteux de mentir ainsi à tous, qu'il s'était vu contraint de partir pour Samyé comme si de rien n'était, en prenant soin de se faire accompagner par l'éléphant blanc.

Pour s'éviter tout problème, au cas où, par un fait extraordinaire, le pot aux roses aurait été découvert par Ramahe sGampo et Pureté du Vide, il était allé jusqu'à emporter le Saint Cil du Bouddha, enfermé dans un petit cœur en bois de santal, lequel renfermait également ce que ses collègues, hélas, l'avaient sommé de leur présenter…

Dans son affolement, il avait pensé, tandis qu'il préparait son voyage, que ce minuscule poil, qu'on mettait un bon moment à retrouver dans son reliquaire odorant, pourrait lui servir de substitut, si, par malheur, la vérité avait dû éclater.

Il s'en voulait toujours un peu d'avoir privé son monastère de la relique utilisée pour le Petit Pèlerinage, alors qu'il s'ouvrirait dans quelques jours à peine.

Persuadé toutefois que l'astuce et l'habileté de son fidèle Poignard de la Loi sauraient tirer la communauté de ce mauvais pas provisoire, il n'avait pas hésité un seul instant, compte tenu de l'enjeu.

Car ce qui était en cause était tout simplement l'avenir du couvent de l'Unique Dharma !

Bouddhabadra était donc convaincu qu'il n'avait pas le choix.

Et c'était peu de dire que les épisodes suivants de cette terrible affaire, dont l'issue pouvait être – ô combien ! – tragique, avaient confirmé ses craintes.

Tout ce qui avait suivi, en effet, s'était mal enclenché, à commencer par cette réunion ratée, à Samyé, où ils s'étaient retrouvés à trois, avec Pureté du Vide et Ramahe sGampo, alors qu'ils auraient dû être quatre !

L'absence du quatrième larron, le seul qui ne fût pas, dans cette affaire, à la fois juge et partie, puisqu'il en était le témoin et le garant, avait fait capoter le conclave, pourtant prévu depuis cinq ans.

Bouddhabadra, déjà passablement désespéré et marri, avait alors constaté que c'était pour rien qu'il s'était déplacé jusqu'à Samyé, bravant mille dangers, après avoir franchi un nombre incalculable de cols et marché pendant des mois entiers, dans le blizzard et la neige, sur les chemins peu sûrs du Pays des Neiges.

C'était à l'issue de ce conclave avorté, alors qu'ils prenaient un bol de thé, assis sur un banc d'une des immenses cours autour desquelles s'articulaient les bâtiments du monastère de Samyé, que leur conversation, au départ anodine, s'était rapidement orientée vers des sujets beaucoup plus essentiels.

— Je cherche un moyen de procurer des ressources supplémentaires au monastère de l'Unique Dharma ! avait naïvement avoué, du moins le jugeait-il depuis ce moment-là, Bouddhabadra à Pureté du Vide.

— Les dons des pèlerins ne vous suffisent-ils pas ? Vos pèlerinages ne drainent-ils pas, d'après ce qui se raconte, des milliers de dévots ?

— Les rentrées d'argent suffisent à peine désormais, en raison de l'accroissement du nombre de nos moines. En Inde, les autorités civiles ne nous donnent rien !

— En Chine, c'est le commerce de la soie qui permet aux autorités de faire preuve d'un peu de générosité à notre égard. Mais dans des proportions – hélas ! – plus modestes que tu ne l'imagines…

— On dit que la soie est la marchandise la plus chère.

— Et surtout celle sur laquelle l'État prélève les taxes les plus élevées !

Plongé dans ses pensées, au milieu de la cour où de jeunes novices, en rang impeccable, s'apprêtaient à se rendre à la prière, Bouddhabadra avait eu une idée susceptible de régler tous les problèmes qui naîtraient de la tragique découverte faite à Peshawar.

Et toujours en confiance, il s'était empressé d'en faire part à Pureté du Vide :

— Si nous trouvions un moyen de produire nous-mêmes de la soie, à Peshawar, nous serions tirés d'affaire !

— Pour produire du fil de soie, il suffit de vers et de mûriers, sans oublier un bon manuel. Si tu veux m'en croire, c'est moins difficile qu'il n'y paraît !

— Où se procure-t-on tout cela ?

— La loi chinoise punit de mort celui qui se livre au trafic de la soie, mais aussi des éléments permettant de la fabriquer ! La vente des plants de mûriers et des vers est strictement contrôlée par une police spéciale relevant de l'administration de la soie…

— Serais-tu à même de m'en fournir ?

Sur le coup, devant la proposition que Bouddhabadra venait de formuler aussi crûment, Pureté du Vide avait sursauté ; à tel point qu'il craignit de l'avoir choqué.

— Tu dois me juger culotté ! avait-il ajouté en hâte, conscient qu'il y était peut-être allé trop fort.

À sa grande surprise, le Supérieur mahayaniste, loin de monter sur ses grands chevaux, avait répondu du tac au tac :

— Dans tout marché, il y a un prix. Quelle serait ta contrepartie ?

— Fais-moi une proposition !

— Tu ne me demandes rien de moins que d'enfreindre la loi de mon pays et d'accomplir un acte qui, s'il venait à être connu des autorités, mettrait le Grand Véhicule dans un embarras immense. Tu dois bien te douter de ce que je vais te réclamer en échange ! avait conclu Pureté du Vide, dont le visage demeurait impassible.

Faire du neuf avec du vieux !

Retourner contre lui les forces de l'adversaire !

C'était, à proprement parler, un miracle !

À l'issue de cette réunion lugubre, qui s'était achevée à peine ouverte, voilà que Pureté du Vide, et de lui-même, s'il vous plaît ! proposait à Bouddhabadra la martingale qui lui permettrait de sortir d'un seul coup de ses embarras !

— Je sais parfaitement à quoi tu penses. Cela tombe à pic, puisque c'est là ! Je suis prêt à te le donner… si tu me procures les lentes et les plants, avait répondu Bouddhabadra d'une voix tremblante, en même temps qu'il ressentait une immense honte pour tant de mensonges et de duperies.

Si Pureté du Vide découvrait le pot aux roses, nul doute qu'il considérerait son collègue de Peshawar, à juste titre, comme un vulgaire escroc et un menteur…

À quoi fallait-il se résoudre, lorsqu'on était un chef d'Église confronté à des faits dramatiques pour les intérêts et la crédibilité de celle-ci !

La honte n'avait donc pas stoppé l'élan de Bouddhabadra.

Et d'ailleurs, depuis qu'il avait découvert que le Supérieur du monastère de la Reconnaissance des Bienfaits Impériaux de Luoyang l'avait, de son côté, trompé – et de quelle façon ! – il n'éprouvait plus la moindre once de remords à son égard.

Tout cela prouvait que, désormais, chacun agissait au profit exclusif de son Église, dans une lutte où tous les coups seraient, comme naguère, permis.

Mais au moment où il était assis en compagnie de son collègue du Grand Véhicule sur un banc de pierre de la cour principale du couvent de Samyé, Bouddhabadra ne se doutait pas que Pureté du Vide le manipulait à ce point. Il n'avait donc pu s'empêcher de se jeter dans ses bras pour lui donner l'accolade et laisser exploser sa joie.

Puis, subitement, une ultime bouffée de repentir l'avait pris aux entrailles.

— Et si je te proposais le Saint Cil, à la place ? Il est facile à transporter, il passe inaperçu, c'est une relique discrète… s'était-il écrié, sur le mode le plus enjoué possible.

— Discrète, sans aucun doute. Mais, comment dire… banale ! De nombreux monastères possèdent un Saint Cil du Bienheureux ! avait rétorqué Pureté du Vide.

Mais Bouddhabadra avait continué à hésiter, car il n'arrivait pas à balayer tous les scrupules qui l'assaillaient.

— Il te suffit de m'apporter dans trois mois à Luoyang l'objet de notre accord ! Cela te donnera le temps de réfléchir posément.

— Et si je ne tiens pas parole ? avait bredouillé Bouddhabadra, surpris et quelque peu déstabilisé par une telle magnanimité.

— Je suis prêt à laisser ici en dépôt mon *Sûtra de la Logique de la Vacuité Pure,* à charge pour toi de me l'apporter. Ainsi tu seras bien obligé de venir à Luoyang ! avait proposé Pureté du Vide.

Alors, devant tant d'insistance, le Supérieur de Peshawar avait abandonné ses scrupules. Les deux religieux avaient donc topé là.

— J'ai confiance en toi. Trois mois, c'est un délai parfait. C'est juste le temps qu'il me faut pour obtenir ce que je t'ai promis. Je préviens de suite Ramahe sGampo ! avait même ajouté, visiblement aux anges, le mahayaniste.

— Nous sommes unis comme jamais ! s'était exclamé Bouddhabadra.

Des lentes de vers à soie et des plants de mûriers !

Voilà ce que Pureté du Vide s'était fait fort de lui procurer en échange de ce qui reposait toujours dans la petite boîte de bois de santal en forme de cœur demeurée dans sa poche malgré toutes ses mésaventures…

Depuis, des circonstances fortuites, qui témoignaient du soutien que le Bienheureux lui-même devait accorder à sa façon de défendre les intérêts si menacés de son Église, avaient permis à Bouddhabadra de comprendre l'empressement de Pureté du Vide.

Alors qu'il croyait tromper ce dernier, c'était l'inverse qui avait failli se produire !

De fait, une fois conclu ce marché inespéré, Bouddhabadra n'avait plus eu qu'à laisser croire à son imbécile de cornac, tout juste bon à bichonner les pachydermes, qu'ils rentraient à Peshawar, mission accomplie.

Même si c'était la énième fois qu'il revivait ce triste épisode, il avait toujours le cœur serré en repensant à la façon dont il avait dû laisser l'éléphant blanc tout seul, à l'embranchement de la route menant à Kashgar, après avoir envoyé le cornac en avant, prétendument pour préparer leur installation à l'auberge.

L'animal, qui souffrait de terribles gerçures aux pattes, avançait de plus en plus péniblement et n'aurait pu le suivre dans son plan.

C'était vraiment la mort dans l'âme, en se disant qu'il en allait de l'intérêt supérieur de sa communauté tout entière, qu'il avait abandonné à son sort, en pleine tempête de neige, ce pachyderme sacré auquel il était tellement attaché.

— Il faut que tu insistes auprès de l'aubergiste : l'éléphant doit dormir à l'abri. Si tu ne me vois pas dans les deux jours qui suivront ton arrivée à l'auberge, c'est que la tempête m'aura retardé… Tu paieras à l'avance l'emplacement de l'éléphant blanc à l'étable et repartiras vers Peshawar, que tu atteindras avant moi, ce qui contribuera à rassurer mes frères qui m'attendent et risquent de se faire un sang d'encre. Et une fois là-bas, tu leur expliqueras que j'ai simplement un peu de retard, avait-il ordonné au cornac, dans un insupportable vent glacial, à ce carrefour où le chemin de Samyé rejoignait la route des cols du Pamir.

Il savait qu'il plongerait sa communauté dans l'affliction et la crainte quand les moines constateraient, après le retour du cornac, qu'il tardait tant à revenir ; mais, pour autant, il était persuadé d'avoir pris la décision qui s'imposait.

L'unique façon d'échapper aux terribles conséquences de ce qu'il avait découvert à Peshawar était de mettre en œuvre cet accord inespéré qu'il avait passé avec Pureté du Vide et dont la conclusion signifiait la fin miraculeuse des problèmes qui hantaient ses nuits depuis des mois.

Et pour y parvenir, il convenait que Bouddhabadra fût seul,

totalement libre de ses faits et gestes, et n'eût de comptes à rendre qu'à lui-même.

Aussi, quoique meurtri, c'était sans même se retourner que Bouddhabadra avait abandonné dans la montagne enneigée, qui deviendrait sous peu son tombeau, cet animal superbe dont la présence à Samyé s'était révélée indispensable pour préserver les apparences.

Boudhabadra, au demeurant, s'était juré, dès son retour à Peshawar, de faire procéder aux battues nécessaires dans les forêts du nord de l'Inde, pour trouver un autre éléphant blanc adulte, aussi impressionnant et vigoureux que cette pauvre bête qu'il avait bien malgré lui condamnée.

C'était donc enfin libre de ses mouvements qu'il avait dû s'arrêter à la première auberge, afin de se protéger de la tempête qui avait redoublé d'intensité.

Une fois à l'abri, il s'était dit que le mieux était encore de gagner Samyé pour y attendre la fin de l'hiver.

Sans la présence plutôt embarrassante de l'éléphant, peu habitué aux pentes enneigées, il serait sous une huitaine auprès du Révérend Ramahe sGampo.

Et dès qu'il ferait meilleur, il ne lui resterait qu'à partir pour Luoyang, muni du sûtra précieux de Pureté du Vide.

Comme il avait hâte, à ce moment-là, de procéder à l'échange convenu !

Il s'imaginait déjà, tenant entre ses mains le pot de terre cuite où pousserait la plante dont les feuilles luisantes, disposées sur des clayettes, nourriraient, à Peshawar, les vers éclos des lentes que Pureté du Vide lui donnerait. Il se serait en contrepartie débarrassé du joli petit cœur de santal, tournant ainsi cette page si pénible qui s'était ouverte, quelques mois plus tôt.

Alors, grâce à cette pousse fragile et à ces lentes bien plus petites que des grains de poivre, il aurait enfin les moyens d'éviter à son monastère une catastrophe aussi terrible qu'inéluctable…

Malgré le regrettable abandon du pachyderme sacré, tout aurait donc été pour le mieux, s'il n'y avait eu ce blizzard exécrable qui soufflait par rafales, apportant des paquets de neige qui rendaient incapable de s'orienter celui qui avait l'inconscience de s'aventurer dehors.

Et c'était là que les ennuis avaient commencé, dès les premiers instants où, tout à sa hâte de revenir à Samyé, Bouddhabadra avait cru à une accalmie et quitté l'auberge pour se remettre à marcher dans la montagne.

Il allait faire l'expérience qu'en pleine tempête de neige, quand le soleil et les montagnes devenaient invisibles, on perdait complètement le sens de l'orientation.

Alors, on avait une chance sur deux de prendre le nord pour le sud.

Et voilà ce qui était arrivé au pauvre Bouddhabadra.

Non seulement il avait raté la route de Samyé, mais il avait également abandonné le tronçon méridional de la Route de la Soie, si bien qu'il s'était, contre toute attente, dirigé droit vers le nord, dans la direction de Kucha, au lieu d'aller vers le sud, au Tibet, là où se situait Samyé.

Sans s'en rendre compte, étourdi par la fatigue et la neige incessante, perdant la notion du temps après celle de l'espace, il s'était ainsi peu à peu éloigné du massif himalayen, pour se retrouver à mi-chemin entre Hetian et le sud du bassin du Tarim, dans une froidure contre laquelle il s'était vainement épuisé à lutter.

Au bout de huit jours de progression à tâtons, toujours persuadé qu'il finirait par tomber sur la fameuse borne indiquant la direction de Samyé, il s'était vu à court de vivres. Son corps engourdi peinait à avancer, il était si las qu'il ne sentait même pas la brûlure du vent glacial sur son visage encapuchonné.

Alors, il avait fini par s'effondrer dans la neige.

Dans son malheur, toutefois, un vrai miracle s'était produit, inaugurant pour lui une période faste.

De fait, s'il n'avait pas été recueilli par cette troupe de comédiens ambulants, qui l'avait découvert, à moitié mort de froid, juste à côté d'une cabane abandonnée dans laquelle il avait dû, presque inconscient, essayer de se réfugier, nul doute que son chemin se fût arrêté là, sous l'épais manteau de neige qui commençait déjà à recouvrir son corps.

Quand il s'était réveillé, enroulé dans une couverture qui puait le yak, tandis qu'une jeune femme au regard chafouin essayait de lui faire boire un bol de soupe chaude, il avait d'abord cru qu'il s'était réincarné dans une autre personne.

— Où suis-je ? avait-il commencé par murmurer, dans un souffle, après avoir avalé avec peine le bol de soupe que la jeune femme lui avait tendu.

L'inconnue ne devait pas parler le sanskrit. Elle s'était contentée de le regarder en souriant, mimant les gestes qui l'avaient sauvé. Au bout d'un moment, il avait compris, devant ces mimiques, ce qui lui était arrivé. Lorsqu'elle lui avait présenté un miroir de bronze poli, il avait constaté, à la maigreur de ses joues brûlées par le froid et au bleuissement du bout de son nez gelé, qu'il l'avait échappé belle.

Puis un homme plus âgé s'était approché à son tour.

Bouddhabadra, abasourdi, ne comprit goutte aux propos de celui qui allait se révéler être le directeur de la troupe d'acteurs, si ce n'était que sa face rubiconde, riant aux éclats, et son attitude, consistant à palper tout le corps du Supérieur de Peshawar et à lui tapoter les joues, témoignaient du fait qu'il se réjouissait de voir reprendre ses esprits celui qui avait bien failli mourir de froid.

Malgré sa fatigue extrême, son premier réflexe, dès qu'ils l'avaient laissé seul, avait été de vérifier que la boîte en forme de cœur était à sa place, dans son baluchon de voyage posé à côté de lui.

Et ce qu'elle renfermait, heureusement, était toujours là. Il ne lui eût plus manqué que de se faire dérober le petit cœur en bois de santal !

Manifestement, ces comédiens ambulants étaient de fort honnêtes gens, qui n'avaient pas jugé utile de fouiller ses affaires.

Bouddhabadra n'avait eu désormais qu'une hâte, c'était de revenir à Samyé. Mais il n'avait pas tardé à comprendre que le convoi se dirigeait plein nord, vers l'oasis de Turfan où la troupe théâtrale avait l'habitude de présenter son spectacle, au début de chaque printemps, devant un roitelet des environs de la « Perle Brillante de la Route de la Soie », ainsi qu'on surnommait cette ville.

Il était trop épuisé pour fausser compagnie à ses nouveaux

compagnons de route, toujours aussi prévenants et attentifs, qui l'avaient manifestement pris en sympathie.

Pendant un mois et demi, Bouddhabadra avait ainsi vécu la vie de ces saltimbanques, qui réchauffaient le cœur des populations des villages avec leurs marionnettes, leur théâtre d'ombres et autres jongleries, contre un peu de nourriture et un hébergement au chaud, dans un coin de grange.

À Turfan, les remords qui ne cessaient de tarauder le Supérieur de l'Unique Dharma de Peshawar l'avaient pourtant conduit à fausser compagnie à la petite troupe théâtrale.

Au fur et à mesure qu'il récupérait ses forces, il n'avait cessé de mesurer les conséquences probables de son retard.

Dans quelques jours, à Luoyang, au monastère de la Reconnaissance des Bienfaits Impériaux, Pureté du Vide commencerait à l'attendre, puisque trois bons mois se seraient écoulés depuis leur départ de Samyé.

Et il imaginait déjà avec angoisse, au-delà de la déception et de l'inquiétude du mahayaniste, les dégâts que son absence risquait d'entraîner sur les termes de leur marché.

Comme tout pacte, celui-ci ne pouvait reposer que sur la confiance.

Que deviendrait celle-ci, quand Pureté du Vide aurait la conviction que Bouddhabadra avait manqué à sa parole ?

S'il voulait éviter un gigantesque fiasco, il était plus que temps de décider de ce qu'il convenait de faire pour sauver à tout prix l'accord conclu quelques semaines plus tôt sur un banc de pierre de la cour principale du monastère de Samyé.

La question pouvait se résumer simplement.

Devait-il repasser par ce monastère pour rapporter à Pureté du Vide le précieux sûtra, ou, au contraire, profiter de ce qu'il se trouvait déjà à Turfan pour aller directement à Luoyang ?

On lui avait expliqué qu'il fallait vingt jours de marche pour se rendre à l'oasis de Hami et dix jours de plus, à condition de ne pas traîner, avant de joindre celle des Mille Grottes. De l'endroit où il était, il fallait, par conséquent, compter deux bons mois pour gagner Luoyang.

En revanche, s'il devait revenir à Samyé et reprendre l'itinéraire méridional de la Route de la Soie, il lui faudrait compter près du double.

Quatre mois de plus ! Sept mois au lieu de trois ! C'était sans doute beaucoup trop pour Pureté du Vide, qui aurait tout loisir de reprendre sa parole.

Bouddhabadra se sentait en présence d'un écheveau inextricable. Aucune des deux issues n'était satisfaisante.

Dans les deux cas, en effet, aux yeux de Pureté du Vide, il passerait pour un être incapable de tenir ses engagements.

Il avait beau se dire que l'important, pour ce dernier, était le contenu de la boîte en forme de cœur, il ne se voyait pas arriver devant lui sans le précieux sûtra auquel il tenait tant !

Le soupçonneux Pureté du Vide ne manquerait pas de lui demander des comptes et des précisions sur les circonstances qui l'avaient empêché de tenir parole.

Bouddhabadra allait donc être contraint de revenir dare-dare à Samyé, puis d'en repartir le plus vite possible vers Luoyang, en priant le Bienheureux que Pureté du Vide ne se ravisât pas !

La perspective d'un si long chemin ne l'enchantait guère, surtout après la terrible mésaventure qu'il venait de vivre, même si l'hiver allait bientôt finir, transformant la neige en boue et en torrents, dans la montagne qu'il lui faudrait à nouveau traverser.

Mais il n'avait pas le choix.

Bouddhabadra en avait tellement rêvé, de cette soie salvatrice, même quand il s'était senti si faible qu'il pouvait à peine bouger, ballotté dans la charrette de la troupe ambulante, qu'il ne s'imaginait plus sans vers ni mûriers.

Avec la soie, il disposerait de tout le nécessaire pour faire de l'Unique Dharma, dont la richesse équivaudrait à celle d'un grand royaume, le foyer qui remettrait en selle le Petit Véhicule ; il donnerait une impulsion décisive à ses moines prêcheurs qu'il deviendrait possible d'envoyer par milliers sur les routes de l'Inde afin de rattraper le terrain que sa doctrine perdait chaque jour, inexorablement, devant les résurgences de la religion indienne ancienne.

Toujours devant sa borne, comme s'il s'agissait d'une image pieuse devant laquelle il se fût mis à prier, le Supérieur de l'Unique

Dharma ne pouvait donc que penser à la chance qui avait été la sienne, après tant d'épisodes lugubres.

Car il ne lui avait pas été nécessaire de se torturer indéfiniment les méninges pour décider s'il devait ou non repasser par Samyé. Le hasard, ou la chance, à moins que ce ne fût le Bienheureux lui-même, avait choisi à sa place.

Sinon, comment, à Turfan, serait-il tombé pile sur le responsable de cet élevage clandestin de vers à soie avec lequel il avait lié connaissance ?

Longtemps, il se souviendrait de la stupéfaction qui avait été la sienne, lorsqu'il avait engagé la conversation avec ce jeune homme au visage avenant qui l'avait violemment heurté en sortant d'un hangar et l'avait projeté à terre, lui ouvrant l'arcade sourcilière.

Le maladroit avait commencé par se confondre en excuses puis l'avait invité à entrer dans le hangar pour passer une compresse sur sa blessure qui saignait abondamment.

— On dirait une serre ! avait remarqué Bouddhabadra.

— C'est un élevage de vers à soie, avait répondu en souriant le jeune homme qui parlait suffisamment le sanskrit pour se faire comprendre du Vénérable Supérieur de l'Unique Dharma de Peshawar.

— Et moi qui pensais que les Chinois avaient le monopole de la fabrication de la soie ! n'avait pu s'empêcher de s'exclamer Bouddhabadra.

— On trouve de tout à Turfan ! avait répondu le jeune homme.

— Et comment t'appelles-tu ?

— Mon nom est Pointe de Lumière et mes insectes, en fait, sont bien malades !

En l'espace de quelques instants, Pointe de Lumière en avait raconté suffisamment à Bouddhabadra pour le convaincre que le pacte passé avec Pureté du Vide n'était qu'un vil marché de dupes. Il en était même à se demander si le Supérieur du couvent de la Reconnaissance des Bienfaits Impériaux n'avait pas essayé de le berner, lorsqu'il avait lourdement insisté sur le fait que la soie ne se produisait qu'en Chine et nulle part ailleurs…

Ce n'était, en tout cas, vraiment pas la peine de s'échiner à aller en Chine centrale chercher les ingrédients de la recette qui permettait de fabriquer la soie, alors qu'il lui suffirait de revenir chez ce gentil Pointe de Lumière, dès que ses vers à soie seraient guéris !

Telle était, d'ailleurs, la proposition qu'il s'était empressé de faire à ce jeune homme, lequel, à sa grande satisfaction, ne lui avait pas dit non.

Bouddhabadra était persuadé qu'il ne refuserait pas de lui confier, le moment venu, moyennant espèces sonnantes et trébuchantes, les lentes et les plants de mûriers que Pureté du Vide s'était engagé à lui procurer.

Quand il était ressorti du hangar séricicole que ce jeune homme, dont le sourire évoquait si bien le nom plaisant de Pointe de Lumière, lui avait fait visiter en long et en large pour se faire pardonner de lui avoir ouvert l'arcade sourcilière, Bouddhabadra était totalement rasséréné.

S'il ne s'était pas trompé de route, s'il n'était pas venu à Turfan où un miracle l'avait fait croiser ce Pointe de Lumière, il serait allé chercher au bout du monde ce qu'il pouvait obtenir sur place !

C'était ainsi qu'il avait commencé à songer que le Supérieur de Luoyang avait peut-être tenté de l'abuser.

Il y avait, en effet, dans cette serre qui ne payait pas de mine, de quoi produire beaucoup de soie précieuse.

Devant des ouvertures qui leur offraient le meilleur ensoleillement possible, dans des centaines de pots de terre cuite, avaient été plantés des mûriers dont on cueillait les feuilles pour les disposer sur des clayettes, où les vers à soie venaient se nourrir.

Une partie du hangar était consacrée au rangement des cocons, soigneusement alignés sur les étagères. Dans une pièce adjacente, de grandes marmites avaient été installées sur d'immenses trépieds de bronze sous lesquels, à en juger par la présence d'un monticule de cendre, on devait allumer des feux.

Pointe de Lumière lui avait expliqué, sans se faire prier, comment on ébouillantait les cocons dedans, avant de les dévider.

En un rien de temps, Bouddhabadra avait ainsi tout compris de ce délicat processus conduisant de l'œuf jusqu'au fil de soie, qu'il ne restait plus, ensuite, qu'à tisser… en même temps qu'il avait pris conscience que le Petit Véhicule n'avait désormais nullement besoin du Grand.

La soie ! Et surtout, l'argent de la soie !

Tel était le salut de son Église déclinante.

L'Inestimable Supérieur de Peshawar en exultait de joie.

Voilà que les circonstances lui permettaient de sortir du carcan de ces accords secrets qui finissaient par avoir, pour lui-même et son Église, plus d'inconvénients que d'avantages !

Depuis tant d'années, et malgré la prétendue trêve qu'il regrettait désormais amèrement d'avoir cautionnée, il ne comptait plus les avanies que le Grand Véhicule faisait subir au Petit en s'attachant habilement le soutien des gens riches.

En atténuant la rigueur de sa doctrine, ouvrant ainsi la Voie du Salut aux laïcs, au lieu de la réserver aux moines, au mépris de ce que le Bienheureux lui-même avait exigé, le Mahâyâna n'avait cessé de tailler des croupières au Hînayâna.

Bouddhabadra, désormais libéré grâce à la certitude de disposer de la soie, pourrait enfin leur faire payer au prix fort ces années de tricherie…

Tout à son rêve de revanche face à tous ceux dont la foi s'était tellement affadie que personne, au juste, ne savait plus à quoi ils croyaient ni qui ils priaient, il s'était presque senti investi d'une mission divine lorsqu'il avait quitté Turfan.

N'était-il pas urgent, après le temps de la soumission et du silence, d'entrer en rébellion et de reprendre l'offensive contre les mahayanistes, ces fossoyeurs du bouddhisme originel ?

Mais pour réussir cette tâche ambitieuse, il était nécessaire d'utiliser les mêmes méthodes, économiques et doctrinales, que celles qui avaient assuré le succès fulgurant du Mâhâyana en Chine, devant lequel les empereurs Tang avaient fini par s'incliner, au point qu'on disait qu'il était devenu leur religion officielle.

Cette expansion, le Grand Véhicule la devait aux livres, aux écrits qu'il n'avait cessé de faire recopier en de multiples exemplaires et de diffuser sur tout le territoire.

Aussi Bouddhabadra avait-il décidé qu'il reviendrait à Samyé récupérer le *Sûtra de la Logique de la Vacuité Pure*. Compte tenu des directives laissées à Ramahe sGampo par Pureté du Vide, il n'aurait aucun mal à le faire.

Ce serait un signe de plus que le Petit Véhicule n'était plus disposé à faire au Grand Véhicule la moindre concession ! Il projetait, dès son arrivée à Peshawar, de le faire traduire en sanskrit, en modifiant les passages les plus contestables, puis de le répandre dans toute l'Inde, non sans l'avoir repris à son propre compte, ce qui ferait de lui un philosophe réputé.

Bouddhabadra savourait déjà les circonstances de son retour à Peshawar.

Il y serait accueilli en héros victorieux, muni de la panoplie complète des armes qui manquaient au Petit Véhicule pour recouvrer le lustre que l'expansion forcenée du Grand Véhicule lui avait fait perdre : l'argent, d'une part, grâce à la soie ; la doctrine, d'autre part, plus souple et tolérante à l'égard des laïcs, grâce au grand œuvre de Pureté du Vide...

C'est dire si la satisfaction qu'il éprouvait était grande, à présent, devant cette borne rocheuse qui lui prouvait qu'il était sur le droit chemin.

D'après l'inscription gravée au bas de la pierre levée, Samyé n'était plus qu'à six jours de marche, « de bon marcheur ».

La neige tombait de nouveau dru, tandis que le soleil venait de disparaître soudainement derrière les crêtes blanches, augurant d'une arrivée rapide des nuées nocturnes. Bientôt, la température descendrait d'une quinzaine de degrés, contraignant n'importe quel corps humain, fût-il aguerri, à déployer des efforts désespérés pour survivre dans la froidure.

C'est alors que Bouddhabadra avisa, à mi-pente de la montagne, juste au-dessus du chemin sur lequel il s'était engagé, un trou qui ressemblait à l'entrée d'une grotte.

Il décida qu'il valait mieux s'arrêter là et, si la grotte était vide, s'y pelotonner dans sa couverture en poil de yak jusqu'au petit matin, afin de laisser reposer sa cheville endolorie.

Lorsqu'il pénétra avec précaution dans l'antre, pour vérifier qu'aucun animal ne s'y était déjà réfugié, il y régnait une odeur de champignon et les murs suintaient d'humidité. C'était le signe qu'il n'y aurait pas froid.

Épuisé par sa journée de marche, et heureux de se retrouver si près du but, Bouddhabadra ne tarda pas à s'endormir.

Le lendemain, quand il se réveilla, sa cheville lui faisait tellement mal qu'il faillit hurler au moment où il fit une tentative, qui se révéla vaine, pour se mettre debout.

Le soleil déjà haut éclairait suffisamment l'intérieur de la grotte pour lui permettre de voir, juste à côté de lui, assis contre la paroi, un visage familier qui le regardait d'un air narquois.

Avec stupeur, Bouddhabadra reconnut celui dont l'absence à la réunion de Samyé l'avait incité à proposer à Pureté du Vide ce marché dont il avait failli être la victime.

— Nuage Fou ! Mais que fais-tu ici ? Nous t'avons vainement attendu, avec Pureté du Vide ! Où étais-tu ? demanda Bouddhabadra, hors de lui.

L'homme qui s'appelait Nuage Fou avait une apparence qui collait bien à son nom et inquiétait toujours ceux qui le croisaient pour la première fois.

On ne pouvait manquer d'être surpris par les gigantesques anneaux en bronze qui pendaient à ses oreilles en les allongeant démesurément, donnant à son visage hâve et osseux, au crâne rasé, l'aspect d'un vase muni de deux anses…

Il émanait de cet individu reconnaissable entre mille, une violence et une énergie contenues, presque palpables.

— Il faisait froid dehors. J'ai trouvé refuge ici comme toi, pour la nuit !

— Je t'ai demandé pourquoi tu n'étais pas là, le jour dit ! hurla alors le Supérieur de Peshawar.

— Ah oui ! Le conclave ! C'est que… j'ai dû me perdre. Ou plutôt, c'est ça… je… je me suis perdu ! Quand je m'en suis aperçu, il était trop tard. Je suis arrivé à Samyé au moment où vous veniez de partir, Pureté du Vide et toi… Remarque, j'ai toujours le mandala avec moi ! bafouilla Nuage Fou, l'air gêné.

Il venait d'extraire de sa poche un carré de soie noire bordé de rouge, dont l'une des faces était ornée de somptueuses peintures, qu'il agitait sous le nez de Bouddhabadra.

— Nous t'avons attendu pendant trois jours ! Après quoi, nous avons été obligés de lever le camp. C'est la première fois que je vois ça depuis trois décennies ! Tu as saboté notre concile ! dit sèchement celui-ci.

— Je suis désolé… Si vous aviez patienté un peu, la réunion

aurait pu se tenir ! protesta Nuage Fou, dont les yeux fixaient à présent le vide, comme s'il était ailleurs.

— Nous n'avions pas que ça à faire ! Tu as rompu notre pacte, Nuage Fou, t'en rends-tu compte ? Nous avions pourtant confiance en toi ! éructa le Supérieur de l'Unique Dharma de Peshawar, qui avait de la peine à maîtriser sa colère.

Toujours affalé contre le rocher, Nuage Fou paraissait désemparé par l'ampleur de la réprimande de son interlocuteur.

Il devait se sentir coupable, sinon pourquoi aurait-il pris l'allure d'un chien battu, alors qu'il n'était jamais en reste quand il fallait élever la voix, et même le bras, contre ceux qui s'opposaient à lui ?

Après l'avoir promptement extirpée de son minuscule pilulier de bronze, il avala une pastille sombre dont l'effet ne tarda pas à se faire sentir.

— Dis-moi, Bouddhabadra, que fais-tu au juste sur la route de Samyé ? Ne viens-tu pas de m'expliquer que tu en étais parti avec Pureté du Vide ? demanda-t-il soudain, l'air méfiant, comme s'il avait décidé de passer à l'offensive.

Bouddhabadra, à son tour embarrassé, entreprit de caresser les longs poils de la couverture dont ses jambes étaient recouvertes.

Pour rien au monde il n'eût avoué à Nuage Fou qu'après s'être perdu il était allé jusqu'à Turfan, où il avait découvert un sympathique éleveur de bombyx avec lequel il s'apprêtait à entrer en affaires, avant de revenir à Samyé pour s'emparer du sûtra précieux de Pureté du Vide.

— J'ai oublié un manuscrit ! Mais j'ai bien peur de ne pouvoir monter là-haut tellement ma cheville me fait mal ! gémit-il.

— De quel manuscrit parles-tu ? Tu pars, tu reviens ! Tout ça n'a ni queue ni tête. Me prendrais-tu pour un idiot ? tonna Nuage Fou, que sa pilule, visiblement, rendait agressif.

Ses yeux rougis avaient une lueur inquiétante et un mince filet de bave était apparu à la commissure de ses lèvres.

— En fait, Nuage Fou, lança Bouddhabadra, mi-figue, mi-raisin, il faut que tu le saches, Pureté du Vide a essayé de nous rouler proprement dans la farine.

— Cela ne m'étonne qu'à moitié de la part de ce moine du

Grand Véhicule ! À force de subtilité, il finit par tromper son monde…

Bouddhabadra, un peu rassuré puisque Nuage Fou, malgré son attitude bizarre, abondait dans son sens, lui demanda à brûle-pourpoint :

— De quelle Église te sens-tu le plus proche ?

— En premier lieu du Petit Véhicule et en second lieu du lamaïsme tibétain !

— Et le Mahâyâna ?

— Bien moins ! Ils croient si peu aux rituels ! Pour eux, il suffit d'une bonne méditation assise, et le tour est joué ! Quant à leur fascination pour la vacuité, elle est sidérante ! Ce n'est pas ma façon de pratiquer une religion en bonne et due forme…

La franchise de la réponse fit penser au Supérieur de Peshawar qu'il pouvait se dévoiler davantage.

— Que dirais-tu d'une alliance entre toi et moi ? Pureté du Vide et Ramahe sGampo n'ont besoin de personne…, lança-t-il tout à trac.

— Ce serait efficace ! Que proposes-tu, au juste, Bouddhabadra ?

— En fait, je vais à Samyé pour y récupérer le *Sûtra de la Logique de la Vacuité Pure* que Pureté du Vide y a laissé. Seule ma blessure me retarde…

— Tu ne crois donc plus aux conciles ?

— Après la paix armée, il y a toujours la guerre ! s'écria fièrement Bouddhabadra, avant de grimacer à nouveau de douleur, tant sa cheville lui faisait mal.

— Mais ne vas-tu pas éveiller les soupçons de Ramahe sGampo, en revenant à Samyé pour réclamer le manuscrit de Pureté du Vide ? J'ai toujours estimé que ces deux-là avaient partie liée !

— Ramahe sGampo sait que je dois repasser pour ce sûtra.

— Je vois…

— Il attend aussi, je te le signale, que tu lui rendes ce qu'il t'a confié… Peut-être pourrais-tu faire d'une pierre deux coups : tu lui rapporterais ce qui lui appartient et tu prendrais pour moi le sûtra de Pureté du Vide, ajouta Bouddhabadra, soudain plus insistant, en désignant le carré de soie bordé de rouge que Nuage Fou, après l'avoir replié, avait posé sur son sac de voyage.

— Il peut toujours courir ! Jamais je ne le lui rendrai. Ce qui est à moi le reste ! Il est exclu que je monte là-haut ! laissa échapper Nuage Fou avant de gober de nouveau une pilule.

La réponse, des plus déplaisantes, incita Bouddhabadra à essayer de se lever :

— Bon ! Il faut à présent que j'y aille !

Mais la souffrance lui arracha un cri, à peine avait-il tenté de se redresser.

— Prends-en une, elles calment la douleur ! lui proposa Nuage Fou.

Il lui tendait une de ses petites pilules noires, que Bouddhabadra ne se fit pas prier pour avaler.

Elle avait un goût amer qui arrachait la bouche mais procurait, en même temps, une étrange sensation de bien-être.

Son effet était immédiat. Au bout de quelques instants, il se sentait même en confiance avec cet individu dont il n'avait fait que se méfier jusque-là.

— Si nous voulons affaiblir le Grand Véhicule, il faut commencer par supprimer tous ses textes doctrinaux emblématiques qui, traduits en plusieurs exemplaires, servent à sa diffusion. Et le sûtra de Pureté du Vide en fait partie, voilà tout ! Une fois que je l'aurai récupéré, je compte bien le brûler ! Je suis parfaitement transparent avec toi, Nuage Fou ! Ce qui me navre, c'est que ma cheville risque de m'empêcher d'aller jusqu'à Samyé ! articula-t-il avec peine, tout en déglutissant.

Sous l'effet de ce qui ressemblait à une drogue, Bouddhabadra se sentait prêt à tout lui raconter, si l'autre le lui avait demandé !

Mais ce dernier, visiblement, n'en avait cure. Il s'était mis à scruter la route.

— Aie confiance, Bouddhabadra. J'aperçois là, sur le chemin, se dirigeant vers nous, quelqu'un qui, avec un peu de chance et moyennant quelques piécettes, devrait nous permettre de régler au mieux cette affaire ! assura Nuage Fou qui avait retrouvé son sourire narquois.

Quant au Supérieur de Peshawar, qui flottait sur un nuage et n'avait presque plus mal à la cheville, il regardait alternativement les parois de la grotte teintées de rose, tandis que son plafond avait subitement viré au bleu, et le visage de Nuage Fou, d'où toutes les traces inquiétantes et les tics dont il était jusqu'alors émaillé avaient disparu.

Pauvre Bouddhabadra, qui n'était déjà plus lucide et ne se rendait pas compte qu'il venait de se jeter dans la gueule du loup !

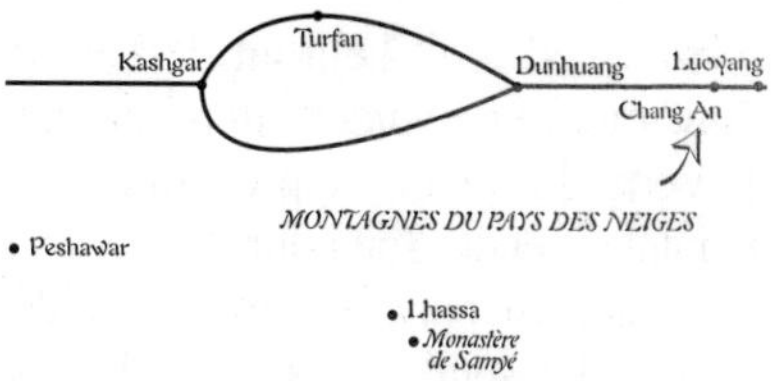

10

Palais impérial de Chang An, Chine. 18 février 656

— Majesté, c'est épouvantable, non seulement nous manquons de soie, mais en plus je crois bien que certains en profitent pour se livrer, dans votre auguste dos, à un lucratif trafic clandestin ! gémit le ministre de la Soie Vertu du Dehors.

Tremblant de peur et cassé en deux devant l'empereur Gaozong, il était pâle comme la mort.

Le sourcil droit de l'empereur se leva imperceptiblement.

C'était là le signe, bien connu de tous ceux qui avaient la chance de l'approcher, qu'il souhaitait en savoir plus.

Le ministre de la Soie se racla donc la gorge, avala trois fois sa salive puis, la voix plus nouée encore que la corde de chanvre dont on se servait pour ligoter les pieds des prisonniers, s'avança avec gaucherie vers le souverain. Assis dans un fauteuil en ébène *wumu*, devant lequel un serviteur venait d'installer un trépied rempli à ras bord de pistaches et de graines de tournesol, l'empereur de Chine attendait la délicate explication qui avait motivé sa demande d'audience urgente.

— V… voilà ! Euh ! V… votre M'mm'ajesté…

— Vite ! Au fait, mon brave Vertu du Dehors, au fait ! Plus vite ! J'ai accepté de te recevoir parce que mes collaborateurs m'ont assuré que le motif en valait la peine, mais je te préviens, je n'ai nulle intention de perdre mon temps ! lâcha l'empereur, après avoir introduit une pistache dans sa bouche.

Son pied droit heurtait déjà en cadence le bas de son fauteuil, signe que l'énervement impérial commençait à monter.

Vertu du Dehors se préparait à se racler une énième fois la gorge avant de prendre son courage à deux mains pour prononcer sa déclaration apprise par cœur, lorsqu'un délicieux parfum de fleur d'oranger envahit soudain l'atmosphère du bureau, ce qui eut pour effet immédiat de la détendre, tandis que se faisait entendre le chant strident d'un grillon.

— Vous ici ! Ma belle ! Si tôt le matin ! Quelle surprise et quelle joie ! s'écria Gaozong, tout émoustillé.

C'était Wuzhao, suivie par le Muet, tenant à la main la minuscule cage de bambou du grillon, qui venait de faire cette entrée inopinée dans le cabinet de travail de son époux.

Quelques pas derrière eux se tenait une nourrice qui portait endormi dans ses bras Lihong, petite forme emmitouflée dans de la soie rose, l'enfant que l'impératrice avait eu de Gaozong, trois ans plus tôt, quand elle n'était encore que sa concubine.

— Je vous dérange, mon cher époux ? demanda-t-elle en adoptant une pose avantageuse.

— Pas du tout !

— Je ne m'attarderai pas. J'avais promis à Lihong de l'emmener en ville, au marché aux oiseaux et, passant devant votre bureau, je voulais juste vous saluer.

— Avec Vertu du Dehors nous parlons d'un sujet qui vous est cher, ma douce Wuzhao… Nous parlons chiffons… de soie ! plaisanta l'empereur, tout fier de son bon mot, avant de lui faire signe de venir s'asseoir sur le divan qui faisait face à sa table de travail.

— La soie est la plus grande richesse de l'empire de Chine. C'est cette matière céleste qui en fait la renommée de l'autre côté des montagnes et des mers ! répondit-elle poliment, les yeux baissés, dans une attitude modeste.

— C'est que… Majesté, la situation est gravissime… Je crois bien qu'il y a un trafic de fausse soie dans l'empire ! finit par lâcher le ministre, avant de s'écrouler sur la petite chaise que l'empereur faisait toujours disposer devant lui afin de mieux observer les mimiques de ses interlocuteurs.

Vertu du Dehors, en sueur, tenait au bout de sa main crispée par la peur un coupon de soie qu'il n'osait pas déplier devant le souverain, et que celui-ci n'avait même pas vu.

— Tu veux dire que quelqu'un aurait trouvé un moyen de tisser de la soie sans faire appel à la jolie chenille qui se nourrit des feuilles du mûrier ? lui lança, amusé, Gaozong en jetant une œillade à son épouse.

Il n'avait que mépris pour son ministre, créature tremblante et en nage, aux propos totalement ridicules.

— Non pas, Majesté. Je me suis mal fait comprendre. Nous avons acquis la certitude qu'il y a quelque part un atelier clandestin de production de soie ! réussit à articuler ce dernier, entre deux gémissements.

« Décidément, pensait Gaozong, ce pauvre Vertu du Dehors est encore plus benêt qu'il n'y paraît ! »

— Mais c'est impossible ! rétorqua-t-il. L'administration dispose d'un monopole qui fait l'objet d'un décret périodiquement promulgué, afin que nul ne l'ignore. J'y ai encore apposé mon sceau pas plus tard que le mois dernier ! Toutes nos manufactures séricicoles sont surveillées… Vraiment, Vertu du Dehors, tu devrais avoir honte de déranger l'empereur de Chine pour lui raconter de telles inepties ! Tu as de la chance que l'impératrice soit là, sinon ce serait à coups de canne de bambou sur les fesses que tu sortirais d'ici !

Il était sur le point de demander à son chambellan de reconduire cet idiot insondable lorsque Wuzhao prit la parole, non sans avoir fait signe à la nourrice, dans les bras de laquelle l'enfant venait de se réveiller, qu'elle pouvait disposer.

— Majesté, ce ministre semble détenir quelques éléments à l'appui de ses assertions ! murmura-t-elle à son époux en montrant des yeux le coupon de soie plié que Vertu du Dehors n'avait cessé de tripoter fébrilement.

Elle avait l'air à la fois préoccupée et attentive.

— Majesté, je suis effectivement au regret de vous annoncer que le monopole de l'empire a été violé. En voici la preuve ! souffla alors le ministre.

Et Vertu du Dehors déposa respectueusement devant l'empereur le coupon de soie qu'il venait de déplier et qui s'était déployé dans les airs, tel un nuage vaporeux.

Le tissu carmin brillait comme la glaçure d'un céladon lorsqu'il l'étala sur le bois de « fleur jaune de poirier » *huanghuali*, incrusté de santal pourpre *zitan*, de la table de travail de l'empereur de Chine.

— Voilà, Majesté, notre dernière saisie ! Ce tissu ne comporte ni numéro d'identification ni sceau administratif ! C'est terrible ! ajouta-t-il presque en gémissant.

Alors, l'air furieux, l'empereur, d'un geste brusque, s'empara du tissu carmin et le porta curieusement à ses narines comme s'il voulait en humer l'odeur.

Il ne pouvait y avoir aucun doute. C'était bien un coupon de soie. Et même de la plus belle espèce : une moire ondoyante, aussi rouge que le soleil couchant, imperceptiblement brodée de phénix stylisés, faits de torsades de fil d'or, plus fin que le cheveu.

— Mais ce tissu est magnifique ! Il est digne de ce que produit la manufacture du Temple du Fil Infini, laissa échapper Wuzhao.

— C'est bien ce qui m'inquiète au plus haut point ! C'est terrible, ce qui nous arrive ! C'est une calamité ! murmura, de plus en plus pâle, Vertu du Dehors qui s'attendait que le courroux de Gaozong s'abattît sur lui comme la foudre.

— « C'est terrible ! C'est terrible ! » Tu n'as donc que cette expression à la bouche ? Dis-moi plutôt comment tu t'es procuré ce coupon ? demanda sèchement l'empereur.

— Il a été saisi chez un marchand du centre-ville, au cours de la tournée d'un de nos inspecteurs. Nous vérifions périodiquement les stocks des marchands de soieries. Vu la pénurie actuelle, l'activité de sa boutique minuscule, qui ne désemplissait pas, nous est apparue suspecte. Le marchand s'est embrouillé dans ses explications, lorsque mes hommes l'ont questionné sur la provenance de cet échantillon, dépourvu de cachet officiel…

— Comment s'appelle cet individu ? Quel est le nom de sa boutique ? Y avait-il là-bas d'autres coupons clandestins ? hurla Gaozong, hors de lui.

— Mes hommes ont saisi le premier coupon qu'ils trouvèrent chez ce marchand. Je n'ai pas eu le temps de prendre avec moi son patronyme ni ses coordonnées. Je sais simplement qu'il tient boutique rue des Oiseaux Nocturnes, dans le quartier des soyeux. Mais, Majesté, je pourrai, si vous le souhaitez, me procurer son adresse exacte et vous la faire porter dès mon retour au bureau…

— Est-ce un marchand chinois ou bien un étranger ?

— D'après les dires de ma brigade d'intervention, il a un nom chinois, Majesté. C'est un compatriote ! C'est vraiment terrible ! bredouilla Vertu du Dehors, qui s'en voulait de ne pas pouvoir se contrôler davantage devant Gaozong.

Non seulement il était incapable de mentir, ou, à tout le moins, d'enjoliver les choses pour les présenter à son avantage, mais encore il aggravait son cas en mettant en évidence les lacunes de l'organisation des services de son ministère, au fur et à mesure qu'il relatait cette navrante affaire de trafic.

Il en venait à regretter amèrement sa stupide franchise, tout juste bonne pour le fonctionnaire loyal et sans histoires particulières qu'il avait été avant de devenir ministre.

— Que pense l'impératrice Wuzhao de cette pitoyable affaire ? demanda l'empereur Gaozong, soudain plus calme, en se tournant vers son épouse officielle.

— Majesté, cette histoire paraît à peine croyable. On pourrait supposer que la police de ce pays sert au moins à faire respecter la loi. Or, le monopole de la soie, que je sache, est bien d'ordre législatif ! s'écria Wuzhao.

— Mon épouse dit vrai ! Ce trafic de soie, s'il prenait de l'ampleur, serait gravissime. Il témoignerait du profond état de déliquescence de nos services de contrôle de l'ordre public ! s'agaça le souverain, dont les doigts de la main droite, à présent, tambourinaient nerveusement sur le plateau lustré de sa longue table de travail.

— Dès qu'on m'a apporté ce coupon suspect, Majesté, j'ai sollicité cette audience de votre part ! Personne, dans mon service, ne peut être soupçonné d'avoir essayé d'étouffer l'affaire…, bredouilla Vertu du Dehors qui voulait au moins assurer l'empereur de sa loyauté.

— Mes collaborateurs se sont bien gardés de m'avertir de ce

dont tu souhaitais me faire part ! s'exclama Gaozong d'un ton rageur.

— C'est toujours ainsi ! Pour annoncer les mauvaises nouvelles, il n'y a jamais personne, dit l'impératrice, à laquelle Vertu du Dehors lança un regard de reconnaissance.

— Il faut diligenter une enquête ! Je veux tout savoir, et vite ! tonna l'empereur de Chine dont le poing serré s'abattit violemment sur la table de « fleur jaune de poirier ».

— Si vous le désirez, Majesté, je pourrai m'en occuper. Le sujet me paraît de la plus haute importance..., lâcha Wuzhao à la stupéfaction du ministre de la Soie.

Elle regardait son époux avec un grand sourire rassurant.

En même temps qu'elle s'était approchée de Gaozong, elle avait pris soin d'effleurer sa natte, à la fois négligemment et sans la moindre vergogne, malgré la présence du ministre, à l'endroit où celle-ci, parfaitement tressée et huilée, sortait de la peau légèrement grumeleuse de son cuir chevelu que, tous les jours, l'escadron des barbiers impériaux rasait soigneusement.

Le ministre de la Soie Vertu du Dehors avait du mal à cacher l'effet que provoquait en lui la surréaliste proposition de l'impératrice, d'autant que Gaozong, contre toute attente, avait l'air d'y acquiescer comme si elle allait de soi.

Jamais, de mémoire de fonctionnaire de haut rang, une épouse impériale n'avait osé se mêler de sujets aussi sensibles que le contrôle de la bonne administration du pays ou de ses services de police.

C'était à la centaine d'agents du Grand Censorat Impérial, triés sur le volet, tous révocables par le seul empereur auquel ils prêtaient un serment spécial d'allégeance, qu'il incombait, d'ordinaire, d'effectuer de tels rapports d'enquête.

Le Grand Censorat, qui dépendait directement de la Chancellerie, était dirigé depuis des lustres par l'ombrageux préfet Li Jingye, l'un des fonctionnaires les plus redoutés de tout l'empire.

Pour le pauvre ministre de la Soie, à la mine de plus en plus défaite, que l'empereur de Chine acceptât de confier une enquête aussi délicate à une femme, fût-elle son épouse officielle, paraissait à tout le moins inouï, mais en disait également long sur l'influence que la belle Wuzhao détenait sur lui.

Vertu du Dehors imaginait déjà l'amertume du Grand Censeur, qui se considérait comme l'ultime garant de la bonne marche de l'administration impériale, lorsqu'il apprendrait cette effarante nouvelle…

— Sur un sujet aussi délicat, il me faut une enquête approfondie. Il y va de la crédibilité même de l'État ! J'ordonne que cette enquête soit traitée par l'impératrice en personne, énonça l'empereur, en regardant son ministre droit dans les yeux.

— Majesté, je vous remercie infiniment pour la confiance que vous me témoignez. S'il le faut, je remuerai ciel et terre jusqu'à ce que la lumière soit faite sur cette étrangeté ! s'écria Wuzhao qui venait de s'emparer du coupon de soie et l'avait drapé sur ses épaules, où il faisait fort bel effet.

— Vertu du Dehors, tu demanderas à la Chancellerie de préparer l'édit par lequel je confie cette enquête à l'impératrice Wuzhao.

— Ce sera fait, mon Prince Vénéré ! Et dès maintenant ! murmura, anéanti, le ministre de la Soie Vertu du Dehors avant de sortir à reculons, conformément à l'étiquette, du cabinet de travail de l'empereur de Chine.

À peine dehors, il était tellement bouleversé par cet entretien que son premier réflexe fut de se précipiter au Censorat Impérial.

La direction des services du préfet Li occupait tout le premier étage de la Porte de l'Ouest du palais impérial de Chang An, celle où l'empereur pouvait recevoir, en dehors des audiences officielles, ceux qui n'avaient pas accès aux zones strictement privatives de la demeure du Fils du Ciel, qu'on appelait palais intérieur ou le « Grand Dedans » et qui en constituaient la partie la plus secrète, puisqu'elles étaient réservées au seul usage de l'empereur et de sa famille immédiate.

En traversant les innombrables cours pavées, qu'on atteignait par des escaliers monumentaux aux balustres de marbre blanc s'achevant en gueules de dragon crachant des flammes, Vertu du Dehors n'en menait pas large.

Il avait tellement l'esprit ailleurs qu'il faillit renverser, au milieu de la cour extérieure du Hall de l'Harmonie Préservée, l'une des quatre jarres représentant les points cardinaux et contenant des mandariniers centenaires sur lesquels veillaient trois jardiniers en grand uniforme.

— Monsieur le ministre, faites donc un peu attention à l'endroit où vous mettez les pieds ! Cet arbre est un trésor national ! s'écria l'un d'eux, qui s'était précipité à temps pour éviter une catastrophe.

Si cet arbuste rabougri, pas plus haut qu'une pivoine naine, aux fruits de la taille d'un œil de chat, au demeurant l'une des plus illustres prises de guerre ramenées des provinces annexées au Sud par le trisaïeul de l'empereur Gaozong, avait été un tant soit peu endommagé, nul doute que Vertu du Dehors y aurait perdu ses pieds.

— Excusez-moi, mais je suis pressé ! D'ailleurs j'ai à peine touché cette jarre ! s'exclama Vertu du Dehors en se dégageant.

Pour se rendre du palais intérieur à la Porte de l'Ouest, d'où était perceptible le brouhaha de l'immense ville dans les rues de laquelle une foule compacte déambulait, empêchant les porteurs de palanquins d'avancer et les obligeant à vociférer, il fallait franchir douze édifices. Les plus somptueux, le palais de la Pureté Céleste Qianqing et le palais de la Tranquillité Terrestre Kunning, étaient, de jour comme de nuit, gardés par des hommes en armes qui veillaient sur les objets et meubles précieux entassés dans ces salles où l'empereur de Chine recevait les hommages des délégations des pays, des peuples et des villes qui souhaitaient obtenir la protection de la glorieuse dynastie Tang.

Vertu du Dehors arriva enfin, hors d'haleine, devant les deux gros brûle-parfums de bronze qui flanquaient le portail de l'imposant édifice. De forme octogonale, celui-ci servait à la fois de temple Fengxian, destiné au culte des ancêtres de la famille impériale, et de porche à l'entrée du palais de la cour, celle que les habitants de Chang An appelaient avec respect « la Grande et Vénérable Porte de l'Ouest ». Là, le ministre Vertu du Dehors fut bousculé sans ménagement par les sentinelles qui prétendaient l'empêcher d'atteindre l'étage supérieur, où se trouvait le siège du Censorat Impérial.

— Le préfet Li Jingye a donné des ordres formels : nul ne monte à l'étage sans autorisation expresse ! s'écria le garde qui l'avait ceinturé au moment où il s'apprêtait à s'engouffrer dans l'escalier.

— Mais je suis le ministre de la Soie ! Depuis quand un membre du gouvernement a-t-il besoin d'une autorisation spéciale pour accéder au Grand Censorat ? hurla-t-il en se débattant, excédé par tant de zèle.

— Je suis censé faire appliquer le règlement ! Quant au reste, je n'ai pas qualité pour vous répondre. Ce sont les ordres du préfet Li ! lâcha le sbire en faisant signe à des collègues de venir lui prêter main-forte.

— Qu'est-ce que ce grabuge ? gronda alors une voix venue de l'élégant balcon de marbre situé à l'étage de l'édifice, dont il soulignait la splendeur architecturale.

L'imposante silhouette du préfet et Grand Censeur Impérial Li, tout habillée de moire de soie noire, venait d'apparaître derrière la rambarde ajourée, en même temps que les sbires, le regard apeuré, s'étaient mis au garde-à-vous.

On ne badinait pas, visiblement, avec l'autorité du préfet Li.

— Vertu du Dehors ! Mais que fais-tu ici ? Tu as de la chance que je sois là ! Normalement, aujourd'hui, j'aurais dû me trouver en province ! tonna-t-il avant d'ajouter, d'une voix de stentor : Laissez monter le ministre de la Soie auprès du Grand Censeur !

Comme chaque fois qu'il entrait dans ce bureau, Vertu du Dehors se sentait intimidé.

La longue robe noire boutonnée jusqu'au cou que le préfet Li portait en permanence, tout juste agrémentée l'hiver d'un col de zibeline, dépourvue de ces insignes aussi rutilants qu'inutiles dont raffolaient généralement les hauts fonctionnaires de son rang, était à l'image de son caractère et de sa réputation : austère et implacable.

Placé sous la tutelle directe du souverain et ne relevant que de sa seule autorité, chargé de l'examen et de la surveillance de tout ce qui n'allait pas dans l'empire des Tang, le chef de son Censorat était, à ce titre, le haut fonctionnaire le plus redouté par ses pairs.

À peine entré, Vertu du Dehors constata que le Grand Censeur, comme à son habitude, tripotait le pommeau d'ivoire en forme de double sphère ajourée de la canne de bambou dont il ne se séparait jamais.

D'une voix blanche, le ministre lui relata brièvement l'entretien qu'il venait d'avoir avec Gaozong, en présence de l'impératrice Wuzhao.

— C'est incroyable, ce que tu me racontes là ! Es-tu bien sûr que l'empereur ne plaisantait pas ? Confier une enquête de cette importance à cette traînée, ça paraît inouï ! souffla le préfet Li.

— Hélas non ! Notre empereur ne sait plus rien refuser à sa nouvelle épouse ! J'en ai été estomaqué. Il m'a même sommé de faire préparer l'édit auprès de la Haute Chancellerie Impériale…

— Cette décision est scandaleuse ! Elle est un camouflet insupportable, non seulement pour le Grand Censorat, qu'elle désavoue, mais aussi pour l'administration impériale tout entière ! Que je sache, l'impératrice Wu n'est pas fonctionnaire ! De quel droit cette traînée pourrait-elle diligenter elle-même et surveiller une enquête ? s'écria le Grand Censeur qui tapotait à présent, avec sa canne, la paume de sa main.

— Je partage ton indignation, mais, hélas, qu'y pouvons-nous ? L'empereur n'est-il pas notre chef à tous ? Il dispose des services de l'État ! Et, dans cette affaire, je me sens, à tout le moins, autant désavoué que toi ! gémit le ministre de la Soie qui n'en menait pas large.

— Je comprends tes craintes. Cela dit, je n'ai rien, moi, à me reprocher dans cette affaire de trafic de soie, qui ne me surprend pas ! Au contraire ! Tu n'as fait que ton devoir en allant en rendre compte à l'empereur de Chine, ajouta le préfet Li.

— Tu n'as pas l'air surpris de l'existence de ce marché parallèle, articula Vertu du Dehors dont la gorge s'était à nouveau nouée et qui regardait d'un air effaré le Grand Censeur.

— En effet. Tu sais, j'ai mes réseaux d'enquête. Au poste qui est le mien, on est en quelque sorte payé pour tout savoir…, déclara ce dernier, en souriant d'un air énigmatique.

— Quant à moi, je fais de mon mieux à la tête de mon administration ! Toutes les entrées et sorties de matières premières sont contrôlées. Je fais procéder à des tournées quotidiennes d'inspection dans les manufactures impériales. C'est terrible ! gémit le ministre.

— Voire ! Le Grand Censorat sera à même de le dire le moment venu, lorsqu'il aura dûment enquêté auprès de tes services.

— Toute cette suspicion va finir par me miner. Si le chef du Grand Censorat me mesure à ce point sa confiance, c'en est fini de moi ! murmura, de plus en plus liquéfié, le pauvre Vertu du Dehors.

— Sois mon allié et les enquêtes du Grand Censorat Impérial t'épargneront.

— Ma présence ici ne suffit-elle pas à témoigner de mon estime à votre égard ? s'exclama alors, en le voussoyant tant il était ému, Vertu du Dehors.

— Cela me plaît mieux. Il faut que tu saches que j'ai besoin de toi. Seul, je ne pourrai jamais sauver l'État de la ruine dans laquelle Gaozong, sous l'influence néfaste de Wuzhao, est en train de nous entraîner. Confucius l'a écrit : tout homme qui ne réfléchit pas sur le long terme échouera sur le court terme.

— Serait-il impertinent de ma part de vous demander l'identité de ceux sur lesquels vous comptez pour garder l'empire du Milieu de ses dérives actuelles ?

À la confucéenne, Vertu du Dehors se tenait à présent au garde-à-vous devant cet ombrageux préfet, les mains enfoncées dans ses manches croisées, en ayant soin de prendre la posture la plus respectueuse possible.

— De bons esprits nous surnomment « la vieille garde » ! Au départ, nous n'étions pas nombreux, avec l'ancien Premier ministre, le général Zhang, à nous émouvoir de la montée sur le trône de cette usurpatrice. Mais chaque jour qui passe nous amène des renforts. Comme toi ! Dans la vie, pour réussir de grandes choses, il faut toujours être à plusieurs, répondit cyniquement le préfet Li.

— Vous pouvez compter sur ma diligence, mon dévouement, et, bien entendu, sur mon absolue discrétion ! souffla le ministre de la Soie.

Il cherchait, par tous les moyens, à échapper à une enquête du Grand Censorat. Outre qu'elle eût été considérée par ses pairs comme la dernière des infamies, une telle démarche eût immanquablement sonné le glas de sa carrière ministérielle.

Persuadé que celle-ci était, de toute façon, largement compromise par la mise en évidence de ce trafic de soie, il pensait également n'avoir plus grand-chose à perdre à se ranger ainsi sous la bannière du Grand Censeur Impérial, qui n'hésitait plus à clamer haut et fort son opposition à Wuzhao.

— Quant à cette créature que notre empereur a prise pour épouse, il va bien falloir que nous trouvions un moyen de l'empêcher de nuire ! lâcha le préfet Li en frappant violemment avec sa canne sur le dallage de marbre blanc.

Son visage carré et massif, dont les sourcils épais et ombrageux, surplombant les fentes qu'il avait à la place des yeux, soulignaient la dureté du personnage, était à présent aussi figé que celui d'une statue de bronze et respirait la haine.

Cet homme au caractère trempé comme l'acier ne jurait que par Confucius et détestait les bouddhistes, qu'il accusait de détourner l'argent public en sollicitant les offrandes impériales. Il n'avait jamais caché à Gaozong sa réprobation totale, lorsque celui-ci avait répudié Dame Wang pour installer à sa place « cette petite aventurière » qui ne lui inspirait que du mépris.

À plusieurs reprises, l'empereur avait reçu le préfet Li pour essayer de l'amadouer, soucieux de ne pas se mettre à dos l'un des personnages les plus importants du régime, l'un des tenants de l'idéologie confucéenne, faite d'allégeance et de respect de l'ordre établi, principes sur lesquels toute la pyramide des rapports sociaux, dans l'empire du Milieu, continuait, malgré tout, à fonctionner.

Mais il s'y était tellement mal pris que cela avait au contraire avivé un peu plus son hostilité envers cette femme dont, à ses yeux, le défaut le plus grand était ce regrettable tropisme pour le Grand Véhicule auquel elle ne cessait de manifester sa bienveillance.

— En attendant, je ne peux faire autrement, comme Gaozong me l'a demandé, que d'aller à la Chancellerie et faire rédiger l'édit par lequel Sa Majesté charge Wuzhao de mener l'enquête sur le trafic de soie dans l'empire. Si je désobéis, bientôt, ce seront les pieds qui me manqueront pour marcher…, murmura timidement Vertu du Dehors.

— Et le nez pour respirer ! Il est grand temps que j'informe mes amis de ce qui est en train de se tramer dans ce pays, faute de quoi c'est tout l'Empire chinois qui peu à peu risque d'y perdre son âme. Si l'empereur Taizong le Grand voyait ce à quoi certains sont en train de réduire son œuvre, il se retournerait dans son cénotaphe ! marmonna rageusement le chef du Grand Censorat.

— Mais ne sommes-nous pas obligés d'obéir à notre chef suprême ? Que faites-vous de ce serment confucéen d'allégeance que nous prêtons à l'empereur, au moment où nous entrons en fonctions ? osa enfin demander le ministre d'un air penaud.

— Je m'assieds dessus comme sur ce fauteuil en bois de rose ! Nous nous devons d'être loyaux à son égard, sauf s'il est avéré qu'il perd la tête ! Et crois-en mon expérience, ainsi que mon jugement : c'est le cas de Gaozong ! Si le chef du Grand Censorat n'était pas là pour assurer la survie et la continuité de l'État, il ne resterait bientôt plus rien du glorieux édifice bâti par le sang des soldats que le Grand Taizong sut mener à la victoire ! C'est simple, son indigne successeur serait capable d'aller jusqu'à vendre à l'encan, si cette femme le lui demandait, la peau du lion que le prince de Samarkand avait envoyé en cadeau à son père !

— Un lion vivant ? hasarda, médusé, Vertu du Dehors.

— Pas un lion de papier ! Je me souviens encore des rugissements de cet animal à la crinière flamboyante dont l'empereur Taizong avait fait installer la cage dans la cour de la Paix et de la Tranquillité, juste au pied de la Cloche-Tambour. On entendait ses grondements à plusieurs li à la ronde, et sois certain que le petit peuple en tremblait ! Chacun avait peur, en cas d'infraction, de finir dévoré par le fauve et, si tu veux mon avis, les lois de l'empire étaient un peu mieux respectées qu'aujourd'hui ! En ce temps-là, l'auguste empereur de Chine, c'était autre chose ! assena l'austère préfet Li en faisant à nouveau sonner le dallage avec le bout ferré de sa canne en ivoire.

— Quand le lion de Samarkand est-il mort ?

— Juste après le décès de Taizong le Grand. Des imbéciles lui jetèrent des boulettes empoisonnées ! Et ce jour-là, j'ai compris que Gaozong n'était pas fait du même bois que son illustre père !

Lorsque le ministre Vertu du Dehors quitta le somptueux pavillon octogonal de la Porte de l'Ouest, il était si décontenancé par les propos subversifs du préfet Li et la facilité avec laquelle, malgré tous ses scrupules de fonctionnaire obéissant, il avait accepté de se ranger sous sa bannière qu'il ne s'aperçut même pas qu'une silhouette tapie dans l'ombre de la colonnade était en train de l'épier.

On l'avait fait suivre.

Au palais impérial de Chang An, on ne pouvait pas dire que régnait la confiance.

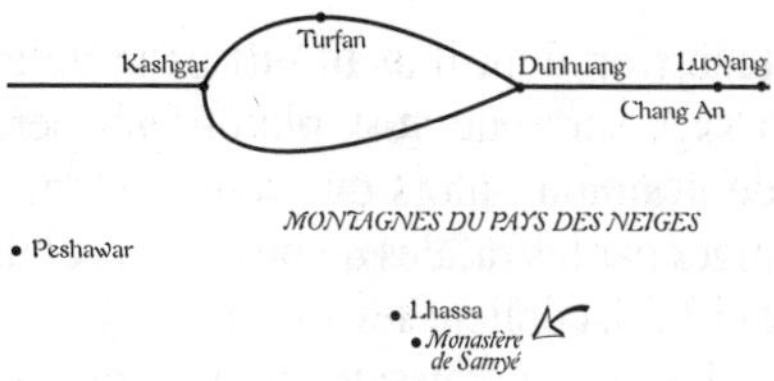

11

Monastère de Samyé, Tibet

— Le monastère aurait-il l'obligeance de me laisser dormir à l'intérieur ? Il fait si froid dehors !

— Qui est là ? Qui frappe à la porte ? Je n'ouvre qu'à ceux qui déclinent leur identité !

Lama sTod Gling était le seul moine, à l'exception, bien sûr, de son Supérieur, le Révérend Ramahe sGampo, à posséder la clé d'entrée du monastère de Samyé.

Et le souhait dont le *ma-ni-pa* venait de faire état n'était qu'un vulgaire prétexte.

Enveloppé des pieds à la tête dans sa peau de yak, le moine errant, grâce à la chaleur de sa propre respiration, savait affronter des températures bien plus basses que celles qu'annonçait, pour la nuit à venir, un ciel crépusculaire sans aucun nuage, où les étoiles commençaient déjà à scintiller.

Il n'était pas là pour un simple pèlerinage au monastère saint, comme il en effectuait une ou deux fois par an, lorsque ses errances sur les chemins du Tibet le rapprochaient de ce lieu vénérable.

— La tempête de neige se prépare : je viens demander l'hospitalité ! Si je reste dehors, demain matin, je risque d'être transformé en statue de bronze… Je ne suis qu'un pauvre *ma-ni-pa* inoffensif !

Lama sTod Gling, emmitouflé comme un nourrisson dans une tunique double, avait beau se tordre le cou contre le grillage du fenestron dont il avait ouvert le volet, il n'arrivait pas à mettre un visage sur cette voix plutôt haut perchée qui n'hésitait pas à faire de l'humour, alors que la nuit s'annonçait des plus glaciales, à en juger par les rafales de bise, aussi cinglantes que des coups de fouet, qui lui lacéraient les joues.

La voix paraissait étrange, presque venue d'outre-tombe. Elle sortait d'une encoignure du porche où l'individu devait se cacher, à l'abri d'un refend.

Et si c'était un piège ?

Lama sTod Gling, d'ordinaire si calme, constatait avec désagrément que la peur était en train de l'envahir.

D'une façon générale, le religieux ne redoutait pas les démons.

Ni ceux du tantrisme bouddhique, qui peuplaient les enfers, ni ceux, bien plus néfastes, du bonpo. Mais il avait beau ne pas croire à cette « religion des hommes », il n'éprouvait aucune envie de voir surgir des ténèbres un de ces êtres à la gueule de dragon capables, d'un coup de dent, de dévorer un enfant.

Un seul démon faisait peur à lama sTod Gling.

Ce n'était ni le plus redoutable, ni le plus terrifiant, ni celui qui avait la langue la plus pendante, les yeux les plus exorbités ou les dents les plus acérées ; c'était celui de « l'oiseau qui pouvait mettre bas », le petit démon de la chauve-souris.

Depuis son plus jeune âge, quand il en avait vu, terrorisé, tournoyer des centaines au-dessus de sa tête, dans l'étable où ses parents le faisaient dormir pour mieux surveiller le troupeau de yaks, lama sTod Gling craignait les chauves-souris comme la peste.

Dans sa fantasmagorie enfantine, il s'était inventé sa propre histoire au sujet de ces mammifères volants : sous la trompeuse enveloppe de la douceur de leur pelage, ils étaient la réincarnation d'un démon extrêmement méchant (pensez, un démon qui n'hésitait pas à sucer le sang du cou des petits enfants pendant leur sommeil !...).

Et malgré ses longues années de formation au bouddhisme tantrique, le lama continuait à croire dur comme fer à l'existence de ce démon réincarné. Il voyait donc dans le timbre caverneux de cette voix d'outre-tombe, teintée, de surcroît, d'un humour macabre, l'indice certain qu'il s'agissait bien de ce petit démon, caché dans l'encoignure du porche, prêt à lui sauter sur les épaules, puis à enfoncer ses canines acérées à la base de son cou, pour lui sucer le sang, comme les belettes savaient si bien le fair, avec les poulets.

Il tâta ses poches pour voir s'il ne lui restait pas un de ces petits gâteaux secs dont on se servait pour bombarder les statues de démons lors de certains exorcismes rituels.

Hélas pour lui, il avait dû manger sans même s'en apercevoir son dernier « gâteau-arme », car il n'en trouva que des miettes sous ses doigts fébriles, dans la poche intérieure du gousset de sa ceinture.

Il se sentait donc particulièrement démuni lorsqu'il finit, en désespoir de cause, par s'adresser au démon chauve-souris qui le guettait dans l'ombre du porche extérieur.

— Si tu ne te montres pas, je ne t'ouvrirai pas ! lui lança-t-il d'une voix tremblotante. Tant pis pour toi si on te retrouve demain matin le nez et les doigts gelés.

— Et si je vous disais que ma route a croisé, il y a quatre jours de ça, un voleur qui a dû prendre au monastère de Samyé l'un de ses trésors les plus chers !

— Je ne comprends pas..., répliqua d'une voix blanche lama sTod Gling qui commençait à penser que ce démon en faisait un peu trop.

— Deux enfants, dont l'un paraît un singe... ça ne vous dit rien ? Non seulement leur couffin portait l'écusson de votre monastère, mais il avait la forme caractéristique de fleur de lotus ouverte de ces paniers à offrandes qui servent à recueillir les dons des dévots les plus généreux... Ils sont numérotés pour éviter que certaines denrées ne s'évaporent avant d'arriver au temple. Celui-ci, si mes souvenirs sont exacts, portait le numéro dix-sept...

— Je ne vois pas à quoi tu fais allusion ! articula tant bien que mal le lama qui sentait à présent ses jambes se dérober.

— Alors, si vous ne m'ouvrez pas, je me verrai dans l'obligation d'aller dire cela ailleurs... Peut-être bien dans une auberge cavalière, où cela ne tombera pas dans les oreilles d'un sourd ni d'un tendre... Ce moine mahayaniste qui transporte les deux bébés, il a certes l'air athlétique, mais que pèsera-t-il devant cinq ou six malandrins puissamment armés qui l'attendront au premier virage du sentier et lui tomberont dessus sans crier gare ?

Un discours aussi sensé et précis ne pouvait en aucun cas venir d'un démon chauve-souris.

Dehors, il y avait bien un homme qui avait croisé le moine Cinq Défenses.

Et l'inconnu, assurément, en connaissait trop pour ne pas mettre sa menace à exécution s'il n'obtenait pas satisfaction.

C'était donc un lama sTod Gling à la fois soulagé et inquiet qui ouvrit la lourde porte du monastère, au moment où l'individu, sûr désormais de pouvoir entrer, sortait du recoin où il était caché.

— Je voudrais être reçu par le Vénérable Supérieur de ce couvent…, enchaîna le *ma-ni-pa*.

Il puait si fort le bouc que lama sTod Gling ne put s'empêcher de reculer involontairement devant une aussi pestilentielle odeur, et faillit tomber à la renverse contre la marche de pierre de la porte.

— Mais c'est l'heure où le Vénérable Ramahe sGampo dort du sommeil du juste. Il se rendra au temple juste avant le lever du soleil. Avant cela, sauf circonstances exceptionnelles, j'ai ordre de ne pas le réveiller ! D'ailleurs, un *ma-ni-pa* de ton espèce doit connaître les règles d'un grand monastère !

— J'exige de voir le Révérend sGampo tout de suite ! Je suis capable de crier très fort et de faire un scandale !

Mettant sa menace à exécution, le *ma-ni-pa* frappa de toutes ses forces trois coups sonores sur le grand tambour de prière qui se dressait juste devant lui, dans la première cour du monastère.

— Faut-il que je cogne encore ? demanda-t-il à sTod Gling dont il venait de bloquer l'avant-bras d'un simple mouvement du poignet, l'empêchant de lui reprendre des mains le maillet courbe qui servait de heurtoir au tambour suspendu.

Le *ma-ni-pa* prolongea son geste, obligeant le lama à ployer le genou en grimaçant.

— Je connais l'art des clés de bras et de jambes qui arrêtent les élans les plus rapides et provoquent la paralysie de l'adversaire ! souffla le *ma-ni-pa* à l'oreille du lama qui reçut en pleine face le nuage de ses postillons à l'odeur fétide.

— Lama sTod Gling, voulez-vous de l'aide ? s'écria brusquement une voix caverneuse, surgie des ténèbres du fond de la cour.

La haute stature du Révérend Ramahe sGampo se dressait à

présent devant les deux hommes, éberlués par cette apparition soudaine, en plein milieu de l'espace balayé par les vents glacés qui transformaient les flocons de neige en petites boules roulant au sol de façon erratique sur le gravillon.

Le patron du monastère de Samyé portait une longue robe de couleur prune mûre, barrée d'une large ceinture safran qui accentuait le hiératisme de sa silhouette raide et élégante, étonnamment juvénile malgré son âge avancé.

La taille de Ramahe sGampo dépassait les critères habituels. Il lui fallait se baisser pour passer toutes les portes de Samyé. Dans les sinueux et longs couloirs de l'immense couvent, il se murmurait – car Ramahe sGampo détestait qu'on abordât un tel sujet devant lui – que c'était là le signe incontestable de l'essence divine dont l'esprit du Vénérable Supérieur était doté. Mais ce qui frappait de stupeur ses interlocuteurs lorsqu'ils découvraient le visage du prélat, c'étaient ses yeux presque phosphorescents, qui paraissaient vous regarder alors qu'ils ne vous voyaient pas, dépourvus qu'ils étaient de pupille et d'iris et aussi blancs que du lait de yak.

Ramahe sGampo était aveugle de naissance.

Aussi ne se déplaçait-il que la main posée sur l'épaule d'un enfant.

Ce dernier, vêtu d'une robe de la même couleur que celle du Révérend, se confondait tellement avec la silhouette de son maître que le *ma-ni-pa* ne s'était pas aperçu de sa présence. Aussi, lorsque l'enfant éternua et que le moine errant découvrit sa petite tête ébouriffée, au milieu des plis de la tunique du Révérend Maître, il sursauta si vivement que son bras heurta le tambour suspendu, qui résonna à nouveau.

— Om ! Révérend Maître, me laisseriez-vous baiser le bas de votre robe ? Ce serait pour moi un honneur insigne. Votre réputation de sagesse et de sainteté a largement franchi les murs de votre monastère ! Om ! Mani padme hum ! lança-t-il d'un ton obséquieux à Ramahe sGampo, à peine avait-il posé sa main sur le tambour pour l'empêcher de vibrer.

— Celui qui se tient devant moi ne peut être qu'un *ma-ni-pa* ! Et même un *ma-ni-pa* joueur de tambour ! répondit le Vénérable.

— Comment le savez-vous ? laissa échapper le moine errant.

— « Om ! Mani padme hum ! » À cette simple phrase, comment ne reconnaîtrait-on pas un moine errant de ton espèce ? Et rien qu'à l'odeur je sens aussi qu'il doit être recouvert d'un manteau fait de poils de yak…, murmura-t-il, comme s'il arrivait à détailler son interlocuteur des pieds à la tête.

Malgré le froid, si intense qu'il paraissait palpable, malgré la nuit noire, si épaisse qu'il eût fallu un couteau pour la fendre, et malgré la bise, dont le mugissement rageur dénotait l'intensité, la puanteur de la cape du *ma-ni-pa* était suffisante pour permettre au vieux lama aveugle de déterminer les caractéristiques de son interlocuteur.

— Enfant, peux-tu nous conduire à l'intérieur ? Ici, il gèle ! poursuivit la douce voix de Ramahe sGampo.

Quelques instants plus tard, les trois hommes, confortablement installés autour d'un brasero dans le salon particulier du Vénérable Supérieur, se faisaient servir par l'enfant un bol de thé brûlant dans lequel lama sTod Gling avait pris soin de verser une petite louche de beurre de yak.

De l'autre côté de la pièce avait été placée, sur une table basse, l'« offrande de bon augure » qu'un lama avait le droit d'offrir à la divinité de son choix, soit, sur une peau tachetée de léopard des neiges, un plat d'argent où était disposé du blé, avec épis et tige ornée, ainsi que deux vases et deux bols remplis de bière à ras bord, auxquels la mousse faisait une amusante collerette.

— J'ai croisé sur la route, avant d'arriver, un moine chinois qui a dû séjourner dans votre monastère il y a quelques jours ! dit le *ma-ni-pa* en guise d'entrée en matière.

Croyant ainsi meubler utilement la conversation, et ne sachant trop comment il pouvait aborder cette affaire de sûtra précieux que deux hommes rencontrés sur la route lui avaient demandé d'aller récupérer à Samyé, le moine errant avait attaqué Ramahe sGampo bille en tête, sans se rendre compte qu'il mettait les pieds dans le plat et risquait de placer lama sTod Gling dans une situation impossible.

Le cœur de celui-ci battait la chamade. Il n'avait jamais envisagé, fût-ce une seule seconde, l'éventualité de la situation à laquelle il était contraint de faire face.

L'arrivée subite de ce *ma-ni-pa*, tout à sa hâte de faire part de sa rencontre fortuite avec Cinq Défenses, bouleversait ses plans.

Jusque-là, il n'avait rien dit au Supérieur de Samyé du geste qu'il avait été obligé d'accomplir en confiant à Cinq Défenses les deux bébés qu'il était impossible de garder plus longtemps, incognito, au monastère.

Il connaissait suffisamment l'intelligence et la perspicacité de Ramahe sGampo pour décider sur-le-champ que le plus simple était encore de tout lui avouer. Il ne se voyait pas obligé de lui révéler piteusement son secret, comme s'il s'agissait d'un crime, à la suite des bavardages inconsidérés de ce moine errant.

Il prit donc son courage à deux mains et se lança.

— Maître Vénéré, avant toute chose, il faut que vous sachiez que l'envoyé de Pureté du Vide, le Tripitaka Cinq Défenses, n'a pas emporté de Samyé uniquement le rouleau du *Sûtra de la Logique de la Vacuité Pure* que le maître de Dhyāna de Luoyang avait laissé ici en dépôt ! murmura-t-il à l'oreille de Ramahe sGampo.

— Mais comment sais-tu qu'il l'avait laissé ici ? fit ce dernier, étonné.

— J'étais derrière vous, mon Vénérable, lorsqu'il vous l'a dit, expliqua, toujours en chuchotant, le lama tout en l'entraînant à l'écart, pour éviter que le *ma-ni-pa* n'entendît la conversation.

Celui-ci, au demeurant, puait si fort qu'il valait mieux le tenir à distance respectable si l'on voulait éviter d'être incommodé.

— Qu'a-t-il donc emmené de plus avec lui ? Je croyais que l'envoyé de Pureté du Vide s'était contenté d'emporter l'exemplaire du sûtra de son maître !

Afin d'implorer, d'avance, son pardon, pour lui avoir caché ce qu'il était désormais contraint de lui raconter, le lama plaça l'immense main ouverte du Révérend sur son crâne.

— Maître vénéré, j'ai confié à l'envoyé de Pureté du Vide des petits jumeaux. Un mâle et une femelle. Je l'ai fait en mon âme et conscience. Comme les bonnes actions recommandées par le Bienheureux pour obtenir un bon karman ! Je n'avais pas le choix. Je le devais absolument, dans l'intérêt même de ces enfants. La seule chose que je regrette du fond du cœur, c'est de ne pas vous l'avoir dit plus tôt ! Si l'occasion s'était présentée, je vous jure, sur la Noble Vérité du Bienheureux, que je l'aurais fait sans hésiter.

— Tu veux parler de petits êtres humains ? murmura la voix caverneuse de Ramahe sGampo.

— Oui ! C'est bien ça ! De deux bébés, mon Révérend Maître ! Des bébés d'à peine quelques jours !

— Mais, que je sache, il n'y a aucun enfant en bas âge ici à Samyé ! Tous les moines et toutes les moniales respectent scrupuleusement les Cinq Défenses, et y demeurent chastes et purs !

— Tous, sauf une, mon Vénérable Révérend ! chuchota le lama.

Pendant ce conciliabule, le *ma-ni-pa* avait entrepris de calmer sa faim en s'empiffrant de galettes à la farine de maïs sur lesquelles la main secourable d'un novice avait versé un miel sombre comme de la laque qui ruisselait à présent de la commissure de ses lèvres, tandis que l'enfant sur l'épaule duquel le Supérieur aveugle s'était appuyé continuait à remplir son bol de thé au beurre de yak.

— Comment ça, tous sauf une ? tonna la voix de Ramahe sGampo.

— Voilà, mon Révérend Maître ! Il s'agit d'une novice, la pauvre Manakunda ! Mais il ne faut pas lui jeter la pierre. Le corps de cette jeune nonne a été abusé par le sexe d'un homme, mon Révérend.

— Manakunda ? Abusée à Samyé ? Lama sTod Gling, j'espère que tu mesures la portée de tes propos !

— La petite novice, préposée au rangement des ornements liturgiques, est tombée enceinte. La pauvrette fut victime d'un viol !

Le *ma-ni-pa*, qui venait de finir les galettes de maïs, s'était à nouveau approché d'eux.

— Emmène-moi ce moine errant à la cuisine et sers-lui de la soupe chaude ! ordonna alors le Supérieur au novice.

Le *ma-ni-pa*, qui était à peine rassasié, ne se fit pas prier pour accepter et suivit le jeune moine, les laissant seuls.

— Nous serons plus tranquilles pour parler d'un sujet aussi délicat… Je comprends mieux, à présent, pourquoi cette jeune femme me demanda de lui décrire un rituel de pardon ! ajouta le Supérieur aveugle, des plus songeurs.

— Un rituel de pardon, mon Révérend ? s'enquit, interloqué, lama sTod Gling.

— Parfaitement ! D'ailleurs, compte tenu de ce que tu me racontes, ce que je lui ai dit, à l'époque, ne correspondait pas à l'ampleur de son problème. Pour expier un tel péché, elle aura, la pauvre, fort à faire… Demain, dès l'aube, tu la feras venir devant moi et je me verrai contraint de procéder à son exclusion de notre communauté !

— C'est que, mon Révérend Maître, la pauvre Manakunda est morte en mettant au monde les jumeaux que j'ai dû confier, pour cette raison même, au Tripitaka Cinq Défenses !

Ramahe sGampo paraissait totalement surpris, et même quelque peu abasourdi, par les faits que le lama venait de lui révéler.

— Mais c'est horrible ! Pourquoi ne m'as-tu pas prévenu ? Nous aurions pu faire venir une sage-femme, ou encore un de nos moines, qui savent guérir les plaies et les luxations, avec leurs massages et leurs pommades ! Qu'as-tu fait de la compassion que tout bouddhiste doit à son prochain, fût-il le plus grand pécheur du monde ?

Le Supérieur aveugle de Samyé avait l'air sincèrement désolé et lama sTod Gling, constatant qu'il était capable de passer outre à la dure de règle de la communauté monastique pour faire preuve, dans cette affligeante circonstance, d'humanité et de tolérance, en venait à regretter de ne pas lui avoir ouvert son cœur plus tôt.

— J'ai fait ce que j'ai pu, mon Révérend, au nom de la compassion que je croyais, précisément, devoir à Manakunda. La jeune femme, morte de honte, avait trouvé refuge dans une des bergeries de Samyé – celle qui se trouve juste avant le col – où je l'avais installée. Elle ne voulait à aucun prix qu'on sût, ici, qu'elle était enceinte…

— Tu étais donc au courant ?

— J'étais le seul à qui elle l'avait révélé. Quelques jours plus tôt, alors que je la questionnais sur son teint blanchâtre et cette difficulté à marcher que je lui voyais, elle se jeta dans mes bras en criant de désespoir, incapable de donner la raison de ses pleurs. À force de la cuisiner, elle finit par tout m'avouer. Elle n'aurait pas eu besoin de me donner beaucoup d'explications ! J'avais compris, rien qu'à son ventre, énorme et dur comme une courge, lorsqu'elle s'était pressée contre moi en pleurant, qu'elle était enceinte. C'est alors que je lui proposai de l'installer dans cette cabane de bergers, à l'écart de la communauté, pour qu'elle puisse accoucher en toute quiétude. Dix jours plus tard, elle mettait au monde un petit garçon et une petite fille.

— Tu as bien fait, sTod Gling. À ta place j'aurais agi de même, à la seule différence près que j'aurais tout raconté à mon supérieur…

— Le jour où elle mit bas, juste avant de perdre connaissance, elle me fit jurer de confier l'enfant à de bonnes mains, s'il lui arrivait quelque chose, et surtout de ne jamais relater sa mésaventure à aucun moine. La pauvre petite, en fait, était terrorisée à l'idée que quiconque, à Samyé, sût qu'elle avait enfreint l'une de nos Saintes Défenses. Elle voulait quitter la région. Aller loin d'ici. Partir en Chine, disait-elle, pour refaire sa vie là-bas.

— En Chine centrale ?

— Précisément à Luoyang ! Elle me décrivait cette ville comme un amoncellement de richesses et de merveilles ! Je me suis toujours demandé pourquoi elle citait ainsi Luoyang. Sans doute avait-elle écouté le récit de voyageurs venus de cette région.

— Il est vrai que Luoyang est une ville sainte, où le Grand Véhicule dispose d'un monastère plus grand qu'une ville !

— Je sais bien, mon Vénérable Révérend : le couvent de la Reconnaissance des Bienfaits Impériaux, celui dont maître Pureté du Vide est l'Inestimable Supérieur !

— Ce n'est tout de même pas la raison pour laquelle tu as décidé de confier les enfants à l'envoyé de Pureté du Vide…

— Je n'avais pas le choix. Le temps pressait. L'arrivée inopinée de Cinq Défenses était une chance, que je décidai de saisir. Ce moine respirait la bonté et l'intelligence. Dès que je l'aperçus, son regard m'inspira confiance ! J'ai jugé que c'était la bonne façon de tenir parole.

— Je regrette de pas avoir salué ce Cinq Défenses, quand il passa par ici. Il a donc emporté avec lui le sûtra avec, en prime, les deux enfants ?

— C'est à peu près ça. Je lui ai mis le marché en main : il avait le droit de prendre le sûtra à condition de se charger d'un couffin, dans lequel j'avais placé les deux bébés.

— Tu ne manques pas de culot ! Ce sûtra précieux appartenait à Pureté du Vide qui l'avait mis en dépôt chez nous ! Du moment que Bouddhabadra n'était pas revenu le prendre, Cinq Défenses était en droit de l'exiger de nous sans la moindre contrepartie. Il lui suffisait de venir me voir. Après lui avoir posé quelques questions sur la doctrine du Grand Véhicule, qui m'auraient permis de vérifier qu'il était bien l'envoyé spécial de Pureté du Vide, c'est toute grande que je lui aurais, sans la moindre hésitation, ouvert la porte de la bibliothèque !

— Je ne puis qu'acquiescer, Vénérable Supérieur !

— Dans ce cas, pourquoi ne m'as-tu pas prévenu de son arrivée ?

— Votre étonnement est légitime. Et votre courroux à mon égard serait juste, mon Révérend Maître, s'il n'y avait pas eu ces enfants. Votre humble serviteur n'avait pas le choix : il devait absolument trouver une solution ! J'ai passé une semaine effroyable à faire le va-et-vient entre le monastère et la bergerie, où les petits finissaient par avoir froid !

— Ils étaient donc malades ?

— Pas exactement. Je mentirais, toutefois, si je vous disais qu'ils ne formaient pas une paire des plus étonnantes !

— Que veux-tu dire par là ? demanda le Supérieur, quelque peu surpris.

— Voilà ! Au moment de l'accouchement, un premier enfant se présenta, que je recueillis dans un linge. Il était superbe. Ses petits yeux étaient déjà ouverts et il souriait aux cieux. Je pensais en avoir terminé ; mais voilà que j'avais à peine fini de l'essuyer que des cris provenant du ventre de la mère me firent comprendre qu'un deuxième enfant venait d'arriver ! Après avoir essuyé et langé le deuxième bébé, je me penchai sur le pauvre visage tout blême de Manakunda. C'est alors que je m'aperçus qu'elle avait cessé de respirer.

— Oui, j'ai bien compris qu'avec la mort de cette pauvre pécheresse, tu as voulu confier en hâte les jumeaux.

— Ce n'est pas tout, mon Révérend !

La voix de lama sTod Gling s'était faite soudain bien plus pressante.

— Qu'y avait-il d'autre ?

— Si le premier enfant, le garçon, avait une apparence normale, le second, la fille, avait la moitié de la face velue comme celle d'un petit singe !

— Je n'ai jamais rien entendu de tel !

— La surprise fit que je manquai de hurler. Aussitôt, Maître Vénéré, je pensai être en face de deux réincarnations divines ! Alors, je tombai à genoux devant ces deux enfants et me prosternai très bas.

— À quelles divinités pensais-tu ? s'enquit le vieil aveugle, dont la brusque accélération, à présent, du débit des propos trahissait le trouble.

— Au couple fondateur de tous les habitants du pays de Bod, le bodhisattva Avalokiteçvara le Compatissant et la démone Dame Tara ! J'ai immédiatement pris conscience que la face, mi-humaine, mi-animale, de la fillette en était la preuve insigne..., souffla le lama dont le visage était rougi par l'émotion.

— Es-tu bien sûr qu'il ne s'agissait pas d'une simple malformation que la nature parfois inflige, comme, dans mon cas, l'absence de vision ?

— Ma main à couper que Manakunda accoucha, mon Vénérable Supérieur, de deux créatures d'essence divine ! protesta lama sTod Gling.

— Mais tu sais bien que la démone Dame Tara n'appartient pas au panthéon de nos divinités ! Dame Tara est une créature de la « religion des hommes », le bonpo, celle que pratiquent tous ceux qui n'ont pas la chance de suivre les enseignements d'un lama ! ajouta le Supérieur, qui n'était qu'à moitié convaincu par ce discours quelque peu décousu.

— Vous avez l'air de douter de mes propos et cela m'afflige ! Comment expliquez-vous que l'un de ces deux enfants ait cette moitié de face simiesque ? Je vous le jure, Très Vénérable Ramahe sGampo : malgré des traits d'une finesse extrême, la moitié du visage de la petite fille était celui d'un petit singe ! poursuivit, haussant quelque peu le ton, le lama qui n'en démordait pas.

— Pour sûr ! Foi de *ma-ni-pa* ! Ce lama dit vrai. Tout le côté du visage de la fillette, ressemble à celui d'un vrai singe de la forêt. Je l'ai de mes propres yeux constaté ! Om ! s'écria, l'air triomphant, le moine errant.

Revenu discrètement de la cuisine avec le novice, il n'avait rien perdu de la dernière tirade de lama sTod Gling.

Il tenait dans ses mains une nouvelle assiette de gâteaux au miel noir et suçait bruyamment ses doigts luisants avec application.

Juste derrière lui, le tout jeune moine portait un des bols de bière de « l'offrande de bon augure » sur lequel, à peine ses gâteaux avalés goulûment, il se jeta avec ardeur.

Cet intermède avait permis à sTod Gling de reprendre ses esprits. À présent qu'il avait tout révélé à Ramahe sGampo, il lui était possible de river son clou à ce moine errant si bavard.

— Ce moine a croisé Cinq Défenses sur la route de la montagne… Et voilà qu'il menace de prévenir les brigands de l'existence de ce saint convoi ! lança-t-il à Ramahe sGampo en vrillant son regard dans celui du *ma-ni-pa*.

— Que voilà une bien vilaine action ! Celui qui la mettrait à exécution serait à coup sûr réincarné dans une de ces chenilles tellement appréciées par les moineaux qu'elles ne restent pas plus d'une heure sur une feuille d'arbre ! déclara sévèrement la voix caverneuse de Ramahe sGampo.

— Mais… mais c'est faux ! Ce moine et ces enfants-dieux, s'il fallait me battre pour les défendre, je le ferais et j'y mettrais même toutes mes forces ! bredouilla le moine errant d'une voix tremblante, comme s'il avait été foudroyé par l'avertissement du Supérieur.

Du coup, le bol de bière qu'il avait avalé précipitamment devait avoir du mal à passer, car il s'était mis à hoqueter.

Les yeux blancs du Vénérable Supérieur du couvent de Samyé paraissaient sermonner le moine errant. Après avoir rapproché son visage si près du sien que leurs nez se frôlaient, Ramahe sGampo lui assena d'une voix lente :

— Eh bien, *ma-ni-pa*, je vais te prendre au mot !

— Maître Très Respecté et Vénéré, j'accomplirai votre précepte, comme s'il était un ordre venu de mon propre père !

— Tu vas rattraper, sur leur route, ce moine et ces deux bébés. Et lorsque tu les auras rejoints, tu feras de ton mieux pour les aider et les accompagner jusqu'à Luoyang. Arrivé là-bas, tu iras trouver mon confrère Pureté du Vide, le Supérieur du grand couvent mahayaniste de la Reconnaissance des Bienfaits Impériaux. Après lui avoir présenté les hommages de Ramahe sGampo, tu lui annonceras ma prochaine visite ! tonna le Supérieur aveugle.

— Vous comptez vous rendre à Luoyang ? s'exclama, surpris au plus haut point, lama sTod Gling.

C'était la première fois que le Supérieur de Samyé évoquait un tel projet.

Du fait de sa cécité, il ne voyageait pratiquement pas et les rares déplacements qu'il s'autorisait ne dépassaient jamais les frontières du pays de Bod.

— En obéissant à votre sainte directive, accomplirai-je un karman qui me rapprochera du paradis ? suggéra le *ma-ni-pa* d'un air entendu.

— Sans aucun doute. Et de façon aussi efficace que si tu passais plusieurs années à faire tourner des moulins à prières ou bien des siècles à exécuter tes pitreries sur les chemins du Tibet !

Au-delà de l'humour grinçant du Supérieur aveugle, dont la réputation de sagesse et de sainteté n'était plus à faire, son ton grave et sévère ne pouvait que rassurer le *ma-ni-pa* sur les bénéfices qu'il pourrait obtenir en agissant selon les ordres du vieux moine aux yeux blancs.

— Vraiment ? Je gagnerai enfin le paradis des bodhisattva ? osa-t-il encore demander en se tournant cette fois vers lama sTod Gling.

— Crois-tu le Vénérable Supérieur de Samyé capable de mentir ? s'exclama le lama avec indignation.

— Fais ce que je te demande et, crois-moi, ô *ma-ni-pa !* tu en seras récompensé ! ajouta Ramahe sGampo.

Il avait prononcé cette dernière phrase avec cette infinie douceur qui la rendait encore plus convaincante, même si elle était bien un ordre, et même un ordre sans appel.

Le *ma-ni-pa*, d'ailleurs, ne s'y était pas trompé, qui venait de se jeter aux pieds du Vénérable pour baiser le bas de sa robe, en signe d'allégeance et de soumission.

— Vénérable Maître, j'accomplirai tout cela sans que ma route dévie d'un seul pouce !

Visiblement, Ramahe sGampo avait dompté le moine vagabond.

— Il est temps d'aller dormir. La nuit n'est pas finie ! Tu conduiras ce moine au dortoir. Il va sûrement geler à pierre fendre. Dormir à la belle étoile serait pure folie, ajouta le Supérieur de Samyé en bâillant.

— Suis-moi ! lança lama sTod Gling au moine errant.

Puis il l'emmena dans une pièce immense à l'atmosphère surchauffée, où régnait une forte odeur de bouc, et là, le fit s'installer sur une couche étroite.

Malgré l'obscurité totale qui régnait dans ce dortoir, des ronflements sonores, démultipliés par leur écho que renvoyait son haut plafond voûté, témoignaient de la présence des autres voyageurs auxquels le couvent de Samyé avait accordé, cette nuit-là, l'hospitalité.

— C'est un dortoir à pèlerins. Ce soir il est presque vide, nous attendons la prochaine fournée pour demain. Du coup tu ne seras pas trop dérangé ! Bonne nuit à toi !

— Avant que tu me quittes, il faut que tu saches que je suis venu ici, au départ, pour récupérer un sûtra précieux qui a pour nom *Logique de la Vacuité Pure* ! avoua timidement le *ma-ni-pa.*

Encore tout impressionné par le sermon que lui avait fait le Supérieur aveugle, il avait décidé une fois pour toutes, avec la conviction ardente des nouveaux convertis, qu'il ne mentirait plus.

— Il y a belle lurette que ce sûtra ne se trouve plus ici. Si c'est pour ça que tu es venu, tu t'es déplacé pour rien ! lui répliqua sTod Gling avant de claquer la porte.

Qu'allait dire le *ma-ni-pa* aux deux hommes qui l'avaient envoyé à Samyé, après lui avoir promis cette forte somme d'argent dont le quart était déjà dans sa poche ?

Il n'était là, en effet, qu'en raison de la mission précise dont il avait été chargé par des commanditaires qui ne ressemblaient pas, de surcroît, surtout l'un d'entre eux, à des plaisantins…

Le croiraient-ils, quand il reviendrait leur annoncer, la bouche en cœur, que le sûtra précieux s'était déjà envolé ?

De même, devait-il croire l'affirmation péremptoire de ce lama selon laquelle le document en question avait quitté le monastère ?

Il se prit à regretter de ne pouvoir se transformer en Apsara, cette créature angélique capable, disait-on, de voler dans les airs et de traverser les murs de pierre les plus épais !

Seul un Apsara volant eût été à même, cette nuit-là, d'entrer dans la bibliothèque du couvent pour vérifier si ce fameux *Sûtra de la Logique de la Vacuité Pure* y était ou non.

Ses pouvoirs de *ma-ni-pa* ne lui étaient, en l'espèce, d'aucune utilité…

Comme il eût aimé sortir de l'imbroglio dans lequel il s'était si malencontreusement fourré en acceptant la proposition de ses mandants !

Dans cette pièce que les poêles bourrés jusqu'à la gueule de charbons rougeoyants avaient transformée en étuve, suant à grosses gouttes sur la couche étroite destinée aux nouveaux arrivants, cerné par des ronfleurs complètement indifférents à son sort, le *ma-ni-pa* sentait monter en lui une sourde inquiétude.

Il n'y avait plus qu'à souhaiter que la torpeur fût suffisante pour l'emmener jusqu'au sommeil, en espérant que la nuit serait de bon conseil.

Au moment où, malgré lui, le moine s'endormit comme une masse, il se doutait bien que les ennuis risquaient de commencer, pour lui, s'il revenait bredouille.

Aussi ne fut-il qu'à moitié étonné de s'entendre hurler, lorsqu'il sursauta, en nage des pieds à la tête, au beau milieu de la nuit, à cause d'un horrible cauchemar au cours duquel le plus violent de ses commanditaires, après l'avoir châtié à coups de fouet, s'apprêtait à lui enfoncer dans le ventre un poignard à la lame luisante extrait de sa ceinture.

— Silence ! Tu empêches tout le monde de dormir !

Avec ses cris, il avait dû réveiller les autres.

Craignant un larcin, il toucha machinalement sa poche.

Les piécettes d'argent remises par ses commanditaires étaient bien là. Jamais il n'en avait eu autant à la fois, assurément de quoi s'empiffrer, une semaine durant, matin, midi et soir, dans une bonne auberge.

C'était à cause d'elles qu'il se trouvait pris dans ce piège dont il ne voyait pas comment sortir, à moins de ne pas revenir vers eux.

Mais que penseraient de lui ces deux hommes lorsqu'ils constateraient qu'il les avait pour le moins escroqués ?

Et surtout, quelle serait la réaction du plus violent des deux, au regard si inquiétant, qui avait soudain surgi d'une grotte, au flanc de la montagne, et l'avait hélé ?

« Il y a, dans la grotte, un homme qui a très mal à la jambe. Un *ma-ni-pa* compatissant de ton espèce a le pouvoir de soulager les douleurs. Si tu acceptes, tu ne le regretteras pas ! Om ! » s'était écrié l'étrange inconnu dans un tibétain approximatif.

Réprimant sa méfiance, il s'était approché de la grotte.

À l'intérieur, sous une couverture de yak, gisait un homme dont la cheville rouge, endolorie et gonflée, attestait une bonne luxation, sur laquelle il avait fait quelques passes.

« Tu me soulages, merci ! » avait murmuré l'homme qui paraissait épuisé.

De fil en aiguille, les deux inconnus, qui s'étaient présentés comme des chefs d'Églises bouddhiques, avaient engagé la conversation avec lui.

Celui qui était blessé s'appelait Bouddhabadra et se prétendait le véritable chef spirituel de l'Église bouddhique du Petit Véhicule, en tant que Supérieur du couvent de l'Unique Dharma de la ville indienne de Peshawar ; l'autre s'était de son côté, non sans quelque grandiloquence, mystérieusement proclamé « Nuage Fou, garant de la paix entre les Églises ».

Le moine errant n'avait pas osé questionner davantage ces deux personnages – leur assurance l'avait quelque peu intimidé et avait même contribué à l'en dissuader – sur leur présence, pour le moins surprenante, dans cette anfractuosité rocheuse, en plein cœur du massif de l'Himalaya.

Quant au reste, ce qui l'avait conduit à accepter l'improbable proposition que Nuage Fou avait formulée devant lui n'était rien d'autre que l'appât du gain…

Très vite, en effet, celui qui s'appelait Bouddhabadra, le plus normal et policé des deux, avait fait tinter sous le nez du *ma-ni-pa* ahuri une poignée de piécettes d'argent.

Il y en avait tellement !

Bien plus, en tout cas, qu'un pauvre *ma-ni-pa* n'en avait jamais vu !

Contre ces piécettes, on ne lui demandait, finalement, pas grand-chose : il lui suffisait d'aller chercher à Samyé un sûtra qui portait le nom bizarre de *Logique de la Vacuité Pure*.

Une fois là-bas, il n'aurait qu'à expliquer aux moines qu'il venait de la part de Bouddhabadra et les autorités du monastère lui confieraient le manuscrit. C'était du moins ce que Nuage Fou lui avait assuré.

Malgré le caractère bizarre de la proposition, somme toute trop belle pour être honnête, il n'avait pas hésité à l'accepter : elle ferait de lui un homme riche.

Ces piécettes, qu'il n'arrêtait pas de manipuler, il avait désormais l'impression qu'elles avaient été chauffées à blanc et qu'elles lui brûlaient les doigts.

Comme il avait été naïf !

Il regrettait amèrement d'avoir agi par pur intérêt financier, tel un vulgaire marchand ambulant et de façon indigne d'un *ma-ni-pa*.

Il n'avait à s'en prendre qu'à lui-même d'être tombé dans un piège aussi vulgaire.

C'est alors que, dans l'obscurité de la pièce à l'atmosphère fétide où il se morfondait, il vit soudain apparaître, nimbé de lumière, le visage du Bienheureux Bouddha.

— Que dois-je faire, à présent, Vénéré Gautama ? implora-t-il.

Le visage de l'Éveillé le regardait avec un doux sourire bienveillant.

Il réitéra sa question.

Les yeux du Bouddha le regardaient toujours avec autant de compassion, mais sa bouche, par laquelle il avait dit la Vérité aux hommes, demeurait obstinément close.

Alors, le *ma-ni-pa* repensa à l'ordre de Ramahe sGampo.

Entre l'impeccable karman auquel l'avait invité le Supérieur aveugle en l'incitant à accomplir ce voyage qui ferait de lui un quasi-saint, et un retour bredouille auprès des deux hommes, le choix était vite fait !

Et tant pis, s'il courait le risque de passer pour un traître et un escroc auprès de ses commanditaires qui s'arrangeraient, surtout celui qui avait le regard d'un fou sanguinaire, pour faire pleuvoir sur sa tête toutes sortes de châtiments et de maléfices.

Heureusement, le Bienheureux Bouddha veillait sur lui.

C'était lui qui s'était arrangé pour lui faire croiser le convoi des jumeaux divins qu'il s'empresserait, désormais, de rejoindre pour se mettre à leur service.

Conscient que sa vie venait de basculer, il finit par s'endormir d'épuisement.

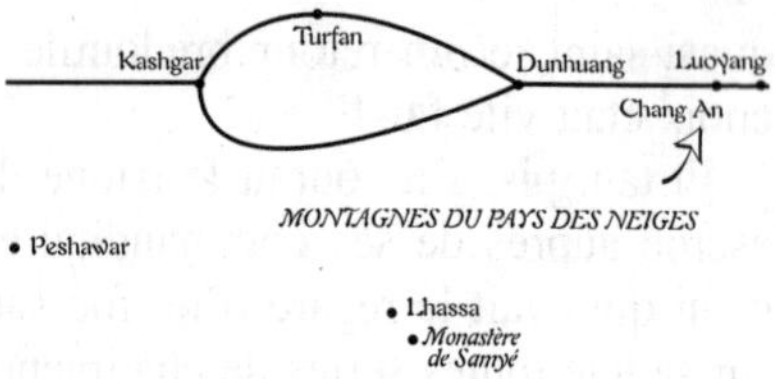

12

Manufacture du Temple du Fil Infini, Chang An, Chine

Dès qu'elle avait aperçu le visage juvénile, à l'habituel sourire avenant, de son cher Pointe de Lumière, Lune de Jade, éperdue de surprise et de bonheur, n'avait pu s'empêcher, malgré le regard ombrageux de l'ouvrière préposée à la surveillance de l'atelier, de courir éperdument vers lui, avant de se jeter dans ses bras.

Dans la plus grande filature impériale de soie de Chang An, appelée le Temple du Fil Infini, c'était l'heure de la pause, à la mi-journée ; en fait, le seul moment où les ouvriers avaient le droit de manger une soupe au riz et aux légumes que des cantinières leur apportaient sur des chariots.

La filature impériale occupait un bâtiment si vaste qu'il n'eût pas fallu moins de deux bonnes heures aux curieux qui eussent osé, car cela n'était pas recommandé, s'aventurer à en faire le tour.

Située un peu à l'écart de la capitale des Tang, cette usine comptait presque dix mille employés, surtout des ouvrières.

Seuls, en effet, les doigts fins et agiles des mains de femmes pouvaient procéder aux étapes nécessaires à la transformation de ce fil ténu de soie, issu du dévidage des cocons, en superbes coupons de tissu dont les couleurs chatoyantes et la brillance extrême en faisaient cette matière hors de prix dont les élégantes des contrées occidentales raffolaient depuis l'époque d'Alexandre le Grand, où l'on disait qu'elle était produite par les « Sères », ce peuple dont le nom signifiait « soie », à la fois en latin et en grec.

Compte tenu de la préciosité de la matière traitée, le Temple du Fil Infini était à coup sûr, hormis le palais impérial où régnait Gaozong, l'un des bâtiments officiels les mieux gardés de la capitale des Tang.

On y pénétrait par un unique porche, où des sbires en armes contrôlaient les faciès des ouvrières et vérifiaient attentivement le contenu de toutes les marchandises qui entraient et sortaient, avant d'y apposer une étiquette, dûment pourvue d'un numéro d'ordre, que des chanceliers de troisième grade consignaient sur de grands registres. L'administration impériale de la soie connaissait ainsi, à l'unité près, à la fois le nombre de paquets de cocons de soie entrés un jour donné dans l'usine et celui de coupons finis, prêts à être écoulés sur le marché, qui en étaient sortis.

À l'intérieur de la filature, toutes les étapes nécessaires à la réalisation des coupons de soie faisaient également l'objet de contrôles pointilleux.

Malgré cela, Pointe de Lumière avait pu pénétrer sans encombre dans ce véritable saint des saints de la soie des Tang.

— Pointe de Lumière ! Quel plaisir de te revoir après tout ce temps !

Il avait suffi au jeune manichéen de se présenter devant le fonctionnaire chargé de la surveillance des registres, et ce dernier l'avait accueilli à bras ouverts, tout en intimant l'ordre, du regard, aux trois sbires qui barraient le passage de le laisser entrer dans le Temple du Fil Infini.

Cette incroyable usine était organisée en immenses halls, chacun spécialisé dans l'une des étapes de la transformation de la précieuse matière, dont le moins étonnant n'était pas celui de la teinture de la soie, où travaillait Lune de Jade.

De gigantesques réservoirs creusés à même le sol, remplis de liquides scintillants, jaune d'or, rouge vermillon, bleu turquoise, vert émeraude, blanc immaculé et noir aile-de-corbeau, attendaient que les mains des teinturières y plongeassent, au bout d'une longue gaffe, l'écheveau de fil de soie à teindre.

Contre le mur du fond de l'atelier, sur une étagère, étaient sagement rangées les jarres contenant les pigments utilisés pour les teintures : le charbon de bois pour le noir, la céruse pour le blanc, l'azurite ou l'indigo pour le bleu, la malachite pour le vert, l'ocre et l'orpiment pour le jaune et, bien sûr, le cinabre pour le rouge qu'on appelait aussi, pour frapper les esprits, « sang du singe gibbon xingxing ».

Pour raviver cette couleur carmin, on pouvait également y ajouter du « minerai pourpre » ou « sang de dragon », lequel était, en réalité, une substance sécrétée par l'insecte arboricole *lac*, ou encore de la pourpre de murex, ce précieux coquillage méditerranéen qui arrivait en Chine, grâce à la Route de la Soie, par quantités parcimonieuses et à des prix prohibitifs.

Le dallage du sol de ce hall à teinture resplendissait de la constellation des gouttes de liquide multicolores qui tombaient des écheveaux quand on les transportait, sur des chariots, vers le hall de séchage.

Pointe de Lumière n'avait pas mis longtemps à retrouver Lune de Jade.

Les deux années passées depuis qu'il l'avait quittée n'avaient rien changé en elle.

Toujours aussi belle et gracieuse, elle s'apprêtait à plonger un écheveau de soie dans une cuve remplie de vermillon lorsqu'elle s'était précipitée à sa rencontre.

— Je pensais ne plus jamais te revoir ! souffla-t-elle, haletante, sa bouche contre l'oreille de Pointe de Lumière qui ressentait déjà, à peine lui avait-elle effleuré la peau du cou, le même trouble que deux ans plus tôt, lorsqu'elle se blottissait contre lui après l'amour.

— Tu as dû me maudire ! Je me suis comporté vis-à-vis de toi comme un vrai goujat !

— Tu es parti sans même me dire au revoir !

— Je n'avais pas le choix. Si tu savais comme cela m'a fait souffrir ! D'ailleurs, si je n'avais pas tenu autant à toi, je ne serais pas revenu…, dit-il en étouffant un sanglot.

— Ici, c'est difficile de se parler ! dit-elle en désignant le regard sévère, aux sourcils de plus en plus froncés, de la surveillante qu'elle avait bravée pour aller se coller à lui.

— J'ai préféré venir tout de suite, tellement ma hâte de te revoir était grande, plutôt que d'attendre la sortie du travail.

— Pendant tout ce temps, je n'ai cessé d'avoir des frissons lorsque je repensais à tes mains sur ma croupe ! murmura-t-elle, avec cette surprenante franchise et liberté de ton dont elle faisait preuve lorsqu'elle parlait de ces choses-là.

— Et moi, combien de fois ai-je rêvé que j'étais dans tes bras, au point que lorsque je me réveillais, mon sexe dressé était si dur que j'en avais mal ! Si tu savais ce que j'ai hâte d'être seul avec toi !

— Il faudra te faire pardonner…

— Je suis prêt à mettre tout en œuvre pour, à nouveau, conquérir ton cœur !

— À t'écouter ainsi, ma vallée de roses en est déjà toute troublée ! dit-elle en frémissant.

Loin de se montrer vexée, la jolie petite ouvrière semblait ravie de voir réapparaître – et de quelle façon miraculeuse ! – un amant auquel elle avait appris, deux ans plus tôt, les gestes, les postures et les mots qui conduisaient les corps à l'infaillible but de la jouissance partagée.

Lune de Jade paraissait avoir été faite pour l'amour charnel, à la science et à la pratique duquel elle n'avait pas tardé à initier Pointe de Lumière.

Ce qu'elle aimait par-dessus tout, c'était sentir monter en elle cette onde de plaisir qui commençait à se déployer par le ventre, en le faisant d'abord se tendre, puis vibrer comme un tambour de pluie, jusqu'au moment ineffable où la rosée jaillissait tout au fond de sa caverne d'or dont elle adorait, aussi, qu'on lui caressât longuement l'entrée…

De son côté, Pointe de Lumière, qui voyait poindre, sous la chemise légère, le bout des seins déjà durcis de la jeune femme, ne pouvait s'empêcher de penser à leurs étreintes, auxquelles il avait tellement pris goût que revenir à Turfan, auprès de son évêque, une fois sa mission accomplie, avait été un véritable déchirement.

Il avait fallu qu'il se persuadât qu'une telle désobéissance de sa part lui eût valu, à coup sûr, le feu du grand enfer, s'il avait continué à filer le parfait amour, pour que, la mort dans l'âme, il acceptât de quitter Chang An, muni de la précieuse marchandise qu'il était venu y chercher.

S'il avait, à ce moment-là, écouté ses seuls sens, nul doute qu'il ne fût resté auprès de celle dont le corps répondait à merveille, et sans aucune retenue, à toutes les sollicitations qu'elle lui avait appris à prodiguer, fussent-elles les plus bizarres et les plus extravagantes.

C'était Lune de Jade qui avait fait découvrir à Pointe de Lumière les sortilèges auxquels pouvaient mener les étreintes amoureuses, quand on consentait à leur appliquer le raffinement et les recettes qui permettaient au plaisir et au désir de se nourrir mutuellement, jusqu'à former cette union et cette harmonie indépassables entre le corps de l'homme et celui de la femme, qui fusionnaient alors, tels, dans la musique qu'ils jouaient, deux instruments parfaitement accordés.

Cette connaissance intime des corps, Lune de Jade la devait à sa condition et à son histoire.

Elle était née, vingt ans plus tôt à peine, dans une famille pauvre d'un petit village du nord de la Chine, situé dans une zone récemment conquise par les Tang, dont la population avait entièrement été transférée à Chang An en tant que prise de guerre.

Compte tenu de son agilité manuelle, elle avait été affectée d'office, dès l'âge de douze ans, à la filature du Temple du Fil Infini, après avoir été enlevée à sa famille.

Elle n'avait donc été formée qu'à l'école de la vie, la plus efficace quand on en réchappait, mais aussi la plus dure…

La jeune ouvrière aux formes sublimes, qu'il lui était impossible de cacher sous les chemisettes presque transparentes que portaient les ouvrières en raison de la température qui régnait dans les ateliers où les cocons étaient ébouillantés, était ainsi devenue la proie des hommes qui travaillaient à la filature.

Objet de toutes les convoitises des ouvriers, elle avait vite compris à quoi on s'exposait quand on refusait leurs avances et qu'on n'avait ni père ni mère pour vous défendre.

Alors, prendre les devants, quoi qu'il en coûtât, en séduisant les plus convenables pour empêcher de nuire les plus rustres, était la seule méthode qui permettait de survivre.

Aussi, à force, était-elle devenue une experte en amour, dont chacun savait qu'elle n'était pas à prendre avec des pincettes si on s'aventurait à lui manquer de respect.

C'est ainsi qu'elle n'avait pas tardé à jeter son dévolu sur Pointe de Lumière, dès qu'elle avait aperçu son visage, à la sortie du Temple du Fil Infini, au milieu de la foule des hommes au regard concupiscent qui guettaient, tous les jours, les ouvrières.

Elle avait été séduite par sa candeur et par son intelligence, tellement plus aguichantes que les regards lubriques, si lourds de sous-entendus, des autres.

Le jeune Auditeur était vierge comme un ange pur et exempt d'arrière-pensées quand, pour la première fois, dans l'alcôve de son petit logement, elle s'était emparée délicatement de sa tige de jade et l'avait longuement caressée avec sa langue, après l'avoir humectée.

Faute de références, après cet avant-goût délicieux, Pointe de Lumière s'était laissé guider par la jeune femme dont l'expertise en gymnastique amoureuse, apprise très tôt, s'était révélée d'une efficacité redoutable.

En deux temps trois mouvements, elle l'avait séduit et accroché.

D'emblée, elle lui avait fait goûter aux charmes de ce qu'elle appelait ses « trois orifices précieux » : la bouche, la grotte dorée et la porte arrière, provoquant chez son amant des spasmes de plaisir qui n'avaient fait qu'aller en grandissant, lorsqu'il avait achevé de l'honorer des trois façons différentes.

Quand il avait quitté Chang An pour Turfan, le jeune Koutchéen n'ignorait plus rien de la vaste encyclopédie des plaisirs charnels que Lune de Jade lui avait apprise, grâce à d'incessants travaux pratiques au cours desquels elle avait tellement exalté ses sens qu'il était capable de l'aimer une nuit entière sans faillir.

Aussi avait-il éprouvé le plus grand mal, après son retour, à se passer du corps de son amante, de ses formes si douces, de ses recoins humides et chauds ainsi que de ses orifices aussi interchangeables que délectables.

À l'instar de tout Auditeur, qui avait vocation à devenir Parfait à son tour, il avait été obligé de se soumettre de nouveau à la règle d'une chasteté intransigeante.

Privé d'amour pendant de si longs mois, c'était donc avec gourmandise, et non sans quelque fébrilité, que Pointe de Lumière reniflait, à présent, l'odeur épicée de la chevelure de Lune de Jade.

Comme il lui paraissait doux de s'apprêter ainsi à enfreindre le jeûne de ses sens auquel sa condition d'Auditeur le vouait depuis si longtemps !

Dans les bras de Lune de Jade, il se sentait déjà renaître et redevenir un autre homme.

Il était là, le vrai Pointe de Lumière, tout contre le corps de cette jeune Chinoise qu'il étreignait en lui murmurant des mots tendres, sans prêter attention aux œillades entendues des ouvrières qui continuaient leurs opérations de teinture, sous le regard de plus en plus exaspéré de la surveillante.

— Si tu savais combien j'ai aussi envie de toi ! Rien qu'à te voir, ça me démange déjà le bout de mon bâton de jade ! souffla-t-il, à son tour, à la jeune femme, avant de l'entraîner dans un coin du hall et d'écraser goulûment sa langue contre la sienne.

— J'ai trouvé le temps long, depuis que tu m'as laissée... À croire que tu ne tenais pas vraiment à moi !

— Mais, ma petite Lune de Jade, je t'expliquerai pourquoi je devais au plus vite rapporter ces cocons de soie à l'endroit d'où j'étais parti ! gémit Pointe de Lumière

— Tu aurais pu m'y emmener ! Nous aurions continué à nous aimer ! Deux ans, c'est long... J'aurais fort bien pu t'oublier, protesta-t-elle.

— C'était rigoureusement impossible. Là-bas, je crois te l'avoir raconté, je vis comme un moine et la règle de mon Église m'interdit de regarder une femme et encore plus d'y toucher ! laissa échapper, sous le coup de l'émotion, Pointe de Lumière

— Et que vient donc faire ici un religieux ayant fait vœu de chasteté ? demanda-t-elle, le regard assombri.

— Je n'ai pas encore été ordonné Parfait. À tout moment, je peux toujours m'autoriser à reprendre mon état laïc. Tu me manquais tellement que je n'ai eu de cesse que de revenir auprès de toi !

— Je ne te crois pas ! Il doit y avoir autre chose !

— Jeune fille, il est temps de reprendre ta teinture ! cria la voix revêche de la surveillante.

— Je t'attendrai à la sortie, mon amour… J'ai hâte d'être au lit avec toi…, chuchota Pointe de Lumière dans le creux de son oreille.

— Comment mon moine étranger sait-il que je suis toujours libre, après tout ce temps ? demanda la jeune femme, mi-figue, mi-raisin.

— Il n'y a rien de plus éloquent que les pointes de tes seins, ma petite Lune. Je les connais par cœur. Je les ai senties, dures comme deux pierres, sous mes doigts… Cela me laisse espérer que, si j'arrive à me faire pardonner, elles seront peut-être de nouveau à moi ! lui lança-t-il, non sans devoir affronter le regard fulminant de la surveillante qui, visiblement, trouvait que la plaisanterie avait assez duré.

À la fin de la journée, il retrouva la jolie Lune de Jade sur le perron du Temple du Fil Infini, dans la longue queue des ouvriers dont les agents de surveillance palpaient les poches et ouvraient les cabas pour s'assurer qu'ils n'emportaient pas avec eux le moindre fil de soie.

Deux hommes faisaient déjà une cour assidue à celle qui avait été son unique amante.

— Je vois que tu as toujours autant de succès ! constata le jeune Koutchéen.

— Chaque soir, c'est la même chose… Tous les garçons qui travaillent à la filature me courent après !

— Il est vrai que tu es plus séduisante que jamais !

— Je sais comment faire le tri ! Déjà, leurs aînés n'osent plus s'approcher de moi ! Si j'avais décidé de monter une maison close, je serais une femme riche, plaisanta-t-elle.

— C'eût été dommage pour moi ! Pour revenir te voir, j'ai pris d'immenses risques !

— Un homme dit toujours ça à une femme quand il cherche à obtenir son pardon.

— J'ai entièrement détruit l'élevage de vers à soie de mon autorité ecclésiastique… Du coup, on m'a renvoyé ici pour refaire la même opération qu'il y a deux ans.

— Tu veux donc dire que tu repartiras sans prévenir, en m'abandonnant ? Si c'est le cas, autant me l'avouer tout de suite et nous en resterons là, toi et moi ! protesta-t-elle.

— Je te jure que cela ne se produira plus. Cette fois, je compte bien t'emmener avec moi !

— Et si je refusais ?

— Je t'aime ! Maintenant que je suis de nouveau à tes côtés, je mesure l'inconscience et l'inanité de mon attitude, lorsque je te quittai au nom de l'obéissance à la règle de ma religion.

La jeune femme demeurait silencieuse.

Autour d'eux, la rue s'était vidée. Il n'y avait plus un seul ouvrier ni une seule ouvrière devant le porche de l'usine.

— Qu'irai-je faire là-bas ! Je n'ai nullement envie de finir ma vie comme nonne !

— Au sein de l'Église de Lumière, il n'y a pas de moniales et encore moins de prêtresses.

— À fortiori ! Je ne me sens pas une vocation de servante d'un prêtre !

— Mais nous nous marierons, Lune de Jade. Tu deviendras ma femme !

— Si tu le veux bien, conclut-elle, songeuse, nous reparlerons de tout cela plus tard !

— Où m'emmènes-tu ? demanda-t-il alors du ton le plus enjoué possible en lui prenant doucement la taille.

— J'occupe une chambre au-dessus de la boutique d'un marchand de soie, rue des Oiseaux Nocturnes, dans le quartier des soyeux… Il me la laisse contre de petits services que je lui rends ! À Chang An, les logements sont très chers… Tous les soirs, c'est moi qui range le magasin de soieries de cet homme qui a pour nom Rouge Vif. Je remets en pile, après les avoir soigneusement repliés, les coupons de soie sur les étagères…

— Il arrondit ses fins de mois à bon compte !

— Il n'a pas besoin d'argent. Depuis quelque temps, les affaires marchent fort bien pour lui, ce qui n'était pas le cas au début, lorsqu'il accepta de me louer la chambre. Du coup, il y a fait poser un joli parquet. Tu verras, elle est petite mais on y est bien.

— Je te suivrai où bon te semblera, mon amour !

— Promets-moi, dans ce cas, que tu ne m'abandonneras plus jamais.

— Au nom de Mani le prophète, je te le jure ! s'écria-t-il en lui tendant le bras, tandis qu'elle venait se blottir contre lui.

Les pavés des ruelles animées du quartier commerçant de Chang An étaient toujours les mêmes : luisants comme la soie, à force d'être frottés par les milliers de pas des badauds et des marchands qui s'y pressaient jusqu'à une heure avancée de la nuit, lorsqu'ils arrivèrent, se tenant par la main, devant les boutiques dont les devantures étaient éclairées, par des lanternes de papier, comme en plein jour.

C'était avec un plaisir intense que Pointe de Lumière retrouvait l'incomparable atmosphère de ces rues bondées, doucement illuminées par les *caideng*, ces lumignons multicolores, décorés de pagodes, de paysages ou de dragons et même de fruits de bergamote, dont le surnom de « main de Bouddha », ou *foshougan*, provenait de leur forme multidigitée, semblable à celle de la main qui se tendait pour recevoir de l'argent.

La splendeur de la capitale des Tang, en ce temps-là, dépassait celle de toutes les autres grandes villes du monde.

Elle en était la première, aussi, pour l'ampleur de son commerce.

À Chang An, en effet, tout, ou presque, pouvait s'acheter et se vendre.

Il n'avait fallu à cette ville que quelques décennies pour devenir la vitrine de ce que la planète entière produisait de précieux et de rare.

Depuis deux ans qu'il n'était pas venu, Pointe de Lumière pouvait constater à quel point tout y paraissait encore plus riche et somptueux.

L'argent y coulait à flots abondants, comme l'eau des torrents à la fonte de neiges.

Sous ses yeux ébahis, les monnaies chinoises, tibétaines, indiennes, sogdiennes et même parsies s'échangeaient contre l'ivoire, l'encens, l'ambre, l'émeraude, le rubis et surtout la soie, dont la pénurie ne semblait pas encore avoir atteint les magasins de détail qui en regorgeaient.

Ils passèrent devant d'incroyables étals où se vendaient quantité de substances beaucoup plus exotiques.

Ici, au milieu d'un capharnaüm où seul pouvait se retrouver le marchand à la posture princière, conscient de présenter là ce qui existait de plus précieux au monde, c'étaient de l'écaille de tortue marine, des jarres de vin de raisin, de la corne de rhinocéros, des défenses et de la peau d'éléphant provenant du Champa [1], des canines de léopard et de tigre, des fourrures de marmotte himalayenne, de tigre blanc de Sibérie, d'ours des neiges, qu'on pouvait acheter, moyennant au moins leur poids en or.

Là, si Pointe de Lumière avait eu l'argent nécessaire, il aurait pu se procurer des épices et des aromates de toutes sortes, ainsi que de l'encens, venu de l'Inde où on l'appelait *gandha*, dont on accompagnait les cadeaux faits aux puissants et aux nobles, et dont les effluves embaumaient les salles de prière des monastères.

Il y avait aussi de l'aloès, venu de Malaisie, sous le nom d'*agaru*, dont l'extrait aromatique était le plus en vogue, sans parler du camphre qui servait à fabriquer des onguents contre la douleur et les rhumatismes.

Un peu plus loin, les narines exaltées du jeune Koutchéen reconnurent l'odeur de l'essence de benjoin, puis celles de la myrrhe, du storax, de la poudre d'ail, de l'huile de jasmin et de patchouli, dont Lune de Jade aimait s'enduire le ventre, mais également celle de l'essence de rose et celle, bien plus étrange et rare, de l'ambre gris du cachalot, qu'on faisait longuement macérer dans l'alcool.

— Dans mon Église, les seuls remèdes autorisés sont les prières ! plaisanta le jeune Auditeur manichéen au moment où ils passaient devant une longue table sur laquelle le marchand avait disposé ses petites coupelles contenant de la poudre de thériaque, de la cardamome, de la racine de curcuma, des caroubes, des testicules de castor séchés, des racines de ginseng et de l'aileron de requin coupé en lanières.

Au centre de l'étalage, une fiole remplie d'un liquide jaunâtre qui portait l'étiquette « bile de python » permettait au bonimenteur de vanter les innombrables mérites de cette substance rarissime et hors de prix devant laquelle une petite foule d'hommes d'âge mûr, visiblement soucieux d'améliorer leur vigueur sexuelle, s'extasiait.

Toute la pharmacopée disponible se retrouvait ainsi dans les

1. Nom ancien du Cambodge.

boutiques dédiées à la médecine et à l'alchimie, qui occupaient un quartier entier de Chang An, juste derrière celui des soyeux.

À présent, c'était la rue des bijoutiers et des tailleurs de pierres précieuses qui défilait sous les yeux de Pointe de Lumière et de Lune de Jade, éblouis par l'éclat des gemmes disposées sur d'immenses plateaux de bronze devant lesquels s'affairaient des vendeurs munis de leurs petites balances.

— Mon jade est le plus dur ! Mon jade est le plus franc ! Mon jade vous apportera dix mille ans de bonheur ! Ces diamants sont aussi purs que le souffle Qi ! entendait-on hurler ici et là.

— Venez croquer à mes fruits de jade ! Ils viennent tout droit des arbres qui poussent sur les Îles Immortelles ! criait un vieillard édenté.

— Je n'ai jamais entendu parler de telles îles ! avoua Pointe de Lumière.

— On raconte qu'elles flottent sur l'océan, arrimées au dos de trois tortues géantes. Sur ces territoires célestes, les arbres portent des fruits de jade qu'il suffit de croquer pour vivre dix mille ans de plus ! lui expliqua la jeune femme.

— M'emmèneras-tu là-bas ?

— Pourquoi pas, si tu le mérites ! J'attends de voir ! plaisanta-t-elle.

— Ici, il y a du germe de minerai de fer et de la pierre de lune ! expliquait un autre marchand qui montrait avec fierté ses blocs de lapis-lazuli et ses opales prêts à être taillés, pour orner les colliers et les fermoirs précieux que les dames de la cour s'arrachaient.

— Ce cristal de roche, une fois placé au soleil, enflamme tout ce qu'on met au-dessous ! Je l'ai déjà vu faire…, précisa Lune de Jade à Pointe de Lumière qui soupesait un bloc de cristal convexe destiné à servir de lentille.

— Il vient du Cachemire ! De l'Inde du Bouddha Çakyamuni ! Là-bas, on l'appelle *agnimani*, c'est-à-dire joyau de feu ! ajouta son marchand dont la peau très mate et le nez aquilin témoignaient de l'origine indienne.

— J'ai l'impression qu'il y a encore plus de raretés ici que lors de mon premier séjour ! constata Pointe de Lumière.

— À Chang An, il suffit d'avoir de l'argent, et tout devient possible ! Ce qui est bon, mais aussi ce qui est mauvais…, murmura la jeune ouvrière, soudain devenue plus sérieuse.

Ils étaient enfin arrivés dans la rue des Oiseaux Nocturnes.

Tout autour d'eux, sous l'éclairage des caideng, sur les étals et dans les magasins, ça n'était plus que cascades de soieries multicolores, enchevêtrements de lourds cordons mordorés, dislocations de moires emmêlées les unes dans les autres et zigzags de failles étincelantes.

— Comme c'est beau ! Tu en as de la chance d'habiter ici !

— Et encore, si ce n'était la pénurie, tu en verrais dix fois plus !

— De quelle pénurie parles-tu, Lune de Jade ?

Elle éclata de rire.

— On voit que tu débarques ! À Chang An, tout le monde en parle !

— La Chine manquerait-elle à ce point de soie ?

— La demande de soie est si forte, dit-on, dans les contrées occidentales que la production des manufactures impériales suffit à peine ! Le directeur du Temple du Fil Infini a vaguement expliqué le problème à nos contremaîtres… histoire aussi, du moins c'est ce qui se murmure à l'usine, de nous faire augmenter les cadences !

Pointe de Lumière, dont l'émoi allait croissant au fur et à mesure qu'il se rapprochait de la chambre de Lune de Jade, observait, émoustillé, l'éclat de ses petites dents étincelantes de blancheur, que ses éclats de rire et ses étonnements lui dévoilaient.

Bientôt, ce serait sa langue qui irait se frotter contre ce véritable petit collier de perles qui ornait l'intérieur de la bouche de son amante.

Arrivés devant un magasin dont l'enseigne de fer forgé représentait un papillon, elle lui fit signe de la suivre à l'intérieur.

— Le marchand de soie s'habille avec ses propres coupons de démonstration ! Surtout, fais comme si de rien n'était. Cet individu est particulièrement susceptible ! C'est mon propriétaire et il est de surcroît du genre plutôt méfiant, souffla Lune de Jade, au moment où ils entraient dans le magasin, à l'oreille de Pointe de Lumière.

— La journée de Lune de Jade s'est-elle bien passée ? demanda un petit homme grassouillet, surgi de derrière un comptoir, que son accoutrement ne faisait pas passer inaperçu.

Il portait une tunique de soie réalisée au moyen d'une multitude de petits carrés d'échantillons cousus les uns aux autres, ce qui permettait aux clients d'apprécier, d'un simple coup d'œil, la variété et la richesse de son stock.

Pointe de Lumière constata que le visage de l'homme, rond comme une citrouille et plutôt rubicond, venait soudain de pâlir, lorsqu'il avait constaté que sa locataire était accompagnée…

— Puis-je connaître le nom de ce jeune homme ?

La voix du marchand grassouillet était étrangement aigrelette.

— Euh ! C'est un cousin éloigné qui vient juste d'arriver de la campagne. Il ne savait pas où dormir à Chang An. Je compte l'héberger dans ma chambre pour un ou deux jours, pas plus ! Il s'appelle Œil de Bœuf, répondit la jeune Chinoise avec aplomb.

— Bonjour Œil de Bœuf ! Bienvenue au Papillon de Soie ! De quelle province viens-tu ? Que font tes parents ?

— Euh ! Je viens de l'Ouest ! Voilà ! bredouilla Pointe de Lumière.

— Ses parents sont éleveurs de moutons dans le Gansu. C'est là qu'il est né ! s'empressa d'ajouter Lune de Jade.

— C'est curieux qu'ils l'aient appelé Œil de Bœuf, s'ils élèvent des moutons ! lâcha le marchand dont le regard de plus en plus soupçonneux détaillait à présent le jeune Auditeur des pieds à la tête.

— Son grand-père possédait un troupeau de vaches ! Telle est l'explication ! rétorqua Lune de Jade, laquelle ne souhaitait pas que ce marchand par trop curieux poursuivît indéfiniment cet interrogatoire.

— Je comprends ! lâcha, mi-figue mi-raisin, celui-ci, avant d'ajouter soudain, tout sourire, après un clin d'œil entendu à Pointe de Lumière, stupéfait d'un aussi brusque changement de ton : Tu es le bienvenu ici, Œil de Bœuf ! Si tu veux rester plus longtemps, il n'y a pas de problème !

Le marchand de soieries, en fait, avait aperçu le mince fil de soie rouge, remis par Cargaison de Quiétude, qui entourait le poignet gauche de Pointe de Lumière.

— Merci, monsieur, c'est vraiment très gentil de votre part !

bredouilla-t-il, tandis que la jeune femme le faisait monter dans sa chambrette.

Arrivés dans la pièce minuscule qu'occupait en tout et pour tout un lit plutôt étroit, Lune de Jade referma soigneusement derrière eux la porte à double tour.

— Enfin seuls ! À la bonne heure ! s'écria Pointe de Lumière que la proximité de ce moment où il deviendrait, une fois de plus, la proie consentante de son amante rendait de plus en plus fébrile.

— Excuse-moi pour Œil de Bœuf ! Mais c'est le premier nom qui m'est venu à l'esprit ! pouffa Lune de Jade en se jetant à son cou, tandis qu'il l'enlaçait doucement.

— Et comment s'appelle, déjà, cette boule de graisse méfiante et aussi chamarrée qu'un perroquet ?

— Rouge Vif ! C'est son surnom xiaoming. Son magasin est réputé dans tout Chang An. On y trouve la plus belle moire de soie de couleur « sang de singe gibbon ». À cause de sa voix haut perchée, certains prétendent qu'il est eunuque !

— Il en a l'air !

— Je peux t'assurer qu'il ne l'est pas… Un soir qu'il était ivre, j'ai dû repousser brutalement ses avances.

— J'ai bien vu les élans libidineux de son regard, quand il était en face de toi !

— Dans le quartier des soyeux, le marchand de soie Rouge Vif est connu comme le loup blanc pour son intérêt envers les jeunes filles !

— Au début, il m'a semblé hostile ! As-tu remarqué comme soudain il s'est déridé ? Bizarre ! Il a commencé par me regarder des pieds à la tête avec méfiance, comme si j'étais un animal de foire, avant de m'accueillir à bras ouverts comme l'un de ses vieux amis ! À tel point que je me suis demandé s'il ne me reluquait pas ! constata Pointe de Lumière d'un air légèrement dégoûté.

— C'est à moi, désormais, qu'il appartient de t'accueillir à bras ouverts ! lança Lune de Jade avec un déhanchement qui préludait à la danse lascive dont elle avait prévu de gratifier Pointe de Lumière, tout en se dépouillant de ses vêtements un à un.

Comme elle était belle, ainsi, devant lui, à moitié dénudée !

Et comme elle cachait bien, aussi, son jeu, Lune de Jade

l'ambiguë et l'ambivalente, l'ange et le démon à la fois, dont les yeux à l'éclat vert, limpides comme l'eau d'un lac, semblaient si innocents et ingénus, tandis que la bouche, rouge et pulpeuse à souhait, indiquait la voracité et la gourmandise !

Son visage aux traits purs, semblable à celui d'une déesse, s'accordait parfaitement à un corps sculptural, aux formes parfaites, dénué de toute pilosité. Quand elle se mettait à bouger, tout changeait en elle et la déesse devenait diablesse tandis que l'innocence laissait place à tous les sous-entendus.

Lune de Jade était l'incarnation même de cet inextricable mélange entre la pureté et le vice, dans ce qu'ils avaient de plus excessif, lorsqu'il s'agissait de l'amour.

— Tu es encore plus belle que j'en avais le souvenir ! Laisse-moi te caresser le haut des cuisses… C'est fou ce qu'elles sont douces, on dirait de la soie !

— Au fond de ma vallée des roses, ce que tu vas trouver est encore plus suave… et plus chaud ! Oui, mon amour ! Là même où tu viens de mettre la main ! Oh ! Comme c'est bon !

— Mais j'ai peur que ce Rouge Vif entende tout de nos ébats ! murmura-t-il en gémissant déjà.

— Tu as raison. Pour une fois, nous ferons donc l'amour sans hurler de plaisir !

Lune de Jade, lèvres serrées pour s'empêcher de crier et de soupirer, venait de s'asseoir à califourchon sur le ventre de Pointe de Lumière qu'elle avait fait étendre sur sa couche. Après avoir défait le haut des braies de son amant, elle avait malicieusement entrepris l'exploration de son torse et de son ventre avec sa langue pointue et souple, qui allait et venait sur sa peau comme le pinceau du calligraphe sur le rouleau de papier.

Les retrouvailles de leurs corps durèrent ainsi une bonne partie de la nuit.

La souplesse tout acrobatique de Lune de Jade lui permettait les postures à la fois les plus incongrues et les plus adéquates, tant pour l'obtention de son propre plaisir que pour celui de son partenaire qui n'avait qu'à se laisser guider par les savantes arabesques de ses jambes et de ses bras, souples comme des lianes.

Elle avait élevé ses jambes à la hauteur des épaules de Pointe de

Lumière afin qu'il pût lécher son frémissant bouton de pivoine qui rosissait, nu comme un petit ver à soie, juste à l'orée de sa douce fente intime, en même temps qu'avec sa langue, elle suçait fébrilement son bâton de jade.

Le pauvre Pointe de Lumière, de plus en plus ivre de désir, se retenant de crier pour ne pas éveiller la curiosité du gros Rouge Vif, ne savait plus où donner de la tête.

Il l'attendait à tel endroit, et voilà qu'elle le surprenait, en présentant sa bouche, ou simplement un doigt, à tel autre !

Après l'avoir à nouveau fait étendre sur le dos, elle s'était mise à presser délicatement la base de l'appendice dressé de son partenaire, pour le relâcher avant de l'étreindre à nouveau, et ainsi de suite, jusqu'au moment où elle commença à sentir qu'il allait atteindre le sommet du plaisir.

Il n'en pouvait plus. Cette dernière manigance de la jeune femme avait achevé de l'amener au comble de l'excitation. Elle fut obligée de placer sa main devant sa bouche pour empêcher Pointe de Lumière de crier, lorsque sa tige de jade commença à être agitée de spasmes, prélude à l'explosion finale.

D'une habile pression des doigts, elle réussit, pourtant, à la dompter in extremis.

— Tu vas me faire mourir à force de te désirer ! Laisse-moi venir en toi ! Peu importe par où..., parvint-il à articuler, le nez à présent coincé dans sa vallée des roses immaculée et lisse.

Elle se plaça sur le ventre et se mit à quatre pattes, lui laissant le choix entre ses deux portes intimes, celle de l'avant et celle de l'arrière.

Se refusant à choisir entre ces deux formules aussi délectables, c'est avec volupté qu'il engagea sa tige de jade, alternativement et successivement, dans l'une puis dans l'autre, jusqu'à l'épuisement, avant de s'effondrer sur elle, complètement satisfait.

— Le désir, c'est l'avant ; le plaisir, c'est pendant ; le regret, c'est l'après ! murmura-t-elle tandis que son ventre ondulait comme une voile de navire sous l'effet de la brise.

— Pourquoi dis-tu : le regret c'est l'après ?

— À ton avis ?

— Explique-toi plus clairement, mon amour !

— Parce que je n'aime pas quand tu pars ! J'ai été très malheureuse, tu sais, pendant deux ans ! chuchota-t-elle en se lovant dans ses bras, comme un jeune animal.

— N'oublie pas que je suis devenu un saboteur, et de la pire espèce, ma chère petite Lune de Jade, par amour pour toi !

— Entre ton Église et moi, qui choisis-tu ?

— Ma présence ici ne te suffit-elle pas ?

Il s'était assis face à elle et lui avait pris les mains. Comme précédemment, elle était encore plus belle, après l'amour.

— Tout à l'heure, lorsque tu me juras que tu ne m'abandonnerais plus, tu invoquas Mani ! Parle-moi un peu de ce dieu ! lança-t-elle d'une voix sourde et empreinte de gravité.

— Mani n'est pas un dieu. Il est le Grand Prophète de ma religion. La religion de l'Église de Lumière. Le prophète Mani a vécu, il y a longtemps, dans une ville qu'on appelait alors Babylone !

— Et où places-tu ce Mani, par rapport au Bienheureux Bouddha ? Au-dessus, en dessous, ou bien à côté ? Bouddha est le seul nom qui me vienne à l'esprit quand on parle d'un être ni tout à fait dieu ni tout à fait homme !

— Tu parles d'or, Lune de Jade. À nos adeptes venus de Chine, nous désignons notre prophète Mani comme le « Bouddha de Lumière ». Mon maître, le Parfait Cargaison de Quiétude, m'a appris que le Bouddha Çakyamuni, dit le Bienheureux, dont on vénère les reliques dans de si nombreux temples en Chine centrale, ainsi que le Vénérable Laozi, qui mit en évidence l'existence de la Grande Voie du Tao, étaient tous les deux des précurseurs, ou, si tu veux, des avatars de notre prophète Mani, qui se contenta de prendre leur suite…

— Et Confucius ?

— Tu connais Confucius ? demanda, étonné, Pointe de Lumière à sa jeune amante.

— Pourquoi serait-il interdit à une jeune ouvrière du Temple du Fil Infini de connaître la philosophie de Confucius ? lança-t-elle, piquée au vif. Le directeur de l'usine réunit chaque semaine les ouvriers pour leur parler de la morale confucéenne !

— Pardonne-moi cette maladresse, Lune de Jade. C'est la fatigue qui m'égare…, bredouilla-t-il, conscient de son impair.

— Comment ton Mani se situe-t-il par rapport à Confucius, dont le culte est célébré non loin d'ici, dans un immense temple essentiellement fréquenté par les lettrés et les fonctionnaires ? réitéra-t-elle, presque goguenarde.

— Comme tous les autres prophètes, arhants, bodhisattvas et bienfaiteurs de l'humanité, nous considérons aussi maître Confucius comme un précurseur du Grand Mani ! La religion de la Lumière embrasse toutes les autres, telle une mère ses enfants !

Lune de Jade se taisait.

Soudain devenue plus sérieuse, elle s'était rassise et regardait avec tendresse ce jeune amant qu'elle croyait avoir perdu, revenu de si loin pour la retrouver et qui racontait une histoire de prophète censé avoir supplanté tous les autres, quels que fussent leurs mérites extraordinaires…

Chaque religion prêchait ainsi pour sa propre paroisse et, lorsqu'il s'agissait de s'implanter, ses suppôts n'hésitaient pas, pour les besoins de la cause, à s'annexer les divinités des autres, comme si la conquête religieuse était toujours bien plus affaire de persuasion, voire de séduction, que de lutte frontale.

— Et moi, pourrai-je un jour apprendre à honorer ce Grand Mani et sa religion lumineuse ? demanda-t-elle, passablement amusée par cette propension de son amant, qui récitait la leçon apprise de Cargaison de Quiétude, à lui prouver que le manichéisme était à l'origine de toutes les autres croyances.

— Les bras de Mani sont immenses et ils accueillent tous ceux qui souhaitent le connaître ! Pour Mani, il y a le Bien et il y a le Mal.

— Selon Confucius, il faut toujours refuser les extrêmes. Tout est affaire d'équilibre, et de « juste milieu », c'est du moins ce que j'ai pu entendre à ce sujet de la bouche de notre directeur. Il alterne la lecture des écrits de Confucius avec celle des *Printemps et Automnes* de Lubuwei[1]. C'est une anthologie des principaux penseurs chinois…, expliqua-t-elle.

— On se préoccupe drôlement de la culture de la classe ouvrière !

1. Premier ministre du royaume de Qin, avant la création de l'Empire chinois, en 221 av. J.-C., connu notamment pour cette anthologie.

— Nos autorités cherchent à disposer d'ouvriers de la soie qui soient vertueux. Par peur sans doute du coulage… Et puis notre directeur est un ancien lettré reconverti.

— Selon nos Écritures manichéennes « l'entre deux », ton « juste milieu », si tu veux, n'existe pas. Nous croyons au Bien et au Mal, au Feu et à la Glace, à l'Enfer et au Paradis.

— C'est difficile à admettre ! La palette des couleurs ne se résume pas au blanc et au noir !

— C'est pourtant le cas du Yin et du Yang…

— Le Yin et le Yang ne sont pas le Bien et le Mal !

— Comment les définirais-tu ?

— Tu es le Yang et je suis le Yin ! Nous sommes complémentaires, et notre union est source de plénitude ! Es-tu satisfait ?

Pointe de Lumière, bien qu'estomaqué par les capacités de jugement qu'il découvrait chez sa jeune amante, et qui témoignaient de sa maturité tout autant que de sa culture, ne put s'empêcher de s'approcher à nouveau d'elle afin de caresser les pointes encore grumeleuses de ses seins fermes.

Il découvrait, bien plus qu'auparavant, à quel point Lune de Jade était dotée de la beauté, mais aussi de l'intelligence. Elle était une fleur unique, sur laquelle il avait eu la chance, un jour, de se pencher, avant de passer son chemin, tel un jeune inconscient.

Et dire qu'il avait été jusqu'à l'abandonner, deux ans plus tôt, sans même lui dire au revoir !

Lorsqu'on tombait sur une telle rareté, il fallait être stupide pour ne pas saisir la chance inouïe qu'elle représentait.

— Lune de Jade ! Je t'aime ! Je ne te quitterai plus ! bredouilla le jeune Koutchéen.

Lorsqu'il fit cette promesse dans la chambrette située au-dessus de la boutique du Papillon de Soie, Pointe de Lumière n'imaginait pas jusqu'où elle l'emmènerait.

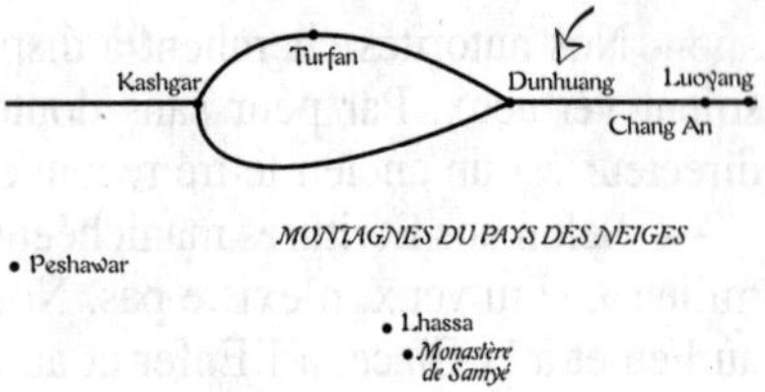

13

Oasis de Dunhuang, Route de la Soie

Soigneusement cachée derrière la colonne, Umara les observait, pétrifiée de terreur.

C'était la première fois qu'elle assistait à une scène aussi étrange, à cette sorte de dialogue de sourds.

Assis sur une pierre sculptée représentant le Bienheureux sous le figuier de l'Éveil, Bouddhabadra contemplait les taches azurées du ciel qui apparaissaient, tels des émaux enchâssés dans la pierre, à travers les ouvertures du toit à demi effondré du bâtiment dans lequel Nuage Fou l'avait entraîné malgré lui.

Voilà plus de huit jours que la cheville de Bouddhabadra ne le faisait plus souffrir et il espérait bien fausser enfin compagnie à celui qui ne le lâchait plus d'une semelle depuis qu'ils s'étaient rencontrés, quelques semaines plus tôt, et finissait par avoir à son égard le comportement d'un geôlier.

D'ailleurs, c'était sans aucun ménagement qu'il l'avait poussé à entrer dans cette pagode en ruine, construite sur la colline dominant la Route de la Soie mais légèrement à l'écart de celle-ci, non loin de l'oasis de Dunhuang. On pouvait déjà apercevoir, au-delà des dunes balayées par les vents, les taches vertes formées par les jardins maraîchers qui s'étendaient derrière les faubourgs.

Dunhuang !

Depuis le moment où, sa douleur à la cheville étant devenue

supportable, ils avaient pu quitter la grotte où Bouddhabadra avait trouvé refuge, il leur avait fallu vingt-huit jours à peine pour y arriver.

C'est dire s'ils avaient fait vite.

Nuage Fou avait âprement négocié un avantageux tarif de voyage auprès d'un caravanier qui transportait des cordes de chanvre pour le compte d'un grossiste de Chang An.

Du coup, le Supérieur de Peshawar avait voyagé, plongé dans une douce somnolence, couché à l'intérieur d'une charrette plutôt confortable mais bringuebalante, tirée par de puissants chevaux de trait, pendant que Nuage Fou, apparemment infatigable, fort de ces petites pilules noires qu'il prenait à longueur de journée, marchait à ses côtés.

Lorsqu'ils avaient fait halte à Turfan, à l'endroit où il lui suffisait d'aller trouver le jeune Koutchéen Pointe de Lumière afin de récupérer de quoi fabriquer de la soie, la cheville de Bouddhabadra l'empêchait encore de faire le moindre pas. Il avait eu beau insister auprès de son compagnon, celui-ci avait catégoriquement refusé de quitter leur caravane afin de s'arrêter dans cette oasis.

— À Turfan, il n'y a rien d'intéressant. C'est à Dunhuang et nulle part ailleurs qu'il nous faut aller. On dit que les moines y ont creusé dix mille grottes dans les falaises ! Nous sommes alliés et irons désormais ensemble jusqu'au bout ! s'était contenté d'affirmer Nuage Fou, plutôt mystérieux, lorsque Bouddhabadra lui avait suggéré une halte.

— Pourquoi n'as-tu de cesse que d'aller à Dunhuang ? avait osé demander, timidement, le supérieur de Peshawar.

— J'ai mes raisons ! avait répondu Nuage Fou sur un ton qui n'admettait pas la réplique.

Il était hors de question pour Bouddhabadra d'expliquer à Nuage Fou les raisons pour lesquelles il souhaitait tellement faire cette halte, car, depuis qu'il le côtoyait ainsi, le Supérieur de Peshawar finissait par avoir peur des réactions imprévisibles et incontrôlées de son compagnon de voyage.

L'intéressé pouvait passer, en l'espace de quelques secondes, du calme d'un ascète en méditation à la violence inouïe d'un fauve assoiffé de sang.

Les pilules noires qu'il ingurgitait à la moindre contrariété décuplaient, de surcroît, le caractère cyclothymique de son comportement. Conscient que ces remèdes, au-delà de leurs effets sur ses organes sensoriels, généraient une forme d'accoutumance peu propice à la lucidité et au libre arbitre, Bouddhabadra avait refusé d'en prendre de nouveau.

Il en était venu à regretter amèrement de s'être abandonné à des confidences qui avaient visiblement laissé entendre à son fantasque compagnon qu'ils avaient partie liée.

Jusqu'à quelles extrémités cet individu, aussi inquiétant qu'étrange, l'amènerait-il ?

C'était, précisément, la question qu'il se posait lorsque Nuage Fou était venu lui annoncer, inopinément, qu'il était temps de quitter la caravane de ballots de chanvre.

— Dunhuang est toute proche. J'ai payé son dû à notre caravanier. À présent que tu peux marcher, nous terminerons la route à pied. Il te faut descendre, et vite ! de la charrette…

Le ton était comminatoire et Nuage Fou tenait à la main la malle de cuir avec laquelle il voyageait.

Bouddhabadra s'était donc exécuté.

Il n'avait pas vraiment le choix : sa cheville était à peine rétablie et nul doute que s'il tentait de s'enfuir, il n'irait pas très loin.

Que pouvait-il, au demeurant, face à un être au regard aussi dur, qui ne cessait de le surveiller comme s'il se méfiait de lui ?

À peine avait-il eu le temps de prendre sa précieuse besace que Nuage Fou l'avait entraîné sur une colline qu'ils avaient escaladée, là où s'élevait la pagode en ruine, dans laquelle il l'avait quasiment poussé, avant que sa cheville douloureuse ne l'amenât à s'asseoir précipitamment sur la pierre sculptée où apparaissait le Bouddha, sous l'arbre de l'Éveil de Bodh-Gayâ.

— À présent, toi et moi, il faut que nous parlions ! s'écria Nuage Fou juste après avoir gobé une nouvelle pilule. Tu dois me dire la vérité. Que s'est-il passé exactement, à la suite de cette réunion qui n'a pu se tenir ? Le récit que tu m'en as fait ne me paraît pas clair…

— Je te l'ai pourtant expliqué maintes fois ! J'ai quitté Samyé en même temps que Pureté du Vide. Puis, j'ai conduit le cornac jusqu'à la route principale qui permet d'accéder au plateau du Pamir, et là, je l'ai laissé partir.

— Et l'éléphant ?

— J'ai abandonné l'éléphant dont les gerçures étaient si profondes qu'on pouvait y glisser une main. Puis je suis revenu sur mes pas ! C'est tout ! N'est-ce pas clair ? répondit, quelque peu angoissé, Bouddhabadra qui se demandait si Nuage Fou n'avait pas eu connaissance de la mésaventure providentielle qui l'avait amené jusqu'à sa découverte de la serre aux mûriers de Turfan.

Pour la première fois, Nuage Fou parut consterné par ce que Bouddhabadra venait de lui expliquer, à croire qu'auparavant il se trouvait dans un état psychique qui l'avait empêché de comprendre ce que, pourtant, le Supérieur de Peshawar lui avait déjà raconté à plusieurs reprises.

— Pour ma part, je n'aurais jamais pu sacrifier, comme tu l'as fait, un éléphant blanc sacré, même pour une cause aussi juste ! tonna-t-il, à la plus grande stupéfaction de Bouddhabadra.

— Si tu savais, Nuage Fou, tous les jours, je prie le Bienheureux Bouddha de me pardonner ! Quand j'ai abandonné l'animal dans la tempête de neige, j'en ai pleuré. Je pense qu'il a dû rapidement s'engourdir et mourir de froid. Au moins n'aura-t-il pas souffert !

— Mais as-tu songé à l'âme qui s'était réincarnée dans l'animal ?

Alors même que, quelques secondes plus tôt, il était sur le point d'éructer, Nuage Fou avait l'air, à présent, sincèrement éploré.

— Et même plus d'une fois ! Cela étant, cet animal a été sacrifié pour une noble cause ! Son âme se réincarnera dans un état qui la rapprochera du stade de bodhisattva ! répondit Bouddhabadra.

— Puisses-tu dire vrai. Tout de même, tu aurais pu confier l'éléphant blanc au cornac, plutôt que de l'abandonner en pleine neige ! ajouta Nuage Fou.

— Je te le répète ! Il n'aurait pas pu marcher un jour de plus sur les chemins glacés, à cause de ses horribles gerçures sous les pattes.

— À Peshawar, que vont-ils imaginer, s'ils ne te voient pas revenir avec le cornac ?

Pourquoi son compagnon se préoccupait-il de ce que penserait la communauté de l'Unique Dharma ? Sans doute Nuage Fou cherchait-il à tester sa bonne foi.

Aussi Bouddhabadra jugea-t-il prudent de lui répondre qu'ils le croiraient certainement mort et que, du coup, ils ne l'attendraient plus, ajoutant que c'était bien mieux ainsi, sans se rendre compte que ce propos donnait de lui une image dépourvue de tout scrupule, et cynique, qui ne correspondait pas à la réalité.

— Les attentes sont toujours ce qu'il y a de plus insupportable ! conclut Nuage Fou d'un air entendu.

— Cela nous permet de prendre tout notre temps. Et quand je reviendrai là-bas, ils seront d'autant plus heureux de me revoir qu'ils furent désespérés à l'idée que je ne reviendrais jamais…

— C'est un fait… Il vaut mieux qu'ils te croient mort ! murmura Nuage Fou sur un ton qui fit frissonner Bouddhabadra. Es-tu bien sûr que, pour autant, ton éléphant blanc est mort ? reprit-il vivement. En Inde, j'ai ouï dire que ces animaux étaient dotés d'une mémoire extraordinaire, et que cette espèce de pachydermes était capable de vengeance, surtout vis-à-vis de ceux qui portent atteinte à leur intégrité ! Je ne pense pas que Ganesha, le Seigneur des Ouvertures, qui a partiellement adopté leur forme en empruntant leur tête, soit bien satisfait de ton geste…

— Que vient faire Ganesha dans tout ça ? s'enquit le hinayaniste pour lequel le dieu à tête d'éléphant faisait partie du panthéon de pacotille dont les adeptes de l'hindouisme étaient friands.

— Le Seigneur des Ouvertures a plus d'un tour dans son sac ! Il se serait arrangé pour le secourir que cela ne m'étonnerait pas !

— Je me suis bien gardé de dire au cornac que la première auberge avant le col des Portes de Fer[1] était, au bas mot, à dix jours de marche ! J'ai lourdement insisté sur la difficulté du passage de certains cols avec un éléphant peu habitué au froid, risquant à tout moment de glisser sur une plaque de neige ou de tomber dans un ravin, pour qu'ils n'aient eu aucun doute, à Peshawar, sur le fait qu'une telle mésaventure nous est arrivée ! Fie-toi à moi, quand il racontera tout ça, la communauté ne donnera pas cher de ma peau. Ils feront de moi un saint martyr. Et quand je reviendrai, ils croiront à une apparition !

1. À la sortie du plateau du Pamir.

Lorsqu'il se tut, Bouddhabadra était proprement accablé par l'indécence de ce discours qui lui ressemblait si peu.

Jusqu'où la peur pouvait-elle conduire un homme ? se demandait-il en constatant à quel point il s'enferrait.

— Tu es encore plus impudent que je ne le pensais ! À force d'user de tous ces mensonges, n'as-tu pas peur de finir dans les flammes de l'enfer ?

— Ne suis-je pas en droit d'attendre de la part d'un allié autre chose que des reproches ? Ne t'ai-je pas déjà avoué que ma propre main tremblait de honte lorsque j'ai attaché le malheureux éléphant blanc au tronc d'un sapin, comme si je le sacrifiais au Bienheureux ? bafouilla-t-il d'une voix blanche.

— J'aime mieux ça ! lança Nuage Fou, sentant qu'il avait fait mouche, avant d'ajouter : Tu n'es pas sans savoir que le Bienheureux a interdit aux moines de mettre à mort les animaux. Et je ne parle pas des éléphants sacrés, sur le dos desquels sont placées ses Saintes Reliques au cours des processions !

Le moral du Supérieur de Peshawar, dont le visage était tout inondé de sueur, semblait de plus en plus affecté par les objections de Nuage Fou, qui cherchait manifestement à l'acculer dans ses derniers retranchements.

Bouddhabadra sentit qu'il lui fallait arrêter net cette forme de procès qui risquait à tout moment de dégénérer.

— Nuage Fou, j'ai le regret de devoir à mon tour te poser une question. Pourquoi ne t'es-tu pas présenté à la réunion de Samyé ?

— J'avais mes raisons !

— Non seulement, en t'abstenant d'y participer, tu nous as empêché de la tenir, puisque Ramahe sGampo ne disposait pas de son gage rituel, mais, à présent que tu m'as proposé de m'allier avec toi, voilà que tu me reproches d'avoir laissé mourir un pachyderme, alors que je ne pouvais rien faire d'autre ! Où est donc la logique, dans tout ça ?

Le regard courroucé de Nuage Fou en disait long sur le profond agacement que suscitaient en lui les propos plutôt bien sentis de l'adepte du Petit Véhicule.

— Je vénère les éléphants blancs ! Pour moi, ce sont des

animaux célestes. Ce pachyderme, s'il survit, risque de se venger de toi ! conclut, en tonnant, Nuage Fou.

— Eh bien, je lui dirai, le moment venu, que son sacrifice était nécessaire, dans l'intérêt suprême du Hînayâna et du tantrisme indien ! murmura Bouddhabadra.

Il se sentait à la fois vidé et bourrelé de remords, face au souvenir du pachyderme immobilisé dans la neige.

— Écoute un peu mon pressentiment, Bouddhabadra : l'éléphant blanc survivra ! Je vois son immense corps blanchâtre se détacher du tronc d'arbre et s'en aller trouver refuge dans une grotte, dit son compagnon, yeux fermés, comme s'il lisait l'avenir.

— Je pense même qu'un jour, l'occasion te sera donnée de le rencontrer ! lui lança Bouddhabadra, qui ne croyait pas un mot de ce qu'il disait mais voulait atténuer la colère qu'il sentait gronder chez son interlocuteur.

— J'en serai le plus heureux des hommes ! Ce jour-là, je deviendrai l'égal d'un dieu !

Nuage Fou ouvrit les yeux et avala une autre pilule, avant de se redresser comme un ressort.

— Qu'as-tu pour te dresser ainsi, tel un nagâ devant sa proie ? s'écria le moine hinayaniste en jetant un coup d'œil alentour, comme s'il avait craint l'irruption d'un intrus dans la pagode en ruine.

— Je tiens le tantrisme pour supérieur à toutes les autres doctrines saintes ! Il ne saurait exister d'autre religion bouddhique que d'essence tantrique ! Dis-moi un peu, Bouddhabadra, ce que tu penses du tantrisme ! éructa Nuage Fou, la bave aux lèvres, sous le regard consterné de son compagnon.

Ce genre de tirades préludait, en général, à des monologues qui pouvaient durer des heures.

— Tu ne réponds pas !

— À quoi donc me servirait-il de dire la même chose que toi, mais au sujet du Hînayâna, qui est ma religion ? Chacun de nous, fort de ses légitimes convictions, est bien obligé de prêcher pour sa propre paroisse ! bafouilla le Supérieur de Peshawar d'un ton las.

— J'entends sans cesse parler des prétendus progrès du Grand

Véhicule, auquel dit-on, la Chine centrale se serait désormais donnée entièrement. Que sais-tu au juste à ce sujet ?

— Les moines prêcheurs du Grand Véhicule continuent leur avancée vers l'est. On dit que la Corée Cylla et les îles nippones sont en passe de basculer à leur tour dans les bras de Guanyin la Donneuse d'Enfants[1].

— Dans quelques années, si ton Église reste l'arme au pied, elle risque de n'être plus qu'une petite secte ! marmonna Nuage Fou, avant de se rasseoir sur la même pierre que son compagnon.

Il venait de fermer à nouveau les yeux, devant un Bouddhabadra de plus en plus perplexe et inquiet face à un comportement aussi erratique.

— Demain, sur un nuage blanc, je franchirai les « Terrasses du Ciel » et j'accéderai au vaste territoire chinois dont je compte bien moi-même entreprendre la conquête ! divagua Nuage Fou. On dit que l'impératrice de Chine est une bouddhiste fervente… Qui sait, peut-être un jour deviendra-t-elle mon alliée.

En évoquant les « Terrasses du Ciel », l'adepte du tantrisme, tout à son rêve de conquête spirituelle du territoire chinois, faisait allusion aux monts Tian Tai qui s'élevaient dans la partie méridionale du pays, à l'endroit même où la secte bouddhiste éponyme, créée par le moine Zhi Yi cent ans auparavant, avait commencé à répandre la doctrine transcendantale de la libération personnelle, ouverte à tous les individus et non réservée aux seuls moines, selon laquelle « dans chaque particule de poussière, l'univers tout entier était contenu ». Le célèbre sûtra du *Lotus de la Bonne Loi*, le texte le plus important du Mahâyâna, que Pureté du Vide avait entrepris de concurrencer en écrivant celui de la *Logique de la Vacuité Pure*, constituait la quintessence de cette doctrine.

Bouddhabadra écarquilla les yeux.

Il avait l'impression que le corps de Nuage Fou, en même temps que celui-ci parlait, s'était comme imperceptiblement élevé au-dessus du sol.

Il se pinça le bras : Non ! Son compagnon ne flottait pas dans les airs.

1. Nom chinois du bodhisattva Avalokiteçvara, symbole du bouddhisme chinois.

C'était une simple illusion, mais également la preuve que cet homme était doué d'une capacité de persuasion hors du commun.

— Tu as l'air de bien connaître la doctrine du Mahâyâna ! se contenta de dire Bouddhabadra qui retrouvait à peine ses esprits.

Mais Nuage Fou n'avait cure de ce compliment.

— Notre alliance a commencé par une vulgaire escroquerie…, lança-t-il, menaçant.

— Pourquoi dis-tu ça ? murmura Bouddhabadra, que la peur faisait à présent claquer des dents.

— J'ai l'esprit troublé, depuis que ce maudit *ma-ni-pa* n'a plus donné signe de vie. Tu m'avais pourtant assuré qu'il s'acquitterait facilement de sa tâche…

Voilà que la paranoïa de Nuage Fou l'amenait quasiment à soupçonner le Supérieur de Peshawar d'être de mèche avec le *ma-ni-pa* hirsute, alors qu'il lui avait lui-même proposé le marché !

— J'ai été aussi déçu que toi. Ce *ma-ni-pa* avait l'air faux comme un jeton. L'un comme l'autre, nous avons certainement péché par excès de naïveté ! Heureusement, il ne nous aura pas ruinés, expliqua Bouddhabadra en s'efforçant de paraître naturel, alors qu'il était déjà vert de terreur.

— D'ailleurs, cela n'a plus aucune importance ! Demain, si tout se passe comme prévu, c'est l'exemplaire original de ce texte que nous pourrons récupérer.

Avec stupéfaction, Bouddhabadra venait enfin de comprendre la raison pour laquelle Nuage Fou l'avait traîné jusque-là.

À plusieurs reprises, au cours de leurs fameuses réunions, Pureté du Vide avait eu l'occasion de faire état de cette cache aux livres du monastère du Salut et de la Compassion, creusée dans les falaises, où il avait fait déposer l'exemplaire original du *Sûtra de la Logique de la Vacuité Pure*.

Quant à la volonté de son insaisissable compagnon de faire main basse sur l'exemplaire original de l'œuvre, Bouddhabadra en ignorait complètement les motivations.

— Si je comprends bien, tu comptes aller trouver le Supérieur concerné et le prier de te le remettre ? demanda, plutôt effrayé, le Supérieur de Peshawar.

— C'est même toi qui iras ! Deux alliés doivent s'épauler l'un l'autre !

Bouddhabadra, incapable de déterminer si Nuage Fou plaisantait ou pas, regardait avec accablement la pointe de ses pieds.

C'était peu de dire que ce Nuage Fou portait bien son nom ! pensait-il.

En même temps, voilà que l'agacement de ce dernier était monté d'un cran.

Il allait et venait, nerveusement devant le Supérieur de Peshawar avec des gestes saccadés.

Celui-ci tenta une ultime manœuvre pour l'amadouer et essayer de le dissuader de l'envoyer ainsi à l'échec assuré.

— J'admire l'optimisme d'une foi aussi chevillée au corps que la tienne… et je ne puis que te remercier pour la confiance que tu me témoignes… mais je doute fort que ce Supérieur accepte de se défaire du legs de Pureté du Vide !

— Dans ce cas, il faudra faire sans lui !

— Je ne serais pas étonné que cette cache aux livres du monastère du Salut et de la Compassion soit aussi sévèrement gardée qu'une prison.

— Je savais bien que tu aurais peur d'y aller avec moi !

Nuage Fou avait l'air d'un fauve aux aguets, et la façon dont il serrait les poings en disait long sur la violence encore contenue en lui.

— Hélas ! gémit, éploré, le malheureux Bouddhabadra, je n'ai pas le pouvoir de me transformer en passe-muraille !

— Tu as tort de refuser mes pilules. Elles te rendraient un peu plus optimiste !

Plus le Supérieur du monastère de l'Unique Dharma essayait de raisonner son interlocuteur, plus ce dernier paraissait furieux.

Il devenait urgent d'arrêter l'escalade, et de l'abandonner là pour le laisser poursuivre sa route seul.

Mais une chose était de se décider à fuir, et une autre de mener à bien ce projet… dans un lieu aussi isolé et sans l'aide de personne, face à un individu qui tournait aussi peu rond mais gardait la souplesse d'un chat.

Bouddhabadra se sentait pris dans un abominable piège, où il aurait été le jouet d'un être ayant totalement perdu la raison.

Appeler au secours ?

Mais qui, dans une pagode abandonnée en plein milieu du désert ?

De fait, pas plus Bouddhabadra que Nuage Fou ne s'étaient rendu compte qu'ils n'étaient pas seuls dans cette pagode en ruine.

Umara, la jeune chrétienne nestorienne, fille unique et adorée de l'évêque Addai Aggai, toujours soigneusement cachée à l'abri de sa colonne dans la salle de prière au toit éventré, n'avait pas perdu une miette de la conversation surréaliste entre ces deux hommes, sans doute des Indiens, puisqu'ils s'exprimaient en sanskrit.

Et comme elle regrettait, la pauvre petite, de s'être aventurée là !

Pourquoi diable était-elle entrée dans cette pagode à l'abandon que Brume de Poussière lui avait fait visiter la veille, pour admirer de nouveau ces figures évanescentes d'Apsaras dont un peintre, assurément excellent coloriste, avait jadis orné les murs ?

Que lui avait-il pris de venir toute seule dans ce lieu désert, où elle avait été surprise par ces deux hommes au bord de la dispute ?

Heureusement qu'ils ne s'étaient pas aperçus de sa présence !

À peine étaient-ils entrés dans le temple désaffecté qu'elle s'était cachée.

À présent, celui qui s'appelait Nuage Fou s'était adossé à une colonne, l'air de plus en plus furieux et menaçant, comme s'il se fût apprêté à se ruer sur l'autre. Puis il avait entrepris de dénouer le chignon qui surmontait son crâne pour le refaire à l'aide d'un peigne de bronze dont les deux bouts effilés luisaient comme des pointes de flèche.

Fascinée par le spectacle de ces deux individus surgis de nulle part, au bord de la rupture, Umara pouvait également constater à quel point ils étaient différents.

Le caractère du plus grand, Nuage Fou, qui venait d'ôter sa chemise, correspondait bien à son nom étrange.

Il était aussi le plus décharné. Les lobes de ses oreilles s'allongeaient démesurément sous le poids des lourds anneaux de bronze qui pendaient comme les deux anses d'un vase. Il avait aussi les seins percés d'une fibule de bronze ornée d'une minuscule tête de lion.

Ses os affleuraient à la surface de la peau de son corps d'ascète, marquée par de profondes cicatrices de scarifications rituelles.

Umara, lorsqu'elle remarqua ces traces noires sur la peau brunâtre de Nuage Fou, commença par ne pas voir qu'il s'agissait de mots. Ce n'est qu'au bout d'un moment, à force de fixer ces curieux signes, qu'à sa grande stupéfaction elle vit apparaître le mot sanskrit « tantra » sur le ventre de ce personnage.

Incrédule, elle se frotta les yeux et regarda de nouveau ces lettres qui, cette fois, mieux éclairées, s'affichèrent plus nettement encore pour former ce mot dont elle ne connaissait pas le sens.

Contrairement à son compagnon, l'homme au « tantra » sur le ventre n'avait pas le crâne entièrement rasé mais se laissait pousser, au sommet de l'occiput, une très longue touffe de cheveux, dont il venait de refaire le chignon serré, ce qui contribuait à lui remonter la peau vers le haut, en accentuant la finesse de traits de son visage qu'étirait vers le bas le contrepoids de ses lourds anneaux d'oreilles. Il en résultait un curieux allongement de la face qu'accentuait l'ample et perpétuel mouvement de la palpitation de ses narines, semblable à celui des yogis indiens lorsqu'ils s'adonnaient à leurs exercices respiratoires, avant de se transpercer la langue ou de s'entailler largement l'abdomen à coups de sabre, comme si de rien n'était.

Il émanait de Nuage Fou une somme d'énergie négative qui contribuait à l'épouvante de la jeune chrétienne.

Bouddhabadra, comparé à Nuage Fou, ne lui faisait pas peur.

De plus petite taille, il avait aussi la peau bien plus claire et son torse, partiellement dénudé par sa robe de moine, ne portait nulle trace de brûlure ni de scarification rituelle.

Il devait être, assurément, issu d'une Église beaucoup plus policée et moins fantasque que celle de son compagnon.

Autant Bouddhabadra paraissait posé et réfléchi, autant Nuage Fou lui semblait violent et imprévisible, et même en proie à d'horribles pulsions morbides et – pourquoi pas, hélas ! – meurtrières.

— Nuage Fou, je t'en prie, arrêtons là cette conversation et faisons la paix. L'objectif que nous poursuivons mérite une action mûrement réfléchie. Demain, il sera temps d'aviser. Ne veux-tu pas que nous allions nous reposer dans une auberge ? demanda Bouddhabadra, bien décidé à fausser compagnie le soir même à Nuage Fou.

Celui-ci ne répondit pas. À nouveau, il avait l'air étrangement calme.

— Dis-moi un peu, Bouddhabadra, que comptes-tu faire de la « Chose Précieuse entre Toutes » ? Je suppose que tu l'as par-devers toi…, lâcha-t-il, l'air de rien.

— Pourquoi l'aurais-je sur moi ? s'enquit, soudain angoissé, Bouddhabadra.

— Parce que tu es un être docile et obéissant !…, murmura son interlocuteur avec un sourire carnassier et gourmand.

Au fur et à mesure que Nuage Fou s'exprimait, Umara voyait se décomposer le visage de Bouddhabadra.

Pour ce dernier, les propos de Nuage Fou constituaient un indice de plus de ce que celui-ci avait derrière la tête.

Le but que le tantrique poursuivait était des plus clairs : il en avait tout simplement après le contenu du petit coffre de bois précieux, en forme de cœur, rangé par Bouddhabadra au fond de la besace qu'il avait posée à ses pieds !

Le Supérieur de Peshawar, livide, pouvait constater que Nuage Fou était doté d'une excellente mémoire et de beaucoup d'intuition…

Sinon, comment se fût-il douté que Bouddhabadra avait sur lui la « Chose Précieuse entre Toutes », comme on l'appelait parfois à Peshawar ?

Comment eût-il cité le nom de cet objet de convoitise qui était la cause de tous les tourments de Bouddhabadra ?

N'était-ce pas, avec le *Sûtra de la Logique de la Vacuité Pure*, ce sur quoi Nuage Fou voulait faire main basse ? Si tel était le plan du tantrique, il importait, à n'importe quel prix, de lui faire obstacle.

Car il était hors de question de confier cette boîte à Nuage Fou. C'était la meilleure chance de ne jamais la revoir !

— Euh !... Que te dire ! bredouilla le Supérieur de Peshawar en se lançant dans un flot de paroles assenées sans queue ni tête. Ma foi, je ne sais pas trop ce que je vais faire de la « Chose Précieuse entre Toutes ». Il faut que nous en discutions ! Je ne suis pas le seul à décider. De cela aussi, nous pourrions parler demain ! J'ai un petit creux ! Ne crois-tu pas qu'il serait temps d'aller dîner ?

Il voulait coûte que coûte gagner du temps et arrêter là la conversation avec Nuage Fou, en le faisant, si possible, changer de sujet.

Ce dernier détacha alors de sa ceinture un petit sac et commença à l'agiter, tel un encensoir, sous le regard déconfit de son compagnon.

— Voilà ce qu'attend le Révérend Ramahe sGampo depuis des mois et qu'il n'est pas près d'avoir ! s'écria-t-il fièrement.

— En effet ! souffla Bouddhabadra, accablé.

— À présent, passe-moi la « Chose Précieuse entre Toutes » ! ordonna sèchement Nuage Fou.

— Pour quoi faire ? Je n'en suis que le dépositaire. Il m'est interdit d'en disposer ! D'ailleurs, elle ne devrait même pas être là.

— Tu vas me la donner, et tout de suite. Je rêve d'accomplir un rituel qui associerait les emblèmes des trois Églises bouddhiques ! Je l'appellerai le Rituel de la Fusion et de la Réconciliation ! déclara-t-il sur un ton théâtral.

Sans laisser vraiment le choix à Bouddhabadra, dont le visage était à présent déformé par la contrariété, Nuage Fou plongea sa main dans la besace qu'il tenait serrée contre sa poitrine, d'où il ressortit d'un air triomphant un petit cœur en bois de santal pas plus grand que deux paumes. La serrure de cuivre qui brillait au milieu de son couvercle alvéolé attestait qu'il devait s'agir, en fait, d'un véritable petit coffre-fort.

Puis Umara le vit ouvrir le sac de cuir qu'il avait détaché de sa ceinture et y prendre un carré de soie qu'il déplia sur le sol.

— C'est nouveau, cet étui, remarqua Nuage Fou. As-tu la clé du cœur ?

— J'ai dû la perdre !

— Menteur ! hurla Nuage Fou, en extrayant de sa ceinture un poignard dont il menaça son compagnon en nage.

D'une main tremblante, Bouddhabadra lui tendit alors ce qu'il avait exigé.

— Fais attention ! Le cœur contient aussi le Saint Cil du Bienheureux ! Il est tellement fin que, si on ouvre brusquement la boîte, il peut tomber par terre et disparaître à jamais, bredouilla le Supérieur de Peshawar.

— Tu oublies que j'ai déjà eu l'occasion d'avoir ce saint poil entre les mains ! répondit sèchement Nuage Fou.

Umara, trop loin de là, toujours coincée derrière sa colonne, ne pouvait pas voir à quoi correspondait à présent le sifflement d'admiration de l'homme au « tantra sur le ventre », penché sur la petite boîte dont il venait de soulever le couvercle, sans précaution particulière, après avoir engagé la clé dans sa serrure.

— Ils sont aussi beaux que ce qu'on raconte ! Quant au Saint Cil, je n'en vois nulle trace ! lâcha-t-il.

— Tu as dû le laisser s'envoler ! Il suffit d'un souffle ! Quel grand malheur ! gémit son compagnon, consterné.

Pendant ce temps Nuage Fou, qui n'avait pas l'air plus ému que ça de la perte du Cil du Bienheureux, venait d'emballer la « Chose Précieuse entre Toutes » dans le petit carré de soie, avant de replacer le tout dans le cœur en bois de santal.

— Voilà qui scelle notre indéfectible alliance ! ajouta-t-il. Nous le porterons alternativement, un jour toi et un jour moi !

— Je ne suis pas d'accord ! Tu as déjà perdu le Cil, cette relique sainte qui appartenait à mon couvent depuis des siècles et que des millions de pèlerins, venus de l'Inde entière, ont eu l'honneur de vénérer ! Je n'ai plus confiance en toi ! s'écria, révolté, Bouddhabadra, tandis que l'autre, sourd à ses protestations, s'empressait de ranger le cœur dans une malle de cuir posée un peu plus loin, sur le sol.

— Si ce Saint Cil est irremplaçable pour ton Petit Pèlerinage, comment fais-tu lorsqu'il n'est pas en ta possession ? lui rétorqua Nuage Fou d'un air narquois.

Bouddhabadra se garda bien de lui répondre.

Pour rien au monde il ne lui eût avoué qu'il arrachait un de ses propres poils du contour de l'œil pour les besoins de la cause, c'est-à-dire à l'occasion du Petit Pèlerinage de Peshawar, lorsque le Saint Cil n'était pas disponible…

C'est alors que Nuage Fou, sous le regard médusé de son compagnon, lequel n'osa pas, et pour cause, protester, accomplit lui-même ce geste et s'arracha un cil avant de le placer dans la petite boîte, d'un geste théâtral.

Umara ne comprenait rien au curieux manège qui se déroulait sous ses yeux, pas plus les arguties échangées par ces deux hommes que la façon qu'ils avaient eue de parler de ces choses bizarres.

Mais la suite fut bien plus hallucinante encore.

Après avoir fait absorber de force à Bouddhabadra deux petites pilules brunes coup sur coup, Nuage Fou l'empoigna violemment par le col de sa tunique, avant de lui assener, sur le ton de l'invective, de nouveau en le menaçant de son poignard, une série de propos incohérents d'où il ressortait qu'il l'invitait à partager l'un de ses rituels tantriques.

— T'tu v'veux me convertir au tantrisme ! Co-comment refuserais-je une telle pro-pposition de l'la p'part de mon allié ? finit par ânonner Bouddhabadra, à force d'avoir été secoué comme un arbre dont on veut faire tomber les fruits.

Derrière cet apparent consentement, Umara percevait clairement que, tel un chevreau apeuré devant le tigre prêt à le dévorer, Bouddhabadra se trouvait pris dans un piège monstrueux dont il était incapable de se sortir.

Alors, sous le regard ébahi de la jeune chrétienne, l'homme au chignon tiré et aux oreilles allongée sortit de sous son manteau une fiole de bronze, qu'il promena lentement sous le nez de Bouddhabadra avant de lui en plaquer sans ménagement le goulot sur les lèvres.

— Mais je n'ai pas soif ! Nous trinquerons plus tard, à l'auberge, protesta vainement celui-ci.

— Bois ça, te dis-je ! Et vite ! hurla l'homme au « tantra » sur le ventre.

Serrant le cou du Supérieur de Peshawar dans la clé formé par son bras, il n'eut aucun mal à l'obliger à en ingurgiter une lampée.

Umara ne pouvait pas se douter que Nuage Fou venait ainsi de faire avaler de force à Bouddhabadra, qui déglutissait à présent avec peine, du *bhang*, un mélange de lait, de jus de pavot et de cannabis. Il avait appris à le confectionner au Tibet, où cette boisson était prescrite aux adeptes des arts martiaux pour leur permettre de pratiquer leurs combats à une altitude où le manque d'oxygène provoquait de fréquentes syncopes.

— C'est amer ! J'ai du feu dans le ventre ! Pourquoi as-tu fait ça ! hurla le Supérieur de Peshawar.

— Tu verras, sous peu tu pourras t'envoler. Tu ne sentiras plus ton corps ! Alors, l'ineffable rituel pourra commencer.

La jeune nestorienne constata dans la posture de Bouddhabadra, tombé à genoux, que celui-ci devait commencer à ressentir les premiers effets de cette boisson mystérieuse.

Complètement calmé, il laissait en effet Nuage Fou, lequel riait de plus en plus fort, lui verser à même la bouche rasades sur rasades qui dégoulinaient de la commissure de ses lèvres, tels des ruisseaux de montagne à la fonte des neiges.

— Je perds tous mes repères ! Mais que me fais-tu boire ? gémit-il.

L'infinie détresse exprimée par son visage pâle comme la mort faisait peine à voir.

— Juste la décoction de plantes habituelles préconisée par le *Livre du Grand Soleil.* Tel est bien l'unique moyen d'être totalement possédé par l'esprit divin et d'obtenir une inoubliable et efficace *Avésa*[1]…

— Ainsi, tu as l'intention de… de faire de m'mmoi un un… médium ? parvint à articuler le pauvre Bouddhabadra qui n'était plus que l'ombre de lui-même, après s'être relevé avec peine.

Umara observait avec horreur les yeux du religieux : à peine plus ouverts que d'étroites fentes horizontales, ils témoignaient que le malheureux était au bord de la syncope.

— Ce breuvage ne va pas tarder à te donner l'impression que tes pieds quittent le sol terrestre…Tu seras dans l'état de lévitation *laghiman*. N'est-ce pas le propre des meilleurs médiums ?

— Je ne sais pas si ce sera le cas, mais j'ai déjà la tête qui tourne ! La perte du Saint Cil est en train de me nuire ! gémit le moine du Petit Véhicule, qui, pour éviter de tomber, venait de s'accrocher au cou de l'homme au « tantra ».

Umara ne pouvait imaginer que Nuage Fou avait fait ingurgiter

1. *Avésa* : rituel de l'esprit.

à ce pauvre Bouddhabadra une telle quantité de substances hallucinogènes que celui-ci n'était déjà plus qu'à moitié de ce monde.

Elle pouvait néanmoins voir que, désormais dépourvu de tout réflexe de défense, il était devenu l'objet inerte et presque consentant d'un rituel barbare dont elle était l'involontaire témoin impuissant, tétanisée par l'horreur de cette scène à laquelle elle avait le malheur d'assister.

Longtemps, elle se souviendrait de cette cérémonie terrible qui s'était achevé dans le sang !

Le tantrique avait commencé par empoigner sauvagement sa victime, déjà pantelante, puis, après l'avoir violemment plaquée sur le sol, avait entrepris de lui serrer la gorge pour l'empêcher de respirer, en prétextant que ça allait l'« aider à décoller du sol » !

D'emblée, Umara avait compris que cet improbable combat n'aurait rien de ces empoignades assorties de griffures, de prises et d'étranglements erratiques qui finissaient sans effusion de sang par la mise à terre du vaincu, comme elle en avait vu à Dunhuang, les jours de fête, au moment où les villages des oasis avoisinantes s'affrontaient, par l'intermédiaire de leurs jeunes gens les plus belliqueux.

Le visage de Bouddhabadra faisait peine à voir, de plus en plus violacé et boursouflé, au bord de l'apoplexie, mais ne paraissait pas émouvoir le moins du monde son bourreau.

Drogué jusqu'à la moelle, les yeux injectés de sang, brillants comme des rubis, ce dernier s'acharnait maintenant à coups de pied de plus en plus violents sur la tête de sa victime.

Umara vit s'inonder de rouge la face, puis le cou du supplicié, au point qu'il ne lui était plus possible de reconnaître le moindre de ses traits, défigurés sous les coups redoublés de l'homme au chignon, lequel, tel un véritable fauve, s'acharnait de plus belle sur lui.

La jeune chrétienne, dont l'estomac était tordu par le dégoût, n'en finissait pas de regretter d'avoir bravé l'interdiction paternelle en s'échappant, cet après-midi-là, de l'évêché pour découvrir le vaste monde. Le prix des quelques grammes de liberté ainsi volée lui paraissait à ce moment par trop élevé.

Tapie dans l'ombre de la colonnade de ce temple en ruine, cela faisait bientôt deux bonnes heures qu'elle en demeurait prisonnière.

Soudain, elle se mordit la langue pour s'empêcher de hurler.

D'un violent coup de poing, Nuage Fou, à califourchon sur le ventre de Bouddhabadra, venait d'emporter une bonne partie de la rangée supérieure de la mâchoire du malheureux, dont les dents avaient jailli de la bouche ouverte comme des projectiles.

Alors qu'elle était déjà totalement inconsciente, Nuage Fou n'avait pas hésité à empoigner sa victime par la ceinture, puis à la hisser au-dessus de sa tête comme un sac de riz, avant de se mettre à tourner dans un curieux mouvement de valse lente, dont le rythme s'accéléra subitement, jusqu'à ce que les deux hommes, aux yeux d'Umara, ne formassent plus qu'un bloc compact. À l'instar d'une corolle de fleur, ce qui restait du volant formé par la tunique du moine indien s'était ouvert autour de Nuage Fou, au fur et à mesure que la vitesse avait augmenté.

— J'ai l'impression de te voir voler ! C'est le rituel qui est en train de s'accomplir ! Prépare-toi, Bouddhabadra, la délivrance ne va pas tarder ! hurla le tantriste.

Puis il lâcha le corps inerte du Supérieur de Peshawar, qui retomba lourdement sur le sol, tel un pantin désarticulé.

Après quoi, devant Umara qui n'en croyait pas ses yeux, Nuage Fou entra dans une sorte de transe.

Son corps, secoué de spasmes, se raidit à vue d'œil comme une planche, et il foula aux pieds sa victime avec une telle force que la petite chrétienne n'avait plus qu'une hâte, c'était de disparaître de là, tellement elle était sûre, s'il la voyait, que ce fou sanguinaire la tuerait à son tour.

Fuir le plus loin possible ! C'était tout ce qu'elle avait à faire !

Quitter au plus vite ce lieu maudit, retourner à l'évêché et se jeter dans les bras protecteurs de son père pour essayer d'oublier, à tout jamais, ce qu'elle avait vu !

Soucieuse d'apprécier la distance qui la séparait de la porte du temple, Umara se retourna avec d'infinies précautions et constata qu'il lui suffirait de quelques enjambées pour franchir le porche de la pagode et se retrouver dehors.

Alors, elle serait hors de portée du tueur.

Mais la malchance, hélas, était aussi au rendez-vous !

Au moment où elle allait s'élancer, l'assassin fou, dont la force paraissait décuplée par la transe, poussa un rugissement de lion tandis qu'un déluge de pierres s'abattait sur elle, la contraignant à faire un écart et à se réfugier dans un coin de la salle pour éviter d'être ensevelie.

Le cœur près de rompre, croyant que la foudre avait frappé sur la pagode, elle finit par comprendre ce qui venait de se passer.

Après s'être emparé une ultime fois de sa victime comme d'un vulgaire paquet, l'homme en transe l'avait projetée contre une des colonnes de bois soutenant encore l'immense architrave en cèdre du plafond de la pagode.

Sous la violence du choc, ladite colonne s'était rompue, entraînant à son tour la rupture d'une poutre maîtresse, ce qui avait provoqué le brusque descellement des énormes moellons de pierre dont était fait le plafond de la salle, et son effondrement.

On ne voyait plus goutte, à présent, dans la pagode un peu plus ruinée, envahie par un nuage opaque de poussière.

Lorsqu'il se dissipa enfin, Umara constata avec accablement qu'un immense tas de pierres obstruait l'entrée du temple.

L'issue à laquelle elle avait pensé n'était plus praticable.

Pour sortir de ce piège infernal, l'unique moyen était désormais de traverser l'aire où Bouddhabadra continuait à se faire réduire en morceaux par Nuage Fou, au bout de laquelle un mur s'élevait, percé d'une fenêtre par laquelle elle pouvait espérer s'enfuir.

Rejoindre ce soupirail s'annonçait pourtant des plus périlleux, car le supplice du moine de Peshawar continuait bel et bien, sous les coups redoublés de son bourreau, lequel, visiblement, se souciait comme d'une guigne de l'effondrement du plafond, tout occupé qu'il était à lui rompre les os un à un avec une méticulosité morbide.

— Il te reste juste à accomplir le sacrifice du *homa* et c'en sera fini pour toi ! Après cela, tu iras droit au ciel ! s'écria alors Nuage Fou, dont la bouche écumait de bave, penché sur ce qu'elle croyait être un cadavre.

C'est alors que la jeune chrétienne nestorienne dut s'appuyer contre le mur pour ne pas défaillir.

Elle venait d'entendre un murmure atroce, telle une complainte inouïe, sortir de la bouche de celui qu'elle croyait mort.

— Mais tu ne vas tout de même pas mettre le feu à mes vêtements !

C'était Bouddhabadra, dont les propos gémissants et à peine audibles, mais bien réels, témoignaient de l'ultime souffle de vie qui demeurait en lui.

Malgré ses horribles blessures, que le breuvage de Nuage Fou avait rendu moins insupportables, le pauvre Supérieur de Peshawar avait encore la force de manifester cette peur panique de devoir subir le rite de purification par le feu des tantriques, dont Nuage Fou venait de prononcer le nom et qui avait délié ce qui lui restait de langue.

— Tu ne sentiras rien ! N'aie pas peur ! Alors, tel l'Apsara, tu t'imagineras voler ! hurla Nuage Fou en achevant sa gourde d'une seule rasade.

Puis cet homme à l'esprit perturbé, au corps couvert de cicatrices qui ressemblaient à des phrases et à la peau du crâne tirée vers le haut, comme s'il avait été empoigné par une serre d'oiseau de proie, brandit de nouveau son poignard au-dessus de la poitrine de sa victime.

Et alors, d'un seul coup, déchirant l'air sous les yeux hallucinés de la pauvre Umara, la lame de l'homme au « tantra » sur le ventre s'abattit sauvagement.

Une première fois, puis une autre.

Malgré elle, la fille de l'évêque ne put s'empêcher de compter le nombre de coups portés par Nuage Fou.

— Satkarmani ! Satkarmani ! s'écriait-il, extatique, au moment précis où son bras retombait, à six reprises, sur le torse de Bouddhabadra.

Une fois cette atroce besogne accomplie, ce fut à peine si le moine hinayaniste eut la force de murmurer, juste avant de mourir, malgré le sang qui jaillissait de sa bouche, pendant que le glaive de son horrible compère lui transperçait le cœur :

— Je meurs ! Sois maudit, Nuage Fou ! Tu as rompu notre pacte, de même que tu as perdu le Cil du Bienheureux ! Que ces actes réduisent à néant tes chances d'être sauvé un jour ! Puisses-tu renaître dans l'enfer le plus froid !

Umara ne pouvait pas savoir que Satkarmani était le nom donné aux Six Actions Magiques : enchanter, pacifier, immobiliser, tuer, saigner et purifier, qui constituaient la base du rituel tantrique *krura* auquel Nuage Fou venait de s'adonner et qui s'était achevé si tragiquement, en raison de la folie de son auteur, par la mort de sa victime dont le cadavre gisait désormais à ses pieds.

— Enfin, la *kundalinî* va pouvoir percer les soixante-douze mille centres de mon corps subtil ! hurla l'assassin tantrique dont la crise d'épilepsie venait d'atteindre son paroxysme.

Alors, la lugubre transe, dans laquelle il s'était abîmé, et qui lui avait fait accomplir l'irréparable, parut se muer, d'un seul coup, en extase.

— Je vais enfin pouvoir saisir la kundalinî de Bouddhabadra à pleines mains ! Ainsi, il verra bien que le tantrisme est supérieur au Hînayâna ! ajouta-t-il de sa voix rauque, toujours en se parlant à lui-même.

Après avoir ouvert la cage thoracique de sa victime avec le poignard dont il s'était servi pour la tuer, puis soulevé ses côtes comme un vulgaire couvercle, et, enfin, fouaillé dans la plaie, dont il extirpa une boule sanguinolente qui devait en être le cœur, il se l'appliqua triomphalement sur les lèvres, comme si l'organe vital du Supérieur du couvent de l'Unique Dharma de Peshawar eût été une éponge, du sang de laquelle il souhaitait s'humecter.

Devant un geste aussi terrible, Umara, témoin muet de ce ballet macabre qui s'était achevé par l'arrachement de ce cœur encore tout palpitant et dégoulinant de sang, éprouva une furieuse envie de vomir.

Mais elle ne put que se retenir, de peur de se faire remarquer par le tantriste sanguinaire.

Comme elle eût souhaité disparaître sous terre et n'avoir jamais assisté à tout cela !

Partir au plus tôt ! S'évanouir de ces lieux maudits : telle était son unique obsession.

Pour s'extraire de cet enfer, la seule issue était le soupirail ouvert dans le mur opposé à l'endroit où elle se trouvait.

C'était là, au pied de cette ouverture par laquelle elle pouvait déjà apercevoir le ciel orangé du crépuscule, que gisait le cadavre du supplicié que Nuage Fou avait enfin abandonné, avant de s'affaler lui-même contre la paroi à demi écroulée, juste au-dessous de l'étroite fenêtre que les éboulis provoqués par l'effondrement du plafond permettraient néanmoins d'atteindre sans échelle.

S'échapper par ce soupirail supposait donc qu'elle s'approche tout près de l'assassin dont les yeux extatiques et exorbités étaient tournés fixement dans sa direction.

N'était-il pas en train de la regarder ?

Le mot « tantra » dont son ventre était signé lui paraissait à présent s'afficher en lettres de feu.

La jeune nestorienne, en nage, imaginait déjà ce Nuage Fou lui faisant signe d'approcher et puis, comme elle aurait refusé d'obtempérer, se levant brutalement avant de se lancer à sa poursuite. Alors, dans sa fuite éperdue, elle aurait certainement trébuché sur une pierre et, là, il en aurait profité pour la plaquer sur le sol, avant de lui faire subir le même traitement qu'à ce pauvre Bouddhabadra dont la cage thoracique, horrible malle aux trésors débordante, non pas d'objets précieux, mais de viscères violacés, avait déjà commencé à empester.

Deux ou trois grosses mouches vrombissantes voletaient autour du cadavre éventré, se disputant furieusement, pour finir par se réconcilier et tournoyer ensemble dans un étrange ballet, avant de se poser avec délicatesse sur les morceaux d'artères sectionnées d'où le sang, en voie de coagulation, coulait à peine.

Un bruit nouveau la fit sortir de la torpeur où l'avait plongée, fascinée, ce spectacle morbide.

C'était Nuage Fou qui s'était mis à ronfler.

Elle tenta alors un pas, guettant la réaction de l'intéressé.

L'absence totale de celle-ci, fût-ce le soubresaut d'une paupière, lui fit penser que l'assassin de Bouddhabadra, l'homme au visage tiré vers le haut par le chignon et vers le bas par les lourds anneaux de bronze qui pendaient à ses oreilles allongées, devait réellement s'être endormi.

En trois bonds, elle serait à côté de lui et, de là, elle n'aurait plus qu'à se hisser jusqu'au soupirail en se servant des éboulis comme d'un marchepied.

Alors, enfin, elle serait dehors.

Haletante, elle avança sur la pointe des pieds, pour faire le moins de bruit possible, en se frayant un passage au milieu des gravats qui jonchaient le sol.

Vu de près, le cadavre de Bouddhabadra était encore plus épouvantable.

Son corps à moitié dénudé, couvert de bleus, n'avait plus grand-chose d'humain et ressemblait plutôt à ces bouddhas auxquels, à force d'ascèse, il ne restait plus que la peau et les os, tels que les représentaient, sur les bas-reliefs votifs, les ciseaux des sculpteurs du Gandhara.

Les yeux vitreux du supplicié, dont les cils ourlés de poussière faisaient étrangement ressortir la douceur du regard, paraissaient regarder avec attention le plafond effondré de la pagode.

Elle frissonna : juste sous la jambe du cadavre, elle venait d'apercevoir un gros scorpion noir se faufiler, tandis que le vrombissant nuage de mouches bleues, délaissant l'extérieur de la cage thoracique de ce qui restait du Supérieur du couvent de l'Unique Dharma de Peshawar, avait entrepris d'en explorer les recoins intérieurs.

Elle fit trois pas de plus.

Elle n'était qu'à moitié rassurée par les ronflements qui continuaient à s'échapper de la bouche grande ouverte de Nuage Fou.

Capable sûrement de toutes les dissimulations, il pouvait tout aussi bien l'avoir repérée et faire semblant de dormir avant de se ruer sur elle !

L'estomac noué comme une corde de chanvre, elle s'engagea avec d'infinies précautions sur le tas de pierres, contre le mur.

Lorsqu'elle acheva de le gravir, elle constata avec terreur qu'il lui manquait plusieurs centimètres pour se hisser sur le rebord de la fenêtre.

Effarée et le cœur battant la chamade, elle pouvait contempler, juste à ses pieds, le sommet du chignon de Nuage Fou qui montait et descendait au rythme de ses ronflements.

C'est alors qu'elle avisa la malle de cuir, placée au milieu de l'aire où le meurtre rituel avait été accompli.

Avec ce support supplémentaire, elle atteindrait sûrement le rebord de la fenêtre.

Elle redescendit avec les précautions d'un chat, décidée à s'emparer de cet objet qui pouvait lui permettre de s'enfuir.

Au moment où elle saisissait la poignée du couvercle, elle entendit un bruit terrible.

Croyant à un nouvel effondrement, elle ferma les yeux.

Lorsqu'elle les rouvrit, elle osait à peine regarder devant elle, tellement elle avait peur.

Puis elle comprit que le bruit venait de la malle, qui s'était brusquement ouverte lorsqu'elle l'avait prise par la poignée, laissant échapper le petit coffret en forme de cœur.

Éperdue, Umara regarda en direction de Nuage Fou.

Il avait cessé de ronfler. Pétrifiée, elle s'attendait qu'il ouvrît un œil, puis l'autre, avant de se réveiller pour lui sauter à la gorge comme un fauve et ne faire d'elle qu'une bouchée.

Ces instants, pendant lesquels elle scrutait le moindre mouvement de l'homme au chignon, lui semblèrent des siècles.

Machinalement, elle glissa dans sa ceinture brodée le petit coffret en forme de cœur qu'elle venait de ramasser par terre, afin d'effacer toute trace de son passage, puis, soulevant la malle tant bien que mal, elle alla se cacher derrière une colonne.

Un miracle avait dû se produire, puisque les ronflements avaient repris et que le dénommé Nuage Fou paraissait à nouveau dormir à poings fermés.

C'était le moment ou jamais.

Le cœur battant, tenant la malle dans ses bras pour l'empêcher de racler les cailloux, la jeune nestorienne prit son souffle et s'élança vers les gravats sous la fenêtre.

Arrivée au sommet du tas, elle y posa le bagage et, après être montée sur celui-ci, réussit à se hisser à l'aide de ses bras, dans un dernier effort et avec toute l'énergie du désespoir, jusqu'au rebord de la fenêtre, tandis que la malle de cuir, repoussée par ses pieds, dévalait bruyamment la pente de débris, provoquant cette fois le réveil en sursaut de l'homme au chignon.

Elle n'avait plus une seconde à perdre. Nuage Fou, hagard, se demandant ce qui se passait, venait de se lever avec peine et se penchait au-dessus de la malle ouverte.

Umara ferma les yeux et sauta dans le vide.

Elle eut la surprise de retomber sur quelque chose de doux et de chaud.

Le sable du désert, fin et moelleux à souhait, que les tempêtes avaient poussé contre la base du mur de la pagode, avait amorti efficacement sa chute. Elle était libre, et recouverte d'une fine poudre à l'éclat mordoré par les rayons du soleil couchant.

Alors, comme un animal traqué par des chasseurs, elle se mit à courir devant elle comme une folle.

Le sable chaud et doux ralentissait son allure.

Sur la ligne crénelée et tremblotante de l'horizon désertique, les lueurs rasantes de l'astre solaire irisaient la crête des vagues formées par les dunes du désert de Gobi.

Bientôt, la pagode en ruine fut loin derrière elle, et elle reconnut les premières maisonnettes de terre battue de Dunhuang autour desquelles, en cette fin d'après-midi, des chèvres et des brebis attendaient la traite.

Trois rues plus loin, elle n'aurait qu'à bifurquer à droite pour retrouver le pâté de maisons au milieu duquel avaient été construits les bâtiments de l'évêché nestorien.

Se sachant hors d'atteinte, elle s'arrêta, le souffle court, sous l'arcade d'un porche pour souffler un peu.

Elle était blanche de poussière, et son genou gauche lui faisait mal. Elle s'aperçut qu'elle se l'était raclé sur le rebord du soupirail et que ses vêtements étaient à moitié défaits, à la suite de l'intense effort qu'elle venait de produire.

Rien de bien grave, par rapport à ce qu'elle avait risqué.

Mais elle ne pouvait pas rentrer chez elle dans cet état.

Après s'être époussetée, c'est en rajustant sa ceinture que ses mains touchèrent le petit coffret de bois précieux dont elle ne se souvenait plus qu'elle l'avait glissé à l'intérieur, au moment où elle s'était élancée, avec la malle ouverte, pour atteindre le soupirail.

Elle s'en saisit délicatement et le posa à plat sur ses genoux.

Il sentait à plein nez le bois de santal.

Les ferrures et le cloutage de bronze qui l'ornaient luisaient comme si des mains attentives n'avaient cessé d'astiquer cette mystérieuse petite boîte qu'elle avait emportée, sans trop savoir pourquoi.

Elle la secoua contre son oreille pour essayer d'en deviner le contenu.

Elle entendit des petits chocs très amortis qui indiquaient la présence de plusieurs objets qu'on avait dû emballer avant de les placer à l'intérieur du coffret de bois odorant.

Elle allait se lever pour repartir dare-dare chez elle où son père et la gouvernante Goléa devaient s'inquiéter lorsque, inexplicablement, elle éprouva le besoin d'ouvrir la boîte.

Elle se rappelait parfaitement que Nuage Fou l'avait rangée dans sa malle sans l'avoir fermée à clé. Une simple tige de bronze passant dans deux œilletons faisait office de loquet. Elle n'eut qu'à la faire glisser doucement pour entrouvrir son couvercle.

Elle reconnut alors ce bout d'étoffe de soie dans lequel devait être enveloppée ce que ces hommes avaient appelé la « Chose Précieuse entre Toutes ».

Elle le défit avec précaution.

Ce qu'elle vit alors était à la fois tellement nouveau pour elle et tellement inouï, quasiment magique, que son premier réflexe fut de replacer le tout dans le coffret en bois de santal, avant d'en refermer promptement le couvercle.

À n'en pas douter, ce qu'elle tenait là, dans ses mains, était suffisamment précieux pour avoir, déjà, provoqué la mort d'un homme…

Elle était consciente qu'elle était devenue, par pure inadvertance, dépositaire d'un secret qui devait être terrible et elle continuait à se perdre en conjectures, lorsqu'elle arriva enfin à l'évêché où sa gouvernante éplorée l'attendait sur le pas de la porte.

— Umara ! Que faisais-tu ? Nous te cherchons depuis ce matin ! Tu m'as rendue folle d'inquiétude ! hurla la grosse Goléa en se jetant sur elle, à peine avait-elle aperçu la silhouette de la jeune fille au bout de la rue.

— Ce n'est rien, j'étais en promenade et je me suis perdue… dans le désert. Alors, j'ai décidé de faire une petite sieste sous un palmier dattier… et me voilà !

— Heureusement que je n'ai rien dit à ton père… Il est parti à la chasse pendant deux jours. Si tu avais tardé encore, j'aurais été obligée de l'avertir dès son retour et il se serait fait un sang d'encre !

— Je suis saine et sauve, ma bien chère Goléa ! N'est-ce pas là l'essentiel ? se contenta de répondre la jeune fille dont les traits tirés cadraient mal, pourtant, avec son histoire.

— Tu as l'air fatiguée ! Le soleil du désert ne te réussit pas ! marmonna la gouvernante.

Par prudence, et quoi qu'il en coûtât à sa loyauté, Umara se garda bien de lui en dire plus.

Elle avait décidé de taire cette escapade qui avait failli si mal tourner et surtout l'extraordinaire contenu de ce petit coffret dont son père n'aurait pas manqué de lui demander la provenance si, d'aventure, elle le lui avait montré.

Ce qui s'était passé sous ses yeux était, au demeurant, tellement énorme qu'elle ne se voyait pas le révéler à son père, de peur d'inquiéter celui-ci un peu plus.

En tant que fille d'un important dignitaire nestorien, Umara connaissait mieux que personne la valeur du secret que les adeptes de ce culte en devenir, habitués aux persécutions, apprenaient à cultiver.

Il était même interdit de réciter devant des infidèles les simples formules rituelles en langue syriaque, ânonnées à voix basse au cours de ces cérémonies interminables au-dessus desquelles flottaient d'épais nuages d'encens, ainsi que d'avouer jamais à quiconque qu'ils se qualifiaient mutuellement d'« Assyriens », ou encore de faire état de la délicate notion d'« hypostase unique du Christ », dans laquelle se retrouvaient ses deux natures, divine et humaine, indépendantes l'une de l'autre, car telle était la base de la religion « dyophisite », condamnée comme une hérésie parce que, selon elle, la Vierge Marie ne pouvait être qualifiée de « Théotokos » (ayant enfanté un Dieu) mais plutôt de « Christotokos » (ayant enfanté le Christ)…

C'était donc en digne fille de son père que la jeune chrétienne avait décidé qu'elle ne révélerait rien à personne, pas même à celui-ci.

N'était-ce pas, au demeurant, la bonne façon de le protéger ?

Le soir même, alors qu'elle était seule dans sa chambre, elle put à nouveau ouvrir la boîte, à la lueur d'une chandelle, et fut encore une fois émerveillée par ce qu'elle vit.

Sans doute était-elle encore trop jeune, et pas assez instruite, pour comprendre le sens de ce qu'elle avait posé bien à plat sur le carré d'étoffe aux motifs complexes qui servait d'emballage à ces pierres dont l'éclat, malgré la pénombre de la pièce, l'éblouissait.

Mais ce dont elle était sûre, c'était qu'il y avait là quelque chose d'inestimable.

L'unique personne auprès de laquelle elle comptait s'en ouvrir était Brume de Poussière, avec lequel elle partageait déjà, en raison de leurs escapades, de petits secrets inavouables.

Il était le seul à qui elle pouvait faire confiance.

Finirait-elle, un jour, par en savoir davantage au sujet de ce mystérieux trésor ?

En attendant, où pourrait-elle enfouir ce coffret au contenu si étrange ?

Dans quel endroit où personne, jamais, ne le retrouverait ?

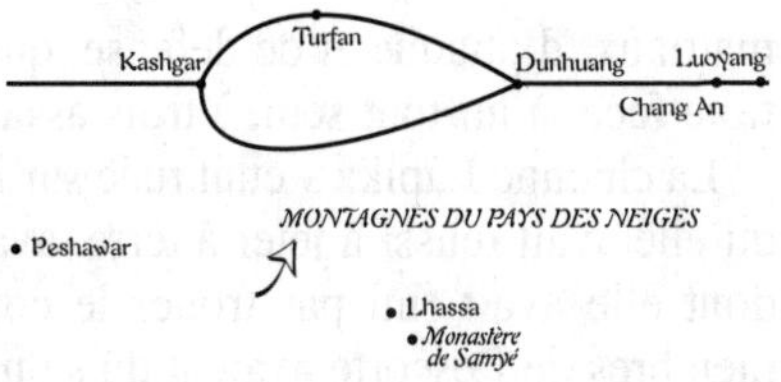

14

Dans les montagnes du Pays des Neiges

Ils étaient attachés l'un à l'autre par des cordes qui leur sciaient les poignets.

Ce serait leur première nuit en tant que prisonniers.

Aussi l'immense feu qui crépitait sous leurs yeux n'arriverait-il pas à leur réchauffer le cœur.

Maigre consolation, les bébés dormaient à poings fermés dans leur couffin, Lapika à leurs pieds, haletante, les oreilles en berne et le pelage terne.

Au début de leurs ennuis, pas plus Cinq Défenses que le *ma-ni-pa* n'avaient pris conscience de ce qui leur arrivait, ni n'avaient vu venir les hommes qui leur étaient tombés dessus sauvagement.

Tout s'était passé très vite, pendant cette embuscade qui n'avait pas duré plus de quelques secondes.

Au détour d'un virage, devant un bosquet touffu de sapins, sur le chemin escarpé où ils progressaient avec lenteur, ils avaient eu à peine le temps de l'apercevoir que la petite troupe de cavaliers avait foncé sur eux en vociférant.

Cinq Défenses, qui avait surtout cherché à protéger les enfants, que l'assaut n'avait même pas réveillés, avait été promptement ceinturé, puis, avec le *ma-ni-pa*, plaqué à terre avant d'avoir pu extraire la moindre flèche de son carquois. Tenant fermement le couffin, il s'était privé de tout recours à sa pratique des arts martiaux, d'attaque et de défense, qui lui permettait d'ordinaire de faire face, à lui tout seul, à trois assaillants.

La chienne Lapika s'était ruée sur le cheval du premier attaquant qu'elle avait réussi à jeter à terre, avant de s'acharner sur l'animal dont elle avait fini par trouer le cou avec ses crocs. Les autres membres de l'escorte avaient dû se mettre à trois pour faire décrocher le molosse en le rouant de coups. Il leur avait fallu cinq bonnes minutes pour y parvenir et éloigner du cadavre du cheval la chienne dont la vaillance attestait qu'elle considérait les deux bébés comme ses propres petits.

Ils étaient tombés dans une embuscade tendue par des bandits de grand chemin.

Le chef des brigands ne parlait ni le chinois ni le tibétain.

Ses cheveux bouclés et son teint mat faisaient irrésistiblement penser à une origine occidentale.

Il paraissait venir d'une de ces contrées lointaines auxquelles aboutissait l'ultime tronçon de la Route de la Soie, et que les nombreux voyageurs revenus de là-bas appelaient « plaine de mille sources » ou encore « pays des pigeons », en raison des volatiles ornementaux de terre cuite qui ornaient les faîtages des toits des maisons.

De ces pays mythiques, tous situés fort loin vers l'ouest, au sujet desquels couraient toutes sortes de légendes, les marchands rapportaient des pêches et des raisins gorgés de sucre qui faisaient les délices des enfants et des courtisanes, ou encore du feutre de laine si dur que certains corps d'armée pouvaient l'utiliser, en raison de sa résistance aux pointes de flèche, comme un utile et efficace bouclier.

L'homme aux cheveux bouclés et au teint mat leur avait ordonné de se tenir à côté d'un grand rocher, en haut duquel l'un de ses serviteurs avait grimpé pour monter la garde.

Puis, à Cinq Défenses et au *ma-ni-pa*, ce serviteur qui parlait chinois avait annoncé qu'il venait d'être prié par son chef de servir d'interprète.

C'était ainsi qu'ils avaient découvert qu'un chef parsi, du nom de Majib, les avait capturés.

Cinq Défenses ne connaissait rien des parsis, dont les beaux tapis, qui arrivaient en Chine centrale où des marchands spécialisés les vendaient aux gens très riches, ne se rencontraient jamais dans les monastères bouddhiques.

Par quel mystère une petite troupe parsie pouvait-elle se retrouver, si loin de chez elle, dans le massif himalayen, Cinq Défenses l'ignorait.

À en juger par la joie de ces hommes barbus lorsqu'ils les avaient ligotés, puis qu'ils avaient procédé à l'inventaire de ce qu'ils transportaient, leur capture était certainement pour eux une prise importante.

C'était ce que l'interprète, pourtant avare de confidences, lui avait confirmé quand il l'avait interrogé à ce sujet :

— Le chef Majib est heureux de votre prise. Cela fait un mois, que nous errons dans le froid en tuant des oiseaux pour les faire rôtir ! Tous les chemins de montagne se ressemblent…

— Tu diras au chef Majib que nous sommes honorés de faire sa connaissance ! avait sobrement répondu Cinq Défenses, tandis que l'intéressé, après s'être livré à une inspection minutieuse de leur chargement, tombait en arrêt devant le couffin où gigotaient les deux bébés que tout ce brouhaha avait fini par réveiller…

— Le chef Majib demande si le petit garçon et la petite fille sont un frère et une sœur ?

— C'est exact. Ils sont même jumeaux, avait rétorqué le jeune moine du Grand Véhicule qui ne comprenait pas où le chef parsi voulait en venir avec cette question, et encore moins l'air entendu et satisfait qui était le sien depuis que l'interprète lui avait traduit la réponse de Cinq Défenses.

Ces bandits, à coup sûr, s'étaient perdus, s'était dit Cinq Défenses, dont l'intuition avait été confirmée par la proposition que le chef Majib n'avait pas tardé à lui faire par l'entremise de l'interprète.

— Le chef Majib dit que si vous arrivez à nous permettre de retrouver la Route de la Soie, vous aurez la vie sauve !

— Tu lui répondras que nous savons par où il faut passer pour la rejoindre ! s'était empressé de répondre le jeune mahayaniste, qui n'en menait pas large.

Ils avaient ainsi marché jusqu'au soir, arrimés l'un à l'autre par une corde qui passait autour de leurs jambes, tels des esclaves, et c'était à eux que leurs geôliers avaient demandé, malgré leur épuisement, d'allumer le feu devant lequel, à présent, ils se réchauffaient les mains.

L'interprète, qui leur servait de gardien, s'était assoupi.

Ils pouvaient donc se parler l'un à l'autre, à condition de chuchoter.

— Tu crois qu'ils étaient prêts à nous tuer ? murmura le *ma-ni-pa* à son compagnon.

— Ils ont besoin de nous pour sortir du pays de Bod. C'est là notre meilleure protection. Le regard de ce Majib ne me dit rien qui vaille. Il a tout l'air d'un homme cruel et sans états d'âme…

— As-tu remarqué son sourire quand il a découvert les enfants après avoir soulevé le voile du couffin ? On aurait dit un ogre qui venait de tomber sur un bon repas !

— Heureusement qu'ils ont eu la bonne idée de ne pas tuer Lapika au moment de l'embuscade, quand elle se jeta sur eux, tous crocs dehors, prête à mordre ! Vu l'intérêt que ce Majib a l'air de porter aux enfants, il a bien fait d'ordonner à ses hommes de ne pas s'en prendre davantage à la chienne ! murmura Cinq Défenses au moine errant, tout en poussant dans les flammes, de la pointe du pied, un gros branchage pour faire repartir le feu.

— Et pourtant, il n'était pas censé savoir que l'animal leur servait de nourrice. Regarde un peu ces chéris, comme ils sont mignons : ils dorment, serrés l'un contre l'autre, comme des marmottes. Tant mieux pour eux !

— Tu avais vu juste, ô *ma-ni-pa*, lorsque nous nous sommes croisés pour la première fois, quand tu m'exhortas à me méfier des bandits de grand chemin ! reconnut Cinq Défenses en regardant le moine errant avec accablement.

— Je suis sûr que nous nous en sortirons. Depuis ce matin, je prie le Bienheureux de nous placer sous sa protection divine, sous le regard de la « Chose Précieuse » ! affirma, d'un ton presque jovial, ce dernier, dont le sourire permettait d'afficher les dents noires, comme s'il avait voulu, par son attitude, donner du courage à Cinq Défenses qu'il côtoyait désormais depuis presque deux mois.

Depuis qu'il l'avait rejoint, le moine errant éprouvait pour le jeune assistant de Pureté du Vide, dont il avait découvert l'ampleur des qualités humaines, un indéfectible attachement.

Pourtant, leur improbable compagnonnage aurait pu, compte tenu du concours de circonstances qui y avait présidé, tout aussi bien tourner fort mal.

De fait, sitôt quitté, à Samyé, le lama sTod Gling et Ramahe sGampo, le *ma-ni-pa* s'était empressé de mettre à exécution la recommandation du Vénérable Supérieur d'accompagner Cinq Défenses jusqu'à Luoyang, s'il voulait accomplir un bon karman, susceptible d'améliorer ses chances de réincarnation satisfaisante, lors de son existence future.

En suivant les ordres de Ramahe sGampo, il se ménageait quelques chances supplémentaires d'arriver, en une dizaine de réincarnations successives au lieu de plusieurs milliers, jusqu'aux portes du paradis de l'Extinction, le nirvana, là où l'être se dissolvait dans le Néant, échappant ainsi à la Douleur du Monde !

À bien y réfléchir, c'était mieux qu'une aubaine, plutôt ce genre de chance insigne, assurément octroyée par le Bouddha en personne, qu'il lui fallait saisir des deux mains et surtout ne pas laisser échapper !

Quant aux deux inconnus qui voulaient le *Sûtra de la Logique de la Vacuité Pure,* la perspective de revenir devant eux bredouille l'enchantait si peu qu'il avait donné au premier mendiant croisé l'argent qu'ils lui avaient versé.

Du coup, c'était sans le moindre état d'âme qu'il s'était dépêché de rattraper Cinq Défenses sur sa route.

Il avait fait très vite, priant le Bouddha de lui accorder la faveur de retrouver le convoi des deux enfants demi-dieux, en espérant que le jeune moine n'aurait pas pris l'un de ces innombrables chemins de traverse empruntés par certains voyageurs connaissant mal la montagne et qui, le plus souvent, les conduisaient tout droit au fond d'un précipice.

Par bonheur, au bout de deux jours de marche forcée, au pas de course, il avait fini par repérer, sur un névé bordé par la tranche bleutée d'un gigantesque glacier qui le surplombait dangereusement, la tache que formaient Cinq Défenses et l'étalon Droit Devant.

En cette saison et à cet endroit, au milieu de toute cette froidure et de toute cette immensité glacée, où l'on ne voyait nulle trace humaine, l'apparition de cet homme, accompagné d'un cheval, l'avait rassuré : il ne pouvait s'agir que du convoi des Jumeaux Célestes.

La nuit précédente, il avait encore rêvé qu'il rendait compte, piteusement, à Nuage Fou et à Bouddhabadra de son équipée malchanceuse et de l'impossibilité dans laquelle il s'était trouvé d'aller retirer de la bibliothèque le *Sûtra de la logique de la Vacuité Pure*.

Il avait du mal à oublier le regard injecté de sang, haineux et comme embrumé, du prétendu adepte du tantrisme, dont le spectre continuait à hanter ses nuits en lui murmurant à l'oreille qu'il n'était qu'un incapable, tout juste bon à se réincarner dans un insecte.

En fait, le *ma-ni-pa* redoutait surtout que, sous les apparences de Nuage Fou, ne se cachât un chaman.

Les chamans, que les moines errants craignaient comme la peste parce qu'ils leur faisaient concurrence, étaient à la « religion des hommes » ce que les *ma-ni-pa* étaient à la religion du Bienheureux.

On en croisait autant sur les routes qui étaient, comme pour ces derniers, leur territoire de prédilection.

Nombreux étaient ceux qui les considéraient comme des sorciers d'essence divine, et fort rares ceux qui voyaient en eux de vulgaires charlatans. On racontait qu'ils étaient capables de se transformer en bêtes féroces ou en singes, de lancer une corde vers le ciel et d'y grimper, comme si elle pendait d'un arbre, ou encore de marcher sur des braises sans se soucier de la plante de leurs pieds.

Souvent, les villageois les appelaient à la rescousse, pour guérir la maladie d'un enfant ou d'un vieillard, aider un yak à vêler, ou encore, tout simplement, faire pleuvoir à la fin d'une période de sécheresse particulièrement longue, qui transformait les pâturages en pentes caillouteuses sur lesquelles même les chèvres n'arrivaient plus à brouter.

Il suffisait en général de proposer une piécette à un chaman du bonpo pour obtenir ses faveurs, alors qu'un *ma-ni-pa* n'était censé accorder les siennes que contre la récitation du divin mantra d'Avalokiteçvara, Om ! Mani padme Hum !

Cette concurrence entre chamans et *ma-ni-pa* n'était que la face apparente de la lutte féroce à laquelle se livraient, au pays de Bod, le bouddhisme, religion importée, et les croyances originelles du bonpo que ses habitants, même lorsqu'ils se convertissaient à la Noble Vérité de Gautama le Bouddha, continuaient à pratiquer, bien que ce soit mal vu par les lamas.

Au cours de son enfance, l'un d'eux, qui lui avait appris à lire et à écrire, n'avait cessé de lui raconter des histoires horribles sur des chamans qui parvenaient à détourner les adeptes du bouddhisme de la Voie de la Noble Vérité en les circonvenant sous des apparences anodines.

Avec un immense soulagement, au moment où il avait enfin rattrapé Cinq Défenses, le *ma-ni-pa,* encore tout remué par le cauchemar qui continuait à le hanter, avait constaté que la capacité de nuisance de Nuage Fou n'avait pas suffi à l'empêcher d'arriver à ses fins.

Curieusement, il en avait même éprouvé de la reconnaissance à l'égard de Cinq Défenses.

— Tu ne me reconnais pas ? Je suis venu t'aider ! avait-il hurlé, dès qu'il avait aperçu le jeune moine mahayaniste qui marchait devant l'étalon Droit Devant, sur le dos duquel était solidement attaché le couffin des Jumeaux Célestes.

Mais Cinq Défenses, qui ne paraissait pas avoir entendu l'appel du *ma-ni-pa*, avait continué à avancer, concentré à l'extrême, la froidure ayant rendu la glace beaucoup plus dure et glissante qu'à l'aller.

Le petit convoi, après avoir quitté le grand névé, s'apprêtait en effet à emprunter un passage étroit bordant une sorte de crevasse dont la fente bleutée témoignait de la profondeur insondable.

— Cinq Défenses, attends-moi ! Fais attention à la glace ! C'est un passage très dangereux ! s'était écrié de nouveau, hors d'haleine, le moine errant.

Le jeune moine, surpris d'être ainsi hélé, s'était enfin retourné.

Mais, tout à sa hâte de rejoindre celui-ci, le *ma-ni-pa* avait fait un pas de trop, ce qui avait provoqué sa malencontreuse glissade sur une plaque de neige dure comme une pierre. Son corps avait alors basculé en avant, et il avait fallu à Cinq Défenses la souplesse et l'adresse d'un chat, mais aussi la force de l'adepte des arts martiaux internes, pour retenir le *ma-ni-pa* par le col de son manteau de poils de yak et l'empêcher de chuter au fond de la crevasse béante, juste sous ses pieds.

Au moment où il se voyait tomber dedans, le moine errant avait poussé un tel cri de terreur que les rapaces qui tournoyaient au-dessus du névé avaient brusquement pris de la hauteur, comme des feuilles d'arbre repoussées vers le ciel sous l'effet d'un violent coup de vent.

— Mais que diantre viens-tu faire ici, ô *ma-ni-pa* ? Je t'imaginais plus loin ! avait demandé, quelque peu estomaqué, Cinq Défenses, lorsqu'il s'était rendu compte de l'identité de la créature à qui il venait d'éviter une mort certaine.

— Tu m'as sauvé la vie ! Sans toi, mon corps serait prisonnier de ce tombeau de glace…

— On dit que la glace conserve…, plaisanta l'assistant de Pureté du Vide.

— Je préfère être conservé par la vie !

— Tu n'as pas répondu à ma question ! Que fais-tu ici ?

— J'ai pensé que tu serais moins seul, si je faisais un bout de chemin avec toi. Les routes sont dangereuses et biscornues. Je connais bien celles qui mènent vers la plaine. Les deux enfants sacrés peuvent attirer toutes sortes de convoitises. De toutes mes forces, à présent, je veux t'aider !

Le ton du *ma-ni-pa,* qui attestait de sa sincérité, ne pouvait que plaider pour lui.

— Si tu veux marcher à côté de moi, il faudra m'aider à porter le couffin des enfants. Ce pauvre Droit Devant croule sous les bagages et, quand la pente est raide et glacée, il peut se rompre le cou à tout moment ! avait dit le jeune homme qui avait, pourtant, toutes les raisons de se méfier de ce moine errant, après les propos qu'il lui avait tenus lors de leur rencontre inopinée, quelques jours plus tôt.

— En acceptant, tu me fais un plaisir immense ! Je connais des *ma-ni-pa* capables de réciter dix mille fois de suite la formule Om ! Mani padme hum ! En réalité, pour accomplir cet exploit, ils abusent, au point de perdre la tête, de certaines racines d'arbres censées abolir le sommeil… Cela dit, je suis prêt à le faire pour toi si tu le souhaites, expliqua le moine errant, comme s'il cherchait à se justifier.

Il voulait par tous les moyens plaire à Cinq Défenses, pour s'attirer ses bonnes grâces et éviter de se faire rabrouer, tellement il jugeait indispensable d'accéder au souhait de Ramahe sGampo.

Aussi, lorsque Cinq Défenses lui avait gentiment répondu : « Pourquoi pas ! Au moins, nous serons deux à nous occuper de ces bébés qui sont pour moi des Jumeaux Célestes », il n'avait pas boudé sa joie, en *ma-ni-pa* qui essuyait davantage de quolibets, de la part de soldats en rupture de ban ou de malandrins avinés adeptes du bonpo – aux yeux desquels le bouddhisme, avec tous ses bouddhas et ses bodhisattvas, si nombreux qu'on n'en retenait même pas les noms, n'était qu'un ramassis de superstitions – qu'il ne recevait de remerciements venus d'adeptes sincères et croyant vraiment aux bienfaits de ses formules rituelles.

— J'arrive tout droit de Samyé, où l'on m'a vivement encouragé à venir te prêter main-forte ! s'était-il empressé de confier au jeune moine, en même temps qu'ils s'étaient remis à marcher.

— Tu veux parler de ce lama sTod Gling ?

— Plutôt de son Supérieur, le révérend Ramahe sGampo. Il a souhaité que je vienne t'aider à amener à bon port les petits Jumeaux Célestes !

— Tu m'as l'air de bien connaître ce monastère. Y vas-tu souvent ?

— Pour sûr, j'y ai déjà fait au moins trois ou quatre séjours. La première fois, c'était pour pratiquer l'offrande *bsang* des fumigations.

— J'ignore tout de ce rituel !

— Il consiste à faire brûler devant la statue du bodhisattva compatissant, Avalokiteçvara, des branches de genévrier séchées coupées obligatoirement par sa main gauche, celle du cœur. À Samyé, une fois par an, au début du printemps, tous les *ma-ni-pa* qui le souhaitent sont invités à pratiquer la cérémonie du « vol sur la corde », à laquelle ils grimpent comme des singes. Ce filin de cuir tressé, du nom de *mu* ou « corde à escalader le ciel », de plusieurs dizaines de tchang[1] de long, est tendu entre le sommet de la

1. Trente mètres.

plus haute tour du couvent et un piquet fiché dans le sol. C'est alors que les *ma-ni-pa*, tête en avant et poitrine protégée par une planchette de bois, le descendent, comme s'ils rampaient sur lui, à une vitesse vertigineuse, « comme un vol d'hirondelles au-dessus de la surface d'un lac », disent les bardes…

— Il s'en passe, des choses extraordinaires à Samyé ! avait plaisanté Cinq Défenses que le récit de ce moine errant, si soucieux de lui plaire, finissait par amuser.

— Ce n'est pas tout. Tous les quinze de la première lune, les moines du couvent de Samyé érigent des échafaudages de plusieurs étages, sur lesquels ils accrochent des milliers de petites lampes. Puis ils y installent des figurines, confectionnées avec de la farine et du beurre de yak, représentant des personnalités célèbres, des dragons, des oiseaux ou encore divers quadrupèdes. Lorsque je suis là-bas, on me demande parfois de les peindre de toutes les couleurs ! avait ajouté le *ma-ni-pa*, tout heureux de pouvoir se mettre en valeur.

— Tu es un moine errant aux talents multiples !

— Je ne fais pas encore partie de ceux qui ont vu le Lion des Neiges… mais ça viendra peut-être ! Ici, il se dit que le Lion Blanc, cet animal divin qui figure sur nos oriflammes, apparaît à Samyé tous les dix ans ! J'espère qu'il me sera un jour donné de contempler cette bête fabuleuse, de même que sa femelle, la lionne blanche à crinière turquoise, dont « le lait est l'eau turquoise des glaciers de nos montagnes ». On assure que ces deux animaux tutélaires du pays de Bod portent chance à ceux qui savent les invoquer !

— Crois-tu que nous en aurons besoin ?

— Pour convoyer à destination les Jumeaux Célestes, pourquoi toutes les protections efficaces ne seraient-elles pas bonnes à prendre ?

Une telle candeur et une telle bonne foi avaient achevé de briser la glace avec Cinq Défenses, plutôt soulagé, finalement, de pouvoir disposer d'un nouvel allié pour ce voyage de retour qui s'annonçait plus délicat que l'aller, en raison de la présence des bébés.

Désireux de montrer au jeune moine qu'il avait bien fait d'accepter son offre de services, le *ma-ni-pa* n'avait pas mis longtemps à se rendre indispensable.

Premier levé, le matin, au bivouac, et dernier couché, le soir, après que le feu qu'il avait allumé pour permettre au jeune moine de changer et de laver les enfants brûlait suffisamment, juste devant l'entrée de leur tente, pour la réchauffer, il avait mis un point d'honneur à se montrer un compagnon idéal, toujours disponible, efficace et secourable.

Bon connaisseur de la flore des montagnes, il passait de longs moments à cueillir des racines comestibles et des plantes censées prévenir les gerçures et les engelures, s'efforçant par la même occasion de dénicher des œufs de poule faisane qu'il faisait frire, pour le plus grand plaisir du palais de Cinq Défenses, dans du beurre de yak et des myrtilles séchées et écrasées comme une confiture.

Conscient que l'assistant de Pureté du Vide était une mine de renseignements sur toutes les formes de bouddhisme, il en avait également profité pour l'interroger, tel un élève désireux de compléter ses connaissances, non seulement sur le Grand Véhicule, mais aussi sur le Petit, sans oublier le tantrisme indien.

— Je connais un peu la doctrine du Hînayâna… J'ai entendu dire que son enseignement était réservé aux moines déjà très instruits. Est-ce vrai, ô Cinq Défenses ?

Et Cinq Défenses, sur les chemins escarpés du pays de Bod, face à ces cimes que leur hauteur vertigineuse rendait propices à la méditation transcendantale, ne répugnait pas à lui exposer un point de doctrine particulièrement ardu, par exemple sur la notion de Vide, au sujet duquel la controverse battait son plein entre le Hînayâna et le Mahâyâna.

Au bout de quelques jours, c'était en amusant spectacle que leur avancée difficile sur les sentiers glacés s'était transformée, avec ce bombardement de questions auquel le moine errant soumettait l'assistant de Pureté du Vide, lequel s'y prêtait de bonne grâce.

— Om ! Quelle est la différence entre le tantrisme indien et bouddhique ?

Et Cinq Défenses d'expliquer gentiment, entre deux haltes pendant lesquelles il convenait de nourrir les jumeaux en plaçant leurs petites bouches contre les mamelles de Lapika, les emprunts mais aussi les différences qui existaient entre le tantrisme originel indien et la façon dont cette pratique rituelle fondée sur le contrôle du corps et de l'esprit avait été assimilée par certains adeptes bouddhistes pour former ce qu'on appelait déjà le bouddhisme tantrique !

Depuis qu'il côtoyait ce jeune moine si savant, le *ma-ni-pa* se métamorphosait à vue d'œil.

Ce n'était plus la créature hirsute, adepte des tours d'escamotage et des figures de cirque pour épater l'auditoire. Il se rasait désormais une fois par jour, ce qui n'était pas rien quand on marchait à plus de quatre mille mètres d'altitude, qu'on couchait à la belle étoile ou dans des anfractuosités rocheuses et qu'on ne pouvait se laver qu'à l'eau glacée des torrents.

Sa transformation physique, qui lui donnait un aspect bien plus policé, témoignait, en fait, de l'évolution mentale que ce nouveau compagnonnage provoquait en lui. À son grand ravissement, ce voyage, peu à peu devenu initiatique, l'aidait à forger la fameuse clé d'accès à la sagesse du Bienheureux dont chacun, ici et ailleurs, parlait, mais que personne, jusqu'à Cinq Défenses, ne lui avait jamais laissé entrevoir.

Alors, il n'aurait plus à parcourir inlassablement, comme il le faisait depuis son plus jeune âge, les chemins de montagne en récitant sa formule rituelle contre l'octroi d'un bol de riz ; il ne serait plus en butte aux quolibets de certains bergers qui n'hésitaient pas à lancer à ses trousses leurs molosses aux crocs puissants ; il ne serait plus ce moine errant qui en venait, à force d'avoir froid et faim, à douter de l'existence même de son bodhisattva, dont la compassion était à ce point ténue qu'elle paraissait réservée au passé ou au futur, et jamais au présent…

Tous les jours, il bénissait le Bouddha de lui avoir fait croiser, sur la route du monastère, Cinq Défenses et le couple d'enfants sacrés, dont l'un présentait cet extraordinaire faciès de singe.

— Je ne te remercierai assez de me dispenser comme tu le fais tes trésors de science religieuse ! avait-il fini par dire un matin à Cinq Défenses.

— D'ici Luoyang, au rythme qui est le tien, tu seras bien plus savant que moi !

— La Route de la Soie ne sera pas assez longue pour que je me hisse simplement au niveau de ta cheville…, avait protesté le *ma-ni-pa,* qui vouait désormais une admiration sans bornes à l'assistant de Pureté du Vide.

Une autre fois, celui-ci, constatant à quel point le moine errant lui était devenu soumis et soucieux de ne pas abuser de cette véritable emprise que son aura lui conférait, avait essayé de le mettre à l'aise.

— Le jour où tu jugeras plus utile de quitter ma route, ayant mieux à faire au Tibet, en aidant les pauvres à trouver le chemin de la Délivrance, n'hésite pas à me le dire. Je ne t'en voudrai pas.

— Te permettre de ramener à Luoyang ces enfants divins, ô ! Cinq Défenses, est devenu mon unique but ! À moins que tu ne veuilles plus de moi ! avait protesté l'intéressé avec violence, les larmes aux yeux.

Cinq Défenses n'avait pas osé insister.

Un autre jour, délaissant quelque peu l'exégèse de certains sûtras bouddhiques particulièrement ardus, c'était sur la Route de la Soie qu'avait roulé leur conversation.

— On y échange des marchandises, des livres, des idées et des croyances. Elle est jalonnée de marchés et de temples, avait expliqué Cinq Défenses.

— Des temples bouddhiques ?

— Pas que ça ! Dans certains temples, on vénère un Dieu Unique appelé le Christ ! Dans d'autres, on rend un culte à un prophète appelé Mani dans le corps duquel ses adeptes prétendent que ce Christ s'est réincarné !

— Ce Christ serait-il un lama vénérant un bodhisattva particulier ?

— D'après mon maître Pureté du Vide, ce Christ, qu'on nommer aussi Jésus, serait une forme particulière du bodhisattva compatissant Avalokiteçvara, celui qui plaide la cause des âmes méritantes et dont tu as appris à réciter indéfiniment, à titre de prière, le mantra divin !

— Om ! C'est incroyable !

— Sur le chemin de l'aller, à Hetian, au beau milieu d'un marché aux denrées alimentaires, j'ai entendu un curieux moine, qui portait une croix pectorale, raconter la vie de ce Christ, allant jusqu'à prétendre qu'il était mort crucifié, les bras et les pieds cloués sur une planche !

Le *ma-ni-pa* avait regardé Cinq Défenses d'un air bouleversé.

Même dans l'enfer du froid de l'Avici, le plus terrible de tous, il n'avait jamais entendu parler d'un châtiment aussi effroyable, que pas un seul des adeptes du yoga indien, endurcis aux pires mortifications, n'eût supporté.

— Qui plus est, avait ajouté Cinq Défenses, d'après ce que disait ce moine, cette crucifixion n'était pas volontaire, mais c'était le châtiment auquel il avait été condamné !

— Il y a de cela deux étés, non loin de Lhassa, j'ai assisté au spectacle d'un ascète indien qui était capable de se traverser le corps avec un sabre, après avoir ingurgité un breuvage confectionné à l'aide d'une pincée de poudre qu'il versait dans un gobelet de bronze.

— Il y a, partout, des fous à lier ! Heureusement que Gautama enseigna à ses adeptes l'inanité des mortifications corporelles…

— Tu parles d'or ! Cet homme prétendait s'appeler Nuage Rouge. Il avait les cheveux si longs qu'ils lui recouvraient le visage. Après avoir remué le breuvage, il l'a bu d'un trait. Et alors, tous les muscles de son corps se raidirent pour devenir plus durs qu'une planche et parfaitement insensibles ! Je t'assure ! Ensuite, assis dans la position du lotus, il s'empara de la pointe effilée de son poignard et se taillada avec une précision maniaque le bas du ventre ! Je vis le sang perler à la surface de sa peau cuivrée sur laquelle apparurent alors, comme sur la page d'un livre, d'étranges dessins !

— Quelle horreur ! s'était écrié Cinq Défenses, tandis que Lapika, inquiète, se précipitait vers lui pour le renifler.

Imperturbable, le *ma-ni-pa* continuait à raconter son histoire, sans se douter le moins du monde qu'il parlait de Nuage Fou, dont les badauds ne cessaient d'écorcher le nom et dont il n'avait pu, ce jour-là, voir le visage, l'intéressé ayant défait son chignon… ce qui l'avait empêché de le reconnaître lorsqu'il l'avait hélé sur la route de Samyé, à l'entrée de la grotte.

— Certains badauds prétendaient même que ce Nuage Rouge venait de s'écrire le mot « tantra » à même la peau du ventre, sous la forme de ces lettres brunes qui apparaissaient comme si le sang s'était miraculeusement coagulé au lieu de se répandre !

Cinq Défenses avait décidé de faire une halte pour permettre à Lapika de nourrir les bébés qui s'étaient mis à pleurer de faim.

— Il se dit que les yogis indiens apprennent les techniques de contrôle de la douleur et savent comment on retient le sang dans le corps, malgré des plaies profondes… Les forces de l'esprit sont incommensurables ! Jamais je n'oublierai le corps de cet ascète raidi comme une planche, lorsqu'il entra en lévitation. La plante de ses pieds n'avait pas l'air attachée au sol alors qu'en réalité, si tu te penchais et passais un doigt dessous, tu pouvais constater que ses pieds reposaient tout de même sur la terre ! avait ajouté le moine errant, si ému qu'il ne s'était même pas rendu compte que son compagnon s'était arrêté, et continuait, imperturbablement, à avancer en racontant ses souvenirs de *ma-ni-pa*.

Au bout d'une semaine de marche, les deux hommes avaient l'impression de se connaître depuis des lustres et chaque jour qui passait incitait un peu plus le *ma-ni-pa* à se féliciter d'avoir obéi à Ramahe sGampo tandis que Cinq Défenses, de son côté, remerciait le Bouddha d'avoir placé sur sa route un compagnon de voyage aussi précieux.

L'embuscade dans laquelle ils venaient de tomber était donc le premier nuage dans un ciel resté jusque-là d'azur.

Sur le moment, ils avaient eu très peur, surtout dans la confusion qui avait suivi l'attaque de la chienne qui cherchait à défendre le couffin des deux bébés.

Et puis, une fois Lapika écartée, le calme était progressivement revenu. Au premier arrêt, Cinq Défenses avait profité d'une halte pour rassurer le molosse qui suivait désormais le groupe à distance et s'était précipité, comme si de rien n'était, pour lui lécher les mains et se faire caresser dès qu'il l'avait sifflé.

Le soir même, le chef des brigands avait fait installer leur campement un peu à l'écart du chemin, sous une barre rocheuse qui s'élevait au-dessus d'eux à une hauteur vertigineuse.

Et c'était au pied de cette muraille de pierre, devant le feu du bivouac près de s'éteindre, qu'ils échangeaient à présent à voix basse, leurs impressions de la journée.

— Cinq Défenses, je ne t'ai pas tout dit, lâcha soudain le *ma-ni-pa*.

L'autre faisait silence, comme s'il avait décidé de le laisser aller seul au bout de cette confidence, sans le forcer en quoi que ce soit.

— Voilà ! Quand je t'ai rencontré pour la première fois, je me rendais à Samyé, envoyé par deux hommes à qui je devais rapporter un manuscrit précieux.

— Qui étaient tes commanditaires ?

— Deux religieux indiens. Le premier s'appelait Bouddhabadra et se disait moine du Petit Véhicule. Le second se nommait Nuage Fou. Il avait les yeux rouges !

— Son nom est proche de ce yogi dont tu m'as parlé, capable de se transpercer le corps avec des lames…, constata Cinq Défenses que le récit du *ma-ni-pa* n'avait pas l'air d'émouvoir outre mesure.

— Je n'y avais pas songé ! Maintenant que tu me le fais remarquer, je me souviens que cet homme avait la même allure ! murmura pensivement le moine errant.

— Parle-moi plutôt de ce que tu fis à Samyé.

— Arrivé là-haut, je compris que ce livre n'y était plus.

— Quel en était le titre ?

— Une phrase compliquée, où il était question de Pure Vacuité, ou quelque chose d'approchant !

— Et ensuite ?

— Le Vénérable Supérieur Ramahe sGampo, ayant appris que je t'avais croisé en chemin me laissa entendre qu'il y allait de mon intérêt supérieur, en matière de karman, de venir te prêter main-forte !

— Tu m'as rattrapé pour accomplir une bonne action ? Comme c'est mignon ! s'écria quelque peu amusé, le jeune Chinois.

— C'est exact !

— J'en suis flatté.

— L'honneur est pour moi.

— Trêve de politesses vaines entre nous, mon cher *ma-ni-pa*, lança l'Assistant de Pureté du Vide en le prenant par le cou.

— Il fallait que je te dise tout cela, ô Cinq Défenses. Voilà qui est fait ! À présent que nous devons affronter ensemble une nouvelle épreuve, je ne parvenais pas à supporter l'idée de te le cacher ! Je t'apprécie bien trop !

— Ce manuscrit, figure-toi, c'est moi qui l'ai ! C'est pour le récupérer que Pureté du Vide m'a envoyé à Samyé..., avoua alors à son tour Cinq Défenses en montrant au *ma-ni-pa* la boîte oblongue, toujours attachée en travers de la selle de Droit Devant.

À présent qu'ils s'étaient tout dit, devant le feu faiblissant, le jeune moine du Mahâyâna posa une ultime question à son compagnon :

— Éclaire-moi un peu sur cette « Chose Précieuse » à laquelle tu fis allusion devant moi, lors de notre rencontre.

— C'était uniquement pour mieux t'impressionner que j'ai utilisé cette expression, que j'ai entendu Ramahe sGampo, le Supérieur du monastère de Samyé, mentionner à plusieurs reprises dans ses sermons ! Il y parlait sans cesse de « Chose Précieuse » ou encore de « Chose Précieuse entre Toutes »...

— À quoi faisait-il ainsi allusion ?

— Permets-moi de t'avouer que je n'ai malheureusement à ce sujet aucune certitude, n'ayant jamais compris qu'à moitié les descriptions de nature ésotérique du Supérieur de Samyé à propos de la « Chose Précieuse entre Toutes ».

— Tout ça reste fort mystérieux...

Désormais, il faisait nuit noire et le feu était complètement éteint.

— Je vais prier le Bienheureux pour qu'il nous délivre des griffes de ces bandits qui nous retiennent ! Bonne nuit à toi ! Om !

— *Ma-ni-pa*, tu es pour moi un véritable cadeau du Bienheureux. Sans toi, avec ces deux petits enfants, je ne sais pas comment je ferais pour affronter le chemin du retour qui paraît, surtout depuis ce matin, tellement plus périlleux qu'à l'aller ! À deux, je suis sûr que nous nous en sortirons et je tenais à te le dire ! conclut Cinq Défenses d'un ton empreint de gravité qui témoignait de sa vive inquiétude.

— Malgré tous ces bandits, tous ces marchés aux voleurs et toutes les églises où sont célébrés ces cultes bizarres dont tu m'as parlé, la Route de la Soie ne me fait pas peur, même avec un aussi précieux chargement que le nôtre, à partir du moment où nous nous épaulerons l'un l'autre ! Om !

Lorsque, malgré tout, anéanti par la fatigue, il réussit à s'endormir dans le froid, serré contre le *ma-ni-pa*, une main sur le couffin pour être certain que personne ne toucherait aux Jumeaux Célestes, Cinq Défenses, quoique prisonnier d'une bande de brigands persans dont il ignorait les intentions, était un peu plus rassuré : au moins avait-il, dans son malheur, trouvé un nouvel ami.

Et ce n'était pas rien.

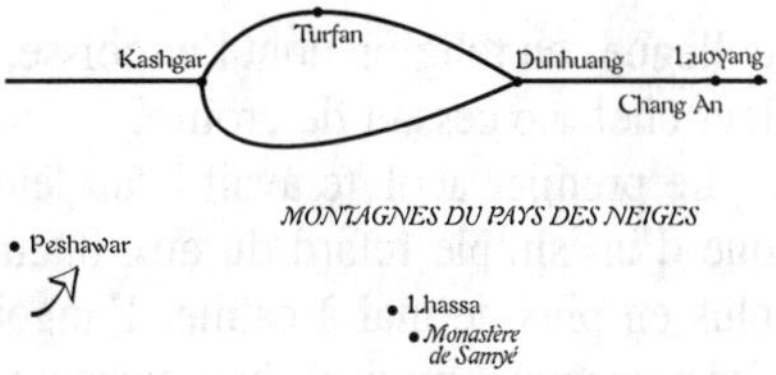

15

Monastère de l'Unique Dharma, Peshawar, Inde

Sur sa couche étroite, Poignard de la Loi, premier acolyte de Bouddhabadra, s'apprêtait à subir une énième nuit sans sommeil.

Il était las de rassurer les moines et les novices du monastère, qui se lamentaient à longueur de journée sur l'absence de leur Inestimable Supérieur.

— Il ne reviendra pas du Toit du monde ! C'est sûr : notre Vénérable Supérieur, Bouddhabadra, était si près, là-haut, du nirvana, que le Bouddha, dans son infinie compassion à l'égard des êtres de Foi, nous l'a pris afin de le garder auprès de lui ! se disaient-ils les uns aux autres en pleurant à chaudes larmes.

L'anxiété avait ainsi progressivement gagné du terrain. L'un des moines, particulièrement persuasif, passait une bonne part de son temps à semer l'inquiétude au sein de la communauté, dont il avait fini par miner complètement le moral à force d'échafauder les hypothèses les plus noires quant au sort de Bouddhabadra.

Ce religieux qui jouait les Cassandre portait le joli nom de Joyau de la Doctrine et, depuis que Bouddhabadra lui avait préféré Poignard de la Loi comme premier acolyte, il haïssait ce rival qui occupait, indûment selon lui, la place qui lui revenait.

C'est ainsi que Joyau de la Doctrine prenait un malin plaisir à distiller fausses rumeurs et raisons de s'alarmer, auprès de ses collègues en religion dont l'angoisse, face à l'absence prolongée de leur chef, ne cessait de croître.

Le premier acolyte avait beau leur expliquer qu'il ne s'agissait que d'un simple retard dû aux intempéries hivernales, il avait de plus en plus de mal à calmer l'angoisse des moines, surtout celle des plus jeunes novices du monastère de l'Unique Dharma pour lesquels Bouddhabadra était un véritable père.

Plus les jours passaient et plus cette attente devenait aussi insupportable que difficile à justifier auprès des moines.

Cela faisait, à présent, trois bonnes semaines que le cornac était revenu, seul, au couvent de Peshawar.

Le retour indemne de cet homme, dépourvu de son animal sacré que ses fonctions lui interdisaient pourtant de quitter, était ce qui chiffonnait le plus le premier acolyte, lequel finissait par se perdre en conjectures, mais sans pouvoir en faire état de peur d'effrayer encore plus sa communauté.

Que s'était-il réellement passé au cours de ce voyage de retour ? Pourquoi le cornac avait-il abandonné la garde de son éléphant ? Et, surtout, qu'était devenu ce pauvre Bouddhabadra ? Était-il blessé, ou mort ? Gisait-il au fond d'un précipice ou sur un lit d'hôpital ? N'était-il pas retenu prisonnier par une bande de malfaiteurs soucieux d'obtenir une rançon ?

Rien, en effet, dans ce voyage apparemment raté, ne concordait avec le caractère de Bouddhabadra et le souci de perfection qu'il mettait en toutes choses.

Le Supérieur de Peshawar, par ailleurs excellent marcheur et au pied aguerri de montagnard, connaissait fort bien les redoutables pièges du chemin du Pays des Neiges, qu'il avait déjà emprunté à plusieurs reprises.

Poignard de la Loi avait eu beau interroger le cornac pendant des heures, celui-ci s'était contenté de lui répondre par les mêmes borborygmes, en expliquant que son maître lui avait demandé d'aller l'attendre à l'auberge suivante et qu'arrivé là, au bout d'une marche exténuante de plusieurs jours, il ne l'avait jamais vu arriver !

— Montagne engloutir éléphant sacré ! Montagne engloutir éléphant immaculé ! Tempête de neige engloutir le Supérieur

Bouddhabadra… Moi mériter très grande punition ! répétait inlassablement le cornac.

Accablé par la perte de l'animal mythique dont il avait la garde, il ne faisait que parler d'engloutissement, comme si la montagne avait été un monstre n'ayant fait qu'une bouchée de l'animal et de l'homme qui n'en étaient pas revenus.

— Mais pourquoi as-tu laissé Bouddhabadra seul dans la neige avec l'éléphant blanc ?

À cette question, cent fois posée, le cornac répondait invariablement, en courbant l'échine et en sanglotant :

— Il m'a fait partir en avant ! Moi obéir à tort ! Jamais dû abandonner animal sacré ! J'ai fauté ! Moi mérite grande punition ! Moi fauté dix mille fois ! Montagne méchante ! Montagne tout engloutir !

Alors, renonçant à en apprendre plus sur les circonstances dans lesquelles les chemins du cornac et de Bouddhabadra avaient divergé, Poignard de la Loi avait cherché à se renseigner au moins sur la destination précise du Supérieur, dont le premier acolyte ignorait tout, si ce n'était qu'il s'agissait du Tibet.

— Moi pas savoir ! Moi pas comprendre noms des villes ! Moi seulement m'occuper de l'éléphant blanc ! Moi fauté dix mille fois !

Il n'y avait rien à faire : chaque interrogatoire de ce cornac aussi obtus qu'inculte se terminait par ses pleurs de désespoir et sans la moindre possibilité de lui soutirer la plus petite information quant au mystérieux voyage de celui qu'il avait accompagné.

C'est dire si la situation devenait difficile à vivre pour Poignard de la Loi, dont le cœur se remplissait d'angoisse.

Pour le couvent de l'Unique Dharma de Peshawar, la perte de l'animal sacré au pelage blanchâtre, tavelé de rose, et aux yeux rouges qui faisaient l'admiration de tous ceux qui voyaient un éléphant albinos pour la première fois, était au moins aussi catastrophique que celle de son Très Vénérable Supérieur.

Animaux d'exception, les vrais éléphants blancs étaient extrêmement rares.

Peu d'entre eux atteignaient l'âge adulte. Or, seuls les animaux ayant achevé leur croissance étaient dignes de porter sur leur dos les reliques saintes et nul ne savait donc si les deux éléphanteaux albinos du couvent de l'Unique Dharma, dont le plus âgé n'avait pas encore dix ans, passeraient ce cap qui les verrait devenir des animaux-dieux.

En attendant, la perte du pachyderme blanc adulte, abandonné par le cornac, était donc une catastrophe pour la communauté.

Les yeux rivés au plafond de sa cellule, hanté par tous ces malheurs qui semblaient s'abattre sur son couvent et l'empêchaient de trouver le sommeil, Poignard de la Loi en venait même à regretter amèrement d'avoir laissé partir Bouddhabadra avec l'animal sacré.

L'hypothèse, de plus en plus plausible, de leur disparition augurait un avenir des plus sombres pour lui-même et pour ses congénères, au moment où s'annonçait l'« Année Sainte ».

Dans un peu plus d'un an, en effet, devrait avoir lieu la procession du Grand Pèlerinage par laquelle s'ouvraient les festivités quinquennales qui ne duraient pas moins de douze mois, faisant du monastère de l'Unique Dharma, pendant une année entière, l'un des lieux phares du bouddhisme indien.

Et, plus que tout, Poignard de la Loi redoutait cette échéance.

Qu'adviendrait-il, de fait, si le petit reliquaire d'or pur en forme de pyramide qui abritait la relique sainte célèbre entre toutes des Yeux du Bouddha, que, tous les cinq ans, des maçons, usant de mille précautions, extrayaient, après l'avoir démurée, de sa niche du sommet du stûpa géant, ne pouvait être promené devant la foule des pèlerins, venus exprès de toute l'Inde du Nord pour la contempler ?

Quelle serait la réaction de ces centaines de milliers de fidèles, ayant marché des jours entiers pour se rendre à Peshawar, lorsqu'ils constateraient que c'était pour rien qu'ils s'étaient déplacés jusque-là et que cette fameuse procession, qui durait du matin au soir pendant une semaine entière et permettait à la foule d'honorer la « Chose Précieuse » ou encore de la « Chose Précieuse entre Toutes », ainsi que l'appelaient certains pèlerins, n'aurait pas lieu ?

Comment ferait-il, en l'absence de Bouddhabadra, dont il n'était que l'acolyte, pour trouver les mots de nature à calmer leur colère ?

Car il était strictement impossible de faire transporter la Sainte Relique par un autre animal que l'éléphant blanc sacré du monastère ! C'était une obligation rituelle impérative, à laquelle il ne se voyait pas déroger.

Faute d'éléphant blanc, pas de procession du reliquaire de la Relique du Bouddha ! Et, sans procession, pas de Grand Pèlerinage ! Et, en l'absence de celui-ci, c'était toute l'Année Sainte qui était remise en cause.

Une Année Sainte qui aurait pu tout aussi bien s'appeler « Année Faste », tant les offrandes des millions de fidèles permettaient au monastère de l'Unique Dharma de remplir ses caisses pour cinq ans… jusqu'à la suivante.

Ces fidèles, souvent extrêmement pauvres, animés par une foi fervente, avaient misé toutes leurs économies pour accomplir le karman essentiel et bénéfique que constituait le pèlerinage quinquennal au reliquaire de Kaniçka par lequel s'achevait le voyage sacré accompli par les dévots les plus méritants sur les lieux les plus vénérables du bouddhisme.

Quelle histoire Poignard de la Loi serait-il obligé d'inventer pour leur expliquer que la Sainte Relique contenue dans la pyramide d'or pur resterait, cette fois-ci, emmurée, à l'abri du regard, dans le stûpa géant ?

Leur déception serait à la mesure de leur ferveur, de sorte que nul ne pouvait présager de l'amertume ni de la violence de la réaction de ces milliers d'hommes, de femmes et d'enfants quand ils finiraient par comprendre que le saint rituel n'aurait pas lieu et qu'ils s'étaient déplacés pour rien !

Pour les dévots bouddhistes, les pèlerinages étaient l'occasion de communier avec la Noble Vérité du Bienheureux dont ils ne percevaient pas toujours le sens, les notions de non-violence, de douleur universelle et d'impermanence des choses et des êtres heurtant quelque peu les mentalités traditionnelles.

Ainsi, certains allaient dans la caverne de Nagarahâra, sur le mur de laquelle le Bouddha, après avoir dompté le roi-dragon Gopala, avait laissé la trace de son ombre. D'autres se rendaient aux Très Saints Lieux du bouddhisme : à Kapilavastu, où était né Gautama, à Bodh-Gayâ où il avait connu l'Éveil, sous le figuier sacré, et à Kuçinagara, où il s'était éteint en accédant au Parinirvana…

Toujours incapable de trouver le sommeil, Poignard de la Loi imaginait déjà le scandale, lorsque la rumeur se répandrait, telle une traînée de poudre, dans toute l'Inde du Nord, que le monastère de l'Unique Dharma se trouvait dans l'incapacité d'organiser la cérémonie du Grand Pèlerinage au reliquaire de Kaniçka, dont il avait pourtant la charge.

Ce serait sans nul doute un coup terrible porté à la réputation de sa communauté, qui ne tarderait pas à se répercuter sur la quantité des offrandes reçues par celle-ci. Il ne voyait pas comment les moines continueraient à se consacrer au culte, privés de cette ressource indispensable à leur survie !

Baigné de sueur, sur sa couche étroite, Poignard de la Loi s'imaginait déjà assister à l'irrémédiable décrépitude de ce couvent considéré cependant comme l'un des plus importants de l'Inde.

Il en voulait à Bouddhabadra de l'avoir mis dans un tel embarras. Qu'il n'eût pas évalué les conséquences de cette absence de l'animal sacré, au moment où approchaient les premiers préparatifs du Grand Pèlerinage, dépassait l'entendement.

Il s'en souvenait fort bien : Bouddhabadra l'avait assuré, avant de s'en aller au Pays des Neiges, que son périple ne durerait pas plus de cinq mois lunaires.

Or, le sixième allait bientôt s'achever.

Poignard de la Loi, à force de se perdre en conjectures sur ce Grand Pèlerinage qui ouvrirait dans treize petits mois, avait réussi à s'assoupir, comme si cette échéance encore quelque peu lointaine, devenue une véritable obsession, finissait par le bercer.

Il croyait entendre une voix doucereuse, qui ne pouvait qu'être celle de Bouddhabadra, auquel il s'apprêtait à faire une scène, lui murmurer : « Le Grand Pèlerinage commencera dans un peu plus d'un an… Le Grand Pèlerinage commencera dans un peu plus d'un an… Dans un peu plus d'un an… Dans un peu plus… » lorsque, soudain, il se redressa sur son lit comme un ressort.

Le Petit Pèlerinage !

À force d'être obnubilé par le Grand Pèlerinage et l'ouverture de l'Année Sainte, voilà qu'il en oubliait le Petit !

Il alluma une bougie et se rua sur son calendrier liturgique. C'était bien ça : le Petit Pèlerinage commençait dans moins de trente jours !

Pauvre Petit Pèlerinage, si Bouddhabadra n'était pas revenu à temps pour le présider !

Contrairement au Grand, qui avait lieu tous les cinq ans et se déroulait à l'extérieur du monastère, le Petit Pèlerinage se tenait à l'intérieur de celui-ci, au début de chaque printemps.

Pendant trois jours, l'éléphant blanc sacré – toujours lui ! –, précédé par des moines serviteurs qui l'éventaient avec de grands plumeaux immaculés et déployaient sous ses gigantesques pattes des tapis de laine précieuse, transportait en procession autour du temple central du couvent de l'Unique Dharma, sans sortir de l'enceinte du monastère, la petite boîte de bois de santal en forme de cœur qui contenait le Saint Cil.

À un mois de l'échéance, il était bien trop tard pour annuler les cérémonies sous un quelconque prétexte.

Dans une quinzaine de jours, à peine, la foule bigarrée et joyeuse des dévots du Petit Pèlerinage, se préparant à faire la fête trois jours et trois nuits, commencerait à envahir les abords du monastère de Peshawar et à y planter ses tentes. Bientôt, les collines environnantes ne seraient plus qu'un gigantesque village de toile où les pèlerins bivouaqueraient et festoieraient.

S'il voulait éviter une catastrophe, Poignard de la Loi, dont le corps décharné d'ascète était en nage, se devait d'agir au plus vite, en tant que premier acolyte et, à ce titre, garant des intérêts du monastère de l'Unique Dharma en l'absence de son Supérieur.

Il décida de s'asseoir sur sa couche, dans la position du lotus, pour essayer de contenir les insupportables angoisses que son esprit bouillonnant déversait dans son âme, telles les eaux d'un torrent impétueux.

Au bout d'un moment, à force de concentration, il sentit qu'un début de piste de nature à déboucher sur une solution acceptable pour tous s'ébauchait dans sa tête.

L'organisation du Petit Pèlerinage était plus simple que celle du Grand.

Il fallait commencer par trouver un substitut à l'animal sacré ; inventer un prétexte pour expliquer son absence ; se procurer un autre porteur pour le Cil du Bouddha ; bref, organiser une stratégie nouvelle destinée à contenir la fureur de la foule quand elle constaterait l'absence de l'éléphant mythique dont les enfants, venus nombreux assister à la procession, raffolaient tout particulièrement.

Et s'il décidait de la porter lui-même, cette petite boîte en bois de santal, après tout, ce pourrait être là – les rituels codifiant l'organisation du Petit Pèlerinage n'impliquant pas la présence obligatoire d'un éléphant mâle albinos – la solution…

Revêtu de ses plus beaux habits de cérémonie, de sa culotte bouffante et de son gilet écarlate, les chevilles et les poignets ceints de lourds bracelets d'or, les yeux cernés de peinture noire qui renforcerait leur éclat, coiffé d'une tiare sertie d'émeraudes, n'aurait-il pas fière allure ?

Il lui suffirait, alors, de dire la vérité aux dévots, fût-ce en l'améliorant, juste de quoi en faire une belle histoire : l'éléphant blanc était parti en voyage au Pays des Neiges afin, par exemple, de se blanchir encore plus la peau. En l'absence de Bouddhabadra, qui avait tenu à accompagner l'animal sacré dans ces hautes montagnes, si proches du nirvana qu'on avait toujours le plus grand mal à les quitter, c'était à son premier acolyte qu'avait échu la tâche d'officier.

Tout ça tenait parfaitement debout et, de surcroît, était loin de manquer de panache !

Poignard de la Loi s'efforcerait de faire taire les protestations dont Joyau de la Doctrine ne se priverait sûrement pas lorsqu'il annoncerait sa décision aux moines de la communauté, et le tour serait joué !

Il ne restait plus à Poignard de la Loi, soulagé et pas mécontent d'avoir trouvé la solution, qu'à aller s'assurer que le cœur de santal était toujours dans l'armoire forte de la chambre de l'Inestimable Supérieur de l'Unique Dharma. Il s'y emploierait dès le lendemain.

Il se recoucha.

Mais un doute insidieux revenait sans cesse, comme une lancinante ritournelle, empêchant son esprit de trouver la paix. S'il ne le levait pas tout de suite, nul doute qu'il ne fermerait pas l'œil de la nuit.

Mieux valait, dans ces conditions, en avoir le cœur net.

Il se releva donc et, après être sorti de sa cellule et avoir vérifié qu'il n'y avait personne dans le couloir, se dirigea à pas comptés vers la chambre de Bouddhabadra.

Elle était située à quelques pas de la sienne.

La porte de la cellule de l'Inestimable Supérieur, qui lui servait également de bureau, n'étant jamais fermée, il y pénétra facilement. Il reconnut sans peine l'odeur particulière qui y flottait, ce mélange d'encens et de myrrhe que Bouddhabadra faisait brûler en permanence sur son petit réchaud de bronze, lorsqu'il y priait et méditait.

Poignard de la Loi, impatient d'aller dormir, se dirigea tout droit vers l'armoire forte, un meuble massif et sombre comme un éléphanteau, qui occupait tout un pan du mur.

Il essaya sans succès d'introduire la petite clé de bronze qui lui servait de passe dans la belle serrure, en forme de nagâs affrontés, reliant les deux vantaux de la porte. Il avait beau la tourner dans tous les sens, elle ne paraissait pas correspondre pas à la serrure qui refusait obstinément de céder.

Bouddhabadra était bel et bien parti en laissant l'armoire forte fermée à double tour !

Il avait pourtant besoin de l'ouvrir, et le plus vite possible, cette maudite armoire !

N'y tenant plus, Poignard de la Loi, qui commençait à sérieusement maudire son Supérieur, courut chercher dans la réserve à outils une de ces grosses masses avec lesquelles les moines cassaient les cailloux pour refaire la route menant au couvent de l'Unique Dharma lorsqu'elle était défoncée, pour avoir été trop piétinée par les pèlerins et les visiteurs du monastère.

Prenant son élan, il l'abattit de toutes ses forces sur la serrure dont la moitié se disloqua, laissant bringuebaler les deux pans de la porte.

Devant lui, l'armoire éléphantesque de Bouddhabadra était enfin béante.

C'est alors qu'il faillit, sous le choc, tomber à la renverse.

Son unique étagère était vide.

Il n'y avait nulle trace du cœur de santal !

Blême de stupeur, comme si le plancher de la cellule s'était soudainement dérobé sous ses pieds, Poignard de la Loi venait de comprendre que Bouddhabadra était parti au Pays des Neiges avec le

Saint Cil du Bouddha lui-même… le plongeant dans un pétrin inextricable.

Le lendemain matin, après une courte nuit passée à tourner et retourner toutes les hypothèses possibles, la décision de Poignard de la Loi était prise : il devait partir sans délai, avec le cornac, à la recherche de l'éléphant blanc et de Bouddhabadra.

Quant au Petit Pèlerinage, au point où on en était, la seule façon d'éviter une émeute était de faire fabriquer à la hâte par un ébéniste de Peshawar une réplique de la boîte en forme de cœur que Bouddhabadra avait emportée avec lui.

Et s'il fallait y placer un cil, Poignard de la Loi s'en arracherait un.

Ce n'était pas très glorieux, mais quel autre choix avait-il ?

Le premier acolyte était loin de se douter que Bouddhabadra agissait exactement de la même façon, lorsque, pour d'impérieux motifs, il ne pouvait pas disposer de cette relique… puisque, en l'absence de celle-ci, le Petit Pèlerinage se révélait impossible à organiser.

En l'espèce, le mieux, pour Poignard de la Loi, bon élève de son maître sans le savoir, était donc d'agir vite et dans le plus grand secret, faute de quoi Joyau de la Doctrine qui passait son temps à espionner ses moindres faits et gestes en profiterait pour le discréditer, en le faisant passer pour un vulgaire faussaire.

L'après-midi même, Poignard de la Loi se rendit en toute hâte à Peshawar, dans le quartier de l'ébénisterie.

On pouvait à peine avancer dans les ruelles, aux pavés recouverts de sciure, tellement elles étaient encombrées par les planches et les billes de bois autour desquelles s'affairaient des hommes de tous âges, armés de ciseaux et de gouges.

— Combien de temps te faut-il pour sculpter dans ce bois de santal un petit cœur de la taille de mes paumes ? demanda-t-il à un vieil artisan qui achevait un coffret à maquillage dans la même essence.

— Tout dépend de ce que tu es prêt à payer !

— Le prix m'importe peu.

— Dans ce cas, dès demain soir, ce sera fait !

— Il faudra patiner le bois. Je ne veux pas qu'il ait l'air neuf, précisa Poignard de la Loi avant de repartir.

Le lendemain, il plaçait sur l'étagère de l'armoire forte de Bouddhabadra la réplique presque parfaite du cœur de santal que l'artisan avait réussi à fabriquer dans le délai convenu. Puis, à l'aide d'une pince minuscule, il s'arracha un cil et le déposa à l'intérieur, avant d'aller trouver Joyau de la Doctrine pour lui annoncer qu'il partait à la recherche de Bouddhabadra et de l'éléphant sacré.

— Et le Petit Pèlerinage ? Qui l'organisera ? lui lança son rival.

— Je compte bien que nous serons rentrés d'ici là ! Si, par malheur, ça n'était pas le cas, il faudra que l'un des moines se dévoue pour présenter à la foule des pèlerins la relique du Saint Cil. Tu n'es pas sans savoir que la présence de l'éléphant sacré n'est pas obligatoire ! lui rétorqua, le plantant là, Poignard de la Loi qui avait hâte de partir.

Le cornac était encore endormi quand le premier acolyte vint le secouer sans ménagement, dès l'aube, pour le réveiller.

— Debout, cornac ! Nous partons pour le Pays des Neiges, à la recherche de l'éléphant blanc dont tu avais la garde ! Nous ferons l'exact chemin inverse de celui que tu as suivi pour revenir ici !

— Mais hiver très dur va arriver ! Très dangereux ! Montagne très cruelle !

— Comment peux-tu accepter de laisser ton animal mourir de froid ?

— Nous peut-être disparaître aussi ! protesta vainement le cornac, avant de consentir à faire son paquetage.

— Un cornac devrait être heureux d'aller chercher un éléphant sacré perdu dans la neige !

À l'évocation de ce drame, le cornac se mit d'abord à geindre, puis à pleurnicher de plus en plus fort, au point que Poignard de la Loi fut obligé de le tancer pour le faire taire.

— Tu fais trop de bruit ! N'oublie pas qu'il y a autour de nous près de dix mille moines et novices qui dorment ! maugréa le premier acolyte que toutes ces difficultés, auxquelles il n'était pas préparé, finissaient par rendre irascible, alors que, d'ordinaire, la cordialité de son caractère faisait l'unanimité.

Puis, sans trop de ménagement, il poussa le piteux cornac en direction du pavillon destiné aux éléphants.

Le bâtiment, reconnaissable à la hauteur de ses portes qui permettait aux pachydermes d'en sortir facilement, même lorsqu'ils étaient harnachés d'une nacelle, était situé à l'écart de l'immense cour où certains novices particulièrement méritants commençaient déjà leurs exercices matinaux d'assouplissement et de respiration.

Lorsqu'ils entrèrent, des serviteurs étaient en train de bouchonner et de nourrir les animaux afin de les préparer au transport de billes de bois, des blocs de pierre et autres charges lourdes qui constituait le lot quotidien de leur travail.

Poignard de la Loi désigna à l'un des palefreniers l'animal le plus jeune. C'était un éléphanteau de belle taille, dont le regard, qui paraissait presque rieur, témoignait de la vitalité.

— Respecté premier acolyte, Sing-sing est un animal instable ! Il peut être violent ! susurra, cassé en deux, le palefrenier au visage chafouin qui s'occupait de l'animal et venait de l'approvisionner en fourrage.

— C'est l'éléphant qui a le plus le pied montagnard. J'en ai besoin pour aller chercher de l'encens de l'autre côté du col, pour le Petit Pèlerinage. Dans deux jours, je serai de retour ! lui déclara Poignard de la Loi, peu désireux d'entrer dans le détail.

— Sing-sing doit aller chez le vétérinaire ! Cela fait des semaines qu'il passe ses nuits à se gratter le dos avec sa trompe. La dernière fois que c'est arrivé à un autre de nos animaux, celui-ci a été pris d'une véritable crise de folie et est allé se rompre le cou au fond d'un précipice ! intervint une voix aigrelette.

Poignard de la Loi se retourna.

C'était le moine Corbeille à Offrandes, responsable des éléphants du couvent de Peshawar, un personnage plutôt antipathique et qu'il n'avait jamais porté dans son cœur.

— C'est vrai que Sing-sing a le sang chaud. S'il s'énerve, ça finit toujours mal, approuva le palefrenier en soulevant le bas de sa chemise.

Il exhibait une énorme cicatrice qui lui barrait le thorax, à un endroit où les côtes avaient dû être, auparavant, profondément enfoncées.

— Sing-sing peut devenir violent comme un tigre ! Cet homme en sait quelque chose ! insista, mauvais sourire à l'appui, le moine responsable des éléphants de l'Unique Dharma.

— Le Petit Pèlerinage commence dans moins d'une semaine et nous n'avons même pas la moitié de la quantité d'encens et de cierges nécessaires pour faire face à l'affluence de dévots ! Sais-tu à combien se monterait la perte des recettes pour l'Unique Dharma si nous ne pouvions pas leur fournir ce dont ils ont besoin pour accomplir leurs rituels ? rétorqua le premier acolyte de Bouddhabadra, faisant taire le moine qui tourna les talons sans demander son reste.

Sing-sing se laissa harnacher sans résistance par le cornac qui connaissait à la perfection le langage particulier, tout de gestes et d'onomatopées, grâce auquel un homme se faisait obéir, au doigt et à l'œil, par les pachydermes dressés à cet effet dès leur naissance.

Les premiers rayons du soleil baignaient les cimes enneigées des montagnes d'une douce lumière rose lorsqu'ils quittèrent Peshawar, juchés l'un et l'autre sur Sing-sing, le cornac sur l'encolure de l'animal et Poignard de la Loi dans la nacelle de transport.

— Nous devrons prendre les mêmes cols et suivre exactement les mêmes chemins que Bouddhabadra et l'éléphant sacré ! ordonna le premier acolyte.

— Moi souvenir du moindre rocher ! Pas de problème ! Vouloir rattraper ma faute ! bredouilla ce dernier qui filait doux.

— Je veux surtout, et au plus vite, gagner cette auberge où le Supérieur Bouddhabadra te demanda de l'attendre, lorsque tu le laissas derrière toi avec l'éléphant blanc !

— Moi pas décider d'abandonner Bouddhabadra et l'éléphant ! Lui me donner l'ordre de partir en avant !

— J'espère que tu reconnaîtras l'endroit. Plus vite nous y serons et mieux ce sera !

Lorsqu'il prononça ces mots, Poignard de la Loi ne se doutait pas des difficultés qu'il allait devoir affronter, avec le cornac, avant d'arriver à l'endroit où celui-ci avait perdu le Supérieur et le vieux pachyderme. Le général Hiver semblait avoir commandé à l'armée entière de la nature de dresser devant eux tous les obstacles dont elle était capable.

Le cœur de Poignard de la Loi se serra lorsqu'ils passèrent, après le col de Shîbar, devant la falaise de Bâmiyân où avaient été creusées les deux statues géantes du Bienheureux Bouddha.

La plus haute, peinte de couleurs vives, toisait les voyageurs de si loin qu'il était inutile de s'en approcher pour s'apercevoir qu'elle vous regardait avec bienveillance, comme si elle avait décidé de vous accueillir avec un doux sourire. L'autre devait être à peine achevée, à en juger par les échafaudages sur lesquels œuvraient les sculpteurs et les peintres, qui n'avaient pas encore été démontés.

C'était la mort dans l'âme que Poignard de la Loi préféra, soucieux de ne pas perdre de temps mais aussi de peur d'éveiller le moindre soupçon, ne pas aller rendre visite à la petite communauté monastique dont le couvent de l'Unique Dharma assurait la tutelle et qui s'était chargée, depuis plus de trois siècles, d'embellir cette extraordinaire falaise, au point d'en faire l'un des sanctuaires les plus visités de la région.

Au fur et à mesure qu'ils avançaient, les cultures d'orangers et les palmeraies laissèrent la place aux champs de riz et de canne à sucre, puis à ceux de blé et d'orge, auxquels succédaient à présent des landes rases sur lesquelles ne pouvaient pacager que des chèvres.

Puis, d'un seul coup, la nature sembla se tarir.

Les contreforts himalayens étaient balayés par les vents glacés qui transformaient les rochers en gemmes cristallines et les arbres en statues givrées et dégingandées, conférant au paysage une somptuosité rare, laquelle finissait par occulter l'hostilité des conditions climatiques subies par le voyageur.

Sur les sentiers tortueux, transformés en patinoires, qui serpentaient à près de cinq mille mètres d'altitude, sur les hauts plateaux du Pamir, le pauvre éléphant Sing-sing, que les escarpements, d'habitude, rendaient vaillant, n'avançait plus qu'avec peine.

Pour lui faciliter la tâche, le cornac lui avait désentravé les pattes avant, d'ordinaire reliées l'une à l'autre par une lourde chaîne de bronze.

Malgré cela, l'animal avait peiné au-delà de l'imaginable dès le passage du premier col, celui d'où l'on perdait subitement de vue la plaine au milieu de laquelle s'étendait la ville de Peshawar, pour pénétrer de plain-pied dans la montagne hostile, ses plateaux et ses cols de plus en plus hauts, sans oublier ses routes étroites, bordées de ravins si profonds que le vertige ne vous lâchait pas.

Alentour ne poussaient que des épineux de plus en plus rabougris et, pour finir, des mottes d'herbes piquantes et acérées d'où émergeaient ici et là les boutons multicolores de renoncules des glaciers.

Arrivé à cette altitude, progresser devenait une souffrance pour les organismes, à l'instar de celui de Poignard de la Loi, peu habitués au manque d'oxygène.

Une halte à Kashgar servit d'utile et bénéfique parenthèse à un début de voyage aussi exténuant.

La ville était non seulement l'un des plus importants centres commerciaux de la Route de la Soie, mais également son épicentre, sur la ligne de partage des influences entre l'Est et l'Ouest. Elle était habitée par les Ouïgours, une peuplade descendant des Turcs, venue un siècle plus tôt des monts Altaï, dont la légende racontait que ses membres étaient issus de l'union d'une louve et d'un jeune garçon.

Construite au milieu des vergers et des vignes qu'un ensoleillement quasi permanent préservait du gel, cette cité prospère était entourée d'un épais rempart de boue séchée qui lui donnait l'aspect d'une forteresse.

Quelques années plus tôt, Kashgar, que les Chinois appelaient Kashi, avait sollicité la protection des Tang, lesquels la lui avait facilement accordée en raison de la compétence équestre des Ouïgours. Ceux-ci, en effet, étaient d'excellents dresseurs de petits chevaux des steppes, particulièrement vifs, qui faisaient la force de la cavalerie des armées impériales. Ces « chevaux dragons », censés provenir du croisement entre les dragons tapis au fond des lacs d'altitude et des juments sauvages, étaient très prisés par les autorités chinoises.

Dans une auberge cavalière qui disposait d'une écurie où il avait été possible de faire entrer l'éléphant Sing-sing, Poignard de la Loi et le cornac purent reprendre quelques forces. Ils y dormirent, enfin au chaud, trois jours entiers, en se régalant de nouilles au mouton épicé, le plat favori des Ouïgours, qu'ils arrosaient de thé brûlant à la menthe.

Quand il leur fallut repartir et prendre à nouveau de l'altitude, après ces quelques jours délicieux passés au coin d'un feu de cheminée, l'hiver ne tarda pas à se rappeler à eux et ils eurent le plus grand mal à supporter le froid coupant qui leur griffait le visage.

Guidé par le cornac, qui arrivait à reconnaître son chemin malgré les tombereaux de neige amoncelée, Poignard de la Loi n'avait qu'une hâte : arriver à l'endroit même où Bouddhabadra avait fait partir celui-ci en avant, sans l'éléphant blanc sacré.

Curieusement, alors qu'il était conscient que le moindre faux pas pouvait provoquer la glissade incontrôlée vers le précipice, Poignard de la Loi était encore empli d'espoir et presque assuré de les retrouver vivants, à l'abri, par exemple, d'une grotte creusée dans la montagne.

Son extrême fatigue ne faisait pas qu'estomper en lui toute notion de temps mais finissait par provoquer une euphorie bizarre, peu conforme aux circonstances, alors que le seul avantage de l'hiver, sur les chemins où ils peinaient, était de faire fuir les bandits de grand chemin vers les routes plus fréquentées, qui passaient par les plaines.

Quant aux autres dangers qui les guettaient, la nuit, quand rôdaient les loups et les léopards des neiges autour du feu qu'il fallait sans cesse alimenter, Poignard de la Loi n'en avait cure : parti à la recherche de son Supérieur et de l'animal sacré, il était sûr d'accomplir un bon karman, ce qui était l'essentiel pour un pieux moine hinayaniste.

Sing-sing, dont l'altitude paraissait, au contraire, avoir émoussé toute l'énergie, se montrait de plus en plus peureux.

Le pachyderme, d'ordinaire connu pour ses foucades, ses coups de défenses et ses terribles ruades, n'avançait plus qu'avec peine, sous les picotements du crochet-harpon que le cornac était obligé de manier sans cesse. La nourriture qu'on lui donnait était manifestement insuffisante, même si les réserves d'avoine que Poignard de la Loi avait fait charger sur son dos, avant leur départ, s'amenuisaient de jour en jour. Il était devenu nécessaire de compléter ses rations avec des herbages et des racines, dont la cueillette supposait de passer de longs moments à déblayer la neige qui recouvrait la terre.

Après trois semaines de marche épuisante, où les jours, de plus en plus courts, obscurcis par les brumes qui cachaient le soleil, succédaient indéfiniment aux nuits où l'un des deux veillait toujours, ils finirent par arriver, tenant à peine debout, en vue du col où se situait la fameuse auberge.

— C'est là, juste derrière le col ! Auberge où moi attendre Supérieur de Peshawar et lui pas venir !

— J'ai hâte d'y parvenir pour mettre Sing-sing à l'abri ! dit Poignard de la Loi en désignant l'éléphant qui avait bien dû fondre de moitié.

Sa peau flasque et plissée, comme le visage de certaines vieilles montagnardes tibétaines, pouvait laisser croire qu'il portait un vêtement taillé trop grand pour lui.

De l'auberge, le premier acolyte ne vit d'abord que l'enseigne, formée par un chaudron à soupe accroché à un mât par des chaînettes. Elle surgissait, tel un animal bizarre, du tertre neigeux qui recouvrait ce bâtiment construit au flanc de la montagne et qui se confondait avec elle.

Au fur et à mesure qu'il s'en approchait, il distinguait les fenêtres en forme de meurtrières et l'unique porte basse par où devaient entrer et sortir les rares clients qui s'aventuraient jusque-là.

Il alla frapper à la porte.

Le regard de l'aubergiste, une fois celle-ci ouverte, témoignait de sa surprise quand il constata la présence d'un pachyderme.

— Pour l'éléphant, il faut passer par-derrière ! lâcha-t-il dans un mauvais indien.

— Le cornac pourra-t-il dormir avec l'animal ? demanda Poignard de la Loi.

— Pas de problème ! Il y a aussi du foin. Je le vends une pièce d'argent la mesure… Un éléphant de la taille du tien a besoin au moins de quatre mesures par repas ! répondit l'homme, qui avait ravalé tout étonnement et dont le comportement prouvait que, même aux confins de l'Himalaya, à près de cinq mille mètres d'altitude, il n'y avait pas de petits profits et qu'un commerçant restait un commerçant.

Pour obtenir l'onguent salvateur, il lui fallait aller jusqu'au grand marché aux herbes médicinales de Hetian, étape principale de la Route de la Soie, dont les mines de jade attiraient des milliers d'ouvriers et de commerçants. Cela supposait de descendre, vers le nord, des contreforts himalayens, et de marcher en direction des déserts d'Asie centrale que longeait, à cet endroit-là, le tronçon méridional de la Route.

Quant au premier chaman local, censé guérir les yaks et les dzo et qui n'avait jamais dû voir, de sa vie, le moindre pachyderme, il habitait, selon l'aubergiste, dans un village situé à plus de dix jours de marche.

Aussi n'avait-il pas fallu longtemps à l'acolyte de Bouddhabadra pour conclure qu'il était plus prudent d'attendre sur place la guérison des horribles plaies de l'animal.

Il pensait que ce serait une affaire de quelques jours et ne se doutait pas que cette attente forcée allait se révéler plus longue que prévu, comme si l'éléphant Sing-sing avait décidé de prendre un malin plaisir à l'empêcher de mener à bien son périple.

Les blessures de l'animal restaient, hélas, ouvertes.

Et aux voyageurs, marchands, aventuriers ou autres malandrins, qui venaient, au rythme d'une dizaine par jour, poussés par la bise, frapper à la porte de l'auberge, Poignard de la Loi posait la même question, de plus en plus fébrilement à mesure que le temps passait :

— Avez-vous croisé, mort ou vif, un éléphant blanc dans les parages du col ? Avez-vous aperçu un homme accompagnant cet éléphant ? Un individu au teint basané et à l'oreille gauche percée par un anneau d'argent ?

Invariablement, la réponse était la même : « Nous n'avons rien vu de semblable ! »

Il n'y avait, dans les environs de cette maudite auberge, pas l'ombre d'une trace du pachyderme sacré ni de Bouddhabadra.

Même si le pire, dans ces conditions, était à craindre, Poignard de la Loi, nullement découragé mais de plus en plus impatient, n'attendait désormais qu'une chose : que l'éléphant Sing-sing fût enfin capable de se mettre debout.

Cela finit par se produire, un beau matin, au terme d'une attente qui commençait à entamer quelque peu le moral d'acier dont Poignard de la Loi, jusque-là, avait fait preuve.

Juste après une terrible nuit de pleine lune, où le froid était tel que les oreilles gelaient dès lors qu'on s'aventurait à aller uriner dehors sans bonnet.

Poignard de la Loi alla comme chaque matin aux nouvelles pour constater les éventuels progrès de la cicatrisation des plaies de Sing-sing.

Au sourire du cornac, il comprit vite que les choses allaient mieux.

Ils réussirent, avec toutes les précautions possibles, à faire sortir l'animal de l'écurie, ce qui ne lui était jamais arrivé depuis qu'il était là. Sing-sing pouvait désormais marcher en claudiquant, sans broncher ni avoir l'air de trop souffrir…

— Nous pourrons enfin partir dans quelques jours, dès que Sing-sing ne boitera plus, constata avec satisfaction Poignard de la Loi.

— Sing-sing pas encore guéri ! soupira le cornac.

Énervé par un tel entêtement, le premier acolyte de Bouddhabadra faillit lever la main sur lui.

Cela faisait déjà vingt jours qu'ils étaient là, bloqués, à regarder la neige tomber.

Penaud, le cornac lui fit signe de venir observer les plaies, certes moins purulentes, qui entaillaient toujours profondément la plante des énormes pattes.

Si les choses devaient continuer ainsi, Poignard de la Loi n'aurait même plus de quoi payer le fourrage que l'aubergiste, profitant de l'aubaine, continuait de vendre à un prix exorbitant !

Poignard de la Loi, désormais conscient que l'empêchement de son éléphant risquait de dégénérer en catastrophe, ignorait encore que la venue inopinée d'un curieux équipage, deux jours plus tard, non seulement réglerait son problème, mais ferait prendre à son périple une tout autre tournure, fort différente de celle qu'il avait imaginée. Bien plus risquée et dangereuse, mais ô combien extraordinaire…

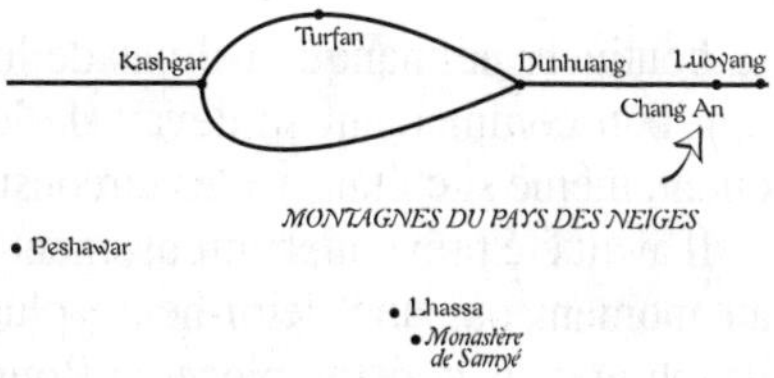

16

Quartier de la soie, Chang An, Chine. 2 avril 656

Dans la rue des Oiseaux Nocturnes, déjà tout encombrée en ce début de matinée par les chalands, les chariots et les pousse-pousse, l'arrivée du Muet n'était pas passée inaperçue.

Le géant porte-grillon de l'impératrice Wuzhao, tel un navire dont l'étrave aurait fendu l'océan, dominait la foule d'une bonne coudée. Les passants s'écartaient prestement sur son passage en se faisant tout petits, à mesure que le Turco-Mongol se frayait un chemin au milieu de la populace, dont les rires et les jurons cessaient dès qu'ils l'apercevaient.

À Chang An, il est vrai que le Muet n'avait pas besoin d'être présenté. Les pires rumeurs couraient, en effet, sur le compte de ce factotum de l'impératrice.

Les circonstances qui avaient permis à Wuzhao de s'attacher les services de ce prisonnier de guerre, déjà célèbre par sa force, sa cruauté et son ardeur au combat, en avaient fait un mythe vivant.

Pour les ennemis de l'impératrice, il n'était que son affreux complice, dédié à ses plus basses œuvres et qui avait, notamment, éliminé Dame Wang, l'ancienne épouse de Gaozong ; pour les autres, et en particulier, ce matin-là, la plupart des marchands de soie de la rue des Oiseaux Nocturnes, sa présence annonçait surtout une cascade d'ennuis aussi désagréables qu'imprévisibles…

Aussi, lorsque Rouge Vif vit arriver ce géant devant la porte de sa boutique, ne manqua-t-il pas de lui octroyer un sourire, comme tout bon commerçant se devait de le faire quand il accueillait un client, même si c'était, vu les circonstances, un sourire plutôt jaune.

Il avait été prévenu, heureusement pour lui, de l'arrivée du Muet, au moment où, une demi-heure plus tôt, un garçonnet avait fait irruption dans la petite pièce où Rouge Vif recevait cérémonieusement sa clientèle.

Comme chaque matin, il venait de bénir sa boutique du sol au plafond en prononçant des formules bouddhistes, taoïstes et confucéennes – on n'était jamais assez sûr ! – à l'aide d'une petite bannière de soie portant le caractère « Fu » de la prospérité qu'il passait partout comme un chiffon. Puis il y avait brûlé un peu d'encens, car c'était sa façon d'honorer son premier client du jour.

Sur les murs de l'échoppe, impeccablement rangée la veille au soir par Lune de Jade, les coupons de soie présentés sur des étagères de bois précieux par couleur et par épaisseur s'affichaient avec toutes les nuances de l'arc-en-ciel, faisant de la boutique de Rouge Vif un merveilleux écrin pour les soieries somptueuses que ses clientes et ses clients s'arrachaient.

— Mon père te fait savoir que le garde du corps de l'impératrice Wu est en train d'inspecter toutes les échoppes de la rue des Oiseaux Nocturnes ! s'était écrié, hors d'haleine, le garçonnet, qui avait manqué de heurter le plateau sur lequel le marchand disposait la théière et les bols destinés à son premier acheteur, attention censée porter chance pour toute la journée.

— Il est passé chez ton père ?

— Il y est resté le temps d'examiner par le menu toute notre marchandise ! Il vérifie la présence des sceaux officiels. Papa te fait dire qu'il se comporte comme un véritable inspecteur de police !

— Tu remercieras bien ton père ! avait soufflé Rouge Vif au garçonnet au moment où celui-ci repartait en courant.

Alors, Rouge Vif avait eu à peine le temps de monter d'un bond sur un escabeau pour s'emparer, sur une étagère, d'une pile de somptueux coupons de soie vermillon.

Puis, le cœur battant la chamade, il les avait promptement cachés sous la table où était posé le plateau que le garçonnet avait failli renverser lorsqu'il était entré en trombe dans le magasin.

Au moment où Rouge Vif commençait à se dire avec soulagement qu'il n'avait rien à craindre, à présent qu'il avait fait disparaître sa marchandise clandestine, une silhouette haute comme une armoire était brusquement apparue à sa porte, en contre-jour et occultant presque tout l'espace.

Du même coup, elle avait plongé dans une inquiétante et lugubre semi-pénombre la luxueuse boutique à l'enseigne du Papillon de Soie.

Le marchand Rouge Vif, tout en s'efforçant de garder contenance, proposa d'abord, en bafouillant, un thé à cet individu dont il distinguait à peine le visage.

L'homme à la langue coupée avait refusé d'un geste, avant de se lancer dans une inspection minutieuse des coupons de soie multicolores disposés sur les étagères.

Il procédait avec méthode, commençant par déplier chaque soierie pour vérifier qu'elle portait bien, attachée à un coin, au bout d'un fil tiré exprès, le minuscule sceau de plomb de l'administration de la soie. Ce petit cylindre, dûment numéroté, attestait que la marchandise avait été examinée par son bureau de contrôle et en garantissait la qualité, et, surtout, l'origine, puisque le nom de la fabrique où elle avait été tissée devait obligatoirement y figurer.

Une fois la vérification effectuée, les mains immenses du Muet, davantage faites pour étrangler, reposaient les coupons de soie sur une étagère du mur opposé, où, peu à peu, n'avait pas tardé à s'entasser la bonne centaine de coupons de soie constituée par le stock de Rouge Vif.

L'inspection était en passe de s'achever et le marchand de souffler, lorsqu'un fracas ébranla soudain les étagères.

C'était Lune de Jade, en proie au fou rire, qui dévalait l'escalier de sa chambrette, poursuivie par Pointe de Lumière.

Dans son élan, la jeune femme avait buté sur la table et l'avait renversée, laissant apparaître sur le plancher la tache vermillon des coupons de soie clandestine. Rouge Vif, bouleversé, ne put s'empêcher de pousser un cri d'angoisse, tandis que les deux jeunes gens se confondaient en excuses.

— Désolée, Rouge Vif ! Mais je ne l'ai pas fait exprès. Je suis déjà en retard ! S'il y a des choses à ranger, je le ferai ce soir en rentrant ! promit Lune de Jade, légèrement contrite.

— Tout est ma faute ! C'est moi qui jouais avec elle ! J'espère que tu ne m'en veux pas, ô Rouge Vif ! ajouta Pointe de Lumière avant de prendre la main de son amante, puis de l'entraîner dans la rue où ils furent absorbés par la foule.

Le pauvre Rouge Vif n'avait même pas eu la présence d'esprit de lui répondre, tant il était préoccupé par le regard soupçonneux du géant à la langue coupée, qui ramassait un à un les coupons de soie rouge avant de les poser bien à plat sur la table qu'il venait de replacer sur ses pieds d'une seule main.

Aucun tissu, évidemment, ne portait de sceau-cylindre.

« Pas bon ! Pas bon ! » crut déceler Rouge Vif dans le borborygme qui sortait de la bouche du Muet.

Celle-ci affichait une moue cruelle et satisfaite à la fois qui ne laissait aucun doute sur ses intentions.

Il avait compris qu'il s'agissait de soie clandestine.

Quelques instants plus tard, une escouade de soldats faisait évacuer la rue, et le géant poussait violemment Rouge Vif à l'extérieur du Papillon de Soie, avant de le faire monter à bord d'un palanquin dont il referma, d'un geste sec, la portière à double tour.

Claquemuré dans cette boîte, ballotté par la vive allure des porteurs sur les épaules desquels il entendait claquer le fouet du Muet, Rouge Vif, terrorisé, se demandait vers quel horrible châtiment on était en train de le conduire.

Comme il regrettait d'avoir accepté la proposition de l'homme qui lui avait cédé, pour la moitié du prix d'achat officiel, ces coupons de soie clandestine d'une qualité exceptionnelle qu'il revendait au même tarif que la soie estampillée !

Les bénéfices du Papillon de Soie avaient explosé depuis ce moment-là, de sorte que le marchand de soie, minimisant les risques de cette fraude si lucrative, avait fini par considérer que le jeu en valait vraiment la chandelle.

Le secret dont s'entouraient les membres du réseau qui lui fournissaient cette marchandise l'avait d'ailleurs rassuré. Ainsi, son fournisseur, qui n'avait pas l'air d'un Han mais parlait parfaitement le chinois, avait toujours refusé de lui révéler son identité. Ce vendeur à la sauvette était lui-même surveillé par un autre individu, porteur celui-là d'un petit cordon de soie rouge au poignet, semblable à celui du jeune homme qui partageait la chambre de Lune de Jade.

C'était du reste dans l'espoir d'en savoir plus au sujet de cette remarquable organisation clandestine et, surtout, de la provenance de cette soie fabuleuse, que Rouge Vif avait accueilli sans difficulté particulière, pensant que son arrivée n'était pas fortuite, ce jeune Pointe de Lumière, alors même que, d'ordinaire, il était circonspect.

Tandis que le palanquin progressait dans les rues bondées de Chang An, vers une destination qui devait sûrement être un échafaud, il se souvenait, comme si c'était hier, des circonstances dans lesquelles il avait conclu l'affaire avec cet inconnu.

Cela faisait à présent plus de deux ans qu'un soir, alors qu'il s'apprêtait à fermer sa boutique, un inconnu s'était présenté à lui, tenant à la main un sac de toile dont il avait sorti un somptueux échantillon de moire vermillon.

— Combien en as-tu de cette sorte ? n'avait pu s'empêcher de s'exclamer Rouge Vif devant un tissu d'aussi belle qualité.

— Je peux t'en procurer autant que tu le souhaites. Il y en a aussi de la jaune…

— Mais elle n'est pas estampillée ! avait constaté le marchand, surpris, après avoir déplié l'échantillon sur son comptoir.

— Un tael d'or les deux coupons ! C'est à prendre ou à laisser ! avait alors lâché l'homme.

— Est-ce de la soie de contrebande ?

— À ton avis ? avait rétorqué, l'air passablement ironique, l'inconnu.

— Mais si l'administration de la soie découvre que je vends de la marchandise clandestine, ce sont mes pieds que je risque d'y laisser, sans compter la fermeture irrémédiable de mon commerce !

— De toute façon, au train où vont les choses, bientôt la soie produite par les manufactures impériales sera réservée aux seuls grands magasins d'État. Tu n'ignores pas que, l'année prochaine, plus aucun client ne viendra chez toi, pour la simple raison que tu n'auras plus un pouce carré de marchandise en stock !

— Si tu savais comme je le sais ! avait gémi Rouge Vif, lequel venait, une fois encore, de passer sa journée à essayer de convaincre ses clients de se rabattre sur des couleurs et des matières qui, manifestement, ne leur convenaient pas.

Quelque peu assommé par la force de persuasion de ce curieux vendeur à la sauvette, Rouge Vif avait continué à examiner le coupon de tissu.

C'était la première fois que le marchand tenait entre ses mains un de ces morceaux de soie clandestine dont la rumeur, ici et là, attestait de l'existence sur les marchés parallèles. Il témoignait du savoir-faire irréprochable de ceux qui l'avaient tissée, qui n'avait assurément rien à envier à celui des plus grandes filatures impériales.

Une fois le tissu déployé sur la table du magasin, l'expert qu'était Rouge Vif n'avait pu que constater la finesse de son grain et la haute qualité du fil de ce coupon de moire vermillon, comme on n'en trouvait plus dans le quartier des soyeux de Chang An.

La pénurie de soie commençait en effet à pénaliser sérieusement les marchands de son espèce, qui voyaient leurs stocks se réduire. Certaines couleurs manquaient parmi les plus recherchées, notamment le rouge et le jaune, celles qui étaient associées au Sud et au Centre, au Feu et à la Terre, aux poumons et au cœur, à l'amer et au doux, celles dont raffolaient les élégantes.

Le jaune était aussi la couleur de l'empire, et tous ceux qui souhaitaient plaire à Gaozong s'arrangeaient, sans aller jusqu'à se revêtir entièrement de cette couleur, ce qui eût été un signe d'irrespect, pour porter dans les réceptions officielles, comme un témoignage d'allégeance, une écharpe et une ceinture mordorées.

Et c'était justement la moire, cette étoffe de soie aux reflets chatoyants comme la surface d'un lac éclairée par les rayons du soleil, qui faisait le plus défaut à Rouge Vif. Tout le monde réclamait de la moire, mais aucun petit marchand de soie n'était plus capable d'en fournir le moindre coupon.

C'était à désespérer.

Si la pénurie devait continuer, il n'aurait plus qu'à fermer le Papillon de Soie.

Aussi, quand l'inconnu, après l'avoir laissé examiner à loisir sa marchandise, lui avait demandé : « Alors, qu'en penses-tu ? », il n'avait pu que lui répondre :

— Il est vrai que cette soie est de première qualité !

— Elle sera la chance du petit commerce, s'il ne veut pas être définitivement enfoncé par les grands magasins publics ! Je te le remets. J'ai confiance en toi. Demain, je repasserai. Au moins, tu auras eu le temps de réfléchir ! Si nous ne faisons pas affaire, je ne t'en voudrai pas. Cela me permettra de faire un heureux de plus ! avait ajouté l'inconnu en souriant, avant de s'éclipser.

On lui avait visiblement appris à manier les arguments susceptibles de toucher les petits commerçants de l'espèce de Rouge Vif.

Ce dernier, sérieusement ébranlé, avait passé la nuit à ruminer le pour et le contre.

Très vite, dans son esprit, le dilemme, des plus simples, était apparu : il avait le choix entre la prise de risque et la fermeture inéluctable de son commerce… Le prix d'achat de la soie clandestine, par rapport à celui auquel il pouvait espérer la revendre, avait achevé de le convaincre qu'il fallait tenter le tout pour le tout.

La mort dans l'âme, il avait donc choisi de faire affaire avec l'inconnu, avant de s'en féliciter lorsqu'il avait compris que la moire clandestine pourrait, en trois mois à peine, lui rapporter autant d'argent qu'il en gagnait en une année. Il lui suffirait de se montrer prudent à l'égard de certains clients sourcilleux, tandis que la plupart, moins regardants, achèteraient la marchandise sans se soucier de l'absence du sceau-cylindre.

Il s'était dit aussi que, dès fortune faite, il fermerait définitivement son commerce pour ne pas courir de risques inutiles.

Et la combine avait marché, sur un plan commercial et financier, au-delà de ses espérances.

Tous les quinze jours, l'homme venait prendre commande et effectuer la livraison des coupons souhaités par Rouge Vif, lequel les écoulait sans bruit, au prix du marché officiel, à des clients alléchés par le bouche à oreille.

De temps en temps, un autre individu, porteur d'un bracelet de soie rouge, venait lui rendre visite pour s'assurer, selon ses propres termes, « que le prix fixé était le bon ».

Il avait l'air d'une sorte de vérificateur, dont le travail consistait à s'assurer du bon fonctionnement du réseau clandestin de vente de la soie. Et cela rassurait Rouge Vif, dont le sac de cuir qui ne quittait jamais sa ceinture était rempli à ras bord tous les soirs de taels de bronze, d'argent et d'or…

La boutique à l'enseigne du Papillon de Soie était dévalisée de ses coupons de moire, soit par les élégantes, soit par les dévots qui les échangeaient aux monastères contre des prières.

D'ailleurs, lorsque le Muet était venu procéder à l'inspection du magasin de Rouge Vif, il ne lui restait que quatre coupons vermillon à vendre. Tous les autres, les jaunes et les verts jade, avaient été achetés depuis belle lurette, et il attendait impatiemment la livraison de soie prévue pour le lendemain.

C'est dire s'il se sentait victime de malchance, avec cette malencontreuse irruption de Lune de Jade et de son cousin au bracelet de fil rouge, dont il ne pensait plus – et pour cause ! – qu'il fît partie du réseau clandestin.

Enfermé dans son palanquin, Rouge Vif maudissait son goût du gain, qui, faisant de lui un hors-la-loi, risquait de lui coûter ses pieds ou sa tête, lorsqu'une brusque secousse et un choc sourd lui firent comprendre que les porteurs venaient de s'arrêter et de le reposer sur le sol.

La porte de la caisse portative s'ouvrit alors avec fracas, et l'énorme main du Muet en extirpa un Rouge Vif terrifié.

Bien qu'ébloui par la lumière du soleil, il ne mit pas longtemps à s'apercevoir qu'il se trouvait au milieu de la cour de la Tranquillité Terrestre Kunning du palais impérial de Gaozong, entouré par des gardes en armes dont les hallebardes, tournées vers lui, semblaient sur le point de le transpercer.

Lui qui pensait être conduit à l'échafaud, voilà qu'on l'avait amené au palais impérial !

Il n'osa pas demander au Muet où il l'emmenait, d'autant que ce dernier, sans ménagement, eut tôt fait de le pousser devant lui dans un dédale de galeries, jusqu'à une porte majestueuse qui se referma aussitôt derrière eux.

Puis le géant dépourvu de langue le projeta violemment à terre.

Alors, le pauvre Rouge Vif, au bord de la syncope, sûr que sa dernière heure était arrivée et que la lame du bourreau n'allait pas tarder à s'abattre sur lui, respira un grand coup et ferma les yeux très fort.

Au bout de quelques instants, constatant qu'aucune épée ne lui avait tranché le cou, il reprit espoir.

Ouvrant enfin les yeux, il s'aperçut qu'il avait le nez plongé dans la douceur laineuse d'un somptueux tapis persan sur lequel reposait ce qui ressemblait aux pointes de deux mules précieuses de soie brodée au fil d'or.

C'était sûr, il avait été jeté par le Muet aux pieds d'une femme !

Alors, avec une prudence infinie, il redressa lentement la tête pour faire monter son regard le long de la robe chamarrée qui s'élevait au-dessus des pantoufles brodées. C'était la robe d'une élégante, coupée dans une faille de soie orange sur laquelle des grappes de vigne, dont les grains étaient des perles, avaient été brodées. Un peu plus haut, il avisa une boucle de ceinture où brillait une émeraude de la taille d'un œuf de pigeon, avant de s'attarder sur un corsage dont l'échancrure laissait apparaître des seins fermes et rebondis qu'il n'arrivait pas à quitter des yeux.

Et lorsque, enfin, il parvint au visage de la femme à laquelle appartenait cette poitrine aussi parfaite que généreuse, il se releva d'un coup, hébété et hagard, tremblant de tous ses membres, conscient de l'outrecuidance qui avait été la sienne, en lorgnant ainsi sans vergogne la personne même de la Première Dame de Chine.

Mais l'impératrice Wu, loin de paraître lui en tenir rigueur, curieusement, lui souriait.

Elle était encore plus belle, vue de si près, que le racontaient les légendes qui couraient à son sujet.

Rouge Vif, quoiqu'il s'y essayât, avait du mal à cesser de fixer ses seins, ronds et désirables, parfaitement identifiables sous le voile de tulle de son corsage entrouvert. Au creux de sa poitrine brillait un pendentif d'or pur en forme d'oiseau phénix, émaillé de minuscules émeraudes, admirable reproduction du symbole impérial que tripotaient ses mains blanches aux doigts effilés comme des plumes.

Troublé par cette sublime vision, au point d'oublier, pour un instant, les raisons de sa comparution, Rouge vif ne put que baisser de nouveau la tête devant Wuzhao, en signe de respect.

Lorsque, à sa demande, il se redressa, il constata que le Muet avait disparu.

Ils étaient seuls, en face l'un de l'autre, dans la pièce.

Le marchand de soie pouvait sentir l'incomparable parfum de la souveraine, un subtil mélange de poivre et de jasmin qu'elle faisait venir de Perse et que nulle autre n'était autorisée à porter puisqu'il lui était réservé, au grand dam des autres élégantes.

Quand on le respirait pour la première fois, sa fragrance montait à la tête et y laissait une trace ineffaçable, comme la signature d'un poème unique à la gloire exclusive de cette femme. Aussi, quand des traces de jasmin poivré flottaient dans l'atmosphère des jardins du palais, chacun, qu'il fût courtisan, eunuque ou ministre, savait que Wuzhao n'était pas loin et qu'il n'y avait rien de mieux à faire que de se tenir à sa disposition…

La souveraine s'était à présent assise sur un divan.

Au moment où elle avait croisé les jambes, tout en plantant ses beaux yeux d'émeraude dans les siens, Rouge Vif aperçut, l'espace d'un éclair, tout au bout de la longue fente de sa robe orangée, le bouton de pivoine de l'impératrice, parfaitement épilé, à l'endroit même où s'achevait sa vallée des roses.

Il n'en crut pas ses yeux et en même temps ce détail le fit frissonner.

Si elle se gênait si peu avec lui, n'était-ce pas le signe, pensait-il, qu'il allait bientôt mourir, de sorte qu'il ne pourrait jamais faire part à quiconque de la perversité de cette femme qui n'avait pas hésité à lui laisser entrevoir la quintessence de sa sublime intimité.

La réputation de Wuzhao, à cet égard, n'était pas surfaite !

Aussi le pauvre marchand de soie était-il tellement persuadé qu'il ne sortirait pas vivant du palais impérial qu'il manqua de tomber à la renverse lorsqu'il entendit la belle Wuzhao lui demander tout à trac :

— Accepterais-tu de me fournir trente coupons de soie clandestine ? Des jaunes et des rouges. De la même qualité que celui-ci !

Sur la table basse de laque noire, devant le divan de l'impératrice de Chine, il y avait trois ou quatre autres coupons, laissés là par le ministre de la Soie, Vertu du Dehors, identiques à ceux que Rouge Vif écoulait clandestinement jusqu'à ce matin-là.

Il crut, bien sûr, à un piège.

C'était évident, la redoutable Wuzhao essayait de le confondre !

— Ma… m… majesté ! Mais c'est là un crime d'État ! Puni de mort ! Je ne suis qu'un pauvre hors-la-loi qui a fauté et qui regrette amèrement son geste. Je bats humblement ma coulpe devant Votre Très Haute Seigneurie. Si vous daignez me pardonner, je vous jure que je ne recommencerai plus ! bafouilla-t-il après s'être jeté à ses pieds.

Le bas de la robe de Wuzhao était tout imprégné de son odeur de jasmin poivré. En relevant le nez, il ne put s'empêcher de songer au bouton de pivoine qui devait palpiter juste sous la faille de sa robe fendue, mais il chassa promptement cette image de son esprit.

Ce n'était vraiment pas le moment de se laisser aller, alors qu'il était encore temps, peut-être, de sauver sa peau. Quelque chose lui disait que cette femme, seule devant lui, dont il pouvait respirer l'enivrante odeur ne l'avait pas fait amener là, en plein cœur du palais impérial, pour le condamner à l'échafaud.

Que cherchait-elle donc, au juste ?

Peut-être cette impératrice aux charmes si tentants voulait-elle, tout simplement, obtenir de lui des renseignements sur le réseau du trafic de soie en lui appliquant l'adage « crime avoué, crime à moitié pardonné » !

La justice des Tang n'était pas avare de cette méthode, lorsqu'elle faisait procéder, une fois par mois, devant la Porte de l'Ouest du palais impérial de Chang An, à des confessions collectives réservées aux criminels d'État. La foule s'y pressait d'autant plus volontiers qu'il s'agissait toujours de nobles et puissants personnages, peu habitués à subir des humiliations publiques, et qui étaient envoyés à l'échafaud ou au pilori, après s'être accusés de turpitudes qu'ils n'avaient, en général, jamais commises, pensant ainsi échapper à la mort…

Auquel cas, il était bel et bien dans de beaux draps, ce pauvre Rouge Vif dont l'esprit oscillait entre la peur et l'espoir.

La réponse de Wuzhao mit un terme à son incertitude.

— Pauvre imbécile ! Tu n'as donc pas compris que je parle le plus sérieusement du monde ? Pourquoi crois-tu que je t'ai fait venir devant moi ? Pourquoi irais-je te dénoncer alors que j'ai besoin de ta soie ? lâcha-t-elle en éclatant de rire.

Rouge Vif se pinça pour bien s'assurer qu'il ne rêvait pas : que la si redoutée impératrice de Chine fût prête à acheter de la soie clandestine à un petit marchand de son espèce, comme n'importe quelle cliente en mal de moire rouge ou jaune, était à proprement parler ahurissant !

Les yeux en amande de la souveraine le regardaient en souriant. Sa bienveillance ne semblait pas feinte.

Dans le pur ovale de son visage aux traits parfaits, qu'encadraient deux anneaux d'oreilles en or, sur lesquels le bijoutier avait posé deux oiseaux prêts à s'envoler, assortis à ceux du petit pendentif niché au creux de ses seins, Rouge Vif ne discernait nulle trace de duplicité, mais au contraire une sorte de satisfaction.

La belle Wuzhao était bel et bien son alliée, et, s'il y avait là un piège, il devait être plus subtil, comme le disait le poème, que la trace laissée par une libellule sur un pétale de rose !

— Majesté, je suis à vos ordres ! Dès la semaine prochaine, il me sera possible de vous fournir en coupons de moire rouge et jaune ! À condition, bien sûr, que je ressorte libre d'ici et qu'on me laisse jouir tranquillement de mon commerce ! Faute de quoi, je ne vois pas comment je pourrais faire ! gémit-il.

— Mais quel benêt ! Bien sûr que tu ressortiras libre d'ici. Et même, je paie d'avance ! Bientôt, tu n'auras plus besoin d'autre cliente que moi ! ajouta-t-elle en lui lançant une pochette de cuir qu'il rattrapa au vol.

Elle pesait lourd et devait être remplie à ras bord de taels d'or et d'argent.

— Et comment devrai-je faire parvenir à Sa Très Haute Majesté cette marchandise précieuse ? demanda-t-il obséquieusement en retrouvant ses accents de marchand.

— Le Muet ! Mon grillon ! Je veux entendre le chant de mon grillon ! s'écria alors Wuzhao, avant d'intimer l'ordre au géant, qui venait d'entrer dans la pièce, de poser la petite cage de lamelles de bambou en forme de boule sur la table.

C'était toujours ainsi, lorsque la reprenaient ses maux de tête : elle avait besoin du chant de l'insecte.

D'ailleurs, celui-ci, en bon courtisan, émit aussitôt son grattement caractéristique.

Puis, d'un geste las, elle fit signe au Muet de lui servir un verre d'eau avant d'y verser une pincée de poudre prise sur le plateau d'argent que le Turco-Mongol à la langue coupée lui avait tendu.

— Il n'y a que cet insecte et cette poudre qui calment mes maux de tête ! dit-elle au marchand en guise d'explication.

— Joli grillon ! Il joue une musique harmonieuse ! Mais tout à l'heure, Majesté, je vous demandais quel serait notre truchement…, osa alors Rouge Vif que la confidence de Wuzhao avait mis en confiance.

— Le Muet se chargera d'aller chercher la marchandise ! laissa-t-elle tomber sèchement, soucieuse de ne pas apparaître, devant le géant, trop familière avec ce marchand.

Avec Wuzhao, on ne choisissait jamais le terrain d'un quelconque échange.

C'était toujours à elle que revenait l'initiative et ils étaient plus d'un, croyant la partie gagnée, à déchanter lorsque l'habile manœuvrière, qui avait l'art de tromper son monde, s'arrangeait pour, brusquement, changer de pied.

— Tu ne dis rien ! As-tu entendu ? C'est mon porte-grillon qui fera la navette entre toi et moi ! J'espère que tu as compris, ajouta l'impératrice.

— C'est que, Majesté… Voilà, cet homme ne passe pas inaperçu…, parvint-il à bredouiller.

— Cet homme, le Muet, n'a qu'une seule maîtresse ! C'est l'impératrice Wuzhao ! Et il a toute ma confiance. Il mettra une cagoule de couleur différente chaque fois, et le tour sera joué ! lui lança-t-elle sur un ton qui n'admettait pas la réplique.

Tandis que le Muet, amusé et flatté, acquiesçait à la formule, Rouge Vif ne savait plus sur quel pied danser. Craignant d'avoir vexé l'impératrice, il cherchait le moyen de rattraper sa bourde.

— C'est très bien ainsi. Vos désirs, Majesté, ne peuvent être que des ordres !

Rouge Vif regardait le Muet, toujours aussi imperturbable, qui, de son index sur lequel était passée une grosse bague d'argent, caressait doucement le dos du grillon à travers les barreaux de la cage.

L'idée qu'il était devenu à son tour ce grillon, jouet de l'impératrice que, d'une simple pression du doigt, le Muet pouvait écraser, lui effleura l'esprit.

— Pourquoi crois-tu qu'il s'appelle le Muet ? Désormais, nous sommes liés, tous les trois, par le pacte du silence ! Et crois-moi, Rouge Vif, c'est le plus facile à respecter ! Il suffit, pour s'en persuader, de réfléchir aux conséquences de sa rupture…, conclut-elle, cette fois avec bonne humeur, dans un grand éclat de rire.

Alors, ses dents étincelantes, semblables aux perles fines d'un collier, semblèrent soudain à Rouge Vif si aguicheuses, mais aussi tellement carnassières, qu'il eut toutes les peines du monde à réprimer un frisson.

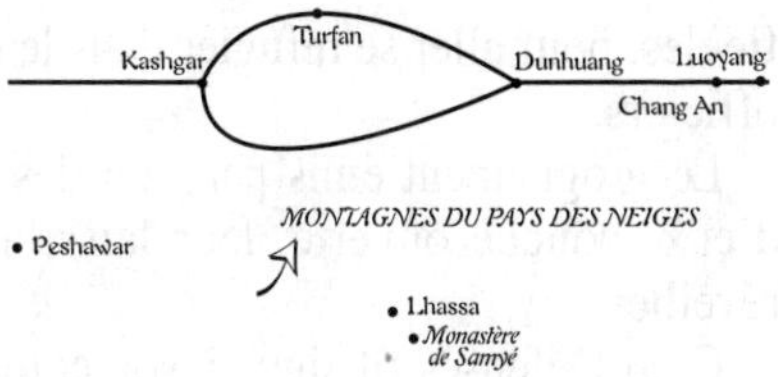

17

Dans les montagnes du Pays des Neiges

— Je n'ai pas bien saisi le nom de ce pays d'où vient ton maître ! murmura Cinq Défenses au jeune parsi coiffé d'un turban de brocart qui leur servait d'interprète.

Ils étaient assis côte à côte, le moine mahayaniste dans la position du lotus, l'immense chienne Lapika, au poil toujours aussi ébouriffé, à ses pieds, à côté du couffin des bébés, devant un feu de camp tisonné par le jeune gardien, pendant que tous les autres, y compris le *ma-ni-pa*, dormaient à poings fermés.

Le chef des brigands avait ordonné de séparer le moine errant de Cinq Défenses et d'attacher ce dernier au jeune brigand bilingue. Cela faisait, à présent, une dizaine de jours qu'ils voyageaient ainsi, liés l'un à l'autre par une corde qui les rendait inséparables.

Malgré son statut de prisonnier, l'assistant de Pureté du Vide avait réussi à mettre en confiance ce garçon au visage avenant qui devait avoir à peu près le même âge que lui et se prénommait Ulik.

Parmi les parsis, dont aucun ne parlait le chinois, Ulik était le seul avec lequel il pouvait bavarder.

— Nous venons de Perse, d'où les musulmans ont récemment chassé les Sassanides de notre espèce. Le chef Majib n'en a peut-être pas l'air, mais il est d'ascendance royale. Il y a quelques années de ça, son oncle Yazdgard, l'ancien souverain du pays, a dû quitter la capitale, à la tête des soldats qui lui étaient restés fidèles, pour aller se réfugier dans le désert. Majib était l'un de ses officiers.

Le grognement émis par l'un des parsis, qui dormait, non loin d'eux, bouche ouverte, leur laissa entendre qu'il risquait de se réveiller.

Cinq Défenses fit signe à son compagnon de parler moins fort.

— Que reprochaient les « musulmans » à ton roi pour l'avoir expulsé ainsi ? chuchota-t-il en caressant le long poil de l'énorme chienne jaune.

— Ils suivent les préceptes de leur prophète, un certain Mahomet, qui leur demande de convertir tous les peuples à la religion du Dieu Unique ! Les parsis, dont les gouvernements ont toujours toléré plusieurs religions, ne sont donc plus en odeur de sainteté dans leur propre Perse !

— De quelles religions veux-tu parler, Ulik ? demanda Cinq Défenses dont les yeux aimables et vifs brillaient déjà de curiosité.

— Tous les cultes se côtoyaient à Shiraz : ceux du Dieu Unique, nestoriens et jacobites, mais également les disciples de Saint Maroun, sans oublier ceux d'un certain Jésus de Nazareth, de Mani le prophète, ou de Zurvan, une secte d'adorateurs du feu qui passaient leurs journées à rôtir de la viande. Les plus nombreux, appelés mazdéens, dont le chef et moi faisons partie, étaient les disciples de Zarathoustra, l'allié des hommes qui parvint à faire cesser la lutte implacable entre Ohrmazd, le Dieu de la Lumière Haute, et Ahriman, celui des Ténèbres du Bas. Le chef Majib possède, d'ailleurs, la qualité de mage. En parsi, nous appelons cela un « mogmart ».

Cinq Défenses n'avait jamais entendu parler, et pour cause, des mogmarts, ou mogpats, qui dirigeaient le clergé de la religion sassanide.

— Quel est le pouvoir de ces mages mazdéens ?

— Un mogmart possède plusieurs facultés. Il peut accomplir le sacrifice du feu Varhân, celui de la plus haute espèce[1], sur l'autel dont les pieds sont en forme de pattes de lion ; un mogmart sait tuer, toujours sur le même autel, à l'aide de son couteau sacrificiel à lame

1. Les mazdéens distinguaient l'Adurân, le feu mineur, du Varhân, le feu majeur.

courbe, les taureaux et les boucs, les ânes et les cochons ; les mog-marts les plus instruits maîtrisent aussi la façon de commander à l'eau de la terre : ils sont capables de faire tarir une source ou bien d'en accroître le débit, selon leur humeur !

— Majib serait-il de ceux-là ?

— Oui. Il a atteint le grade le plus élevé de la hiérarchie, celui de « maug-pat », le maître des mages. De ce fait, si c'était nécessaire, il saurait commander à l'eau du sol !

— Nous autres, simples moines bouddhistes, ne possédons pas de tels pouvoirs ! soupira Cinq Défenses.

— C'est pourquoi le chef Majib, quand il affirme qu'il « a plus d'un tour dans son sac », ne ment pas ! conclut le jeune parsi en souriant.

— C'est la première fois qu'on me parle de cette religion que tu nommes mazdéenne ! Le professeur qui me forma à la comparaison des religions devait lui-même ignorer son existence ! s'exclama Cinq Défenses que les propos du parsi ne manquaient pas d'intriguer.

Au noviciat de Luoyang, on apprenait aux enfants à se méfier comme de la peste des coutumes magiques, des élixirs de longévité, des chiromanciens, des astrologues et des géomanciens, et de la religion taoïste dans laquelle les bouddhistes voyaient un concurrent bien plus sérieux et redoutable que le confucianisme, dont la morale sociale était pourtant beaucoup plus proche de la leur.

— Nos divinités correspondent aux mois de l'année. Masye et Masyane, le premier couple de forme humaine créé par Ohrmazd le Gentil, enfanta à son tour des jumeaux. Mais Ahriman le Mauvais poussa leurs parents à dévorer leurs enfants, dont il s'était arrangé pour rendre la chair délicieuse. C'est ainsi que Masye mangea le garçon et Masyane la fille, jusqu'à ce que le Dieu de la Lumière Haute supprimât enfin le bon goût de la chair de leur progéniture pour lui éviter d'être à nouveau croquée par ces parents trop gourmands !

— Comme c'est affreux, Ulik ! murmura l'assistant de Pureté du Vide.

— Ce n'est que la lutte du Bien et du Mal, qui gouverne notre monde !

— J'entends les enfants bouger. Tes histoires lugubres doivent leur faire peur ! dit plaisamment le jeune mahâyâniste.

Ils pouvaient percevoir le délicieux gazouillis caractéristique provenant du berceau des bébés.

Cinq Défenses fit signe à Ulik de le suivre, puisque la corde qui reliait à ce dernier l'empêchait de faire autrement.

Accompagnés de l'inévitable Lapika, toujours aux aguets, épiant le moindre couinement de ses protégés, ils se penchèrent au-dessus du couffin, auquel le jeune moine bouddhiste imprima un léger mouvement de balancier, avant de leur chanter une comptine qui rendormit rapidement ses petits occupants.

— Si je comprends ta religion, elle reconnaît un Dieu du Bien et un Dieu du Mal…, soupira Cinq Défenses quand ils revinrent s'asseoir à côté du feu de camp.

— Le plus pénible, c'est la façon dont Ahriman le Mauvais procède, en détruisant systématiquement tous les bienfaits d'Ohrmazd le Gentil ! C'est lui qui a fait en sorte que l'homme soit mortel ! chuchota Ulik.

— Dans l'homme, le meilleur côtoie le pire. Mais c'est surtout l'ignorance qui lui fait accomplir ses actes les plus néfastes…

Cinq Défenses, dont la perception du monde avait été forgée par l'enseignement de la parole du Bouddha, avait du mal à saisir comment Ulik pouvait s'en remettre, pour le Bien et le Mal, à une lutte implacable entre deux Dieux qui se comportaient comme si les êtres humains eussent été de simples jouets, dépourvus de tout libre arbitre.

— Comme j'aimerais que tu dises vrai, soupira Ulik.

— Mais que faites-vous si loin de la Perse, sur les routes du Toit du monde, au lieu d'aider l'oncle de ton chef à reprendre le pouvoir à Shiraz ?

— Majib nous a fait jurer le plus grand secret !

— Votre but serait-il inavouable ? s'enquit, étonné, Cinq Défenses.

— Tu as raison. Je ne vois pas au nom de quoi je ne te le dirais pas ! En fait, nous travaillons pour le fils de l'ancien souverain déchu. Le vieux roi Yazdgard est mort en exil, il y a trois ans. Après la prise de sa capitale par les Arabes, la cour sassanide alla se réfugier dans une minuscule oasis le long du fleuve Amu, aux confins d'un désert où le soleil peut tuer un marcheur imprudent en quelques heures !

— Et que fait là ce qui reste de la cour ?

— Elle attend des jours meilleurs. Le lieu est si pauvre et aride que jamais personne ne viendra nous en déloger. Mais le prince héritier Feiruz, notre chef suprême, manque de tout, si bien que son armée ne compte qu'une poignée d'hommes. Autant dire qu'il ne peut rien entreprendre de valable, dans l'état actuel de ses finances…

— Est-ce à dire que vous essayez de lever des troupes pour le compte du prince Feiruz, afin qu'il reprenne le pouvoir ? s'enquit Cinq Défenses qui ne comprenait toujours pas pourquoi, dans ces conditions, Majib les avait capturés.

— Tu as tout saisi. Notre prince héritier, pour chasser les Arabes de Perse, a besoin de beaucoup d'argent. C'est la raison pour laquelle nous cherchons à mettre la main sur du fil de soie ! Les trois métiers à tisser les tapis récupérés, dans sa fuite, par le roi Yazdgard sont prêts à fonctionner, mais en l'absence de matière première, ils dorment dans un hangar. Avant la prise de Shiraz, les tapis de soie valaient déjà des sommes qui firent la fortune de la ville. Le meilleur tisserand de Perse vit actuellement auprès du prince héritier Feiruz, et il attend notre retour avec impatience !

— De la soie, je ne connais que le tissu. Je ne savais pas qu'on en faisait également des tapis ! Une grande habileté doit être nécessaire…

— L'artisan dont je te parle, et qui doit espérer que nous ne rentrerons pas bredouilles, est surnommé chez nous « l'homme aux doigts d'or ». Le chef Majib prétend que chacun de ses tapis vaudra le contenu en or d'une grosse jarre remplie jusqu'au col, soit de quoi reconstituer le trésor de guerre qui fait défaut au fils de Yazdgard et lui permettra enfin de venger feu son père !

— Mais je n'ai jamais entendu qu'on trouvait de la soie au pays de Bod ! À moins que vous n'ayez décidé de demander à « l'homme aux doigts d'or », comme tu l'appelles, de fabriquer des tapis en poils de yak !… fit, en éclatant de rire, l'assistant de Pureté du Vide.

— J'en ai vu un ou deux, dans des fermes de montagne. Je doute qu'ils valent beaucoup d'argent ! répondit le parsi, avant de se taire, comme s'il était gêné.

La boutade de Cinq Défenses était manifestement tombée à plat. Le silence se prolongeait, à peine troublé par les ronflements de Lapika.

— En fait, nous ne devrions pas être ici. Si nous sommes aux abords du Toit du monde, c'est tout simplement parce que nous nous sommes égarés ! finit-il par lâcher à contrecœur.

— Tu plaisantes ? Tu me prends vraiment pour un benêt ! s'écria, vexé, Cinq Défenses.

— Pas le moins du monde, hélas !

— Le chef Majib ne connaît pas les routes ?

— Après Kashgar, précisément au carrefour de Hetian, la luxuriante oasis où les poètes de Shiraz prétendent que la pierre de jade pousse, comme une plante, dans le lit des torrents, nous avons bifurqué vers la droite au lieu de continuer tout droit vers l'est !

— Mais ça paraît incroyable !

— À force de vouloir passer inaperçu, Majib, qui se refuse à demander son chemin, nous fit ainsi gravir, sans le savoir, les premières pentes des monts Kunlun et, à la nuit tombée, nous étions définitivement perdus… Depuis, nous errons dans la montagne qui nous a happés.

— Que pense le chef Majib de ses erreurs d'orientation ?

— Notre maître n'a pas un caractère des plus faciles. Il s'entête et crie facilement. Pour l'instant, aucun d'entre nous n'a encore osé émettre le moindre doute sur la direction qu'il nous a fait prendre.

— Et du coup, vous tombâtes sur nous !

L'interprète finit par sourire à son tour.

— Pour trouver du fil de soie, il faut obligatoirement aller en Chine centrale, reprit Cinq Défenses. À Luoyang, la ville où se situe mon monastère, il n'existe pas moins de huit manufactures impériales de la soie, où le fil des cocons est enroulé sur des bobines qui s'entassent dans de gigantesques entrepôts sévèrement gardés par des soldats en armes. Mais nul ne peut acheter ce fil s'il n'est pas muni d'une autorisation de l'administration de la soie. Comment Majib compte-t-il s'y prendre ?

— Je n'en sais rien. Ce qui est sûr, c'est que nous n'avons pas besoin d'aller jusqu'en Chine centrale ! Majib nous l'a assuré. C'est même la seule confidence qu'il nous ait jamais faite. Quant au lieu précis où il compte se rendre, il n'en parle que par allusion, comme s'il voulait à tout prix en préserver le nom ! D'ailleurs, au départ de l'oasis du fleuve Amu, nos recruteurs se refusèrent catégoriquement à nous révéler l'endroit où nous étions censés aller, à croire qu'il s'agissait d'un véritable secret d'État ! maugréa le jeune parsi.

— Dans ce cas, pourquoi ton chef Majib nous retient-il prisonniers, nous qui ne lui sommes d'aucune utilité ?

— Vous étiez une proie facile et, en quelque sorte, une aubaine, le premier groupe que nous croisions sur le chemin où nous errions depuis des jours et des jours. Après la chute dans un précipice du mulet qui transportait les vivres, nous étions complètement affamés !

— Mais nous n'avions presque pas de nourriture, et je ne parle pas de l'argent !

— Majib a dû en juger autrement !

— Qu'a-t-il à faire d'un *ma-ni-pa* et d'un moine du Grand Véhicule ? Pourquoi ne nous relâche-t-il pas ? Il lui suffirait de s'emparer des quelques objets de valeur que je possède, par exemple mon poignard et la selle de mon étalon, puis de reprendre la route qu'il n'aurait jamais dû quitter ! Cela me permettrait de reprendre la mienne, avec les deux bébés et le *ma-ni-pa.* Cette entrave commence à me peser.

Cinq Défenses désignait au jeune parsi, à nouveau muré dans un silence gêné, l'attache qui les reliait.

Avec application, Ulik se mit à tisonner le feu, dont les crépitements finirent par réveiller le *ma-ni-pa* qui était attaché à un tronc d'arbre par une corde un peu plus longue, ce qui lui permit de les rejoindre.

— Vous ne dormez pas ? leur demanda-t-il en bâillant.

— Nous discutons de choses et d'autres ! dit le jeune parsi.

— Tu ne vas pas me dire qu'il a des vues sur l'étalon Droit

Devant ? s'enquit, angoissé, Cinq Défenses que les explications d'Ulik n'avaient pas vraiment convaincu.

— Tu n'y es pas !

— Sois plus clair, Ulik ! Je ne vois pas ce que Majib pourrait me prendre d'autre !

— Ce sont eux qui intéressent le chef ! lâcha Ulik en frissonnant.

L'interprète désignait le tas de couvertures dont Cinq Défenses avait recouvert le couffin où dormaient de nouveau comme des anges les deux bébés.

— Les enfants ? Mais que veut-il à mes enfants, ton chef Majib ? demanda Cinq Défenses, au comble de la surprise.

Le jeune parsi hésitait à s'exprimer et, de plus en plus embarrassé, regardait le feu crépiter.

— Je veux savoir ! Tu m'en as trop dit ! Que veut-il à mes bébés ? répéta le moine du Grand Véhicule.

Son compagnon, qui n'en menait pas large lui fit signe d'approcher.

Cinq Défenses pouvait sentir, dans le creux de son oreille, la chaleur de l'haleine du souffle court du jeune interprète parsi.

— Dans la tribu du chef Majib, certains prêtres croient que de l'union entre un frère et une sœur, à l'instar des enfants de Masye et Masyane, eux-mêmes à l'origine de toutes les races, naissent des demi-dieux… Nombreuses, chez nous, en Perse, sont les fratries, notamment jumelles, qui se marient entre elles, sur l'injonction de leurs parents !

Le visage de Cinq Défenses, d'habitude si impénétrable, exprimait la consternation.

— Tu… tu veux dire que Majib prétend marier ces deux bébés ?

— C'est même la seule raison qui l'a empêché, jusqu'à présent, de vous trancher la tête !

— L'ignoble individu !

— Pour lui, ce petit garçon et cette petite fille au visage velu comme celui d'un singe ont une valeur inestimable ! De ce couple, le chef Majib est persuadé que la descendance sera divine ! À ce titre, ils valent déjà une fortune…, conclut précipitamment le parsi, enfin soulagé de se libérer d'un lourd secret.

Voyant la mine défaite de Cinq Défenses, le *ma-ni-pa* demanda à celui-ci de quoi il retournait.

— Ces enfants sont considérés, au Tibet, comme des demi-dieux. Si ce Majib s'amusait à toucher à un seul de leurs cheveux, la vengeance de leur maman, la toute-puissante Démone des Rochers, serait terrible ! s'écria-t-il, ivre de rage, quand Cinq Défenses le lui eut rapporté.

Le moine errant, s'il n'avait pas été attaché à son arbre par une corde, n'eût pas hésité à frapper le jeune parsi, contre lequel il avait déjà levé la main.

— Du calme, *ma-ni-pa* ! Je ne suis ici qu'un simple interprète et rien de plus. Si tu as des remontrances à faire, c'est au chef Majib qu'il convient de t'adresser, quand il se réveillera ! Majib est moins gentil qu'il n'y paraît. Il sait être dur quand il le faut. Et, quand il a une idée en tête, il en change rarement. Mais sait-on jamais ! rétorqua Ulik, qui n'avait guère apprécié l'agressivité dont le Tibétain venait de faire preuve.

Cinq Défenses, constatant l'agacement de l'interprète, fit signe au *ma-ni-pa* de se taire et de se rasseoir. Il comprenait mieux, désormais, l'insistance avec laquelle le chef parsi s'était assuré, juste après leur capture, que les deux enfants étaient bien frère et sœur.

Rien d'autre, à l'évidence, ne l'intéressait.

Cinq Défenses ne s'expliquait pas autrement l'absence totale de curiosité du chef Majib au sujet de la boîte oblongue dans laquelle il avait rangé l'exemplaire du *Sutra de la Logique de la Vacuité Pure* et dont il avait obstinément refusé de révéler le contenu à Ulik, lorsque celui-ci avait cherché à l'interroger.

L'attention extrême qu'il portait aux enfants et la façon dont il les avait dès la première halte retournés et presque soupesés, examinés sous toutes les coutures, en étaient une preuve supplémentaire.

Ce qu'il avait pris, naïvement, pour de la curiosité devant l'extraordinaire système pileux facial de la fillette, voire pour une forme de bienveillance à l'égard de ces deux êtres sans défense, correspondait parfaitement à ce qu'Ulik venait de révéler au sujet des intentions du chef parsi.

Majib prétendait faire main basse sur ces jumeaux, les ramener dans son oasis pour les revendre à bon prix à un autre mazdéen qui, quelques années plus tard, les marierait de force l'un à l'autre !

Rien que ça !

L'idée que ces deux créatures innocentes, qui n'avaient rien demandé à personne, puissent ainsi, en vertu d'une croyance barbare, former un couple monstrueux, qui enfanterait, le révoltait.

L'éventuelle filiation divine des enfants n'était pour rien dans son attitude. Contrairement au *ma-ni-pa,* il voyait, avant tout, dans ces bébés que son compagnon appelait déjà les Jumeaux Célestes, des petits êtres humains à part entière, quelle que fût leur origine, et méritant, à cet égard, d'être traités comme tels.

D'ailleurs, en Chine, au moins, on proscrivait les mariages entre fratries, qui étaient considérés comme incestueux. Nul texte bouddhique, à la connaissance de Cinq Défenses, ne tolérait ce type d'union.

Révulsé au plus profond de son âme, le jeune mahayaniste regardait avec tristesse les flammes rougeoyantes du feu de camp dont le crépitement faiblissait, signe qu'il ne tarderait pas à mourir.

Elles lui rappelaient le feu de l'Avici, le plus redoutable des enfers, puisqu'il était le huitième et dernier, celui d'où aucune âme ne pouvait jamais revenir ; un enfer que mériterait assurément ce chef Majib s'il réussissait à accomplir cet horrible dessein qu'Ulik, heureusement, lui avait dévoilé alors qu'il était encore temps de réagir.

Car, à peine son indignation passée, Cinq Défenses avait entrepris de réfléchir à ce qu'il convenait de faire pour empêcher la réalisation d'un projet aussi funeste.

Et il en avait conclu que la seule solution était de s'enfuir, et le plus vite possible, avec les deux enfants.

Mais cela supposait un plan, car tant lui-même que le *ma-ni-pa* étaient, de jour comme de nuit, attachés par les jambes et sous l'étroite surveillance des hommes de ce chef parsi.

— Merci, Ulik, pour ta franchise ! se borna-t-il à dire à l'interprète en lui souhaitant bonne nuit.

Le *ma-ni-pa* vint alors placer sa tête tout contre la sienne de telle sorte qu'ils pouvaient se parler en tibétain sans déranger personne ni être compris par l'interprète qui dormait déjà.

— Je ne crois pas un mot de cette histoire de mariage entre frères et sœurs. Cet Ulik nous prend pour des imbéciles ! chuchota le moine errant.

— Je ne vois pas pourquoi il nous raconterait des histoires… En tout état de cause, il me semble que nous devrions sérieusement songer à nous échapper !

— Pour ça, je suis bien d'accord ! Que préconises-tu ?

— Un *ma-ni-pa* de ton espèce a sûrement de la ressource !

— S'il y avait quelque part un mandala du bodhisattva Manjusri, celui qui dissipe les ténèbres, je me concentrerais devant son image divine et cela m'aiderait à te conseiller une solution…

— Bonne nuit ! lui lança précipitamment Cinq Défenses, qui avait entendu du bruit, en lui faisant signe de se taire.

Quelques instants plus tard, il sentit sur sa nuque le souffle pestilentiel du chef Majib, venu vérifier que ses prisonniers étaient toujours entravés, avant d'aller jeter un coup d'œil au couffin des bébés.

Fausser compagnie à un homme aussi soupçonneux ne serait sûrement pas facile.

Dès le lendemain, profitant d'un moment d'inattention de Majib, parti morigéner certains membres du convoi qu'il devait agonir d'injures, à en juger par le ton de sa voix, Cinq Défenses prit à part le *ma-ni-pa.*

— Hier soir, nous ne pouvions pas nous parler tranquillement. Si j'ai bien compris, tu es prêt à me suivre, si je récupère le couffin et que je pars ?

— Bien sûr ! Mais pour cela, il faudrait qu'ils arrêtent de nous surveiller jour et nuit ! Regarde un peu la corde de nos entraves. Nous n'avons même pas de quoi la couper !

— Ce Majib ne nous laissera pas filer comme ça, surtout avec les bébés qu'il a décidé de marier ! Il n'empêche que nous devons nous enfuir.

— En mettant toutes les chances de notre côté…

— Je suis heureux de constater que toi et moi sommes parfaitement accordés !

— Ne rien faire reviendrait à condamner ces deux innocents à une vie atroce ! Ce serait, de notre part, un fort mauvais karman…

— Regarde-moi ça ! Depuis hier, leur chef ne quitte plus d'une semelle le couffin des enfants sacrés. Il l'a même posé sur la croupe de son mulet ! Il ne laisse plus à personne le soin de s'en occuper ! observa, en maugréant, le mahayaniste.

Sur ordre de Majib, qui se méfiait de leurs apartés, deux parsis s'approchèrent pour les faire taire.

Ils reprirent leur marche séparément et, les jours suivants, tandis que le chef Majib les considérait de son petit œil méfiant et froid, évitèrent soigneusement de se parler, afin d'éveiller le moins de soupçons possible.

Les conditions météorologiques, au demeurant, n'étaient pas réellement de nature à favoriser de tels conciliabules.

Sur le pays de Bod, dans un fourmillement de flocons aériens qui voletaient comme des papillons, la neige s'était en effet mise à tomber de plus en plus dru.

Cela faisait bientôt une semaine que les hommes et les animaux, tête baissée, avançaient péniblement sur le chemin où l'on ne voyait rien à plus de trois coudées. Chacun, le souffle court et les tempes douloureusement comprimées par l'altitude, mettait un pied devant l'autre, tant bien que mal, en économisant au mieux l'énergie qui lui restait. Même la chienne Lapika, pourtant habituée à la neige et à la glace, peinait comme les hommes.

Le huitième jour, le vent glacial qui s'était levé avec violence, finit par chasser les nuages cotonneux qui encombraient le ciel.

Le jeune moine, émerveillé, pouvait désormais contempler les cimes hérissées de glace de la chaîne montagneuse qui s'élevait, par marches successives, vers le Toit du monde.

Quant au reste du convoi, après tant de jours à lutter, pressé de trouver un refuge, harassé par les vents et la neige qu'il venait d'affronter, une heureuse surprise l'attendait, au détour du chemin.

Une auberge était en vue, que signalait son enseigne en forme de chaudron accroché à des chaînes.

Elle se détachait, de façon fort sympathique pour tous ces voyageurs qui avaient hâte de se coucher dans un vrai lit, sur le tombereau de neige qui recouvrait le toit du bâtiment.

— Le chef Majib vous fait dire que nous allons dormir là, ce soir. Il aime cette auberge, prévint Ulik.

— Quelle chance, je vais enfin pouvoir me raser le crâne avec de l'eau chaude ! lâcha le *ma-ni-pa* en riant.

— Tu as raison. Je t'imiterai ! Cela fait des semaines que je me passe le rasoir avec de l'eau froide, et je ne cesse de m'écorcher la peau ! ajouta Cinq Défenses.

S'étant approché du *ma-ni-pa* et de Cinq Défenses, Majib avait intimé l'ordre à ses hommes de détacher les cordes qui les retenaient prisonniers.

— Il ne veut pas éveiller les soupçons ! Voilà pourquoi il nous retire nos liens ! souffla le *ma-ni-pa* à Cinq Défenses, ce que leur confirma Ulik lorsque le jeune mahayaniste lui en demanda la raison.

— Je te remercie, Ulik, pour ta franchise ! lui chuchota Cinq Défenses.

— C'est que, moi aussi, j'ai bien réfléchi : je suis contre cette idée de mariage entre frères et sœurs ! murmura le jeune parsi d'un air complice.

— Es-tu prêt à nous aider à nous enfuir ? lui lança, plein d'espoir, l'assistant de Pureté du Vide.

— Pourquoi pas !

Libre, enfin, de ses mouvements, c'est donc plutôt satisfait de ce début d'alliance que Cinq Défenses en profita pour s'ébrouer et aller flatter l'encolure de l'étalon Droit Devant, que le chef Majib avait attaché à un tronc d'arbre un peu plus loin sur le chemin.

Le grand cheval noir, ravi de revoir son maître, poussa un long hennissement avant de se mettre à encenser, en « signe de respect et de reconnaissance », comme on disait en Chine.

— Ulik est notre allié. Il faut profiter de l'aubaine et nous enfuir de cette auberge avec les enfants pendant que les parsis dormiront ! chuchota l'assistant de Pureté du Vide au *ma-ni-pa* qui était sur ses talons.

Puis, subrepticement, il fit signe au moine errant de se taire.

L'interprète, en effet, se dirigeait vers eux, livide et le visage complètement défait.

— J'ai très peur que le chef Majib ne se doute de quelque chose. Il vous fait dire que, si vous essayez de fuir à l'auberge, il vous tuera avec son poignard. Et je peux vous assurer qu'il ne plaisantait pas, gémit-il en se tordant les mains.

— Tu vas aller lui expliquer que je ne suis pas totalement fou ! Fais-lui cette réponse de ma part, Ulik ! Vas-y ! C'est important ! insista Cinq Défenses qui voyait Ulik quelque peu réticent.

— C'est bon, j'y vais ! finit par murmurer ce dernier.

Devant la porte, l'aubergiste commença par s'enquérir aigrement de la solvabilité de ce convoi de pauvres hères qui semblaient venir d'un enfer froid, tellement ils avaient l'air transi.

— Ici, ce n'est pas un monastère bouddhique où l'on distribue de la nourriture aux pèlerins, mais une auberge tout ce qu'il y a de plus payante. Je préfère avertir les voyageurs qui se présentent, à toutes fins utiles ! Avez-vous de l'argent ?

Ulik traduisit à Majib, qui rétorqua sèchement quelques phrases.

— Le chef Majib te demande de négocier un bon tarif avec cet aubergiste si près de ses sous ! dit Ulik, l'air quelque peu gêné, en s'adressant à Cinq Défenses.

Le jeune moine s'avança alors vers cet homme au regard désagréable qui, visiblement, était prêt à lui claquer sa porte au nez, ainsi qu'à tous les autres.

— Sais-tu que tu risques l'enfer en agissant ainsi, homme de peu de foi ? Pourquoi parles-tu aussi mal des monastères bouddhiques ? Puisses-tu n'avoir jamais besoin de leur quémander l'hospitalité ! lança alors Cinq Défenses avec fermeté.

— Je ne vois pas pourquoi tu t'emportes ainsi ! marmonna l'aubergiste, l'air vaguement inquiet.

— Un bouddhiste pratique toujours l'hospitalité. Il ne parle pas mal, comme tu l'as fait, de la compassion des moines. À moins que tu ne sois un mécréant ?

— Je vais deux fois par an brûler des cierges au couvent de l'Illumination à Hetian, s'empressa de bafouiller l'homme.

— Dans ce cas, il te faut traiter autrement les voyageurs qui viennent te demander refuge après avoir marché des jours et des jours dans le froid.

— Qui es-tu donc pour t'adresser à moi de la sorte ? s'enquit l'aubergiste d'une toute petite voix.

— Je suis le Tripitaka Cinq Défenses, assistant du Directeur du plus grand couvent mahayaniste de Chine. Sois-en sûr, ce que je dis, je le crois !

Il plongea ses yeux dans ceux de l'aubergiste pour bien lui faire comprendre qu'il parlait le plus sérieusement du monde.

— Oublie mes paroles. Je ne les pensais pas ! Combien êtes-vous prêts à payer… On pourra toujours s'arranger !

Cinq Défenses vida ses poches et lui remit ses deux derniers taels.

— Voilà tout ce que j'ai. Pour le reste, c'est ta compassion qui devra le payer !

— C'est d'accord ! gémit l'intéressé.

— Tu peux dire au chef Majib que cet homme consent à nous loger à un très bon tarif ! s'écria, plutôt satisfait, Cinq Défenses.

— Cet énorme molosse, j'espère qu'il ne fait pas peur aux éléphants !

L'aubergiste désignait Lapika qui se tenait à quelques pas derrière son maître, prête à bondir, comme si elle avait voulu le protéger de sa méchanceté.

— Il n'y a rien à craindre. Lapika m'obéit au doigt et à l'œil. Elle couchera à mes pieds ! promit-il, tout en se disant que cet aubergiste avait un bien curieux sens de l'humour.

Parler d'éléphants, en plein hiver, au pays de Bod, dans un lieu si haut perché et battu par des vents aussi glacés, il fallait le faire !

— Combien de jours accepte-il de nous loger ? fit alors demander, par Ulik, le chef Majib.

Cinq Défenses répercuta.

En guise de réponse, l'aubergiste se contenta de faire la grimace.

Voyant cela, le jeune moine revint vers Ulik et répondit par un gros mensonge :

— Il peut nous héberger trois nuits et deux jours.

Il pensait que c'était là un délai raisonnable pour préparer leur fuite dans les meilleures conditions possible.

— Le chef Majib dit que tu es un homme habile ! Il est content de toi ! lui murmura l'interprète qui venait de traduire les propos de son chef.

— Nous avons deux jours et trois nuits pour opérer ! chuchota au *ma-ni-pa* Cinq Défenses, tandis qu'il montait, en portant le couffin des bébés que Majib lui avait rendu, l'escalier de planches qui permettait d'accéder au dortoir des voyageurs situé à l'étage.

— C'est peu ! souffla le *ma-ni-pa*.

— C'est toujours ça ! rétorqua, agacé, Cinq Défenses.

Ils installèrent dans un coin du dortoir les deux bébés contre les mamelles de Lapika, puis, lorsqu'ils furent repus, après les avoir changés et replacés dans leur couffin, ils se déshabillèrent.

Cela faisait des semaines que les deux hommes dormaient à la dure, sur les cailloux du sol glacé.

— Je suis tellement fatigué que je n'ai même pas faim ! dit le *ma-ni-pa* en se jetant sur la paille du grand châlit qui courait d'un bout à l'autre de la pièce.

— Moi, c'est pareil ! J'ai beaucoup de sommeil à rattraper, ajouta, en bâillant, le jeune moine, avant de s'endormir, la main posée sur le couffin.

Cinq Défenses avait à peine commencé à rêver du beau visage du Bienheureux Bouddha, de son Éveil sous le figuier sacré, puis de son Ascension au Ciel, qu'une légère pression sur son cou le réveilla.

Il crut d'abord à une bête intruse, ce qui le fit se redresser illico, tel un ressort.

C'était tout simplement Ulik, qui lui tapotait l'épaule pour le sortir de son rêve.

— Le chef Majib te fait dire que l'étalon Droit Devant ne veut pas entrer dans l'écurie ! Il te demande de venir !

Le jeune moine, malgré la douce torpeur qui l'avait envahi, se rhabilla à la hâte et descendit avec Ulik pour voir de quoi il retournait.

Devant l'écurie, jambes écartées, les sabots soudés à la neige, l'étalon noir du couvent de la Reconnaissance des Bienfaits Impériaux, visiblement, faisait des siennes.

La porte de l'écurie de l'auberge, défoncée à coups de sabot, attestait de la violence et de la force de l'animal. Autour de l'étalon écumant, dans un certain affolement, plusieurs parsis s'affairaient vainement à le maîtriser.

Cinq Défenses constata à leurs côtés la présence de deux autres personnages, beaucoup plus basanés, qui tenaient un conciliabule.

Ce devait être des Indiens, puisqu'ils s'exprimaient en sanskrit à voix basse. L'un d'eux portait la longue robe plissée de couleur orangée des moines bouddhistes du Petit Véhicule, sur laquelle il avait jeté, en raison du froid, un épais châle de bure brunâtre.

— Le cheval a peur de l'éléphant ! Dès qu'on l'approche de la porte, il se cabre et il rue ! Jamais il n'entrera dans l'écurie ! Du coup, c'est l'éléphant qui enrage et s'énerve ! Et mon Sing-sing risque de se blesser à nouveau ! s'écria, à l'adresse de Majib, celui des deux hommes basanés qui n'était pas vêtu d'orange.

Cinq Défenses remarqua qu'il arborait, pendu à la ceinture de sa tunique de cuir, un crochet-harpon de cornac.

L'autre, le moine du Petit Véhicule, devait parler quelques mots de parsi, car il s'adressait à ses ravisseurs sans l'aide de l'interprète.

— Ce moine dit à maître Majib que son éléphant peut être très dangereux si, d'aventure, on l'énerve ! expliqua alors Ulik à Cinq Défenses.

— Comment se fait-il que tu parles notre langue ? lui demanda Cinq Défenses en sanskrit.

Intrigué, le moine à la robe orangée le dévisagea et lui répondit :

— Je l'ai apprise lorsque j'étais enfant. Je suis originaire d'une province indienne qui fut un temps envahie par les parsis ! Dans ma famille, il était usuel d'apprendre les langues étrangères. Je suis également capable d'écrire un millier de caractères chinois, ainsi que de les dire.

Malgré les circonstances, l'homme, qui avait instantanément deviné, à son allure générale, à ses yeux bridés et à sa peau claire, les origines chinoises de Cinq Défenses, paraissait faire preuve d'une grande maîtrise de lui-même.

Son regard, dénué de toute agressivité, esquissait même un sourire de circonstance.

Tout cela incitait le jeune moine à en savoir plus.

— Comment t'appelles-tu ?

— Poignard de la Loi ! Et toi ?

— Moi, c'est Cinq Défenses. J'appartiens au bouddhisme du Grand Véhicule, mais je respecte profondément le Petit !

La conversation entre les deux hommes s'arrêta là, car, dans la pénombre de l'écurie, l'agitation avait atteint son comble.

Cinq Défenses, prudemment, passa une tête.

Il aperçut, au fond d'une stalle, la trompe du pachyderme, enroulée sur elle-même en signe de défense et d'hostilité, d'où sortait à présent un sifflement lugubre.

— Sing-sing est de plus en plus nerveux ! S'il devient enragé, il risque de défoncer le mur de l'écurie à coups de tête ! Il faut absolument que tu calmes ton cheval ! s'écria en chinois, puis de nouveau en parsi, Poignard de la Loi.

Cinq Défenses s'approcha du cheval, dont les oreilles mobiles, les yeux exorbités et les naseaux fumants attestaient de l'affolement.

Puis il posa la main sur le front de l'animal.

— Laissez-moi faire ! dit-il, invitant les deux brigands parsis qui le tenaient fermement par le mors à s'éloigner.

Lui caressant l'encolure, il se pencha alors vers l'oreille de l'animal pour lui murmurer à plusieurs reprises, avec douceur :

— Droit Devant, mon beau, calme-toi ! Tout va aller bien ! Je suis là !

L'étalon, aussitôt, s'ébroua, redevenu calme comme un agneau, heureux de retrouver son maître, tandis qu'à l'intérieur du bâtiment l'éléphant continuait à manifester bruyamment qu'il n'était pas d'accord avec ce qui se passait.

— Ce moine, entre autres qualités, sait parler aux chevaux ! lança le *ma-ni-pa* à Ulik afin qu'il traduisît ses propos.

C'était pour le moine errant, qui les avait rejoints sur l'aire d'entrée de l'écurie, une façon d'impressionner ce petit monde, qui lui permettait aussi de faire état de la fierté et de l'admiration sincère qu'il éprouvait désormais pour ce jeune mahayaniste dont les connaissances et les talents valaient largement les qualités humaines.

Des murmures approbateurs fusèrent alors de l'assistance des parsis, médusés par l'apparente facilité avec laquelle Cinq Défenses avait réussi à calmer l'étalon furieux.

Sous le regard interloqué du chef Majib, le moine mahayaniste, après s'être emparé des rênes de Droit Devant qui le suivait désormais docilement, le fit entrer lentement dans l'écurie, jusque devant la stalle de l'éléphant Sing-sing, qui continuait à se dandiner de façon menaçante.

Le pachyderme, que la proximité du cheval rendait furieux, pointa vers lui le bout de ses défenses effilées comme des poignards.

Face à lui, Droit Devant ne paraissait pas décidé à se laisser faire. Ses naseaux palpitants et sa bouche frémissante témoignaient de sa volonté d'en découdre.

Pressentant un affrontement meurtrier, le cornac s'était précipité, muni de son crochet-harpon, prêt à toute éventualité, redoutant par-dessus tout le choc entre ces deux bêtes que la peur pouvait rendre incontrôlables.

C'est alors que Cinq Défenses commença à prononcer d'une voix lente, en chinois classique, les phrases par lesquelles débutait le *Sûtra de l'Apaisement*, un texte que Pureté du Vide lui avait donné à apprendre et qu'on lisait aux grands malades, lorsque la fièvre les faisait délirer. *Apaise ton cœur et ton âme, et tout ira bien en toi...*

Puis, avec d'infinies précautions, les yeux mi-clos, répétant inlassablement, et de plus en plus vite, les trois premières strophes du texte sacré, il rapprocha doucement la trompe de Sing-sing de la crinière de Droit Devant, jusqu'à les faire se toucher.

À peine s'étaient-ils ainsi frôlés que les deux animaux se mirent chacun à frissonner, avant de se calmer brutalement, comme si ce contact direct avait éliminé en eux toute crainte et toute agressivité.

Quelques instants plus tard, l'irascible Sing-sing se laissait caresser par Cinq Défenses, remuant même les oreilles, comme un éventail, en signe de satisfaction.

Dans l'écurie, à présent, un profond silence régnait.

— Le moine qui parle aux chevaux sait également dompter les éléphants ! pouvait-on entendre chuchoter ici et là.

— Tu as visiblement plus d'une corde à ton arc. Peut-être même sauras-tu soigner cet éléphant qui est malade et n'arrive pas à guérir ! s'exclama Poignard de la Loi en montrant à Cinq Défenses les pattes de la pauvre bête.

— Je vais voir ce que je peux faire, tout en te prévenant que je ne suis pas vétérinaire ! répondit l'assistant de Pureté du Vide, avant de se mettre à examiner attentivement le dessous des extrémités avant de l'éléphant Sing-sing.

Les blessures profondes et violacées étaient loin d'être refermées.

— Éléphant souffrir beaucoup ! Neige et glace, pas bon ! hasarda le cornac.

— Qu'en penses-tu ? Cet animal peut-il repartir dans cet état ? demanda à Cinq Défenses l'acolyte de Bouddhabadra.

— À mon avis, ces blessures s'ouvriront encore plus si l'animal se remet à marcher dans le froid ! Il risque même de s'infecter et d'être emporté par la fièvre.

— Peux-tu le soigner, ô Cinq Défenses ? Tu as l'air de bien t'y connaître en matière d'animaux ! Cela fait près de trois semaines que nous sommes bloqués dans cette maudite auberge de montagne, et nous devons absolument repartir !

— J'ai bien de l'onguent contre les gerçures, une pommade cicatrisante assez efficace dont mon Supérieur m'a confié un petit pot… Nous pourrions essayer de l'appliquer sur les plaies, avant de procéder à leur bandage. Qu'en dis-tu ?

— Cela me paraît une excellente idée. La peau des hommes est encore plus fragile que celle des éléphants. L'une comme l'autre sont les enveloppes charnelles d'âmes réincarnées…

Cinq Défenses fila illico au dortoir et en revint, une petite jarre de terre à la main. Le pot était clos par un morceau de bois qu'il fit sauter, tandis qu'une forte odeur de camphre et de cannelle se répandait.

— Après application, une fois passé deux nuits, nous verrons bien si les crevasses se sont refermées. Si c'est le cas, ton animal pourra repartir d'un bon pied ! expliqua le jeune moine du Grand Véhicule.

— Je ne sais comment te remercier ! chuchota Poignard de la Loi à Cinq Défenses lorsqu'ils se retrouvèrent côte à côte, quelques instants plus tard, sur le châlit commun du long grenier, bas de plafond, où s'entassaient les clients de l'auberge, laissant les parsis faire ripaille dans la salle à manger.

La chienne Lapika veillait toujours sur le couffin des deux bébés.

— Tu es un moine bouddhiste, comme moi. Même si nous n'appartenons pas à la même Église. Nous sommes reconnaissables à nos crânes rasés et à nos robes de bure ! Entre gens de même extraction, nous nous devons bien ça !

— Il est vrai que, par-delà nos différences, nous vénérons le même Bouddha et croyons à sa Sainte Voie ! Tout de même, tu m'as rendu là un fier service.

— Nos Églises sont sœurs. Notre grand maître de Dhyāna, le Koutchéen Kumârajîva, qui fonda le Grand Véhicule, avant d'être appelé à la cour de Chine par l'empereur lui-même était un traducteur de sûtras indiens du Petit Véhicule, dont il commença par être un adepte !

— En Inde, mon monastère reçoit de nombreux moines du Grand Véhicule effectuant le saint pèlerinage sur les traces du Bouddha !

— Un jour, peut-être m'y accueilleras-tu ? Comment s'appelle ton couvent ?

— L'Unique Dharma. Ma communauté est la gardienne du Grand Reliquaire de Kaniçka, qui renferme les Très Saints Yeux du Bouddha.

— Moi, je suis issu du monastère de la Reconnaissance des Bienfaits Impériaux de Luoyang, en Chine centrale.

— On dit que c'est le plus grand monastère de Chine. Y est-on quiétiste, ou subitiste ?

— Notre directeur, le Très Vénérable Supérieur Pureté du Vide, est un vibrant partisan de l'Illumination Subite, celle qui ne s'explique pas ; celle dont la recherche est, au demeurant, inutile, parce qu'elle survient toute seule, grâce à la seule force du détachement et de la méditation, lorsque la tête est vide de toute pensée et de toute réflexion !

Les deux religieux demeurèrent silencieux jusqu'à ce que Cinq Défenses finisse par lâcher :

— Pourrais-je te demander un grand service, Poignard de la Loi ? Mais je te mets à l'aise : ce n'est, en aucun cas, la contrepartie de ce que j'ai fait pour Sing-sing. Si tu me disais non, je ne t'en voudrais absolument pas !

— Je m'efforcerai de te le rendre, Cinq Défenses, dans la mesure de mes modestes moyens, compte tenu de la taille de l'épine que tu viens de m'ôter du pied, ou plutôt de celui de mon pachyderme !

— Il faut nous aider à fuir. Avec le *ma-ni-pa*, le chef parsi Majib nous retient prisonniers après nous avoir capturés sur la route, confia-t-il dans un souffle.

— Cet homme ne me disait rien qui vaille… Des bandits de grand chemin ! D'habitude, ils se contentent de détrousser les voyageurs. Pourquoi vous garde-t-il ainsi ?

— C'est un soldat perdu qui cherche à rapporter de l'argent pour un oncle, un ancien souverain persan désireux de lever une armée pour retrouver son pouvoir !

— Je ne vois vraiment pas le lien entre votre capture et un tel projet !

— Il faut que je te parle du butin sur lequel il compte.

Cinq Défenses montra alors à Poignard de la Loi le couffin où dormaient les deux enfants.

— On m'a demandé de ramener ces deux bébés à Luoyang, ajouta-t-il en soulevant la couverture sous laquelle dormaient les enfants.

Poignard de la Loi ne put s'empêcher d'avoir une sorte de haut-le-cœur lorsqu'il vit la petite face velue de la fillette.

— Quoi que tu puisses penser, cette petite fille n'est pas une guenon, elle est simplement affligée d'une plaque de poils sur la moitié du visage.

— Je n'ai jamais vu ça ! C'est étrange comme elle est belle, malgré tout ! murmura l'acolyte de l'Inestimable Supérieur Bouddhabadra.

— À côté, le petit garçon qui dort, c'est son frère. Ce sont des jumeaux…

— Chez nous, il y en aurait plus d'un pour affirmer que ce bébé descend de Hanuman le singe, le dévoué serviteur de Rama[1] ! Un tel enfant finirait, dans un temple, vénéré comme un Dieu.

— De Hanuman l'Indien ou de la Démone des Rochers la Tibétaine, ou encore, tout simplement, de l'accouplement entre un

1. Rama, l'un des avatars de Vishnu, est le héros de la grande épopée sanskrite du Râmâyana qui compte près de vingt-quatre mille strophes.

homme et une femme, peu m'importe d'où elle vient ! Ce qui est sûr, c'est que je dois à présent protéger ces enfants contre le projet de ce chef parsi qui compte les vendre sur un marché en Perse à quelqu'un qui les mariera l'un à l'autre !

— Mais tout ça paraît ignoble ! J'ai déjà entendu dire que chez les parsis, autrefois, les mariages entre frères et sœurs étaient vivement encouragés, pour honorer la mémoire du premier couple fondateur. Mais je n'imaginais pas que cette coutume se perpétuait…

— Sans doute le chef Majib espère-t-il en tirer un bon prix. Et il doit sûrement penser que le système pileux de la fillette en décuple la valeur…

— Je comprends mieux ta hâte de t'extirper de ses griffes !

— Cet homme est extrêmement méfiant. Il nous fait voyager les pieds entravés. Il ne nous a détachés qu'au moment où nous sommes arrivés à l'auberge, pour ne pas éveiller les soupçons. Mais depuis ce moment-là, il ne fait que me surveiller étroitement du coin de l'œil…

— Mais que peuvent faire des Persans, à la recherche de la fortune, dans ce coin perdu du haut plateau tibétain ?

— Ils se sont égarés sur les chemins de montagne. D'après leur interprète, ils sont à la recherche de fil de soie qui leur permettrait de relancer la fabrication de leurs tapis précieux qui valent fort cher !

— Il est un fait que les tapis de soie, tissés à Shiraz ou à Ispahan, valent d'immenses quantités d'or ! Si tu savais les prix faramineux payés par le couvent de l'Unique Dharma pour ceux qu'on jette sur le dos des éléphants sacrés qui promènent les reliques saintes, avant de les harnacher avec leurs nacelles, tu n'en reviendrais pas ! murmura le moine du Petit Véhicule.

— Ulik ne m'a donc pas menti. D'ailleurs, leur interprète me paraît quelqu'un de fiable, souffla-t-il en faisant signe au *ma-ni-pa* et à Poignard de la Loi qu'il convenait, à présent, de se taire.

On entendait du bruit dans l'escalier qui menait au grenier.

C'étaient les parsis qui, un à un, sifflant et rotant à qui mieux mieux, montaient se coucher.

Derrière eux apparut la silhouette massive du chef Majib.

Avant de se coucher, il inspecta tous ses hommes allongés, puis alla voir si les deux bébés dormaient toujours dans le couffin, non sans avoir jeté à Cinq Défenses un regard qui en disait long sur la méfiance qu'il éprouvait à son égard.

— Regardez un peu : le parsi a l'air de veiller sur les petits comme sur le plus précieux des trésors ! maugréa le *ma-ni-pa.*

Au bout d'un moment, ils entendirent les ronflements sonores du chef à l'autre bout du châlit et reprirent leur conversation à voix basse.

— T'enfuir d'ici, avec deux enfants en bas âge, risque d'être très difficile et suppose une minutieuse préparation ! chuchota, préoccupé, Poignard de la Loi.

— Je n'ai pas d'autre choix. Je ne vais tout de même pas laisser un parsi les vendre comme des esclaves, pour qu'ensuite ils soient forcés à procréer ! Ces petits innocents me paraissent mériter un sort plus enviable ! lui répondit fébrilement Cinq Défenses.

— Je partage ta révolte. En agissant de la sorte, tu accompliras un extraordinaire karman qui te rapprochera un peu plus du stade de bodhisattva !

— Ce n'est pas ce que je cherche ! J'essaie d'être juste et de tenir parole. J'ai promis au lama tibétain qui me les a confiés d'emmener ces deux enfants jusqu'à Luoyang !

— Le chef Majib demande à ceux qui parlent, dans le fond, de se taire ! Ils troublent son sommeil ! s'écria la voix, quelque peu gênée, d'Ulik.

Le chef Majib, qui ne dormait que d'un œil, l'avait prié d'aller voir ce qui se passait à l'autre bout du dortoir et de mettre fin à la discussion.

— Notre tâche, à n'en pas douter, sera bien difficile ! Cet homme ne relâchera jamais sa pression ! murmura le *ma-ni-pa* avant de lancer un regard courroucé vers le chef parsi, puis de souhaiter bonne nuit à Poignard de la Loi et à Cinq Défenses.

Avant de s'endormir, Cinq Défenses prit sa respiration, la contrôla et, lorsqu'il se sentit complètement apaisé, se mit à fixer le plafond au-dessus de sa tête.

Oubliant les poutres et les solives du plancher de la réserve, située au-dessus du dortoir, dans laquelle l'aubergiste entassait ses réserves de nourriture pour l'hiver, il s'essaya à la méditation transcendantale.

D'ordinaire, il éprouvait quelques difficultés à faire le vide en lui et préférait s'adonner à des exercices d'arts martiaux pour atteindre l'état de conscience approprié qui permettait à l'esprit de se concentrer.

Mais un vrai petit miracle venait de se produire !

Il se sentait en effet entrer en méditation sans le moindre effort.

Ce qu'il voyait n'était plus qu'une surface noire, parfaitement plane, une sorte de néant insondable et subtil dans lequel il lui était possible de laisser pénétrer son esprit avec délectation.

Pour la première fois, Cinq Défenses ressentait l'incroyable apaisement de l'appel du vide, dont son grand maître de Dhyāna lui parlait à longueur de leurs séances méditatives mais qu'il n'avait jamais réussi, jusque-là, à ressentir pleinement.

À présent, son esprit flottait dans l'espace, conscient de son existence mais non de son apparence.

Le jeune moine ne pensait plus à rien et ses yeux ne voyaient plus rien.

Quant à son esprit, enfin libre et apaisé, dépourvu de toute contingence, il ne croyait plus à rien, pas même au Bouddha !

Cinq Défenses comprenait mieux, maintenant, ce que voulait dire son maître Pureté du Vide, quand il tentait d'expliquer à son élève que la méditation Chan était si radicale qu'elle pouvait amener certains de ses pratiquants, particulièrement mystiques et audacieux, à nier l'existence même du Bouddha, au nom de ce vide purificateur qui, seul, permettait à l'esprit humain de s'évader de la gangue de douleur dans laquelle le cycle infini des renaissances l'avait enfermé.

Cinq Défenses, avec bonheur, se contentait de savourer la pureté du vide, cette subtile et entêtante évanescence que son maître avait si bien décrite dans le sûtra dont la boîte oblongue était posée à ses pieds.

Alors, enfin, il put toucher à cette notion d'« anatman », ce principe du « non-soi », tel que le Bienheureux Bouddha l'avait enseigné à ses premiers disciples, qu'il avait du mal à concevoir jusque-là, parce qu'il avait du mal à accepter que rien, dans l'univers, ne fût durable ni n'eût de « soi ».

C'était donc heureux que, ce soir-là, Cinq Défenses, enveloppé dans le vide comme un nourrisson dans ses langes, s'endormit.

Le lendemain matin, il retrouva Poignard de la Loi et le *ma-ni-pa* qui achevaient de boire un bol de soupe au chou brûlante, tandis que les parsis, qui avaient déjà dû prendre leur collation, s'entraînaient au jeu de fléchettes dans la cour de l'auberge.

— Bonjour, Cinq Défenses ! As-tu passé une bonne nuit ? demanda le premier acolyte de Bouddhabadra.

— Cela fait bien deux mois que je n'ai pas dormi aussi longtemps !

— J'ai repensé à ce que tu m'as dit hier soir. La seule façon de t'aider à te sortir de tout ça, c'est que je reparte avec vous. Cela nous permettra d'attendre le moment propice. T'enfuir en pleine montagne serait pure folie ! Ce chef Majib te surveille comme l'aigle piste la marmotte au moment où elle sort de son terrier pour s'aventurer dans la prairie…

— Mais n'est-ce pas trop te demander que de changer ainsi de route, Poignard de la Loi, en te faisant perdre un temps précieux ?

— Sans toi, l'éléphant Sing-sing serait probablement mort d'infection. Et quant à la direction de mon voyage, en fait, je n'ai pas de but précis ! Autant faire un bout de chemin ensemble !

— Tu ne vas pas me dire que tu t'es perdu ! Comment peut-on venir jusqu'ici sans but précis ? s'enquit, estomaqué, Cinq Défenses.

— Je suis à la recherche de mon Très Inestimable Supérieur Bouddhabadra et de son éléphant blanc sacré. Ils devaient rejoindre le cornac à cette auberge, il y a plus de deux mois de ça. Je les attendais à Peshawar, mais le cornac revint seul. Du coup, je suis venu ici. Mais je crains bien de devoir rentrer bredouille !

— Je te plains ! Tu crois qu'ils ont l'un et l'autre péri dans la neige ?

— Je ne sais pas. Seul le Bienheureux doit avoir une idée, là où il est, de ce qui s'est vraiment passé ! souffla le moine du Petit Véhicule, les larmes aux yeux.

— Je suis vraiment désolé pour toi ! Ton sort n'est pas plus enviable que le mien…, murmura Cinq Défenses, bouleversé par cette terrible confidence.

— Peut-être Bouddhabadra est-il parti vers l'est ? D'après ce que j'ai compris de leur conversation au cours du petit déjeuner, grâce aux rudiments de parsi qui me restent, c'est d'ailleurs dans cette direction que tes ravisseurs ont l'intention d'aller…

— Lorsque je l'ai interrogé, Ulik m'a assuré que ça n'était pas en Chine, sans pour autant être capable de me donner le nom du terme de leur voyage.

— Cela n'a rien d'étonnant… J'ai pu constater que leur chef s'abstenait de prononcer le nom de cette ville. Il parle toujours, pour mieux brouiller les pistes, de l'« oasis du désert ».

— Quelles sont les oasis de la partie orientale de la Route de la Soie ? s'enquit alors l'adepte du Hînayâna.

— Elles sont très nombreuses. En partant de Chang An, après la Porte de Jade, il y a d'abord Dunhuang, puis, sur le tronçon septentrional, Hami, Turfan et Kucha, tandis que sur le tronçon méridional, on trouve Ruoqiang, Yutian et Hetian. C'est à Kashgar, que nous appelons Kashi, en chinois, que les deux branches de la route se rejoignent.

— Comment savoir où ce parsi a décidé de se rendre, parmi ces étapes nombreuses ? gémit le *ma-ni-pa* auquel Cinq Défenses avait traduit la question de Poignard de la Loi, ainsi que sa propre réponse.

— Peu importe ! Nous verrons bien ! Il suffit d'attendre ! Il sera bien obligé de nous y amener ! Et entre-temps, à la première occasion, nous lui aurons échappé ! lui assura, plein d'espoir, l'assistant de Pureté du Vide.

Malgré le peu de résultat de son pénible périple, Poignard de la Loi, persuadé qu'il s'apprêtait à vivre une expérience fructueuse et marquante, paraissait heureux.

À deux moines, fussent-ils d'obédiences bouddhiques différentes, il constatait que, face aux imprévus et à l'adversité, on était beaucoup plus fort que tout seul.

Les jours sans fin passés à attendre, bloqué par la neige et la blessure de Sing-sing, dans cette petite auberge de montagne, en compagnie de ce cornac qui ne savait pas aligner trois mots ; ce terrible sentiment d'inutilité et de découragement qu'il commençait à ressentir, devant sa quête éperdue de l'éléphant blanc et de Bouddhabadra, dans l'immense désert blanc du massif du Toit du monde ; ces remords, de plus en plus grands, qui ne cessaient de le tarauder, d'avoir abandonné à leur sort les prêtres du couvent de Peshawar, au moment où le Petit Pèlerinage allait débuter : tout cela avait été subitement effacé par Cinq Défenses.

Cette délivrance et cet apaisement que le premier acolyte de Bouddhabadra avait ressentis dès le premier contact avec ce moine, dont un simple geste avait suffi à redonner la santé à son pachyderme, achevaient de le convaincre qu'ils formaient une paire complémentaire.

La gentillesse et la compassion dont Cinq Défenses faisait preuve à tout moment sonnaient juste.

Poignard de la Loi avait besoin de ce contact et de cette amitié naissante, qu'il pressentait forte.

La recherche de Bouddhabadra risquait d'être encore longue et pénible.

Cette impression de péril, d'imprévu et même d'étrangeté, qu'il ressentait depuis son départ, était assurément le signe que son Inestimable Supérieur lui avait caché des tas de choses qui lui compliquaient à présent singulièrement la tâche.

Quand on était, comme lui, en train de perdre, un à un, tous ses repères, c'était de la compréhension d'autrui qu'on avait le plus besoin, surtout lorsqu'il était aussi gentil et intelligent que ce jeune moine du Grand Véhicule.

Et si la route de Cinq Défenses avait ainsi croisé la sienne, Poignard de la Loi, qui ne croyait pas au hasard, était persuadé que ce petit coup de pouce ne pouvait venir que du Ciel, d'un bodhisattva qui lui voulait du bien ou de l'Apsara qui veillait sur lui, et même – pourquoi pas ? – du Bouddha en personne.

— Je te remercie de ce que tu fais pour moi, Poignard de la Loi ! Je ne l'oublierai pas ! affirma Cinq Défenses.

Alors, les deux moines se levèrent en même temps, puis, par respect, ils s'inclinèrent doucement l'un devant l'autre, jusqu'à s'effleurer mutuellement le front.

Après quoi, ils se mirent, sans s'être donné le mot, à réciter les formules rituelles par lesquelles il était d'usage d'offrir la journée qui commençait au bon vouloir du Bienheureux, tout en le suppliant d'éloigner le plus loin possible toutes les tentations qui agressaient l'homme en le plongeant dans l'insupportable douleur des désirs inassouvis.

Chacun, rassuré par la bonté et la complicité qu'il pouvait voir, à ce moment, dans le regard de l'autre, se disait qu'à tout le moins, entre moines bouddhistes, on se comprenait.

Et, compte tenu de ce qui les attendait, une telle complicité était particulièrement heureuse !

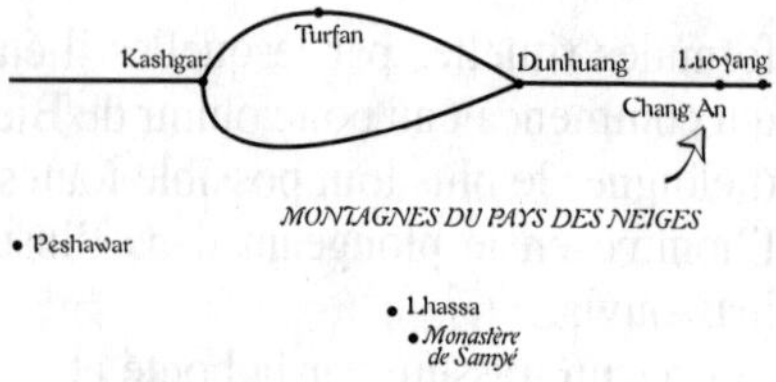

18

Palais du général Zhang, Chang An, Chine. 5 avril 656

Les deux hommes, assis l'un en face de l'autre dans d'élégants fauteuils d'ébène, portaient les attributs de leur rang élevé : une longue épée recourbée à poignée de jade, signe qu'il s'agissait d'un général d'empire, le plus haut grade de l'armée, pour l'un ; et un sabre plus court dont la garde en bronze était sertie d'une émeraude, pour l'autre, un préfet.

— Vous rendez-vous compte, mon général, que cette Wuzhao était pratiquement nue sur son lit lorsque le Muet, toujours doté de cet horripilant grillon, m'introduisit dans son boudoir ! tonna le préfet Li, dont la main droite tripotait nerveusement le manche de son petit sabre.

— La salope ne manque pas d'air ! Elle a osé recevoir un fonctionnaire d'autorité de votre espèce dans le plus simple appareil ? s'exclama, indigné, le vieux général Zhang, qui grignotait une amande grillée.

Un éclair de lubricité venait de passer dans le regard du Grand Censeur.

— C'était tout comme ! La diablesse sait bigrement user de ses charmes ! J'aurais eu vingt ans de moins…, fit-il.

— … Que vous auriez succombé à ses armes ! Eh bien, dites-le ! Avouez que vous lui avez trouvé une poitrine avenante ! plaisanta, mi-figue, mi-raisin, le général.

Le général Zhang, après avoir été un illustre commandant de campagnes victorieuses, avait été choisi par le grand empereur Taizong pour être son Premier ministre, un poste qu'il avait exercé de longues années, avant sa mise à l'écart par Gaozong.

Ulcéré par la répudiation de Dame Wang, le militaire en retraite avait pris la tête du clan des opposants irréductibles à Wuzhao, protégé par l'immense prestige dont il jouissait dans l'empire, compte tenu de ses glorieux faits d'armes, si utiles à Taizong le Grand.

— Il est vrai que les pointes des seins de l'impératrice étaient roses comme la nacre ! Cette femme doit sûrement être aussi cruelle qu'elle est belle ! Sa tunique de soie était fendue de bas en haut, si bien que, lorsqu'elle s'assit en face de moi et croisa, exprès, les jambes, elle s'arrangea pour me faire apercevoir la partie la plus profonde de sa vallée des roses, telle l'allée de gravillons, parfaitement désherbée, d'un jardin intérieur de temple bouddhique ! précisa, décidément en verve, le préfet Li auquel la vision du bouton de pivoine de Wuzhao avait laissé, malgré la haine qu'il lui vouait, un souvenir impérissable.

— Je n'ai jamais eu, pour ce qui me concerne, une telle chance. L'impératrice, il est vrai, me déteste autant que je la méprise… Elle se méfie de moi ! En ville, il se dit que l'empereur Gaozong trouve ses tétons aussi sucrés que des framboises ! Quant à sa vallée des roses, il ne doit pas être en reste pour y fourrer sa langue ! Il se murmure également que cette femme vénéneuse n'a pas son pareil pour lui sucer le bâton de jade et le faire pénétrer en elle par sa deuxième cour ! Une pratique avilissante dont les eunuques prétendent, le regard en coin, que Gaozong ne se lasserait pas ! Le fait est qu'elle tient ce pauvre empereur à sa merci. Affublé d'une épouse aussi entreprenante, ce garçon n'ira sûrement pas loin ! Quel benêt ! Bientôt, cette femme finira par gouverner l'empire en lieu et place de l'empereur en personne ! De l'endroit où il est, feu le Grand Taizong, s'il voit ça, ne peut être que rempli de colère ! Son si bel héritage sera vite dilapidé ! ronchonna l'ancien Premier ministre du plus grand empereur des Tang, lequel avait donné à son règne, un lustre équivalent à celui du premier empereur Qin Shi Huangdi huit siècles plus tôt.

— Il faut avouer que l'impératrice a un corps superbe ! L'arme avec laquelle elle tient son mari est proprement redoutable..., souffla le préfet Li, que la description plutôt crue des faveurs que Wuzhao octroyait à Gaozong commençait à sérieusement émoustiller.

— Nous sommes là pour parler de ce qu'elle vous a dit et pas des charmes nichés au fond de ses cuisses ! l'interrompit le vieux général.

— D'accord, mon général. Je dois dire que l'entretien prit très vite une tournure bizarre. Du début à la fin, elle ne cessa de me cuisiner sur cette histoire de soie clandestine comme si c'était là le seul sujet qui l'intéressait. Elle essaya de me tirer les vers du nez. Elle voulait tout savoir, en fait, de ce que j'en connaissais, mais pas une fois elle ne prononça le nom du ministre de la Soie Vertu du Dehors...

— Elle a dû vous demander si le Bureau des Rumeurs du Grand Censorat avait eu vent d'anomalies à ce sujet ?

— Effectivement. Alors, je me montrai le plus ahuri possible ! Au risque de passer pour un idiot, je n'allais tout de même pas lui raconter ce que nous savons depuis des mois et encore moins ce que j'ai entrepris, il y a peu, avec mes agents les plus sûrs, pour essayer de démasquer les auteurs de ce trafic dont toute la ville bruit ! D'ailleurs, quand Wuzhao constata que je paraissais vraiment pris de court, si vous aviez vu son air ravi, mon général, c'était édifiant !

— Je vous le répète, cette femme craint que le Grand Censorat ne vienne mettre le nez dans ce trafic afin d'en retrouver les auteurs ! C'est tout dire ! Je mettrais ma main à couper que l'impératrice Wuzhao a partie liée avec ces trafiquants de tissu ! n'hésita pas à assener, triomphant, le vieux général.

Il pensait tenir enfin de quoi abattre cette usurpatrice.

— Je n'en suis pas encore, comme vous, mon Général, à l'affirmer. Ce dont je suis persuadé, c'est que ce trafic n'est pas fait pour lui déplaire. Pour quelle raison, je l'ignore encore. Mais, grâce aux moyens d'investigation dont dispose le Grand Censorat, j'en aurai le cœur net, dit le préfet Li, toujours aussi prudent.

En tant que haut fonctionnaire en exercice, il ne jouissait ni de l'aura ni de la liberté de parole du vieux Premier ministre à la retraite, et, surtout, soucieux de poursuivre sa brillante carrière administrative, il ne souhaitait pas laisser supposer à ce dernier qu'il pouvait se montrer partial dans l'exercice de ses fonctions de Grand Censeur.

— Le Grand Censorat est-il sur une piste ?

Une certaine gêne apparut sur le visage du préfet Li.

— Depuis des semaines, suite à une « dénonciation-rachat » d'un crime, je fais surveiller discrètement des individus qui portent au poignet un mince fil de soie rouge. Partout où ils passent, il semblerait y avoir de la soie clandestine livrée.

— Ce serait ces hommes qui se livreraient à ce commerce illicite ?

— Il est trop tôt pour le savoir. Pour certains de mes enquêteurs ils constitueraient le réseau commercial proprement dit, pour d'autres ils en assureraient la surveillance…

— Tout ça paraît bien compliqué…, marmonna, dubitatif, le vieux général.

— C'est un fait. L'enquête est délicate car les membres de ce réseau, si c'en est un, sont extrêmement méfiants…

— Le ministre de la Soie a-t-il connaissance de ce commerce parallèle ?

— Assurément. Il est lui-même venu m'en faire part, affolé comme un enfant, juste après son entrevue avec Gaozong, en présence, bien entendu, de l'inévitable Wuzhao. Il n'avait pu faire autrement que de révéler au souverain l'existence du marché parallèle, jugeant qu'il devenait fort dangereux, pour sa tête, de ne rien lui dire de cette affaire dont les proportions, du reste, sont telles que, tôt ou tard, le souverain en aurait été averti.

— C'est un fait qu'il y a des années qu'on en parle dans la capitale !

— Il y a toujours eu un trafic clandestin de soie. Mais pas de cette ampleur !

— Gaozong, décidément, sera toujours le dernier informé des turpitudes qui se déroulent sous ses propres yeux ! Quant à cet imbécile de Vertu du Dehors, qui est allé raconter en haut lieu ses petits malheurs, il ferait mieux de surveiller le secteur dont il a la charge ! Cet homme est vraiment le plus mauvais ministre de la Soie que nous ayons eu depuis le début de la dynastie des Tang ! fulmina le vieux militaire.

— Et avec ça, imprudent, mon général ! À coup sûr, Wuzhao avait fait suivre Vertu du Dehors jusqu'à la porte de mon bureau, lorsqu'il y déboula ! Sinon, comment expliquer ma convocation, dès le surlendemain, par l'impératrice, alors que je n'avais jamais eu affaire à elle !

— Cette femme espionne pour son propre compte, c'est sûr ! Rien ne m'étonne plus de sa part.

— Vous avez, hélas, probablement raison, mon général…

— Dans ce cas, le Grand Censorat ne devrait-il pas déclencher un coup de filet au sein de votre « réseau du fil rouge » ? Le Grand Taizong avait coutume de dire que la réussite d'une offensive repose toujours sur la surprise…

— À peine sorti du boudoir de l'impératrice, j'ai demandé à mes deux meilleures brigades spéciales d'aller enquêter du côté du quartier des marchands de soie et de passer au peigne fin toutes ses boutiques, une par une…, souffla le préfet Li, tout en chassant violemment une grosse mouche qui tournoyait autour de son visage, avant d'expectorer dans le grand crachoir de cuivre qu'un serviteur avait placé entre les deux hommes.

On venait, à présent, de leur apporter, sur un plateau de bois laqué, une coupelle en céladon sur laquelle avait été disposées des écorces d'oranges confites au gingembre.

Le très vieux général, gourmand comme un chat, en proposa à son hôte, qui ne se fit pas prier pour goûter à ces délicieuses friandises.

— Servez-vous, mon cher Grand Censeur, ça adoucit la gorge !

— Merci infiniment, mon général ! Vous me prenez par mon côté faible ! murmura respectueusement le préfet Li.

— Et qu'avez-vous découvert d'intéressant dans le quartier des soyeux ?

— Un cadavre ! articula le préfet Li qui avait ingurgité une énorme peau de fruit confit et dont la bouche dégoulinait de sucre.

— Déjà ? lança, sur un mode quelque peu ironique, l'ancien héros des guerres de conquête du grand empereur Taizong, qui ne détestait pas de manier l'humour froid.

— Il s'agit d'un certain Rouge Vif, propriétaire d'un petit magasin à l'enseigne du Papillon de Soie. Mes hommes ont retrouvé son corps sans vie, éventré, derrière la porte de son échoppe !

— Quel est le lien entre le cadavre de ce Rouge Vif et le trafic de soie clandestine ?

— Près de la moitié du stock entreposé dans le magasin de cet homme ne comportait pas de cachet officiel. Ce petit marchand fraudait à grande échelle ! Pensez, mon général, il y avait même dans son magasin de la moire vermillon et jaune.

— De la moire vermillon et jaune ! C'est à peine croyable, cela fait trois mois que mes filles m'en réclament pour leurs toilettes et qu'il m'est impossible d'en dénicher le moindre coupon sur le marché !

— Je ne vous le fais pas dire, mon général ! Comme l'énonce le proverbe : les petites oranges, qui ne paient pas de mine, sont parfois bien plus juteuses que les grosses !

— Un meurtre par éventration, ça n'est pas courant ! constata, l'air détaché, le vieux général, qui avait fait signe à un serviteur de leur apporter une autre ration d'écorces confites.

— Le corps de Rouge Vif, dénudé, baignait dans une mare de sang. Le meurtrier avait opéré avec une sauvagerie inouïe, probablement à coups de sabre. Mes hommes m'ont affirmé que les intestins s'étaient répandus sur le sol de la boutique, à l'instar de ces pieds de brûle-parfums auxquels certains artisans bronziers donnent la forme de corps de dragons inextricablement emmêlés, précisa le préfet avant d'expectorer à nouveau dans le crachoir.

— Quelle sauvagerie ! finit par lâcher, soudain pensif, le vieux général Zhang.

— Mes hommes n'en sont pas revenus.

— Et que donne l'enquête de voisinage ? J'imagine que vos hommes ont dû y procéder !

— Nous possédons un seul élément, mais qui n'est pas, vous en conviendrez, négligeable, mon général : selon des témoins, dont les dires ont été recoupés, quelques jours avant Le meurtre, ledit Rouge Vif avait reçu la visite du géant le Muet qui, après avoir inspecté de fond en comble son échoppe, le fit monter dans un palanquin avant de l'emmener vers une destination inconnue…

— Vous pensez que cet individu aurait été reçu par cette traînée de Wuzhao en personne ?

L'ancien Premier ministre de l'empire des Tang, que la révélation du préfet Li avait fait bondir de son fauteuil comme un ressort d'arbalète, exultait, tel un enfant à qui on viendrait de donner le jouet convoité.

— Je ne peux pas l'affirmer. Vous n'êtes pas sans savoir que le domaine de compétence du Grand Censorat s'arrête à l'entrée du palais impérial, même si ses bureaux sont situés au premier étage de sa porte principale ! maugréa le préfet Li.

— Hélas ! Trois fois hélas ! fulmina le vieil homme.

— Je ne désespère pas, toutefois, d'arriver à le savoir. J'attends de prendre sur le fait, en ville ou ailleurs, en train de participer à une rixe ou de violer le couvre-feu, un serviteur du palais dont la langue se déliera quand je lui expliquerai que je suis prêt à fermer les yeux contre un témoignage de sa part à ce sujet… C'est fou ce que les « dénonciations-rachats » de crimes constituent une méthode de renseignement efficace ! À condition, bien sûr, de ne pas en abuser…, murmura, l'air entendu, le préfet Li qui s'était levé à son tour pour se rapprocher du vieux général.

— Cette affaire, évidemment, risque de se corser. S'il s'avérait que Wuzhao, non contente d'être impliquée dans la filière de la soie clandestine, fût aussi à l'origine de ce crime odieux, ce serait bien sûr très grave… Le détenteur de tels secrets pourrait craindre pour sa vie ! chuchota-t-il au Grand Censeur, avant de se mettre à marcher nerveusement de long en large dans son bureau.

— Vous croyez ? demanda ce dernier, dont le visage, subitement, avait pâli.

— On ne reçoit pas impunément, mon cher, un tel cadeau du Ciel ! Car pour tous ceux qui ont hâte que cesse cette affligeante comédie du pouvoir, ce serait là un signe néfaste pour le mandat céleste de Gaozong. Alors, l'empereur serait en danger, tant qu'il ne se serait pas débarrassé de cette femme ! Mais ladite Wuzhao a plus d'un tour dans son sac… Nul doute que, pour éviter une telle issue, l'usurpatrice emploierait tous les moyens ! finit-il par lâcher, avant de se rasseoir.

— Que dois-je faire, dans ces conditions, mon général ?

— Continuer cette enquête et demeurer sur vos gardes. D'une façon générale, redoubler de prudence, mais aller jusqu'au bout ! lança l'ancien Premier ministre avant d'ajouter : Le Grand Censeur qui débarrasserait définitivement l'empire de cette traînée n'aurait plus qu'à gravir quelques marches pour devenir un ministre de haut rang, peut-être même le premier d'entre eux…

— Vous comprenez pourquoi, mon général, je n'abandonnerai pas cette enquête, rétorqua le préfet Li que ces derniers propos avaient ragaillardi.

— Tenez-moi au courant de son déroulement, si vous voulez bien, au jour le jour, et sachez que l'avenir vous appartient ! dit le vieux général au Grand Censeur au moment où ce dernier s'apprêtait à prendre congé.

Persuadé que l'heure de la revanche avait sonné, le vieil homme, à présent ivre de bonheur, imaginait déjà le visage décomposé de Gaozong, lorsqu'il lui annoncerait que sa femme était susceptible d'être inculpée de participation à un crime d'État.

Ce serait la fin de cette usurpation insupportable que constituait la désignation de Wu comme épouse officielle de l'empereur de Chine, que n'avaient jamais admise les membres des « nobles familles » dont le général Zhang, malgré son âge, était l'infatigable porte-parole.

L'affaire était si grave qu'elle pouvait même compromettre la solidité du mandat que le Ciel avait confié à son Fils, puisque c'était ainsi, depuis des milliers d'années, qu'on appelait l'empereur de Chine.

Le général Zhang, en bon confucéen, avait pour habitude d'expliquer que le Ciel, s'il donnait son mandat à un souverain, pouvait tout aussi bien décider, un jour, de le lui retirer si son attributaire ne s'en montrait pas digne.

— Avez-vous pensé à faire surveiller le magasin du Papillon de Soie, au cas où il prendrait l'envie aux assassins du marchand Rouge Vif de revenir sur les lieux du crime ? lança-t-il au Grand Censeur au moment où ce dernier franchissait le seuil de la porte de son bureau.

— J'ai fait poster deux veilleurs déguisés en marchands ambulants juste devant l'entrée ! précisa le préfet Li avant de prendre définitivement congé.

Pour se rendre de la maison de l'ancien Premier ministre Zhang aux bureaux du Grand Censorat, au palais impérial, il fallait traverser ce qu'on appelait déjà, à Chang An, le quartier chic de la Pureté Céleste, où les maisons patriciennes étaient bâties au milieu de jardins peuplés d'essences rares.

Enfermé dans son palanquin dont les porteurs avaient eu ordre de faire le plus vite possible, le préfet Li ne jeta même pas un regard à ces palais opulents, aux jardins clos de murs, d'où s'échappaient des frondaisons luxuriantes et qui étaient habités par tout ce que la capitale des Tang comptait de nobles et de hauts fonctionnaires.

Il était bien trop absorbé dans sa réflexion sur la conversation qu'il venait d'avoir avec ce vieux militaire quelque peu aigri.

À peine sorti du bureau du général Zhang, voilà qu'il était déjà partagé entre la satisfaction et l'inquiétude.

Devenir un grand ministre de l'empire était certes le rêve de tout haut fonctionnaire. Et à cet égard, en lui suggérant que ce rêve n'était pas inaccessible, l'ancien Premier ministre de l'empereur Taizong avait touché une de ses cordes sensibles.

Toutefois, en l'engageant ainsi à s'attaquer directement à la personne de Wuzhao, ne lui faisait-il pas jouer un peu trop gros ?

Était-ce d'ailleurs bien raisonnable d'épouser la cause de la noblesse héréditaire d'empire dont les privilèges, un à un, reculaient inexorablement depuis des lustres, sous la pression des hauts fonctionnaires recrutés par concours qui formaient, désormais, une caste d'État bien plus puissante ?

Le général Zhang n'était-il pas aveuglé par sa haine, lorsqu'il ne voyait en Wuzhao qu'une vulgaire usurpatrice dépourvue de tout scrupule, alors qu'aux yeux du petit peuple, et surtout des dévots bouddhistes, de plus en plus nombreux, la jeune fille issue d'un milieu humble, l'ancienne nonne sortie du couvent de Ganye, par la grâce de l'empereur lui-même, apparaissait comme un modèle à suivre, et même une sorte d'icône qui imposait le respect ?

Arrivé à son bureau, le Grand Censeur n'eut pas le loisir de continuer à peser le pour et le contre de l'attitude qu'il convenait d'adopter.

Le visage éploré du chef des brigades spéciales l'attendait en effet devant sa porte, à côté de trois hommes, l'air penaud.

— Que se passe-t-il ? leur lança le préfet Li. On dirait que le ciel vient de vous tomber, à tous autant que vous êtes, sur la tête !

— Monsieur le préfet, nous avons perdu la trace de la jeune fille et du jeune homme que le marchand de soie assassiné abritait au premier étage de son magasin ! gémit le chef des brigades spéciales.

— J'avais pourtant donné des ordres stricts pour que la surveillance soit perpétuelle devant le Papillon de Soie ! tonna, hors de lui, le Grand Censeur Impérial.

— C'était le cas, monsieur le Préfet ! Mais ces deux tourtereaux se sont envolés sans que nous puissions intervenir. Depuis hier soir, ils ne sont plus réapparus au magasin du marchand assassiné ! Que le dragon me dévore à l'instant, si c'est ma faute !

— Vous êtes des incapables ! À côté de votre flair, un grain de moutarde est l'immensité infinie sur laquelle règne la divine Souveraine des Nuages Azurés[1] ! Que le dragon vous mange tous ! Je mets huit hommes de mes deux meilleures brigades spéciales sur cette affaire de meurtre et ils ne sont même pas fichus de surveiller correctement deux suspects importants ! Si ce couple n'a pas refait surface, c'est le signe évident qu'il a partie liée avec le trafic de soie et, surtout, qu'il a été prévenu que vous étiez en train de les surveiller ! éructa le chef du Grand Censorat qui allait et venait, dans son immense bureau circulaire, devant ses hommes, au garde-à-vous impeccable, dont le regard baissé témoignait de la honte qu'ils éprouvaient.

— C'est sûr, monsieur le Préfet ! Ils ont dû être avertis par quelqu'un qui cherchait à les protéger ! osa le chef, qui courbait la nuque un peu plus que les autres.

— Et c'est justement pour éviter ça que tu étais, du moins jusqu'à maintenant, payé tous les mois ! À quoi sers-tu, dis-moi un peu ! assena le préfet à l'inconscient qui ne se rendait pas compte qu'il aggravait son cas.

L'intéressé, de corpulence athlétique, tremblait à présent comme une feuille en pensant au châtiment qui l'attendait.

À côté de lui, ses hommes n'en menaient pas large.

1. Divinité taoïste.

Le préfet Li était célèbre pour son intransigeance mais aussi pour sa cruauté, lesquelles avaient, d'ailleurs, justifié sa nomination à ce poste qui conférait à son titulaire les plus hautes fonctions de surveillance et de contrôle de l'administration impériale.

Il se murmurait souvent, dans les cercles bien informés de Chang An, que « ce Li », comme on disait, était, à lui seul, « les yeux et les oreilles » de l'empereur Gaozong.

Le Grand Censorat, en effet, fonctionnait comme une véritable police secrète au service de l'empereur.

Son efficacité reposait sur la loyauté de ses agents, que leurs enquêtes amenaient à connaître bien des secrets d'État et à assister à des événements qu'ils ne devaient jamais révéler.

De cette armée de l'ombre qui se devait d'être aussi muette qu'une carpe, son chef, le redoutable préfet Li, avait adopté la terreur comme mode principal de commandement.

Aussi ses membres craignaient-ils par-dessus tout les sanctions dont il gratifiait ceux qui étaient pris en flagrant délit de manquement à leur devoir. L'amputation du pied était la punition la plus banale. Elle entraînait d'office la radiation en tant que membre de cette administration d'élite. Alors, il ne restait à l'intéressé qu'à espérer qu'une place de concierge, ou de veilleur-portier, se libérât au palais impérial. Car, pour qu'on soit sûr qu'ils ne quitteraient jamais leur poste, les concierges et les veilleurs-portiers impériaux étaient obligatoirement choisis parmi les soldats que la guerre avait laissés cul-de-jatte ou unijambistes, ou encore parmi les condamnés à l'amputation, auxquels, de ce fait, un ou les deux pieds manquaient.

— Que sait-on, au juste, sur les deux jeunes gens qui se sont évaporés ? tonna le chef du Grand Censorat qui, de rage, avait lancé son sabre courbe au beau milieu de son bureau, sur la surface impeccable duquel il venait de laisser une grosse marque.

— Sur le garçon, rien de précis. Il n'habitait pas là depuis longtemps. Sa présence ne nous a jamais été signalée auparavant. L'îlotier du quartier n'a même pas eu le temps de le contrôler ni de vérifier son identité.

— Et la fille ? Qui est la fille ? éructa le préfet Li.

— Elle s'appelle Lune de Jade et travaille à l'usine du Temple du Fil Infini. C'est du moins ce que l'îlotier affirme, je vous jure que je n'en sais pas plus à l'heure qu'il est…, parvint à articuler le chef des brigades spéciales d'une voix défaite.

— Eh bien, qu'attendez-vous pour envoyer une escouade à la manufacture de soie, que vos ongles deviennent plus longs que des griffes de tigre ? tonna le patron du Grand Auditorat.

— Monsieur le préfet, j'ai envoyé trois hommes dès ce matin à la manufacture impériale pour procéder à l'interrogatoire de l'intéressée !

— Quand aurai-je le résultat de leur mission ?

— Dès leur retour, monsieur le Préfet, je viendrai vous en rendre compte oralement ! À moins que vous ne souhaitiez avoir un rapport écrit, auquel cas il faudra compter une demi-journée de plus !

De fait, tous les rapports sur les sujets jugés sensibles que les chefs de brigade transmettaient au préfet Li devaient être, selon le règlement intérieur du Grand Censorat, rédigés par écrit. Ainsi chacun était-il pleinement responsable de ce qu'il avançait, et malheur à ceux qui faisaient fausse route en entraînant cette redoutable administration policière sur des voies sans issue, ce qui avait pour conséquence de la ridiculiser : ils étaient impitoyablement châtiés par le Grand Censeur !

— Je me fous de tes rapports écrits ! Je veux l'information dès que tu auras mis la main sur cette Lune de Jade !

Le répit dont le chef des brigades spéciales, après une aussi pénible séance, pensait disposer au moment où il quitta le préfet Li fut de courte durée.

À peine avait-il fait trois pas dehors qu'il entendit ce dernier le héler.

— J'ai décidé de partir avec toi. Nous allons retrouver tes hommes au Temple du Fil Infini. Ainsi, nous serons aux premières loges pour procéder à l'interrogatoire de cette jeune ouvrière ! cria le préfet.

Le chef des brigades spéciales, sentant le sol se dérober sous ses pieds, faillit en perdre connaissance.

Jamais le Grand Censeur Impérial, l'un des plus hauts fonctionnaires dans la hiérarchie administrative, ne procédait lui-même à des inspections sur le terrain, surtout dans une usine de soie !

Que cachait une telle décision, si ce n'était une immense défiance, non seulement à son égard, mais également à celui de ses hommes ?

Pressentant que cette affaire de trafic de soie était en train de prendre les proportions inouïes d'un scandale d'État risquant de faire des dégâts collatéraux considérables, il se voyait déjà, banni des brigades spéciales, finir sa carrière, au mieux dans un placard du Grand Censorat et au pis à l'extérieur de celui-ci, après avoir été bouté dehors, sans ménagement, pour incompétence, autant dire la honte !

Dans le réfectoire où ils étaient assis, attablés devant un chaudron de soupe fumante, les hommes de la brigade spéciale, qui jouaient tranquillement aux dames, n'en crurent pas leurs yeux quand leur chef déboula, accompagné du préfet Li.

À la vue du préfet, chacun, soudain, se tut, rangea précipitamment ses pions et plongea le nez dans son bol de potage.

— Vous trois, mettez votre brassard ! Nous partons avec monsieur le Préfet rejoindre vos camarades au Temple du Fil Infini ! ordonna leur chef qui cachait mal le tremblement de sa voix.

Les trois agents allèrent chercher au vestiaire la bande d'étoffe blanche sur laquelle étaient calligraphiés les caractères « Grand » et « Bureau », désignant leur service.

Ce brassard était la terreur des gens.

Il servait non seulement de sauf-conduit, permettant aux agents de cette police secrète de passer plus vite les postes de surveillance et les barrières de contrôle, mais surtout de coupe-file leur évitant de faire la queue, à l'instar des citoyens de base qu'une administration vétilleuse et perpétuellement assoiffée d'impôts n'hésitait pas à faire attendre des heures afin de leur extorquer, sous d'innombrables prétextes, un droit de passage.

Plus généralement, il suffisait de porter cette lugubre étoffe blanche pour que la multitude qui envahissait en permanence les rues de Chang An s'écartât avec crainte.

Ce jour-là, au milieu de cette foule compacte comme une mer humaine, le palanquin du préfet Li, reconnaissable entre tous grâce aux mêmes caractères « Grand » et « Bureau », cette fois dorés, qui s'affichaient sur ses portières laquées de noir, se révéla un brise-lames bien plus efficace encore que les brassards des agents qui l'escortaient en trottinant.

À sa vue, en effet, c'était la chaussée entière qui se vidait, sur toute sa largeur, chacun s'étant précipité en silence dans les ruelles adjacentes, de peur de se faire remarquer.

Ils mirent à peine une heure, là où un convoi normal aurait pris trois fois plus de temps, pour atteindre, en passant par des rues désertées, l'immense usine de la manufacture royale de la soie, pourtant située dans les quartiers nord de la ville, ce qui obligeait, depuis le palais impérial, à la traverser de part en part.

Le préfet Li, surgi de son palanquin tel un diable de sa boîte, bouscula sans ménagement l'inspecteur de garde et les contrôleurs qui procédaient aux vérifications nécessaires, tant en matière d'identité des personnels que d'étiquetage des marchandises entrant et sortant du Temple du Fil Infini.

— Préfet Li, du Grand Censorat ! marmonna-t-il en se plantant devant l'inspecteur.

— Et moi, je suis maître Confucius ! répliqua ce dernier qui n'en croyait, manifestement, pas un mot.

Aggravant son cas, l'inspecteur essaya même de s'opposer par la force à cet intrus qui prétendait pénétrer dans le bâtiment en excipant d'une identité parfaitement incongrue, comme si le redoutable préfet Li n'avait pas mieux à faire que de perdre son temps à visiter des filatures de soie !...

— Espèce d'insolent ! Ça va te coûter cher ! lança le préfet Li en ordonnant des yeux à ses hommes de faire taire le pauvre inspecteur.

Quelques instants plus tard, le corps du malheureux, roué de coups, gisait sur les marches de l'escalier qui menait à la grande porte de l'usine, tandis que le directeur de la filature se tordait les mains, consterné, se confondant en excuses, et que les gardes préposés au contrôle des denrées et des personnes, tremblants de peur, s'écartaient respectueusement pour laisser entrer les hommes au brassard fatidique.

Sous les yeux de la petite équipe du Grand Censorat, conduite par son chef, s'alignaient à présent les rues de cette véritable ville industrielle que constituait la plus vaste manufacture impériale de soie, célèbre dans toute les provinces chinoises pour la qualité et l'abondance de sa production.

Véritable sanctuaire de la fabrication des moires, des failles, des brocarts et des satins de soie, si doux au toucher qu'ils donnaient la chair de poule à celles et à ceux qui s'en revêtaient, le Temple du Fil Infini n'usurpait pas son nom.

Dans les ruelles qui séparaient les ateliers, dédiés au dévidage, à la teinture, à la filature et au tissage du fil précieux, les roues de bronze des chariots, poussés par les teinturiers, les tisserands et les fileurs, avaient creusé des rigoles profondes parfaitement parallèles qui, en soulignant les perspectives, accroissaient le sentiment d'immensité éprouvé par le visiteur devant cette bizarre mégapole et fourmilière ouvrière, entièrement consacrée à l'élaboration de cette marchandise si rare qu'on se l'arrachait de l'Europe au Japon.

Les rues du temple, voué à ce qu'on appelait alors du joli nom de « tissu brillant », ou encore de « trésor subtil », étaient, dans cette partie réservée au dévidage, bordées de bâtiments immenses d'où s'échappaient les fumerolles de la vapeur qui flottait au-dessus de l'eau bouillante dans laquelle les ouvrières plongeaient les cocons, pour empêcher les insectes de les percer, ce qui en aurait irrémédiablement, endommagé le fil.

Un peu plus loin, dans la zone où s'effectuait la teinture, à travers les fenêtres basses on apercevait le rougeoiement des flammes des fours devant lesquels le tissu, à peine sorti de son bac, était séché selon l'intensité recherchée de sa couleur.

Le bruit assourdissant s'échappant des ateliers, les allées et venues incessantes des ouvriers, la circulation des chariots, leurs chargement et déchargement ininterrompus, toute cette fébrilité et ce vacarme finissaient par donner le vertige aux visiteurs qui découvraient, comme le préfet Li, le Temple du Fil Infini pour la première fois.

— Sais-tu dans quel atelier travaille cette Lune de Jade ? demanda au chef de brigade le préfet Li, impatient de mettre la main sur la jeune femme.

— Hélas, non. Je vais me renseigner auprès du contremaître ! répondit l'homme.

Il venait d'aviser un individu qui, tel un gradé, s'employait à faire marcher au pas une petite escouade d'ouvriers et d'ouvrières.

— As-tu vu passer des hommes portant le même brassard que moi ?

— Ils se dirigeaient vers le deuxième bloc, celui où l'on procède à la teinture.

— N'est-ce pas là que travaille une certaine Lune de Jade ? s'écria alors le préfet Li, juste au moment où apparaissaient les trois agents dépêchés, le matin même, par le chef de brigade, en grande conversation avec une jolie ouvrière.

— Tu vas dire à tes hommes de cesser leurs minauderies, ordonna, furieux, le Grand Censeur à leur chef qui se précipita vers eux pour leur demander s'ils avaient pu mettre la main sur la jeune Chinoise qu'ils étaient venus appréhender.

— Monsieur le Grand Censeur, mes hommes m'affirment que Lune de Jade se trouve à son poste de travail ! souffla le chef de brigade, quelque peu soulagé.

— Qu'ils nous y conduisent, et vite !

Ils déboulèrent, à toute allure, dans l'un des halls où les manufacturiers procédaient aux opérations délicates grâce auxquelles ils réussissaient à donner à la soie les incroyables reflets de ses couleurs chatoyantes.

Lorsqu'il y pénétra, à la tête de ses hommes, comme s'il se préparait à livrer un terrible combat, le préfet Li ne put retenir un mouvement de recul devant les flots épais des vapeurs, âcres et suffocantes, qui s'échappaient de ces cuves, où bouillait, telle une soupe étrange, le mélange de ces végétaux, de ces mollusques et de ces minéraux dont les maîtres teinturiers détenaient, seuls, le secret depuis des millénaires, lorsque l'Empereur Jaune des temps mythiques l'avait, dans son immense bonté, transmis aux hommes.

Au fond de l'atelier, le préposé à la surveillance des ouvrières et des ouvriers se curait les ongles, assis devant une petite table vierge de tout document, sur laquelle trônait sa pipe à fourneau, l'instrument indispensable pour tromper son ennui.

Dès que le chef d'atelier avait le dos tourné, il tirait sur elle le plus grand nombre de bouffées possible, avant de reprendre, l'œil hagard et l'esprit embrumé, ce qui n'avait de surveillance des opérations de teinture que le nom.

— Je cherche Lune de Jade. Où se trouve-t-elle ? Tu as intérêt à me répondre, sinon, malheur à toi ! lui assena le préfet Li.

L'individu, qui avait entrepris de récurer sa pipe, encore sous l'effet de la bouffée qu'il venait d'aspirer, regardait d'un air morne le quidam qui devait, lui aussi, sûrement avoir le béguin pour les charmes de cette jeune femme, dont beaucoup des hommes entichés d'elle venaient lui demander – comme s'il avait pu le savoir ! – quelle était la bonne façon de s'y prendre pour la séduire.

— Le cœur de Lune de Jade me semble déjà pris ! soupira le préposé.

— Espèce de clou dans l'œil ! Me suis-je bien fait comprendre ? Je te demande où se trouve cette Lune de Jade ? Montre-la-moi ! Si tu ne réponds pas au Grand Censeur Impérial, gare à tes pieds ! gronda ce dernier en faisant le geste de trancher.

— Comment serais-je sûr de m'adresser à un personnage aussi important ? osa, soudain mal à l'aise, le surveillant.

— Malheureux, tu as intérêt à parler, sinon, il risque de t'arriver de très gros ennuis ! Et dire que pour vous faire prendre à tous de la graine, je m'échine à vous lire Confucius dans le texte ! gémit alors une voix venue de derrière lui.

À ces mots, le préposé à la surveillance se retourna.

C'était, à nouveau, le directeur de l'usine, qui avait fini par rejoindre l'escouade des agents des brigades spéciales du préfet Li.

— Je suis le chef du Grand Censorat ! lança alors le préfet, après avoir demandé à ses hommes d'exhiber à l'ensemble des travailleurs présents le côté de leur bras où ils avaient noué leur bandeau.

— Monseigneur, dix mille excuses ! Je ne pensais pas avoir l'occasion de croiser, dans cet atelier, une personne de votre rang ! bégaya le préposé, conscient d'une bévue qui pouvait directement l'amener à occuper une place de concierge d'immeuble public.

Tremblant comme une feuille, il se leva précipitamment, fit le tour de sa petite table et vint se planter devant celle-ci, dans un garde-à-vous malhabile et penaud.

— Où est ladite Lune de Jade ? On me dit qu'elle travaille sous ta surveillance, ici même, dans l'atelier de teinture, répéta, hors de lui, le préfet.

— C'est que… bizarrement, elle n'était pas présente ce matin à l'appel ! gémit le surveillant sur le front duquel perlaient déjà de grosses gouttes de sueur.

— Lune de Jade, évanouie ! Ce n'est pas possible ! Était-elle là hier ? hurla le très haut fonctionnaire.

— Oui ! Cette jeune fille est une des ouvrières aux doigts de fée parmi les plus vaillantes de cet atelier. Elle ne manque jamais à l'appel. Depuis qu'elle travaille ici, je ne l'ai jamais vue malade ! répondit une teinturière un peu plus âgée que les autres, en lieu et place du surveillant.

La matrone, dont les gros bras nus, rougis par la teinture vermillon, semblaient gainés de moire, ne paraissait pas mécontente de l'embarras dans lequel ses propos avaient plongé le détestable garde-chiourme de l'atelier.

— La partie se corse ! Nous sommes face à un réseau visiblement bien organisé… et qui se plaît à nous narguer ! Il faut absolument mettre la main sur ces deux jeunes gens. Ils m'intéressent désormais au plus haut point… Je prends en charge l'enquête directement ! grommela, furieux, le patron du Grand Censorat, avant de tourner les talons.

Le visage du chef de la brigade spéciale, témoignant de l'insupportable affront qu'on lui faisait subir en présence de ses hommes, pâlit comme celui du cadavre qu'il serait dès le lendemain, lorsqu'on le retrouverait pendu à la branche d'un arbre.

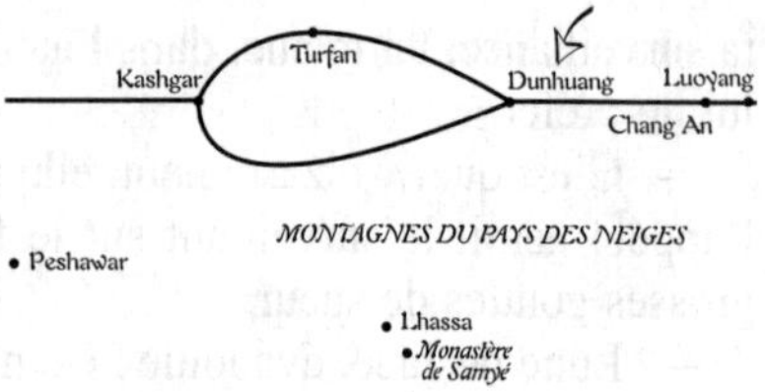

19

Oasis de Dunhuang, Route de la Soie

La jeune chrétienne nestorienne scrutait les brusques mouvements d'un petit lézard, accroché au plafond.

Elle était heureuse.

Le projet qu'elle comptait mettre à exécution, outre qu'il tirerait son père d'affaire, justifiait a posteriori son silence au sujet du meurtre auquel elle avait assisté, ainsi que de ce cœur de santal sur lequel elle avait fortuitement mis la main.

Couchée sur le lit étroit de sa chambre, dont les murs blancs étaient crépis à la chaux, Umara repensait à la journée mémorable qu'elle venait de vivre.

À n'en pas douter, c'était un jour qui compterait doublement pour elle.

Elle éprouvait un mélange de bonheur, d'agacement, mais aussi d'inquiétude.

D'une part, elle venait de comprendre qu'elle était désormais à égalité, avec l'évêque Addai Aggai, en matière de secrets inavoués.

D'autre part, même si elle ne le savait pas encore, elle avait fait la rencontre qui allait décider de la suite de son existence.

La première constatation contribuait à soulager sa conscience de jeune fille soumise qui n'avait rien caché, jusque-là, à son père.

Elle avait commencé par ne rien dire de la découverte de cette cache aux livres du couvent de la Compassion, creusée dans le renfoncement de la falaise, qu'elle avait faite inopinément, en compagnie du jeune Brume de Poussière.

Comment, au demeurant, eût-elle pu lui avouer cette escapade, où, eût-il à coup sûr pensé, elle avait failli mille fois se rompre le cou ? Rétrospectivement, Addai Aggai en eût tellement tremblé que sa fille ne l'avait même pas envisagé.

Quant à l'horrible meurtre, dont il s'était fallu de peu qu'elle ne fut victime à son tour, alors qu'elle n'en avait été que l'involontaire témoin, Umara pouvait encore moins en parler à son père : pour celui-ci, une telle révélation eût constitué un choc bien trop violent.

Aussi n'avait-elle pas mis longtemps à décider de garder pour elle, fût-ce pour quelques jours, ce terrible secret, le temps de trouver les mots pour le raconter.

Mais ils avaient du mal à venir et, comme c'est le cas de tout secret intime qu'on tardait à avouer, Umara découvrait qu'elle en était, chaque jour qui passait, un peu plus prisonnière.

Elle n'avait donc pas fait part à son père de la trouvaille extraordinaire que constituait la petite boîte de santal en forme de cœur.

De fait, lorsque, revenue à Dunhuang, elle en avait soulevé le couvercle, ce qu'elle avait aperçu à l'intérieur lui avait paru si unique et si inouï qu'elle n'avait même pas osé le toucher.

Elle s'était contentée de le regarder, médusée. Puis elle l'avait promptement refermé.

Bien plus que la crainte de l'angoisse, de la déception, voire de la colère de son père quand il aurait découvert que la jeune fille avait échappé à sa pesante tutelle, c'était une intuition profonde et, somme toute, assez inexplicable, qui motivait le silence absolu dans lequel Umara s'était enfermée, au point que s'était établie vis-à-vis de lui une distance qui n'avait jamais existé auparavant. De même s'était imposée à elle l'intime conviction qu'elle devait, à tout prix, préserver ce secret, pour des raisons qu'elle était incapable d'expliquer mais dont elle était persuadée, en revanche, qu'elles étaient impérieuses.

Soucieuse de percer l'énigme, elle avait passé des heures à compulser, le plus discrètement possible, des livres conservés à la bibliothèque de l'évêché.

Mais en vain : aucun ne semblait mentionner ce qu'elle avait découvert dans le petit cœur de bois.

Il n'y avait qu'au seul Brume de Poussière qu'elle s'était décidée à s'ouvrir, au bout de quelques jours, de ce qu'elle avait rapporté, par mégarde, lui avait-elle expliqué, de la pagode en ruine aux Apsaras de stuc.

Le jeune Chinois avait tellement insisté qu'Umara, de guerre lasse, avait accepté d'ouvrir la boîte.

— Ce qu'il y a là vaut sûrement une fortune ! s'était-il exclamé, émerveillé.

— Jure-moi que tu n'en parleras jamais !

— Nous devrions le placer à l'abri, dans la cache aux livres, avait-il ajouté, les yeux encore écarquillés par ce qu'il venait de toucher.

Jusque-là, elle s'était contentée de le dissimuler sous son lit.

— Tu as raison. Demain, nous retournerons à la falaise et nous le mettrons dans la grotte murée. Là-dedans, au moins, personne n'ira le chercher.

Le cœur battant, de peur d'être suivis, ils s'y étaient précipités.

— Mets-le là, tout au fond, sous cette pile. Il ne s'agirait pas qu'un des moines-bibliothécaires du monastère du Salut et de la Compassion tombe dessus, s'il lui venait l'idée de procéder à un inventaire ! lui avait-elle recommandé, soucieuse de garantir la meilleure sécurité possible à sa trouvaille.

— D'autant qu'avec l'argent qu'ils ont entassé, je suis sûr que ces moines seraient capables de payer très cher ce que contient le cœur de santal ! avait plaisanté son jeune camarade.

— Pourquoi dis-tu ça ?

— Aucun marchand bouddhiste, quand il fait de bonnes affaires sur le marché de Dunhuang, n'oublie d'aller porter son obole à Centre de Gravité, le supérieur de ce monastère. Quand j'ai la chance de me trouver à ce moment-là sur son chemin, il n'est pas rare que je reçoive moi-même une jolie piécette ! avait raconté, d'un air entendu, Brume de Poussière à Umara tout en glissant le cœur de santal derrière une rangée de sûtras, pratiquement inaccessible, située bien au-delà du trou par lequel on entrait dans la cache.

C'est dire qu'il eût fallu déménager entièrement celle-ci pour mettre la main dessus.

Depuis que le cœur de santal était caché dans la grotte aux livres, chaque jour qui passait rendait un peu plus improbable toute révélation à son père, et Umara vivait mal cette situation.

Aussi, lorsque la jeune chrétienne nestorienne avait découvert qu'Addai Aggai faisait filer clandestinement de la soie, le sentiment de culpabilité qu'elle éprouvait s'était sérieusement estompé : ils étaient quittes !

De fait, l'évêque, par prudence et pour protéger sa fille, s'était, de son côté, bien gardé de lui expliquer comment, grâce au tissage du fil de soie fourni par les manichéens de Turfan, les nestoriens de Dunhuang finançaient le développement de leurs activités religieuses.

Les seules personnes de son entourage à être dans la confidence étaient la grosse Goléa, à laquelle il avait fait jurer de ne jamais rien dire, et bien sûr Diakonos, le diacre nestorien qui dirigeait l'activité de la filature clandestine.

C'était en effet une véritable organisation industrielle qu'Addai Aggai avait dû mettre sur pied pour transformer en chatoyant tissu de soie les bobines de fil qui arrivaient de Turfan, à dos de chameau, cachées dans de la paille.

Toutes les précautions avaient été prises par l'évêque et le diacre pour rendre le plus indétectable possible la fabrication du précieux tissu de soie, lequel était ensuite importé frauduleusement en Chine centrale, par paquets enveloppés d'une grossière toile de chanvre.

Afin de la préserver des regards indiscrets, Addai Aggai avait installé la filature clandestine en plein désert, à une bonne journée de marche de l'oasis de Dunhuang.

Pour y accéder, il fallait prendre la Route de la Soie en direction de l'ouest, puis l'abandonner rapidement en bifurquant, à droite, vers le nord, à un endroit signalé par un buisson d'épineux devant lequel il avait placé, pour ne pas le rater, un petit tas de cailloux.

De là, on se dirigeait vers une imposante rangée de collines rocheuses qui barraient l'horizon du désert.

Pour atteindre ces mamelons aux formes douces, il était nécessaire de cheminer à travers une plaine aride, d'aspect minéral, où ne poussaient que quelques touffes d'une herbe grise et piquante comme un dard. Une fois la colline gravie et redescendue, on arrivait enfin à l'endroit où avait été implantée la filature clandestine du nestorien, tout au fond d'une petite combe où surgissaient, entre deux pierres, les eaux claires d'une source qui ne se tarissait jamais.

De loin, son petit bâtiment n'était pas facile à voir.

Ses murs bas et tortueux se fondaient tellement dans la paroi rocheuse, contre laquelle l'atelier de tissage avait été construit, qu'il fallait connaître par avance son existence pour avoir une chance de le distinguer.

Juste derrière la petite combe, légèrement en contrebas par rapport à l'usine, sur une langue de terre irriguée par l'eau du ruisseau, s'étendait un vaste terrain arable.

Une partie de celui-ci servait de jardin potager aux moines-ouvriers et l'autre à l'élevage des poules.

Cette autosuffisance permettait au personnel de l'usine, auquel Addai Aggai avait fait jurer le secret absolu, de survivre en plein désert sans être tributaire d'approvisionnements qui eussent fini par éveiller des soupçons à Dunhuang.

Pour faire bonne mesure, et verrouiller définitivement le silence des ouvriers, l'évêque leur avait fait prononcer des vœux d'ermite par lesquels ils s'engageaient à ne plus jamais quitter la petite combe du désert. Il avait même réussi à inculquer à ces hommes, usant leurs doigts sur les métiers à tisser, que toute infraction à leur érémitisme équivalait à un péché mortel passible de l'enfer, tandis que son respect, compte tenu de la cause servie, leur garantissait, au contraire, le paradis sans purgatoire.

Quand un moine nestorien acceptait de travailler à la filature clandestine d'Addai Aggai, à l'instar de Siméon le Stylite, l'ermite syrien qui avait passé le restant de sa vie perché sur une colonne de pierre, il n'en ressortait que mort, ainsi que l'attestaient les monticules de pierres, dispersés ici et là dans les collines qui entouraient la fabrique, sous lesquels les ouvriers nestoriens décédés étaient ensevelis.

L'évêque prenait le plus grand soin à ne jamais éveiller le moindre soupçon lorsqu'il se rendait à sa filature clandestine.

Quand il quittait la Route de la Soie, à l'endroit où poussait le grand buisson d'épines, pour s'enfoncer dans le désert caillouteux, Addai Aggai s'assurait toujours que personne ne le suivait ni ne le voyait. Il s'absentait, en général, deux jours d'affilée, prétextant une chasse au faucon, le seul plaisir, par ailleurs, qu'il s'autorisait. Aussi était-ce toujours muni du volatile dûment encapuchonné, agrippé à son poing ganté de cuir auquel il était attaché par une chaînette, que le père d'Umara partait à cheval, environ une fois par mois, surveiller la bonne exécution des opérations de teinture et de tissage de la précieuse étoffe.

Dans ce petit bâtiment au camouflage parfait, parmi la vingtaine de moines qui s'affairaient du matin au soir sous la houlette de Diakonos, trois étaient des nestoriens venus du quartier des tisserands de Shiraz, dont le savoir-faire, transmis de père en fils, permettait à la minuscule filature du désert de produire une soie de qualité comparable à celle des plus grandes usines de la Chine centrale.

Au nombre des délicates opérations successives auxquelles se livraient les moines, la plus difficile était, sans conteste, l'obtention de couleurs uniformes et régulières pour les teintures.

C'était, en effet, de la qualité de celles-ci que dépendait l'éclat de la soie, qui devait rivaliser avec la soie chinoise pour se fondre parfaitement dans le marché local.

Afin d'atteindre la même perfection, Addai Aggai, en personne, avait dû s'improviser maître teinturier.

Il avait commencé par se renseigner, auprès des marchands de soie, sur les secrets de la fabrication de ce tissu.

En l'occurrence, ces hommes n'étaient pas avares de confidences, puisqu'elles constituaient, en fait, l'essentiel de leurs argumentaires commerciaux.

Puis il avait appris à acheter, sur le marché de Dunhuang, les ingrédients, d'origine végétale ou minérale, qui servaient à confectionner les couleurs les plus en vogue en Chine : le vermillon, dont raffolaient les courtisanes ; le jaune, qui rappelait l'empire ; le noir, qui rehaussait à merveille les broderies d'or et d'argent ; le vert jade, qui symbolisait l'Immortalité.

Après de multiples tâtonnements, et avec l'aide de Diakonos, l'évêque avait réussi, à force de persévérance, à apprivoiser le pouvoir colorant de ces matières qu'il était nécessaire de broyer, de mélanger, souvent de cuire, ou encore de laisser reposer en suspension dans l'eau, avant d'obtenir la teinture proprement dite où était plongée la soie.

Toutes les opérations industrielles, du filage au tissage en passant par la teinture, exigeaient d'énormes quantités d'eau.

Sans la source, il eût été inconcevable d'installer là la petite usine.

Aussi Addai Aggai ne cessait-il de remercier son Dieu l'Indivisible d'avoir permis à cette source inépuisable, dont l'eau coulait en abondance, de surgir ainsi en plein désert, au creux d'une petite combe brûlée en permanence par le soleil.

Ce matin-là, cependant, tandis qu'il partait pour sa prétendue chasse au faucon, l'évêque nestorien était inquiet.

Si Umara avait pu percer le secret de son père, c'était parce que ce dernier avait décidé, contrairement à ses habitudes, de retourner à la filature clandestine, alors que son dernier voyage datait de la semaine précédente, à cause du tracas que lui causait une étrange réduction du débit de cette source, pourtant indispensable.

Il paraissait, en effet, y avoir urgence.

Quelques jours avant le dernier passage de l'évêque, Diakonos, qui venait chaque matin, dès l'aurore, y faire ses ablutions, avait constaté, avec effarement, pour la première fois depuis la construction de la filature, qu'un simple filet d'eau remplaçait le flot impétueux et puissant qui, d'ordinaire, en jaillissait, même en plein cœur de l'été.

Le lendemain, le diacre nestorien avait observé que le débit avait encore faibli, et ainsi de suite, jusqu'à ce qu'il fût si faible que l'eau n'arrivait même plus à l'usine par l'étroite rigole creusée à cet effet.

La pénurie de fil de soie due à l'épidémie qui avait décimé les bombyx des manichéens de Turfan, en provoquant la réduction du plan de charge de la filature nestorienne limitait, pour l'instant, les conséquences dramatiques de cette baisse de régime. Mais nul doute qu'une fois repris un niveau normal d'activité, une telle sécheresse aurait des conséquences désastreuses sur la qualité du tissu produit, et notamment de sa teinture.

Diakonos, aux cent coups, s'était empressé d'aller tout raconter à Addai Aggai qui s'était précipité à la combe.

Depuis l'annonce de cette mauvaise nouvelle, son esprit était hanté par ce point d'eau, sans lequel il était impossible de produire le moindre pouce de fil de soie.

Aussi l'évêque nestorien espérait-il de toutes ses forces qu'il ne s'agissait là que d'un problème conjoncturel et que son débit reprendrait rapidement son cours normal.

Dès son retour, il avait passé la nuit à se morfondre, à supputer les conséquences d'un arrêt pur et simple de la fabrique du désert.

Le lendemain, il avait fait brûler pas moins de trente cierges et demandé à ses diacres, sans leur en donner la raison, d'invoquer Dieu l'Indivisible à une intention particulière.

De son côté, il avait décidé de célébrer une messe, matin et soir, pour que la source retrouvât sa vigueur d'antan.

Une semaine venait de s'écouler depuis qu'il était allé constater les dégâts, et il voulait savoir si ses actions de grâces avaient donné un résultat quelconque.

C'est pourquoi, ce matin-là, une fois ses rituels de début de journée accomplis, le père d'Umara avait résolu de revenir dare-dare à l'usine.

Ce brusque départ à la chasse, sous lequel il avait, bien sûr, habillé sa démarche, avait intrigué la jeune fille.

Profitant de la confusion qui avait régné dans les écuries de l'évêché où son père, nerveux, avait laissé exploser sa colère en reprochant aux palefreniers leur manque de diligence, elle avait enfourché son petit cheval fringant et était partie à sa suite sans que, bien entendu, il s'en aperçût.

Très vite, elle avait compris, à la façon qu'avait Addai Aggai de fouetter sa monture, que quelque chose clochait.

Au cours de sa chevauchée, l'évêque était tellement obsédé par l'éventuel tarissement de sa source qu'il en avait oublié la présence de son faucon encapuchonné, lequel, étonné de ne pas être lâché, comme d'habitude, par son maître, alors qu'ils avaient quitté l'oasis depuis bientôt deux heures, s'était mis à tirer sur sa chaînette en poussant des petits cris perçants.

Umara avait constaté, non sans un certain écœurement devant la sauvagerie du spectacle auquel elle assistait pour la première fois, que son père avait eu tôt fait de calmer son oiseau de proie en lui permettant de s'envoler, puis de fondre, telle une pierre, sur une petite nuée de grives. Le rapace en avait massacré une bonne dizaine, à coups de bec et de serres, dans un inextricable nuage de plumes, avant d'en picorer cruellement les yeux et le foie tout en criant de plaisir.

Le cœur battant, elle s'attendait, à tout moment, que l'évêque se retournât et s'aperçût qu'elle l'avait suivi. Elle était prête, dans ce cas, à lui dire qu'elle l'avait fait, parce qu'elle était inquiète.

Mais elle n'avait pas eu besoin d'expliquer à son père les raisons de sa présence.

Une fois le rapace revenu sur son poing, la chasse d'Addai Aggai s'était arrêtée là.

Tout à sa hâte d'arriver à l'usine, il ne s'était pas retourné une seule fois et avait chevauché ventre à terre sur la Route de la Soie, avant de bifurquer vers la droite, puis de couper tout droit dans le désert de pierres.

C'était alors qu'Umara, tapie derrière le gros rocher à l'abri duquel elle avait caché son cheval, avait découvert le secret de son père.

Elle n'avait pas mis longtemps à distinguer ce bâtiment, d'où elle avait constaté, en écarquillant les yeux, que Diakonos sortait précipitamment pour accueillir Addai Aggai.

Alors, elle s'était hissée sur le rocher pour mieux voir ce qui se passait.

Diakonos avait sa mine des mauvais jours quand il avait salué l'évêque nestorien sur le seuil de la filature.

— Monseigneur, tout va de mal en pis ! Les manichéens n'ont plus de cocons et nous n'avons plus une goutte d'eau ! La source ne coule plus que le matin et le soir, et encore à des heures variables ! Dans la journée, elle se tarit complètement ! C'est catastrophique ! Dans les bacs, la teinture forme déjà une croûte inutilisable !

— Combien as-tu, actuellement, de fil de soie en stock ? s'était enquis l'évêque.

— Deux semaines ! Mais, désormais, la quantité de fil disponible importe peu : faute d'eau courante, l'usine est à l'arrêt, Monseigneur !

Umara, pour la première fois, voyait Addai Aggai grimacer.

Sans l'apport de la source, c'était toute l'organisation de la production de soie clandestine, dont la mise en place lui avait donné tant de mal, qui, d'un seul coup, s'effondrait.

— Depuis que la source crachote, les moines ouvriers sont dans tous leurs états ! Ils croient à une punition divine. Les plus jeunes ne cessent de pleurer. Je ne sais plus quoi leur dire ! Heureusement que vous avez décidé de venir aujourd'hui ! avait gémi Diakonos.

— Comment crois-tu que je vais les apaiser ? Je n'ai pas le pouvoir, moi, de commander à une source de recommencer à couler ! avait grommelé Addai Aggai, décomposé.

— Bientôt, les légumes du potager se dessécheront comme la paille et quant aux poules, la moitié est déjà morte… Si ça continue, il faudra que je rapatrie tout l'effectif de l'usine à l'évêché ! avait ajouté Diakonos, au bord des larmes.

— Allons voir ce désastre ! avait conclu, d'une voix infiniment lasse, Addai Aggai.

Umara, dont le cœur battait la chamade, avait suivi son père en se fondant derrière des rochers, lorsque, en compagnie de Diakonos, celui-ci avait emprunté le chemin tortueux qui descendait, en contrebas de la filature clandestine, vers les deux énormes pierres entre lesquelles l'eau vive, d'ordinaire, jaillissait.

— C'est catastrophique ! Notre source, pour employer ton expression, ne crachote même plus ! Elle a tout bonnement disparu ! s'était exclamé son père, d'une voix désespérée, au moment où il avait découvert qu'à la place de la résurgence il ne restait que le trou béant par lequel l'eau, d'habitude, s'échappait comme par miracle et surgie de nulle part, au milieu de ce désert de pierres.

Alors, Umara avait vu son père s'accroupir et coller son œil dans le trou avant de se relever brusquement, puis, hagard, d'enfoncer un bras dans la cavité humide, comme si la venue de l'eau tenait à un fil qu'il suffisait de tirer.

Dépité, il s'était redressé, accablé, en s'écriant :

— Diakonos, il n'y a plus une seule goutte d'eau au fond de ce trou ! Et pourtant, crois-moi, ce n'est pas faute de prières. Voilà trois jours que l'église retentit de chants d'actions de grâces pour supplier Dieu de nous rendre l'eau !

— Monseigneur, hier, je vous le jure, il y avait encore un mince filet qui s'écoulait du trou…

— Je crains bien que nous n'ayons pas le choix. Je vais rentrer à Dunhuang le plus vite possible ! Il n'y a que là que je pourrai mettre la main sur un chaman sourcier capable de commander à l'eau du sol !… s'était exclamé l'évêque, l'air perplexe, tout en marchant de long en large face à son diacre, lequel paraissait à Umara avoir vieilli de dix ans.

— Monseigneur, je croyais que les chamans sourciers n'étaient capables de commander qu'à la pluie et aux nuages…, avait soufflé ce dernier.

— Si tu doutes de l'efficacité des sourciers, que proposes-tu ? En ce qui me concerne, je ne vois rien d'autre que la magie chamanique pour essayer de nous tirer de ce guêpier !

— La magie n'est-elle pas proscrite par l'Église nestorienne comme une hérésie satanique ?

Le pauvre Diakonos semblait de plus en plus inquiet.

La position de son évêque n'enchantait guère ce nestorien austère et rigoriste.

— Mon cher Diakonos, il est des moments où il faut savoir, comme on dit, « faire feu de tout bois ». Si notre production de soie s'arrête, je ne donne pas cher de l'avenir de notre Église dans sa longue marche vers la Chine centrale, vois-tu ! Les bouddhistes ne feront qu'une bouchée de nous, et nous risquons même de finir persécutés…

La réplique, d'une clarté limpide, avait claqué comme un coup de fouet à la face du moine préposé à la direction de la filature clandestine.

Que l'évêque nestorien Addai Addai, en personne, ce chef d'Église d'habitude si sourcilleux, capable de réprimander ses ouailles au moindre écart théologique, en passant des heures à les interroger sur les subtilités de l'unicité de Dieu et du caractère particulier de la maternité de la Vierge Marie, fût ainsi contraint de faire appel aux chamans sourciers en disait long sur l'urgence qu'il y avait à redonner à la source tarie sa vigueur d'antan.

Umara avait été aussi consternée que Diakonos par les propos de son père, lequel, non content de marcher de long en large, se tordait à présent nerveusement les mains.

C'était épouvantée qu'elle avait observé sa mine défaite lorsqu'il était remonté d'un pas rapide, tête basse, vers l'usine, devant la porte de laquelle l'attendait son cheval dont le pelage sombre était encore tout zébré de striures de sueur mousseuses et blanchâtres dues à sa galopade effrénée.

Le faucon encapuchonné au poing, Addai Aggai l'avait enfourché sans mot dire.

— Monseigneur, vous ne souhaitez pas saluer les moines ouvriers avant de repartir ? Cela les pacifierait et leur remonterait un peu le moral, les pauvres..., lui avait vainement proposé Diakonos.

— Je n'ai vraiment pas le temps ! Tu leur diras que je suis rentré à Dunhuang pour m'occuper de trouver le moyen de redonner vigueur à cette fichue source ! avait répondu sèchement l'évêque avant de repartir au grand galop.

Comme elle connaissait le chemin pour revenir à Dunhuang, la jeune chrétienne nestorienne avait laissé une grande avance à son père.

Elle imaginait sans peine la détresse qui devait l'accabler, pendant le trajet de retour, après le triste spectacle de ce trou d'où plus une gouttelette d'eau ne s'écoulait.

Son père produisait donc de la soie, et même en plein désert !

Cela lui avait paru d'abord irréel.

Umara avait beau connaître la valeur de cette marchandise, elle ne comprenait ni la raison qui avait poussé son père à se lancer dans cette activité, ni le secret dont il l'avait entourée en construisant cette petite filature dans le désert.

La découverte de cette activité clandestine, au moment où elle se reprochait vivement de lui taire ses propres secrets, passé l'agacement qu'elle avait éprouvé, avait surtout atténué ses propres remords.

Tandis qu'elle chevauchait, son père, dont l'abattement n'avait fait que s'accroître, à mesure que son cheval galopait, s'échinait vainement à échafauder la solution au redoutable problème auquel il était confronté.

Addai Aggai était, en effet, en proie au doute.

Mettre la main sur un chamane sourcier, comme il en avait émis l'hypothèse devant son diacre Diakonos, était bien plus facile à dire qu'à faire.

D'abord, il ne connaissait aucun de ces « fangshi », comme on les appelait en Chine centrale, dont on disait qu'ils étaient capables de parler aux vents et de convoquer les souffles Qi positifs, ce qui leur permettait, grâce à des passes appropriées, de faire vêler correctement une bufflonne ou d'ôter les fièvres à un nouveau-né.

Et puis il ne se voyait pas parcourir le marché de Dunhuang en demandant à la cantonade, les mains en porte-voix, s'il y avait là un homme capable de commander aux sources de la terre !

Sa fonction comme sa réputation le lui interdisaient.

Addai Aggai, au demeurant, n'était pas loin de penser que le chamanisme était encore la forme la plus dépravée du paganisme, contre lequel il avait entrepris une véritable croisade depuis qu'il avait implanté son Église à Dunhuang.

Un évêque nestorien ne pouvait pas laisser dire, sous peine de passer lui-même pour un charlatan, qu'il utilisait les services d'un chaman !

Et en admettant qu'Addai Aggai eût décidé, faute de mieux, de prendre ce risque, ce chaman devrait être suffisamment discret pour ne pas aller dévoiler, une fois l'eau revenue, le pot aux roses de la filature clandestine !

Autant rêver !

Le désarroi de l'évêque lui avait fait lâcher la bride de son cheval, qui galopait à présent de façon erratique, tandis que le faucon, qui manquait de tomber à chaque écart de la monture, s'accrochait tant bien que mal à son poing.

Umara n'avait pas voulu abandonner son père aux affres d'une inquiétude aussi visible.

Dès que son destrier, assoiffé et désireux de rentrer à l'écurie, avait fini par rejoindre la Route de la Soie, que des caravanes encombraient déjà, elle s'était arrangée pour le dépasser, profitant du ralentissement occasionné par le trafic, en passant derrière une des collines qui bordaient la route.

Au détour du virage suivant, elle avait surgi devant son père comme si elle arrivait de Dunhuang à bride abattue.

Plongé dans ses lugubres pensées, Addai Aggai, qui se laissait guider par son cheval, n'avait même pas remarqué que sa fille venait de piler juste devant lui.

— Papa ! Mais je te croyais à la chasse au faucon !

— Umara, mais que fais-tu ici ? Toi, seule, à cheval, sur la Route de la Soie ! Je crois rêver ! s'était exclamé son père, si ahuri qu'il n'avait même pas eu la présence d'esprit de la gronder pour avoir enfreint ses consignes.

— Père, je me promenais ! J'avais besoin de me changer les idées et envie de galoper !

— Mais tu es très imprudente, Umara ! Ici, les…

— Papa ! Il s'est passé quelque chose de grave pour que tu reviennes si vite de ta partie de chasse ? lui avait-elle demandé habilement, le plus ingénument possible.

En l'interrompant pour l'amener sur un autre terrain, elle espérait qu'il lui ferait part de ce qui le préoccupait.

L'évêque n'avait pas eu le temps de répondre que d'un convoi, arrêté devant eux sur la route déjà empierrée à l'approche de la ville, avait surgi un homme qui l'avait hélé :

— Bonjour ! L'oasis de Dunhuang est-elle encore loin ?

Le visage de l'homme, coiffé d'un turban de brocart à la persane, semblait avenant.

— Vous y serez avant le coucher du soleil. Il suffit de suivre la route, c'est tout droit ! avait répondu machinalement Addai Aggai.

Derrière lui se tenaient deux individus attachées par la jambe à une longe tenue par un gardien à cheval. À leurs côtés se dressait un immense chien jaune, de la race de ceux qui étaient capables de défendre les troupeaux des attaques des ours et des loups. Un peu plus loin attendaient des cavaliers. Tous portaient la même coiffe. L'un d'eux, à en juger par sa prestance et la taille de son cimeterre, était le chef. Au milieu de leur groupe en armes se tenait un moine au crâne rasé, vêtu de la robe couleur safran des bouddhistes.

Mais surtout, ce qui était le plus remarquable et qui avait attiré l'attention d'Umara, médusée, et d'Addai Aggai, malgré les tourments auxquels il était en proie, c'était l'éléphant dont la silhouette massive et imposante, telle une statue gigantesque, ouvrait la marche de ce drôle de cortège.

Juste à côté de l'animal, un cornac affairé s'employait à curer ses pieds.

C'était la première fois de sa vie que la jeune Umara voyait un pachyderme. Bouche bée, elle n'avait pu s'empêcher de s'avancer pour contempler cet animal aux formes aussi curieuses.

Comme il lui avait paru à la fois doux et bizarre, ce curieux monstre à la peau grise et plissée comme une couverture, aux cils recourbés qui faisaient penser aux yeux enduits de khôl des femmes des marchands venus de l'Ouest, et aux défenses lisses et jaunies qui surgissaient, tels des sabres de leur fourreau, de chaque côté de cet incroyable nez, long et flexible, dont elle avait constaté que l'animal se servait comme d'un bras !

— Comment s'appelle-t-il ? avait-elle demandé, émerveillée, d'abord en chinois, puis en syriaque, et enfin en sanskrit, au cornac.

— L'éléphant Sing-sing ! avait-il répondu.

Revenant sur ses pas pour retrouver son père, Umara avait furtivement croisé le regard du plus svelte des deux hommes attachés par la jambe.

Le jeune homme lui souriait et elle avait immédiatement jugé qu'il avait un je-ne-sais-quoi de séduisant.

Et, prenant soin qu'Addai Aggai ne remarquât rien, elle lui avait décoché, à son tour, son plus charmant sourire.

Ce petit manège s'était prolongé bien au-delà des convenances, entre un jeune homme et une jeune fille qui n'avaient même pas été présentés.

Elle n'arrivait plus à détacher ses yeux de ceux du bel inconnu, jusqu'à ce que le gardien à cheval décidât de mettre un terme à cette conversation muette en tirant sur la corde par laquelle il était attaché à son compagnon.

— Connaissez-vous un endroit où nous pourrions loger, et surtout qui accepterait d'héberger l'éléphant avec lequel nous voyageons ? avait alors demandé à Addai Aggai le même jeune cavalier au turban qui venait de traduire la question du chef au cimeterre.

— Dans la vieille ville, il y a un petit hôtel peu fréquenté. C'est le seul dont le patron consent à héberger les chameaux. Je ne vois pas pourquoi il refuserait l'hospitalité à votre éléphant !

— Pourriez-vous nous donner l'adresse et le nom de l'établissement ?

— Il s'appelle tout bêtement l'hôtel des Voyageurs. Il est situé en plein centre-ville, dans le vieux quartier du grand marché couvert. Vous pouvez dire au patron que vous venez de la part de l'évêque nestorien de Dunhuang ! Si vous voulez aller plus vite, je peux vous y accompagner ! Nous habitons juste à côté ! avait gentiment proposé le père d'Umara.

Tandis qu'ils chevauchaient ensemble, devant le reste de la troupe, en compagnie d'Umara, l'évêque nestorien n'avait pas tardé à engager la conversation avec le chef des parsis dont le dialecte persan avait suffisamment de points communs avec sa propre langue d'origine pour permettre un dialogue, fût-il succinct.

Ils s'étaient mutuellement présentés l'un à l'autre, directement, sans l'obstacle de la langue, ce qui avait contribué à ôter à Majib la méfiance dont il était coutumier.

Et très vite l'évêque nestorien, aux anges, avait compris tout le parti qu'il pouvait tirer de cette rencontre inopinée.

Ce chef Majib n'était rien de moins qu'un « mogmart » !

Que n'avait-on raconté à Addai Aggai, lorsqu'il était encore enfant, sur les pouvoirs surnaturels des mogmarts, ces extraordinaires sorciers zoroastriens !

Ne les disait-on pas capables, entre autres exploits, d'allumer des feux de leur seul regard et d'enlever des enfants en les transportant dans les airs, comme les aigles le faisaient avec leurs serres pour les agneaux et les chevreaux ?

— N'est-il pas dans ton pouvoir, en tant que mage mazdéen mogmart, de commander à l'eau de la terre ? lui avait-il lancé, l'air de rien, après l'avoir interrogé sur ses origines.

— Dans ma jeunesse, j'ai appris quelques passes à ce sujet. Mais, depuis le temps, je ne peux rien garantir d'efficace ! avait répondu le chef parsi, rendu soupçonneux par la démarche intempestive de l'évêque.

Umara n'en était pas revenue : son père avait à peine fait connaissance de ce chef parsi Majib qu'il lui demandait de l'aider, lui révélant au passage le secret qu'elle venait de découvrir.

— Accepterais-tu de me dépanner ? Je possède une usine dont

la source d'eau vive a l'air de s'être tarie, rendant tout travail impraticable. Pour moi, les conséquences sont désastreuses. Si tu réussissais à refaire surgir cette eau du sol, je pourrais te payer très cher..., avait ajouté l'évêque en plongeant ses yeux dans ceux du chef parsi.

À n'en pas douter, Addai Aggai avait jugé qu'en faisant ainsi appel à un étranger, qui ne parlait pas de langues locales, il s'évitait le tracas d'aller recruter un chaman sourcier fangshi, dont il n'eût été jamais sûr de la discrétion.

— À quoi sert ton usine ? s'était enquis Majib.

— Jure-moi que tu ne le diras à personne !

— Je le jure...

— À produire du fil de soie ! Sans eau, aucune opération n'est possible : qu'il s'agisse du filage, de la teinture ou du tissage ! avait répondu ingénument l'évêque, sans se rendre compte de la portée de ses propos.

Pas plus, d'ailleurs, que de l'éclair qui avait alors illuminé le regard du chef parsi et qu'Umara, en revanche, avait discerné.

Et cette lueur bizarre qu'elle avait aperçue dans les yeux de ce Majib ne lui disait toujours rien qui vaille, à présent que, une fois cette journée achevée, elle avait dit bonsoir à son père et s'était retirée dans sa chambre.

Comment aurait-elle pu savoir, l'intuitive petite chrétienne nestorienne, que Majib venait de découvrir, par le plus grand des hasards, ce qu'en Perse ses mandants cherchaient à connaître depuis des années : le nom de l'oasis de la Route de la Soie où des hommes avaient été assez fous, ou audacieux, pour braver la Grande Chine en fabriquant une soie d'une qualité équivalente à celle des plus célèbres filatures de l'empire du Milieu ?

Les rares échantillons arrivés en Perse, en provenance de cet atelier clandestin, attestaient du savoir-faire exceptionnel de ses artisans, rapidement devenus objets de légende, que personne, malgré tous les efforts déployés par la royauté parsie en exil, n'avait réussi à débusquer.

Et cet exploit, que le chef Majib était en passe d'accomplir, expliquait l'intense jubilation intérieure surprise par Umara.

Comme convenu, ce dernier avait tenu à accompagner les persans à l'hôtel des Voyageurs.

Leur entrée dans Dunhuang, en raison de la présence du pachyderme, n'était pas passée inaperçue, et c'était entourés d'une nuée d'enfants qu'ils avaient traversé les ruelles du quartier ancien.

Au moment où ils avaient laissé les voyageurs s'installer à l'auberge, le beau jeune homme, auquel le chef parsi, quelque peu euphorique, avait fait ôter ses entraves, était accouru vers Umara pour la saluer.

Elle eût aimé lui parler, mais elle n'avait pas osé. Et, de son côté, il n'en avait pas eu le temps car le jeune interprète était aussitôt venu le tirer par la manche, lui demandant d'aider à décharger les bagages. Il s'était alors précipité vers un couffin attaché à la croupe d'un fringant cheval noir et l'avait détaché, avant de l'emporter à l'intérieur de l'hôtel avec mille précautions.

— Bonsoir, père ! Il faudra, un jour, me dire pourquoi vous fabriquez de la soie en plein désert ! lui avait-elle murmuré, à l'instant où il posait ses lèvres sur son front en lui souhaitant bonne nuit.

— C'est pour la bonne cause, ma chérie. Plus tard, je t'expliquerai tout cela ! À présent, je dois aller célébrer le dernier culte. Je suis sûr que mes moines m'attendent déjà à l'église ! avait-il soufflé, exténué par cette journée, fertile en émotions, qui s'achevait.

Umara continuait à fixer le petit lézard accroché au plafond de sa chambre.

Comment son père avait-il pu se laisser aller à de telles confidences devant ce Persan qu'il ne connaissait pas ?

Jusqu'où son désarroi l'avait-il mené !

Heureusement, elle avait échafaudé un plan pour l'aider, cet être qu'elle respectait profondément et qu'elle aimait de toute son âme, même si elle ne comprenait pas toujours ses motivations de chef d'Église, plus proches de celles d'un commandant militaire que de celles d'un pasteur des âmes…

Elle ferma les yeux.

Soudain lui apparut le beau visage de ce jeune homme prisonnier qu'elle avait croisé et qui lui avait souri.

Qui était-il ?

Il avait l'air d'un Chinois.

Dans ce cas, que faisait-il là, au milieu d'une troupe de parsis ? Était-il leur esclave ?

Dans son esprit, les questions avaient beau s'entrechoquer, elle ressentait une étrange impression d'apaisement.

Cette rencontre était à coup sûr, bien plus encore que celle de l'éléphant Sing-sing, un événement positif à mettre à l'actif de cette journée mémorable.

Aurait-elle la chance de revoir ce beau Chinois, dont les yeux lui avaient déjà dit tant de choses ?

Elle le souhaitait si ardemment qu'elle en implora son Dieu, avant de s'endormir.

Quant à ce pauvre Addai Aggai, qui, à genoux au milieu de ses moines, croyait être tombé sur une aubaine avec ce mogmart capable de rendre vie aux sources mortes, il était loin de se douter qu'en révélant au chef des parsis son rôle dans la production de soie clandestine à Dunhuang, non seulement il lui avait rendu le plus grand des services, mais aussi il venait d'en devenir, bien malgré lui, la providentielle cible.

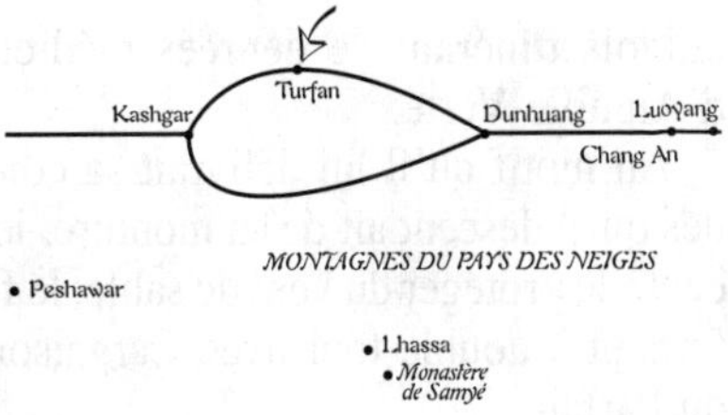

20

Oasis de Turfan, Route de la Soie

Le comportement de Cargaison de Quiétude, depuis une semaine, ne ressemblait vraiment pas à son nom.

Le Parfait manichéen avait le plus grand mal à cacher sa nervosité à ses proches, auxquels ses traits tirés révélaient des insomnies qui le laissaient épuisé au petit matin.

Car, après chaque nuit, il lui fallait se lever pour pratiquer le premier rituel de la journée, celui de l'Hymne à la Lumière qu'il entonnait, devant la peinture de l'abside de l'église représentant le Grand Prophète Mani face à un collège d'Illuminateurs, en compagnie des autres Parfaits, tous revêtus de leur robe blanche immaculée. Puis, tous ensemble, ils grignotaient quelques dattes bénies avant de boire une gorgée d'eau lustrale, qu'un sacristain puisait, avec une louche d'argent, dans l'immense bassin de bronze du baptistère où elle était conservée pendant une année entière.

Cela ferait bientôt sept jours et sept nuits que le chef de l'Église de Lumière de Turfan attendait la visite semestrielle de son discret visiteur, et que celui-ci, bizarrement, ne se présentait pas.

Or c'était la première fois qu'un tel retard se produisait.

D'ordinaire, l'homme que Cargaison de Quiétude faisait ainsi venir, secrètement, auprès de lui était ponctuel.

Le jour dit, il arrivait à l'Église de Lumière, généralement à une heure tardive, juché sur son chameau, sous les habits d'un marchand chinois itinérant de denrées médicinales, qui répondait au nom d'Aiguille Verte.

Au motif qu'il lui délivrait sa consultation médicale habituelle, dès qu'il descendait de sa monture, le visage caché sous un foulard censé le protéger du vent de sable, le faux marchand de plantes s'enfermait à double tour avec Cargaison de Quiétude dans le bureau du Parfait.

Et là, à l'abri des ouïes et des regards indiscrets, les deux hommes échangeaient leurs secrets sans témoin.

Pour faire bonne mesure et afin de mieux tromper son monde, le pharmacien ambulant arrivait suivi d'une mule, chargée de ballots d'herbes séchées, de poudres et de racines, de morceaux d'animaux divers, tels des queues de lézard, des foies de tortue marine réduits en poudre, ou encore des testicules de tigre macérés dans le vinaigre, des pattes d'ours fumées au bois, des mues d'aspic des sables, bref, de tout ce que la pharmacopée chinoise proposait d'efficace en matière de remèdes, de fortifiants et d'adjuvants, issus tant de la flore que de la faune locales, et que la Route de la Soie se chargeait de répandre dans les contrées les plus lointaines.

Ce déguisement n'était qu'un camouflage destiné à permettre au voyageur de passer sans se faire remarquer les cinq barrières d'octroi que l'administration des Tang avait habilement placées entre Chang An, la capitale, et Turfan, la dernière grande oasis encore sous protectorat chinois.

Car Aiguille Verte, dont le nom était un emprunt, n'était pas plus marchand d'herbes médicinales que Cargaison de Quiétude moine bouddhiste.

L'homme qui tardait à venir, et dont l'attente mettait le Maître Parfait dans tous ses états, était un jeune Ouïgour appelé Torlak que la misère de sa condition avait fait se convertir, quelques années plus tôt, au manichéisme.

Il vouait à Cargaison de Quiétude une immense reconnaissance pour l'avoir recueilli, presque mort de soif, lorsqu'il était venu frapper à la porte de l'Église de Lumière de Turfan, alors qu'elle n'était encore qu'une chapelle de bois au sein de laquelle une petite poignée de fidèles rendait son culte à Mani. C'était à cause de sa fidélité et de son dévouement que Torlak avait été choisi par le Maître

Parfait pour devenir l'agent secret de l'Église de Lumière à Chang An.

Le Ouïgour avait en outre le privilège, à l'instar de ses congénères issus de ce peuple de la steppe dont les Chinois avaient fait leurs vassaux, de s'exprimer parfaitement dans la langue de ceux qui les avaient colonisés.

Et c'était sous le nom d'Aiguille Verte, qui lui était resté, que Cargaison de Quiétude l'avait expédié dans la capitale de la Chine centrale, à l'issue du premier séjour de Pointe de Lumière.

Son agilité, sa malice et, même, la rouerie dont il était capable avaient fait d'Aiguille Verte, dont le faciès aux yeux bridés lui permettait de surcroît de se fondre parfaitement en milieu chinois, une pièce essentielle du dispositif de Cargaison de Quiétude dans sa stratégie d'implantation du manichéisme en Chine centrale.

Mais la présence secrète du jeune Ouïgour à Chang An n'avait pas, loin s'en faut, que des visées intellectuelles et religieuses.

Même s'il avait commencé par mettre l'accent sur le travail d'apostolat de sa mission en Chine centrale, Cargaison de Quiétude avait très vite chargé Aiguille Verte de surveiller la manière dont les nestoriens écoulaient la précieuse marchandise tissée à Dunhuang.

Dans le partage des rôles, tel que Cargaison de Quiétude et Addai Aggai l'avaient établi, la commercialisation de la soie clandestine et son écoulement sur le marché intérieur chinois relevaient de la responsabilité exclusive de l'Église nestorienne.

Conscient du fait que ce contact direct avec le marché et la clientèle finale conférait à son partenaire un poids bien plus important que le sien, et presque un droit de vie et mort sur sa propre activité de production de fil de soie, Cargaison de Quiétude avait tenu à s'assurer – et de façon tant permanente que récurrente – qu'Addai Aggai était bien un partenaire loyal, autant sur le plan de la transparence des marges qu'il appliquait à la revente de la marchandise que pour la préservation du secret absolu de sa provenance.

Il s'agissait donc, pour l'agent secret manichéen, de vérifier que l'administration chinoise continuait à ignorer les tenants et les aboutissants de ce trafic de soie dont les acteurs, d'un bout à l'autre de la chaîne, risquaient leur vie à tout moment.

Cette partie, particulièrement temporelle, de la mission d'Aiguille Verte avait pour nom de code « Fil Rouge ».

Depuis quelques mois, elle l'occupait pratiquement à temps plein.

Sur la requête du Parfait, le Ouïgour s'était lancé dans un travail de fourmi qui avait consisté à recruter des hommes et des femmes à sa solde, dans le cadre d'une organisation pyramidale étanche à chaque étage qui permettait de garantir l'anonymat de ses responsables hiérarchiques, si bien qu'Aiguille Verte était le seul à connaître l'identité de tous les membres tout en demeurant le destinataire final et unique de la totalité des informations collectées par son réseau d'espionnage.

Contre espèces sonnantes et trébuchantes, fournies par Cargaison de Quiétude à Aiguille Verte, les agents du réseau du Fil Rouge étaient rétribués à la tâche.

Celle-ci, des plus précises, leur était assignée par un « officier traitant », sorte de supérieur hiérarchique dont ils ne connaissaient jamais l'identité réelle.

Le seul signe distinctif des membres de cette confrérie était ce mince fil de soie rouge attaché au poignet, en guise de bracelet, tellement fin et discret qu'il passait inaperçu aux yeux de ceux qui en ignoraient l'existence et la raison.

Reposant sur une rétribution impeccable de ses « agents » mercenaires, le réseau du Fil Rouge coûtait fort cher à Cargaison de Quiétude, mais celui-ci avait conscience que c'était là le prix à payer s'il voulait continuer à produire de la soie clandestine sans risque de châtiment dévastateur pour son Église de Lumière.

Tous les six mois, lorsqu'il revenait à Turfan rendre compte à Cargaison de Quiétude de son travail de surveillance des nestoriens, et le rassurer quant à la confidentialité du circuit utilisé, le Ouïgour se faisait remettre par le Parfait manichéen la forte somme d'argent nécessaire à la paie du semestre suivant.

À chacun des voyages d'Aiguille Verte, Cargaison de Quiétude voyait, non sans effarement, la somme d'argent augmenter, de telle sorte qu'elle représentait déjà une part non négligeable du produit de la vente du fil de soie.

Mais la sécurité de l'Église de Lumière et, surtout, son indépendance par rapport à la rivale nestorienne, dans ce contexte de trêve armée à laquelle conduisait cette alliance tactique entre les deux chefs religieux, étaient à ce prix.

Au fragile équilibre des rapports entre les deux Églises et au caractère particulièrement délicat, et même sensible, du travail qu'Aiguille Verte effectuait à Chang An s'ajoutait désormais le tragique problème de la maladie des vers de l'élevage.

Tout cela expliquait pourquoi le retard du jeune Ouïgour n'en finissait pas de remplir d'angoisse le Maître Parfait.

Si le réseau du Fil Rouge venait, à son tour, à se gripper, voire à tomber, la catastrophe se révélerait complète pour l'Église manichéenne, qui finirait par ignorer totalement ce que devenait la soie clandestine dont les nestoriens assuraient l'écoulement sur le marché chinois.

Aussi, lorsqu'un moinillon accourut pour annoncer au Grand Parfait l'arrivée à l'Église de Lumière de celui qu'il attendait avec une telle impatience, Cargaison de Quiétude ne put s'empêcher d'embrasser avec effusion le garçonnet, tout étonné devant un tel élan.

Quand le chef de l'Église manichéenne se précipita dans la cour d'honneur pour aller à sa rencontre, des Auditeurs avaient déjà commencé à décharger de leurs ballots les deux chameaux du faux médecin ambulant chinois.

Aiguille Verte, qui portait sous les amples manches de son manteau de laine un très mince fil de soie rouge noué au poignet droit, paraissait fatigué par son voyage.

Les traits de son visage glabre, aux yeux très bridés, étaient tirés.

Le Maître Parfait vit tout de suite dans son regard, d'habitude souriant, que quelque chose n'allait pas.

— Aiguille Verte, pourquoi un tel atermoiement ? Te rends-tu compte que j'ai cru mourir d'inquiétude ? Je ne savais plus à quoi m'en tenir ! Je t'attends depuis bientôt une semaine ! lança-t-il à l'agent secret ouïgour après l'avoir entraîné dans son bureau.

— La situation est complexe dans la capitale des Tang. Le trafic de soie interdite a été révélé aux autorités. L'empereur Gaozong, en personne, est déjà au courant et a ordonné une enquête. Du coup, j'ai fait le plus vite que j'ai pu, mais j'ai dû redoubler de prudence pour ne pas éveiller les soupçons…, assena le Ouïgour.

Harassé par le long voyage qu'il venait d'accomplir à dos de chameau, il s'était effondré dans un fauteuil, face à Cargaison de Quiétude.

— Et le réseau du Fil Rouge, dans tout ça ? Dis-moi un peu, n'a-t-il pas été complètement anéanti au passage ? demanda, angoissé, le Maître Parfait.

— Pour l'instant, il continue à fonctionner. Notre organisation, quoique extrêmement coûteuse, est très efficace, de par son étanchéité. Chaque maillon ignore l'autre et, si l'un d'entre eux devait tomber, le réseau continuerait à fonctionner comme si de rien n'était.

— Il est vrai qu'il repose uniquement sur tes épaules, mon cher Torlak ! J'étais certain, en t'envoyant là-bas, que mon choix était le bon. Cela dit, il te faut être encore plus prudent soupira Cargaison de Quiétude, soulagé.

— Je fais de mon mieux…

— Je sais. Je sais. Et j'ai confiance en toi.

Le jeune Ouïgour, visage fermé, demeurait silencieux.

— Doit-on prévenir les nestoriens de la situation nouvelle ?

— S'ils l'ignorent encore, ils finiront par l'apprendre !

— Remarque bien, Torlak, cette pénurie de fil de soie tombe plutôt à pic. Si la marchandise clandestine se tarit pendant quelques mois, les autorités centrales penseront peut-être qu'elles ont réussi à mettre un terme à son commerce, ce qui nous permettra, le moment venu, de le reprendre sans être pourchassés, ajouta Cargaison de Quiétude qui cherchait à se rassurer devant cette avalanche de mauvaises nouvelles.

Le Ouïgour, quelque peu crispé à présent, venait de plonger ses lèvres dans le gobelet d'eau parfumée à la fleur d'oranger que Cargaison de Quiétude lui avait fait servir par un diacre.

— Tu ne dis rien ! Y a-t-il quelque chose qui ne va pas ? demanda ce dernier, inquiet.

— Pointe de Lumière est arrivé à Chang An. Vous auriez pu m'avertir ! Je l'ai appris par mon réseau. Heureusement qu'il fonctionne bien…, lâcha, l'air sombre, le Ouïgour.

— Mais j'ai décidé de l'envoyer là-bas après ton dernier séjour ici ! Comment voulais-tu que je te prévienne ? Il a tout simplement pour mission de rapporter des vers et des plants de mûrier ! protesta le Parfait, quelque peu gêné.

— Il s'est entiché d'une jeune ouvrière de la filature impériale ! Une certaine Lune de Jade. Ils filent le plus parfait amour ! lâcha, dépité, Aiguille Verte.

À ces mots, Cargaison de Quiétude sursauta, tandis que son visage exprimait un mélange d'indignation et de surprise.

— Mais ce garçon est fou ! Il a perdu la tête ! Il risque de nous mettre tous en danger ! tonna-t-il avant d'ajouter, cette fois blême de colère : Un Auditeur de l'Église de Lumière, en tout état de cause, n'a pas le droit de copuler avec qui que ce soit ! Pointe de Lumière joue avec le feu de l'enfer !

— C'est surtout très dangereux pour la confidentialité de nos activités… À la filature impériale, tout finit par s'ébruiter…

— Tu crois que cet imbécile irait jusqu'à vendre la mèche auprès de cette Lune de Jade ? Je ne lui ai, bien entendu, rien dit sur toi pas plus que sur tes activités.

— Il porte toutefois un fil rouge au poignet. L'officier traitant me l'a affirmé. Il croyait même qu'il faisait partie des nôtres…

— Je suis au courant. J'ai cru bien faire en le lui nouant, avant qu'il ne parte. Je pensais que cela lui éviterait des ennuis. J'ai besoin de lui sain et sauf… Si j'avais su, je m'en serais abstenu ! Comme j'ai eu tort de faire confiance à ce garçon !

— En attendant, là-bas, il pourrait provoquer des dégâts considérables…, murmura alors Aiguille Verte, non sans perfidie.

— Tu l'as vu ? Tu lui as parlé ? Comment t'es-tu présenté à lui ? Il est essentiel qu'il ne devine jamais ce que tu fais là-bas ! Chacun, ici, imagine que tu sillonnes la Route de la Soie pour y acheter et vendre des denrées médicinales à l'usage de nos gens ! s'exclama, de plus en plus inquiet, Cargaison de Quiétude.

— Je me suis bien gardé de prendre contact avec lui. Conformément à vos directives, je n'agis, là comme ailleurs, que par intermédiaire interposé. Sa présence à Chang An m'a été signalée grâce à la relation d'un de mes agents, qui est le propriétaire d'une boutique à l'enseigne du Papillon de Soie. Suite à cette révélation, j'ai fait surveiller votre Auditeur par le réseau du Fil Rouge ! J'espère que j'ai bien fait ! expliqua Aiguille Verte, l'air à la fois satisfait et pincé.

— À ta place, j'aurais agi exactement de la même façon ! J'ai envoyé Pointe de Lumière à Chang An afin qu'il nous en rapporte des cocons de vers à soie vivants. L'épidémie a fini par décimer totalement notre élevage. Plus un seul pouce de fil de bombyx, hélas, ne peut sortir d'ici ! Quant au comportement inqualifiable de ce jeune Auditeur, il me déçoit énormément. Ce garçon met en grand danger son Église ! répéta le Parfait qui s'en voulait terriblement d'avoir ainsi accordé sa confiance à la légère.

— La petite Lune de Jade l'hébergeait dans une chambre qu'elle occupait au-dessus de la boutique de la relation de mon agent ! Une boutique où, de surcroît, les nestoriens écoulaient des coupons de soie clandestine. Le plus fort, c'est que tout cela était une pure coïncidence !

— Une coïncidence, en réalité, assez terrifiante ! Mais dis-moi, Torlak, tu parles de tout cela au passé ! Est-il arrivé un malheur quelconque ? gémit Cargaison de Quiétude.

— À coup sûr, ce marchand du nom de Rouge Vif est le traître qui révéla l'existence de la filière clandestine aux autorités chinoises. Un beau jour, un géant turco-mongol à la langue coupée, connu pour être le factotum de l'impératrice Wuzhao en personne, vint le chercher pour l'emmener de force au palais impérial, après avoir fouillé de fond en comble sa boutique. Le lascar en ressortit vivant et, le soir même, regagna sa boutique comme si de rien n'était…

— Tu penses qu'ils l'auront retourné ? demanda Cargaison de Quiétude d'une voix tremblante.

— On ne ressort jamais vivant du palais impérial de la capitale de la Chine centrale quand une autorité suprême vous y convoque, après vous avoir pris sur le fait, en train d'enfreindre la loi de l'État ! Ce marchand n'a pu avoir la vie sauve que contre des révélations…

— Et donc, tu as été obligé de procéder à son élimination…

— Je n'avais pas le choix ! Vous m'avez toujours dit qu'il fallait se séparer des maillons du réseau du Fil Rouge avant qu'ils soient susceptibles de devenir faibles…

— Et comment as-tu fait ?

— À Chang An, il existe plusieurs auberges où il suffit de donner un tael d'argent à un voyou, avec le nom et l'adresse de la cible, pour que le contrat soit exécuté dès le lendemain. Sur ce coup-là, je suis allé jusqu'à un tael d'or, pour être sûr que la besogne ne serait pas faite à moitié…

— Je vois… Qu'as-tu fait pour préserver, dans tout ça, Pointe de Lumière et cette Lune de Jade ? N'étaient-ils pas dans la gueule du loup ?

— Après l'élimination de Rouge Vif, sa boutique avait été mise sous surveillance par les services secrets impériaux du Grand Censorat. Du coup, j'ai dû prendre les devants et les ai fait avertir du danger qu'ils couraient, avant de les placer tous les deux à l'abri dans une maison d'un membre du réseau du Fil Rouge, avec interdiction expresse à celui-ci de les laisser aller et venir avant que je l'y autorise. Voilà pourquoi mon départ de Chang An a été retardé.

— Comme tu as bien fait ! Les circonstances requièrent, en effet, de s'entourer d'un maximum de précautions… C'est toute notre organisation que cet écervelé de Pointe de Lumière pourrait mettre en danger, s'il lui prenait l'idée de s'afficher en ville, alors que la police chinoise doit sûrement être à ses trousses ! Mais dis-moi un peu, Torlak, l'hôte de ces jeunes gens est-il fiable ?

— C'est un peintre-calligraphe chinois de pure souche. Malgré son talent, comme il n'est pas membre de l'Académie impériale de peinture et de calligraphie, il survit avec peine. Grâce à quoi, cet homme est fiable : les émoluments que lui verse notre organisation lui sont nécessaires pour nourrir sa nombreuse famille.

— Comment s'appelle-t-il ?

— À Chang An, il est surtout connu sous son nom de peintre-calligraphe : Pinceau Rapide. Il n'a pas son pareil pour recouvrir, d'un geste gracieux, une feuille blanche avec un poème ancien ! Il peint aussi des fleurs et des chevaux avec la même virtuosité, précisa Aiguille Verte que la maestria dudit Pinceau Rapide, visiblement, impressionnait.

— J'espère que ton Pinceau Rapide se révélera plus fiable que notre Pointe de Lumière…, lança, sans plaisanter le moins du monde, Cargaison de Quiétude dont le regard demeurait sombre.

— Pinceau Rapide est un grand artiste. Il passe des heures devant ses feuilles blanches à recopier ses strophes poétiques anciennes qu'il orne de petites scènes et de petits paysages. Je ne vois pas au nom de quoi il irait trahir un secret qui lui permet de s'adonner à sa passion en toute tranquillité !

— Comme je souhaiterais que tu aies raison…, soupira le Parfait avant d'ajouter : Mais, au fait, que trouve Pointe de Lumière à cette Lune de Jade, pour renier ainsi les serments religieux qu'il a déjà prêtés ?

— Je n'en sais fichtrement rien. Ce que j'ai constaté, même indirectement, c'est qu'il en paraît fort épris. Les deux tourtereaux se sont connus lors du premier séjour à Chang An de ce garçon. D'après Pinceau Rapide, il ne cesse de lui dire qu'il y est revenu parce qu'il l'aime !

— Le gredin, il s'est bien gardé de m'avouer qu'il s'était amouraché d'une Chinoise, lorsque je lui ai demandé de repartir là-bas ! J'étais loin de me représenter l'aubaine que c'était pour lui !

— Elle a la réputation d'être aussi jolie qu'entreprenante !

— J'imagine ! Ce doit être une de ces diablesses qui pourraient être danseuses, chanteuses acrobates ou même courtisanes !

— Au Temple du Fil Infini, on raconte que c'est une créature aux mœurs plutôt légères…, précisa, non sans aigreur, Aiguille Verte.

— Compte tenu de tout ça, le mieux serait que tu repartes là-bas sans attendre… De combien d'argent as-tu besoin, cette fois ? demanda subitement Cargaison de Quiétude.

— Pour faire face à toutes les dépenses à venir du prochain semestre, il me faut, au bas mot, deux mesures de pièces d'argent… À lui seul, le coût de la pension des deux jeunes gens, chez le calligraphe Pinceau Rapide, représente déjà un tael, pour deux, et par jour ! Ce n'est pas rien ! maugréa Aiguille Verte.

Après avoir vérifié que la porte de son bureau était bien fermée, le Maître Parfait alla ouvrir les deux battants de la lourde armoire cloutée de bronze située contre le mur, juste derrière sa table de travail.

Il constata, la mort dans l'âme, que les réserves monétaires de l'Église de Lumière, depuis la dramatique pénurie de fil de soie consécutive à la maladie des vers, s'étaient sérieusement amenuisées.

— Avec ce que je vais te donner, il ne me restera pratiquement plus rien. Vivement que la production de fil de soie reprenne ! murmura-t-il en saisissant sur une étagère une cassette remplie de pièces d'argent et d'or.

— Je sais que je vous demande beaucoup d'argent et je m'en excuse par avance !

— Il ne faut pas t'excuser. Ce n'est pas le moment de mégoter. Le réseau du Fil Rouge doit continuer à fonctionner parfaitement, faute de quoi les plus graves dangers nous guetteraient !

— Vous avez raison. Ce n'est pas le moment de rompre cette chaîne que nous avons eu tant de peine à constituer…

— À ce propos, pouvons-nous être sûrs de la loyauté des nestoriens ? Ne seront-ils pas amenés, en cas de besoin, pour sauver leur peau, à nous balancer ? demanda le Parfait en rangeant dans l'armoire sa cassette pratiquement vide.

— On n'est jamais sûr de rien… Quand les choses se gâtent, c'est vrai que chacun est tenté de rouler pour lui…

Cargaison de Quiétude regardait intensément Aiguille Verte.

Après la trahison de Pointe de Lumière, c'était désormais sur les épaules de ce Ouïgour que tout reposait… Il se félicitait de l'intuition qui avait été la sienne d'expédier à Chang An cet agent secret. Sans sa présence, il y avait fort à parier que les autorités chinoises auraient déjà remonté l'intégralité de la filière de la soie clandestine !

— Veux-tu dîner avec moi ? Le cuisinier a préparé des galettes de froment et un excellent bouillon de légumes, ajouta Cargaison de Quiétude.

— Je vous remercie infiniment, mais je préfère repartir tout de suite, compte tenu de la situation, ça me paraît plus prudent !

— D'habitude, à chacune de tes visites, nous partageons, toi et moi, le repas du soir, celui d'après le dernier office. Ta présence à mes côtés, devant l'autel de Lumière Pure, me permettrait de supplier Mani de protéger son disciple ! s'écria le chef manichéen.

— La prochaine fois, dans six mois, je vous le promets, nous romprons le pain ensemble et j'assisterai à l'office du soir !

— Laisse-moi, au moins, déposer sur ton front une goutte d'huile sacramentelle, afin de protéger ton voyage de retour !

L'Église de Lumière, plus que jamais, aura besoin de toi ! souffla Cargaison de Quiétude.

Le Ouïgour s'agenouilla devant lui et le Maître Parfait, après avoir pris une fiole de verre remplie de saint chrême, en versa une goutte sur son pouce avant de faire le signe de la croix sur le front du Ouïgour, qui avait fermé les yeux.

— Au nom de la croix sur laquelle Mani a souffert et est mort, Torlak, reçois la bénédiction de Cargaison de Quiétude.

— Que dois-je faire de Pointe de Lumière et de Lune de Jade ? demanda soudainement Torlak, au moment où son maître rebouchait soigneusement la fiole d'huile sainte.

— Il faut qu'ils cessent de se voir. Tu prendras contact avec Pointe de Lumière pour lui dire, de ma part, que sa conduite est inqualifiable et qu'il doit revenir au plus vite à Turfan, avec les lentes et les cocons prévus !

— Vous comptez lui pardonner ses écarts de conduite ? s'enquit le Ouïgour.

— Sans cocons ni vers, c'est l'Église de Lumière qui court un danger mortel. Dis-lui que, s'il me rapporte ce qu'il m'a promis, un pardon pourra être envisagé !

— Et sa jeune amante ? demanda Torlak qui paraissait quelque peu déçu par la clémence inattendue de Cargaison de Quiétude.

— Explique-lui que tout Auditeur peut être relevé de ses vœux de chasteté. Explique-lui que je suis prêt à les marier selon le rite de la Lumière. Il faut que Pointe de Lumière revienne ici avec ces cocons ! ajouta fébrilement le Grand Parfait, prêt à toutes les concessions pour récupérer ces minuscules vers qui savaient digérer la feuille de mûrier pour la transformer en cocon précieux.

— Et s'il refusait d'obéir, en décidant, par exemple, pour les beaux yeux de sa belle, de rester à Chang An, devrais-je les considérer l'un et l'autre comme des maillons faibles de notre réseau ? murmura alors Aiguille Verte.

À ces mots, le visage de Cargaison de Quiétude se ferma.

— Notre règle de conduite, en l'espèce, ne doit souffrir aucune exception ! J'espère qu'il ne te faudra pas en arriver là ! lâcha-t-il, la mort dans l'âme.

Le ton employé par Cargaison de Quiétude ne laissait aucune

place au doute pour Aiguille Verte, lequel n'attendait que cette phrase, par laquelle le Parfait de Turfan venait expressément de l'autoriser à procéder, si nécessaire, à l'élimination des deux jeunes amants qui mettaient en péril l'existence du réseau du Fil Rouge.

Après avoir salué le Parfait, le faux médecin chinois, satisfait, regagna la cour d'honneur pour repartir avec ses chameaux.

Formant des vœux pour que la grâce du Prophète accompagnât Torlak le Ouïgour pendant son voyage de retour, Cargaison de Quiétude essuya même une larme en le regardant partir, avant de regagner le Temple de Lumière, où il s'abîma avec volupté dans la prière et les invocations au Miséricordieux Mani.

S'il avait su, le Grand Parfait trop crédule, que la raison de la hâte d'Aiguille Verte à revenir à Chang An, tout comme celle de son arrivée si tardive à Turfan, s'appelait précisément Lune de Jade, qu'il convoitait, nul doute qu'il ne se fût pas laissé aller à tant de litanies et d'actions de grâces destinées à protéger un tel sacripant !

De fait, ce que le jeune Ouïgour avait oublié de dire – et pour cause ! – à son commanditaire, c'était qu'il avait eu l'occasion d'admirer la jeune amante de Pointe de Lumière entièrement nue, derrière la fausse fenêtre du discret boudoir où le voyeur invétéré qu'était Pinceau Rapide installait des jeunes femmes recrutées comme modèles vivants. Puis il les y laissait seules, non sans leur avoir donné à boire un breuvage qui leur faisait perdre toute retenue dans les élans amoureux où les entraînait un jeune homme que le peintre voyeur introduisait dans l'alcôve.

Parfois, il arrivait à mettre deux ou trois jeunes filles ensemble et assistait aussi à leurs ébats, à l'abri de l'autre côté de la cloison.

C'est ainsi que Pinceau Rapide se repaissait du spectacle osé des amours mélangées, dans lequel il prétendait puiser son inspiration.

C'était dans cette chambre secrète, où tout incitait à l'amour, depuis les formes lascives des banquettes de velours jusqu'aux peintures du plafond, qui représentaient, autour de l'oiseau mythique Biyiniao, lequel ne pouvait voler qu'en couple puisque le mâle et la femelle ne disposaient chacun que d'une aile, toutes sortes d'accouplements d'animaux, à plumes, à poils ou à écailles, qu'Aiguille Verte avait fait mettre à l'abri les deux jeunes amants.

Et ceux-ci, bien sûr, ignoraient qu'ils étaient épiés au cours de leurs ébats.

Un soir qu'il venait vérifier auprès de Pinceau Rapide que tout se passait bien, le peintre-calligraphe, dont les yeux luisaient de lubricité, l'avait fait venir derrière la fausse fenêtre d'où il contemplait, non sans délectation, les prouesses de ses cobayes.

— Mais comment se fait-il que je puisse les voir comme s'ils étaient devant moi ? avait demandé, stupéfait, le Ouïgour.

— Si tu te rapproches de ce mur, tu constateras qu'il est constitué d'une toile sombre et huilée, percée de milliers de trous minuscules. De l'autre côté, la toile est peinte et représente un paysage de montagnes et de rivières, de ma composition… de sorte que les intéressés ne se rendent compte de rien ! avait expliqué d'un air triomphant Pinceau Rapide.

Et, en fait de paysage, Aiguille Verte n'était pas près d'oublier le spectacle auquel il avait assisté, médusé… puisqu'il s'agissait de Lune de Jade et de Pointe de Lumière en train de faire l'amour.

Avec stupéfaction, et non sans quelque agacement, le Ouïgour avait pu constater que Pointe de Lumière profitait sans aucune retenue du corps sublime de sa jeune amante dont l'incroyable souplesse constituait, sans nul doute, l'un des atouts indéniables.

Les images, fascinantes et ô combien ensorcelantes, n'en finissaient pas de le poursuivre, même pendant son sommeil.

Tous les sens d'Aiguille Verte s'étaient trouvés bouleversés à la vue de la fougue et de la passion de cette jeune femme, à qui ses contorsions permettaient, à la fois, de saisir le bouton de la tige de jade de son partenaire, et de faire brouter par celui-ci l'herbage du fond de sa propre vallée des roses !

Quant à Pinceau Rapide, il était tellement excité par cet accouplement qu'il s'était adonné sans la moindre vergogne, devant Aiguille Verte, à la quête du plaisir solitaire.

L'agent secret de Cargaison de Quiétude, qui s'était efforcé de demeurer chaste depuis que ce dernier lui avait fait prononcer, tout comme à Pointe de Lumière, les premiers vœux d'Auditeur, avait commencé par se dire qu'il était le témoin d'une scène fort peu convenable.

Il avait même essayé de se draper dans une sorte de dégoût pour cette étonnante gymnastique amoureuse, scandée par les ahans sonores et les flatteries mutuelles des jeunes gens qui, tout occupés à se donner à fond dans leur quête du plaisir partagé, ne se doutaient pas le moins du monde qu'ils étaient observés.

Mais très vite, Torlak avait dû lâcher prise et admettre, par la force des choses, que tout cela l'excitait au moins autant que Pinceau Rapide.

Sans crier gare, les yeux rivés sur ces corps encastrés l'un dans l'autre, le Ouïgour, dont le sexe s'était durci à lui en faire mal, avait été submergé par une onde de plaisir tellement intense qu'il n'avait pas pu lutter.

Longtemps, il se souviendrait de la marque de ce désir irrépressible et ô combien délicieux qu'il avait senti monter en lui, depuis le bas de son ventre jusqu'au bout de son bâton de jade, dont les secousses saccadées avaient provoqué le jet violent et chaud de sa liqueur intime qui lui était restée dans la main.

Enfin, les jeunes gens avaient fini de faire l'amour et s'étaient endormis dans les bras l'un de l'autre, affalés sur l'un des divans biscornus du boudoir de Pinceau Rapide.

Plus Torlak regardait la jeune ouvrière, et plus son corps lui paraissait sublime, de la pointe de ses pieds menus à celle de ses cheveux soyeux, en passant par son adorable nombril, qu'un curieux petit anneau d'or transperçait, sans oublier sa fente intime, qui s'ouvrait entre ses cuisses fuselées, aussi lisse et glabre que la joue d'un nourrisson !

Lune de Jade, à n'en pas douter, était une pure rareté, à laquelle le Ouïgour ne voyait pas pourquoi Pointe de Lumière y avait droit, et pas lui.

Du coup, en courant comme un fou, il était revenu tous les jours chez le peintre-calligraphe voyeur, avec la même envie et pénétré du même désir.

Et ce manège malsain s'était prolongé une semaine entière, au cours de laquelle il avait pu assister aux ébats extravagants auxquels se livraient les deux amants qui se croyaient à l'abri du monde.

Quant à l'insatiable Pinceau Rapide, ces séances de voyeurisme avaient été pour lui l'occasion unique de noircir quantité de carnets entiers de dessins érotiques, assortis de calligraphies de petits poèmes plus osés les uns que les autres.

— Je n'ai jamais vu une jeune femme aussi ingénieuse ! Ton collègue ne s'embête pas ! Je prendrais bien sa place ! avait conclu, un soir, Pinceau Rapide, alors que Lune de Jade venait d'adopter, à califourchon sur le torse de Pointe de Lumière, une posture encore plus compliquée que les autres et qui permettait à ce dernier de glisser, tout à la fois, sa langue dans la vallée des roses de son amante et son index dans la porte arrière de celle-ci, tout en faisant lécher sa tige de jade par l'insatiable langue rose de Lune de Jade.

— Moi aussi ! avait fini par avouer le Ouïgour.

— Elle se comporte comme un guerrier des joutes amoureuses ! À ce point-là, d'ailleurs, le vice et la vertu se confondent ! avait ajouté le peintre voyeur, qui s'apprêtait, une fois de plus, à se laisser jouir.

De ces visions indiscrètes et quotidiennes, c'était peu de dire qu'Aiguille Verte n'était pas sorti indemne.

Il était à ce point habité par le corps souple et sensuel de Lune de Jade, ce doux amas de muscles capable des postures les plus audacieuses, fuselé et lisse comme une mangue mûre, ce fruit que Pointe de Lumière consommait avec tant de raffinement et tant de plaisir, que le Ouïgour en avait conçu une jalousie aussi irréductible que définitive à l'égard de ce Koutchéen, devenu son rival résolument honni.

Ses nuits, désormais, étaient hantées par la jeune femme, et lorsqu'il se réveillait, en plein milieu de la nuit, croyant l'avoir dans ses bras, il s'apercevait qu'en lieu et place de la taille de l'amante de Pointe de Lumière, c'était son traversin qu'il serrait maladivement, dépité, ulcéré et penaud !

Avoir Lune de Jade pour lui tout seul !

Enfin, la posséder et goûter à ce fruit défendu, à cette mangue sucrée, au léger arrière-goût alcoolisé, dont la saveur devait être incomparable !

C'était tout ce qui, à présent, intéressait Aiguille Verte, au point de retarder d'autant son départ pour Turfan, où l'attendait pourtant Cargaison de Quiétude.

Car, dans cette quête obsessionnelle, le Ouïgour s'était pris à imaginer un subterfuge pour essayer d'approcher, enfin, l'objet de ses tourments.

Il n'avait qu'une envie, c'était de toucher ce corps souple, à la sensualité sauvage.

Il n'avait qu'une hâte, c'était, à la place de Pointe de Lumière, de faire l'amour avec la belle Lune de Jade…

Dans ce but, il avait projeté de soudoyer le calligraphe Pinceau Rapide, dont les besoins financiers étaient importants pour rémunérer les jeunes modèles vivants dont il faisait une ample consommation.

En proposant à ce dernier le doublement de l'indemnité qu'il lui versait déjà pour l'hébergement des deux jeunes gens, Aiguille Verte comptait bien que le peintre-calligraphe accepterait de séparer les jeunes gens et de laisser seule Lune de Jade à sa disposition, fût-ce une nuit, dans le boudoir à la fausse fenêtre.

Alors, il ne lui resterait plus qu'à s'y introduire subrepticement et à profiter, à son tour, des multiples charmes que cette jeune femme arrivait à dispenser, en même temps, à son amant.

Tout obnubilé qu'il était par un rêve aussi fou que naïf, il espérait bien, au cours de cette nuit-là, prendre Lune de Jade, autant que Pointe de Lumière l'avait déjà fait depuis des semaines, dans la chambre secrète.

Il se voyait déjà jouissant en elle, après avoir labouré son ventre avec sa propre tige de jade, et non plus, comme il l'avait fait jusqu'alors, devant sa seule image.

Là, il ne se contenterait pas de la regarder faire l'amour à son amant, mais, à l'instar de ce dernier, il la posséderait.

Il toucherait sa peau et elle serait enfin à lui.

Et il tiendrait sa revanche.

Il n'oublierait pas, au passage, de demander à Pinceau Rapide de lui montrer les dessins et les croquis de ses ébats torrides avec la jeune femme, que le peintre voyeur, avec sa gourmandise habituelle, ne manquerait pas d'exécuter.

Telle était la raison qui avait amené Aiguille Verte, persuadé que Pinceau Rapide ne monnaierait cela qu'à un prix extrêmement élevé, à réclamer une aussi forte somme d'argent à Cargaison de Quiétude.

Sûr, désormais, de son coup, Aiguille Verte, balancé de long en large et d'avant en arrière par son chameau qu'il ne cessait de houspiller pour le faire avancer, pensait avec gourmandise à Lune de Jade, bientôt à sa portée.

Très vite, il se vengerait de Pointe de Lumière, dont les jours se passaient dans les bras de son amante tandis que les siens, beaucoup moins plaisants, s'éternisaient sur cette interminable Route de la Soie, surtout depuis que le vent de sable s'était levé, ne laissant aucun répit au voyageur qui pouvait à peine ouvrir les yeux, tellement ses rafales étaient fortes.

Comme il avait été naïf !

À présent que les grains de sable, lancés à toute vitesse par les souffles brûlants qui balayaient le désert, lui criblaient le visage de minuscules pointes de feu, le Ouïgour s'était mis à haïr ce rival que Cargaison de Quiétude avait envoyé chercher des cocons à Chang An et qui, au lieu de ça, reniant tous ses engagements religieux, goûtait aux charmes de cette jeune femme, tandis que lui-même, le devoir chevillé au corps, s'échinait à faire fonctionner, au péril de sa propre vie, un réseau d'espionnage en milieu hostile.

Plus il y pensait, et plus il en voulait à Cargaison de Quiétude d'avoir fait preuve d'une telle absence de discernement, au sujet de ce Koutchéen qui menait à présent la belle vie en bafouant les règles de l'Église de Lumière.

Mais cette injustice, heureusement, ne tarderait pas à être réparée.

Les rôles seraient mieux répartis, puisque Lune de Jade, dans quelques jours, lui appartiendrait à tout jamais.

Quant à Pointe de Lumière, il deviendrait, opportunément, l'un de ces maillons faibles du réseau du Fil Rouge… que le Parfait manichéen Cargaison de Quiétude l'avait autorisé, expressément, à éliminer en cas de besoin…

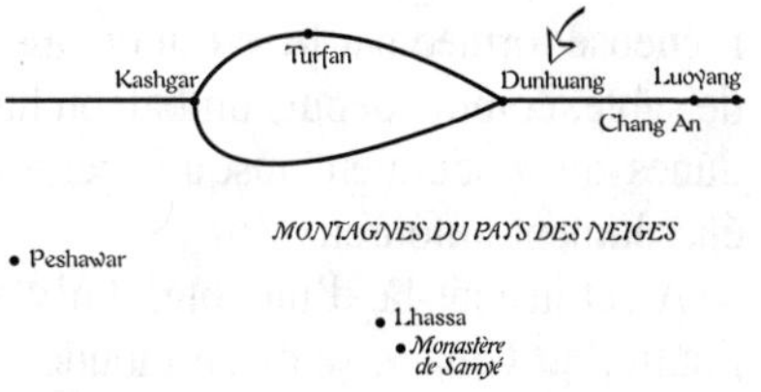

21

Oasis de Dunhuang, Route de la Soie

Face à l'immensité du désert de sable, ils étaient seuls au monde et, à en juger par le goût l'un de l'autre qu'ils avaient déjà à la bouche après ce long premier baiser, c'était une évidence : ils étaient nés pour s'accorder !

— Je t'aime ! murmura Umara, sans hésiter.

— Moi aussi, je t'aime, répondit Cinq Défenses.

Entre eux, tout était déjà dit ; car tout, aussi, était allé très vite.

Et ils mesuraient cette incroyable chance, que leurs routes se fussent croisées.

Rien, en effet, ne paraissait prédisposer ces jeunes gens à un tel amour.

L'une était chrétienne et syrienne, tandis que l'autre était un moine bouddhiste chinois ; ils avaient vécu jusque-là, à des milliers de li l'un de l'autre, des vies si dissemblables que leur présence, au même moment, sur la Route de la Soie, quelques jours plus tôt, et sur cette falaise, ce jour-là, ne pouvait en aucun cas relever du simple fait du hasard.

Était-ce le fruit de la Providence, du Destin ou de la Voie de Bouddha ?

Sans doute un mélange de tout cela, conforme, en tout cas, à l'idée que chacun d'eux se faisait de la chance.

À peine s'étaient-ils retrouvés, nez à nez, sur cette plate-forme rocheuse formée par le retrait de la falaise, d'où la vue sur le désert de sable, comme depuis un balcon naturel, permettait d'admirer les dunes qui ondulaient jusqu'à perte de vue, qu'ils étaient tombés éperdument amoureux.

À cet instant-là, d'un côté, il n'y avait que Cinq Défenses et, de l'autre, qu'Umara, seuls au monde.

Suffoqué, celui-ci avait aussitôt reconnu la séduisante jeune fille dont le regard avait croisé le sien, alors qu'il était enchaîné au *ma-ni-pa* sur la Route de la Soie, juste avant l'arrivée des parsis à Dunhuang.

Si près d'elle, il voyait à présent, pour la première fois, ce qu'étaient des yeux de couleur différente, puisque, malgré leur iris mordoré qui les faisait ressembler à de petits soleils, l'un tirait sur le vert et l'autre sur le bleu.

L'autre jour, ils étaient trop loin l'un de l'autre pour qu'il eût remarqué cette rareté que la nature avait confiée au regard d'Umara et dont il ne soupçonnait même pas l'existence.

Émerveillé, il constatait que les couleurs de ses yeux en faisaient à la fois des contraires et des compléments, à l'instar du Yin et du Yang. La fusion du Yin et du Yang aboutissait à la Grande Harmonie, telle que la prônait le taoïsme, la religion primitive chinoise contre laquelle, fort habilement, le bouddhisme avait pris soin de ne pas entrer en guerre.

Réciproquement, les yeux bicolores d'Umara, lorsqu'ils avaient croisés ceux de Cinq Défenses, reflétaient une surprise dépourvue de crainte.

La jeune fille l'avait trouvé encore plus beau, à présent qu'il était tout près d'elle, que lorsqu'elle l'avait vu, trois jours plus tôt, sur la Route de la Soie, entravé comme un esclave, et que, malgré cela, il lui avait si gentiment souri.

Alors, à l'unisson, ils avaient éprouvé ce sentiment indéfinissable des êtres qui sont faits l'un pour l'autre, au moment où ils constatent cette évidence, et que la force qui les attire mutuellement devient si forte qu'ils tombent, sans y prendre garde, amoureux l'un de l'autre.

Quand ils découvrent la raison de leur émoi, celle-ci commence par leur faire peur, tant elle relève, aux yeux des autres, et notamment au regard des convenances, de la pure folie.

Et pourtant, l'amour fou, l'amour immédiat, l'amour-foudre existe bien puisqu'il saisit à la gorge ses victimes !

Et celles-ci, heureuses de cette chance, en acceptent les conséquences qui les conduisent, en bravant les risques de l'inconnu, à couper les liens avec tous ceux – fussent-ils leurs tout proches – qui y font obstacle ainsi qu'à rompre les codes qui entravent, trop souvent hélas, les relations humaines…

Aussi les amoureux fous sont-ils libres avec eux-mêmes.

Car c'est pour eux une question de survie.

Entre Umara et Cinq Défenses, c'était un gigantesque coup de foudre qui venait de frapper sans crier gare et qui allait tout bouleverser.

Sur le balcon rocheux, dès que son regard avait croisé celui de la jeune fille, Cinq Défenses avait éprouvé un léger picotement, parti de son cœur, qui fourmillait à travers son torse pour finir, dans ses extrémités, par une sorte d'excitation jubilatoire.

La jeune fille inopinément rencontrée aux abords de Dunhuang lui paraissait encore plus belle aujourd'hui, sa chevelure plus abondante et plus bouclée, sa peau plus blanche et plus douce.

À côté d'elle, les statues de marbre blanc de Guanyin, la forme féminine du bodhisattva Avalokiteçvara, comme on en trouvait, à l'usage des dévots, dans les salles de prière du monastère de la Reconnaissance des Bienfaits Impériaux, étaient singulièrement fades.

Il était si près de sa poitrine qu'il pouvait sentir son parfum, où le jasmin se mêlait au chèvrefeuille.

À son tour, le jeune moine mahayaniste, découvrant pour la première fois ce qu'était l'attirance pour une femme, constatait avec surprise que son sexe s'était brusquement durci, comme cela lui arrivait certaines fois, au lever du soleil, lorsque le maître des novices du couvent de Luoyang venait le réveiller, en lui jetant un bol d'eau froide sur la tête, avant la première méditation par laquelle commençait invariablement la journée des moines-élèves du monastère de la Reconnaissance des Bienfaits Impériaux.

Surtout, au profond trouble qui agitait son esprit, il comprenait mieux les mots que son maître Pureté du Vide employait et qui lui paraissaient, jusque-là, tellement obscurs, quand il expliquait à ses élèves en quoi consistait l'Illumination, à laquelle devait conduire la pratique de la méditation du Chan.

« Soyez légers, soyez vides. Mettez-vous à la place des brindilles tombées des arbres, sur le chemin, quand le vent se lève ; devenez ces brindilles : laissez-vous emporter par les souffles. Soyez légers ! Votre esprit doit être dénué de toute pensée, de toute volonté d'aller vers, de partir là, d'atteindre ceci, de réaliser cela ; car ce n'est pas vous qui irez à l'Illumination mais c'est elle qui viendra à vous, qui vous surprendra et vous prendra ! C'est elle qui décide, et pas vous ! » avait coutume de murmurer le vieil ascète.

Et, à ces paroles paradoxales, Cinq Défenses était contraint de convenir qu'il ne comprenait goutte.

Comment pouvait-on nier à ce point l'efficacité des exercices de concentration et de méditation transcendantale, tout en vous obligeant à y passer des heures, en vous administrant des coups de règle sur l'épaule au moindre fléchissement d'attention !

Les mots de Pureté du Vide lui avaient toujours paru une énigme, au point, parfois, de provoquer son découragement quand ses épaules, à force d'avoir été frappées, étaient si endolories qu'il avait peine, le soir venu, à trouver le sommeil sur la couche étroite qu'il partageait avec un autre novice, dans le dortoir bondé du couvent de Luoyang.

Et voilà que, devant cette jeune femme, les propos du grand maître de Dhyāna prenaient, soudain, tout leur sens aux yeux de Cinq Défenses.

Il venait de découvrir, à son tour, ce que signifiait « se laisser surprendre ».

Ce qui lui arrivait, il ne l'avait pas recherché.

Il s'était bel et bien laissé surprendre par l'indicible beauté de cette créature surgie de nulle part, qui semblait l'attendre, depuis toujours, sur ce balcon naturel, en haut de cette échelle de corde qu'il avait décidé de gravir, persuadé que la vue, de là-haut, était imprenable sur les dunes de sable du désert de Gobi.

C'était au moment où son corps d'athlète, rompu aux arts martiaux opérait un rétablissement sur le retrait de la falaise, que Cinq

Défenses avait été subitement illuminé par le charme et la beauté de ce visage à l'éclat enchanteur.

Quelques heures plus tôt, lorsqu'il avait convaincu Poignard de la Loi de se rendre avec lui au monastère du Salut et de la Compassion, Cinq Défenses était à mille lieues de s'imaginer qu'il ferait ici la rencontre qui bouleverserait définitivement son existence.

Quant à Umara, lorsqu'elle était partie, ce matin-là, galoper dans le désert pour se changer les idées, sur son petit cheval fougueux que chevauchait aussi Brume de Poussière, qui la serrait par la taille, collé derrière elle, la jeune chrétienne nestorienne savait parfaitement que leur cavalcade à bride abattue les conduirait à la falaise de la cache aux livres…

Cet endroit, pour elle, était devenu une obsession et un secret qu'elle ne partagerait jamais – à présent elle le savait – avec son père Addai Aggai.

Quant à son unique camarade, le jeune Brume de Poussière, qu'elle adorait, il était bien trop jeune pour susciter en elle autre chose qu'une tendre amitié.

Au moment où le bel inconnu lui avait annoncé qu'il s'appelait Cinq Défenses, elle avait été si frappée qu'elle en avait ressenti comme une sorte de léger coup à l'estomac.

Cette sensation n'était pas une gêne, encore moins une douleur.

C'était, au contraire, quelque chose de plaisant et de fort, et même de très agréable, qui lui traversait les seins, les lèvres et le bas-ventre, en lui faisant prendre conscience, pour la première fois, de son corps de jeune fille aux formes déjà épanouies ; une bizarrerie dans laquelle, plus tard, elle reconnaîtrait ce désir – et aussi cette plénitude – qui s'emparerait d'elle quand elle serait dans ses bras.

C'était surtout fort apaisant, après les dramatiques événements qu'elle venait de vivre et qui se succédaient inéluctablement, telles les perles d'un chapelet maléfique.

Inexplicablement, Umara avait l'impression de connaître depuis toujours ce jeune homme, au crâne soigneusement rasé qui lui conférait une allure si juvénile, comme si elle n'avait été faite que pour lui.

Sans la réserve apprise par son père, à laquelle elle s'accrochait désespérément, elle se fût jetée dans ses bras, tellement elle avait envie de le palper et de toucher sa peau.

Elle se sentait irrésistiblement attirée par le corps svelte de ce moine mahayaniste dont, pourtant, elle ne voyait rien, enfoui qu'il était sous cette ample robe de bure d'où seuls émergeaient une épaule fuselée et un bras musclé. Totalement ignorante des choses de l'amour, elle pressentait cependant tout ce que Cinq Défenses pourrait lui donner, une fois qu'elle se serait laissé caresser par ses mains élégantes et embrasser par ses lèvres désirables…

Bouleversée, elle s'était contentée de lui tendre la main, profitant d'une marche rocheuse qu'il fallait franchir avant d'accéder à l'extrémité de ce balcon de pierre d'où l'infini de l'horizon minéral se découvrait sans plus d'obstacle.

Après s'être présenté, Cinq Défenses lui avait demandé comment elle s'appelait.

— Umara ! avait-elle répondu en souriant.

Et à l'écoute de ces trois syllabes, aussi douces que des notes de musique, qui resteraient, à jamais, gravées dans son cœur, Cinq Défenses avait à son tour été envahi par un trouble inconnu.

— Que fais-tu dans la vie ? s'était enquise la charmante jeune fille, du regard de laquelle il n'arrivait plus à détacher le sien.

Pris de court, c'était sur un mode protocolaire qu'il avait décliné sa fonction, avec un ton quasiment monocorde, comme on lui avait appris à le faire :

— Je suis un moine bouddhiste, assistant de maître Pureté du Vide, le Supérieur du monastère de la Reconnaissance des Bienfaits Impériaux de Luoyang, de l'Église du Grand Véhicule…

— Tu ressembles si peu à un moine ! J'ai même remarqué tes entraves, sur la Route de la Soie !

— Je suis retenu prisonnier ! avait-il bredouillé, peu enclin, de peur de la troubler, à raconter ses mésaventures.

Elle lui avait souri. Elle était à croquer.

— Que fais-tu là ? avait-il ajouté, afin d'éviter d'avoir à parler de lui.

— Rien de spécial… je me promenais. J'aime beaucoup cet endroit. La vue sur le désert y est imprenable… Tu me plais bien ! s'était-elle écriée à l'adresse de Cinq Défenses, estomaqué par tant de spontanéité de la part d'une jeune fille à l'allure pourtant si réservée.

Car c'était elle, la petite nestorienne, élevée dans les plus stricts principes moraux, à qui son père avait appris qu'il ne fallait jamais regarder un homme en face, qui avait fait le premier pas, de façon naturelle, comme si cela allait de soi.

Et lui, devant cette charge amoureuse irrépressible à laquelle il ne s'attendait pas, n'avait pas reculé le moins du monde.

Face au désert, elle s'était sauvagement jetée sur lui, avant de coller sa bouche contre la sienne, puis d'y fourrer sa langue, tandis qu'il avait ouvert ses lèvres, d'abord sans la moindre réticence, puis avec délectation.

Et le jeune moine auquel il était interdit fût-ce d'effleurer la peau d'une femme, s'était aperçu qu'il savait embrasser…

L'amour fou était bien là, tombé sur eux comme la foudre.

Pour lui, c'était l'Illumination, telle que le Bouddha l'avait reçue, dans le village indien de Bodh-Gaya, sous le figuier sacré pipal devant lequel des milliers d'adeptes allaient chaque jour se prosterner.

Pour elle, c'était la Révélation, telle que le Christ l'avait reçue, au jardin des Oliviers, tandis que les apôtres dormaient.

Chacun avait ses croyances, mais c'était du même amour qu'il s'agissait !

Un amour réciproque.

Un amour vrai.

L'Amour, en somme !

Enlacés et seuls au monde, libres de leurs gestes, Umara et Cinq Défenses avaient déjà conscience qu'ils formaient un tout unique.

Le destin avait fait qu'ils s'étaient retrouvés sans témoin sur la falaise, alors que, l'un comme l'autre, ils y étaient venus dûment escortés.

En bas du rocher, contre lequel pendait l'échelle de corde, Poignard de la Loi et le *ma-ni-pa* jouaient paisiblement aux dés en attendant Cinq Défenses qui avait décidé de monter là-haut, subodorant que le paysage en valait la peine.

Quant à Brume de Poussière, qui avait accompagné Umara lors

de son escapade, celle-ci pouvait apercevoir, au loin, sa silhouette arpentant le sommet d'une colline, à la recherche de sauterelles géantes.

Personne ne savait, par conséquent, qu'ils s'étaient rencontrés devant la cache aux livres du monastère du Salut et de la Compassion.

Tout s'était enchaîné si vite, pour l'assistant de Pureté du Vide, depuis le matin !

— Avez-vous bien dormi ? avait gentiment lancé Ulik à Poignard de la Loi et à Cinq Défenses au moment où les deux hommes entraient dans le réfectoire du petit hôtel de la vieille ville où le chef Majib, sur la suggestion d'Addai Aggai, avait, deux jours plus tôt, installé sa troupe.

— Lui très mal. Il a passé la nuit à vomir. Il souffre de l'estomac. Il aurait besoin de remèdes. Pourrai-je aller au marché en acheter ? répondit Cinq Défenses en désignant le ventre de Poignard de la Loi, que celui-ci, après des exercices de respiration adéquats, avait réussi à gonfler comme une outre.

Tel était, en effet, le plan qu'ils avaient échafaudé ensemble : prétexter ce mal de ventre pour sortir chercher des remèdes et, là, essayer d'aller frapper à la porte de Centre de Gravité, le supérieur du couvent du Salut et de la Compassion, pour lui demander, en se recommandant de Pureté du Vide, de l'aider à fausser compagnie à ces parsis qui les retenaient en otage, avec les enfants célestes.

L'interprète parsi avait traduit au chef Majib, qui finissait d'avaler sa galette d'orge grillé, farcie à la purée sucrée de haricots, la requête du moine Cinq Défenses.

À la satisfaction des deux compères, le parsi avait accepté.

— Le chef Majib t'autorise à y aller. Mais il précise que tu as intérêt, si tu veux retrouver les deux enfants en bonne santé, à revenir à l'auberge avant le coucher du soleil !

— Nous serons là, bien entendu, avant la nuit, avait assuré le jeune moine.

— Puis-je vous accompagner ? avait supplié le *ma-ni-pa* qui craignait pour la vie de Cinq Défenses et, pour rien au monde, ne l'eût laissé partir sans lui.

Cinq Défenses avait interrogé le chef Majib du regard et celui-ci, l'air guilleret de celui qui, visiblement, ne se méfiait de rien, avait acquiescé.

Satisfait de constater que son subterfuge avait marché au-delà de ses espérances, Cinq Défenses avait entraîné son compagnon du Petit Véhicule vers l'entrée de l'hôtel, non sans avoir donné des consignes à une servante, en lui montrant comment il fallait placer les bébés, lorsqu'ils auraient faim, contre les mamelles de la chienne Lapika.

Puis ils avaient sellé leurs chevaux à la hâte, pressés qu'ils étaient de prendre le large. Les naseaux frémissants de l'étalon Droit Devant, heureux d'être à nouveau monté par son maître, palpitaient de plaisir.

Dehors, le soleil radieux, qui faisait déjà luire les pavés usés des ruelles où des petits marchands ambulants de fruits secs et confits commençaient à installer leurs étals, avait achevé de réchauffer le cœur du jeune moine : la façon dont la journée débutait laissait augurer que son plan avait des chances de réussir.

Nul doute que Centre de Gravité, qui dirigeait un couvent extrêmement prospère, disposerait des moyens de l'aider à sortir des griffes de Majib le Persan.

— Ignoble personnage que ce chef parsi ! Te menacer de s'attaquer aux enfants, c'est vraiment révoltant ! avait lâché le *ma-ni-pa* au moment où, après avoir quitté le centre de Dunhuang, ils avaient pu mettre leurs chevaux au petit trot.

— Cet homme me prend vraiment pour un idiot ! S'il veut les vendre dès son retour en Perse, crois-moi, il ne s'avisera pas de toucher à un seul de leurs cheveux ! s'était écrié le jeune mahayaniste.

— Qu'il aille en enfer froid, sans même attendre le bardo ! avait renchéri le Tibétain.

— Ne t'inquiète pas. Son karman l'y conduira directement..., avait conclu, presque insouciant, Cinq Défenses qui se voyait déjà faussant compagnie à leurs ravisseurs.

— Je suis entièrement d'accord avec toi ! Ce Persan renaîtra dans le plus terrible des Avici ! s'était contenté de remarquer Poignard de la Loi dont l'estomac s'était brutalement dégonflé, à peine s'étaient-ils retrouvés dans les ruelles grouillantes de l'ancien quartier de la ville-oasis.

— Que penses-tu de mon plan ? lui avait demandé l'assistant de Pureté du Vide, tandis qu'ils chevauchaient en tête, côte à côte.

— Quand tu auras appris la situation à Centre de Gravité, il sera de son devoir de t'aider. Chez nous, en Inde, un moine du Petit Véhicule ne doit jamais laisser un de ses collègues dans la difficulté. Je suppose qu'il en va de même, en Chine, pour les moines du Grand !

Rassuré par ces propos, Cinq Défenses ne cessait de rendre grâces au bodhisattva intercesseur Guanyin d'avoir placé, après le *ma-ni-pa,* Pointe de Lumière sur sa route.

Il y voyait la main du Bienheureux lui-même, et le signe que la mission dont Pureté du Vide l'avait chargé ne laissait pas le Bouddha indifférent.

À deux, et maintenant à trois, la tâche consistant à ramener à Luoyang les Jumeaux Célestes deviendrait presque un jeu d'enfant.

Réconforté, alors qu'il sollicitait à peine, avec ses mollets, le ventre luisant de Droit Devant, tout prêt à s'élancer comme une flèche, il avait laissé monter en lui la douce euphorie du sentiment de liberté que cette journée volée aux parsis lui donnait l'occasion de savourer, en compagnie de ses nouveaux amis, après une si longue captivité.

Il ne doutait pas un seul instant que Centre de Gravité se montrerait compréhensif à son égard.

Il lui expliquerait comment, envoyé en mission à Samyé par Pureté du Vide pour y récupérer le *Sûtra de la Logique de la Vacuité Pure*, il était tombé sur un lama qui, en échange de la remise du livre saint, lui avait confié la garde de deux bébés dont l'un présentait une pilosité hémi-faciale témoignant, à tout le moins, d'une origine semi-divine. Il lui raconterait, ensuite, les circonstances dans lesquelles son convoi avait été fait prisonnier par des parsis, dont le chef prétendait vendre les enfants pour qu'ils fussent, un jour, mariés l'un à l'autre.

— Madame, savez-vous où se trouve le grand monastère bouddhique ? avait-il demandé poliment à une matrone, dont la peau du visage était ridée comme une prune séchée.

La vieille femme vendait des beignets à l'angle d'une placette, sur laquelle s'étendait le chatoyant tapis d'un marché aux légumes.

— Lequel ? Mais il y en a ici plus de trente et même, s'il vous plaît, des deux obédiences, Petit et Grand Véhicule !

— Je cherche un couvent du Grand Véhicule pourvu d'une bibliothèque creusée dans la montagne ! Il doit être situé aux abords d'une falaise ! Je ne pense pas qu'il y en ait beaucoup de cette sorte ! avait précisé, le plus gentiment du monde, Cinq Défenses, tout en faisant signe à la matrone de lui mettre de côté des beignets frits et de les lui emballer.

— Un monastère du Grand Véhicule à proximité d'une falaise ? Il n'y en a qu'un seul, en effet, dans les environs ! Il est facile à trouver. Prenez donc cette route. Passé les faubourgs de la ville, il vous faudra couper droit à travers le désert de Gobi. Le monastère troglodyte du Salut et de la Compassion est creusé dans la haute falaise de grès rose qui barre l'horizon à cet endroit !

La matrone, dont le regard s'était soudain illuminé, avait reconnu sans peine la qualité de son client à la couleur et à la forme caractéristiques de sa robe de bure.

Avec un clin d'œil entendu, elle lui avait remis le paquet dans lequel elle venait d'emballer trois beignets, un pour chacun.

— Combien vous dois-je, madame la vendeuse de beignets ?

— Rien. Je vois que tu es un bonze. Tu as le droit de mendier. Tends-moi ton bol à aumônes.

— Et si je voulais vous payer ? Vous n'avez pas l'air d'avoir beaucoup de clients !

— Il n'en est pas question ! Que comptent trois beignets, au regard du pas supplémentaire que ce karman, fût-il minuscule, me permet d'accomplir en direction du paradis ! Promets-moi, au passage, que tu prieras pour moi…, avait murmuré la marchande pieuse en implorant sa bénédiction.

Ces délicieux beignets goûteux à souhait, dont ils n'avaient fait qu'une bouchée, n'étaient-ils pas, aussi, le signe que la journée commençait sous les meilleurs auspices ?

Et tout le reste, au cours de cette journée extraordinaire, s'était enchaîné pour le mahayaniste comme par le fait d'un engrenage parfaitement huilé, jusqu'à la rencontre avec l'amour de sa vie.

Ainsi que la vieille marchande de beignets l'avait annoncé, à peine avaient-ils dépassé les dernières maisonnettes de Dunhuang qu'était apparue, barrant largement l'horizon, ladite haute falaise de grès rose, déjà illuminée par les rayons rasants du soleil matinal, tel un gros dragon tranquillement lové à cet endroit pour exposer les écailles de son dos à la chaleur.

— Je n'ai encore jamais eu l'opportunité de me rendre en Chine centrale, mais je suppose que le Grand Mur qui la ceinture est au moins aussi haut que celui-ci ! avait murmuré Poignard de la Loi, émerveillé par le spectacle.

— Détrompe-toi. La Grande Muraille déçoit toujours quand on la voit pour la première fois. Elle est loin d'être infranchissable. Le premier empereur, Qin Shi Huangdi, sacrifia pourtant un million d'esclaves pour la construire. Les hommes, contrairement à ce que pensait ce tyran terrible, n'arriveront jamais à rivaliser avec la nature…, avait répondu Cinq Défenses.

Sous leurs yeux s'étendait à présent un désert de pierraille, plat comme un lac, au milieu duquel, ici et là, surgissaient, telles des divinités tutélaires auxquelles eût été confiée la nourriture des voyageurs égarés, quelques palmiers dattiers rabougris dont la présence témoignait de lambeaux d'oasis anciennes, abandonnées, des centaines d'années plus tôt, au profit du nouveau site de Dunhuang.

Comme appelé par Umara, Cinq Défenses avait vivement encouragé ses compagnons à pousser leurs chevaux au maximum.

Et ils s'étaient mis à galoper, en plein soleil, à si vive allure que l'acolyte de Bouddhabadra, peu à l'aise à cheval, avait fini par supplier l'assistant de Pureté du Vide de s'arrêter.

Celui-ci s'était exécuté, d'autant que les robes de leurs montures, inondées d'écume et de sueur, témoignaient de l'effort qu'elles avaient déjà fourni. Ils avaient fait halte au pied du seul palmier dattier encore debout, au milieu des buissons d'épineux qui scandaient la morosité minérale du désert.

Au pied de cet arbre de la Compassion, dont les fruits permettaient de survivre, il restait encore quelques dattes. Par un fait extraordinaire, dans ces lieux où la flore et la faune ne faisaient que survivre, les rongeurs du désert, qui étaient eux-mêmes la proie des aspics et des scorpions, avaient omis de les dévorer. Elles étaient tellement confites par le soleil et gorgées de sucre que leur peau noire commençait à se friper. Ils les avaient partagées avec les chevaux.

— Tu as l'air bien fatigué ! Prends ça. Chez nous, le proverbe dit que « trois dattes et une gorgée d'eau suffisent au voyageur aguerri ». Je suis sûr que ce sera ton cas ! s'était écrié Cinq Défenses en tendant un des fruits à Poignard de la Loi.

Ce dernier, assis contre le tronc du dattier, l'avait savouré comme un bonbon au miel.

— C'est que tu galopes vite ! Je ne suis pas un grand sportif comme toi. À Peshawar, la plupart du temps, je reste confiné dans le couvent à prier ! Mon seul exercice consiste à aller de ma cellule à la salle de classe, où j'apprends aux novices des rudiments de chinois et de parsi, puis à revenir de celle-ci à la salle de prière ! Cela fait bien deux ans que je ne suis pas monté sur un cheval. À cet égard, je suis loin de t'égaler !

— Rassure-toi ! Ton corps, comme le mien, ne se nourrit pas de viande. Donc, il est dépourvu de graisse et paraît souple. Il ne lui faudra pas grand-chose de plus pour le muscler. Dans quelque temps, avec l'habitude, je suis certain que tu galoperas aussi vite que moi.

— Les ascètes que nous sommes doivent cultiver autant leur force physique que leur force mentale.

— C'est juste. Le Bouddha conquit sa femme parce qu'il avait gagné un concours de tir à l'arc !

— Je sais ! Cette scène est même représentée sur l'un des plus beaux bas-reliefs de pierre ornant la cour principale de mon couvent à Peshawar. On y voit Siddharta, somptueusement paré dans ses habits de kçatrya[1], se mesurer à d'autres jeunes gens, dont le sinistre traître Devâdatta, pour obtenir la main de la belle Yashodâra.

— Je me suis toujours demandé, à ce propos, comment le Bienheureux avait pu abandonner une femme aussi belle, qui, de surcroît, lui avait donné un fils, quand il décida de quitter les siens et de partir à la recherche de la Vérité, avait ajouté Cinq Défenses, osant pour la première fois exprimer cette interrogation qu'il avait jusque-là gardée pour lui.

— Je me suis longtemps posé la même question.

1. La caste des kçatrya, à laquelle appartenait la famille de Gautama, était, dans l'Inde ancienne, celle des guerriers.

— Cela restera, pour moi, une énigme.

— Gautama devait sûrement avoir de bonnes raisons, outre son désir de révéler aux hommes les Quatre Nobles Vérités qui permettraient à ceux-ci d'échapper à la douleur du monde !

— Je n'arrive pas à croire que ce soit uniquement la *dukha*[1] qui gouverne notre monde, Pointe de Lumière. Le bonheur existe. Quand je voyais un aigle tournoyer majestueusement au-dessus d'un glacier étincelant, sous le soleil, au pays de Bod, je me sentais un homme heureux !

— À bien y réfléchir, je suppose que Gautama était veuf, lorsqu'il décida de se séparer des siens, souffla Pointe de Lumière, qui révélait également pour la première fois cette conviction à un tiers.

— Tu penses donc que la pauvre Yashodâra ne devait plus être de ce monde quand Gautama partit de chez lui ?

— Le Bienheureux devait tellement aimer son épouse qu'il ne l'aurait jamais laissée, si elle avait été encore à ses côtés !

— En a-t-on des preuves ?

— Pas une seule. Tous les récits du Vinayapitaka[2] relatifs à sa vie, parlent de son Grand Départ, avant l'Éveil, sans dire un seul mot de ce qu'il était advenu de sa femme au moment où il quitta sa demeure de Kapilavastu. Tu jugeras peut-être que je prends là des libertés trop grandes, mais j'ai du mal à imaginer le Bouddha comme un pur esprit ou un être éthéré !

— Tu as sans doute raison. Le Bienheureux devait être quelqu'un de très sensible. S'il n'avait pas été amoureux de Yashodâra, il ne l'aurait sûrement pas épousée. Irais-tu jusqu'à lier le Grand Départ à l'immense chagrin causé par la mort de son épouse ? s'enquit Cinq Défenses que la personnalité du Bouddha n'avait jamais cessé d'intriguer depuis qu'il était entré au noviciat.

Qui était-il, cet Indien issu de la caste des guerriers, bientôt apôtre de la non-violence, dont l'audace avait permis de prôner des idées à ce point en rupture avec celles ses contemporains ?

Qui était-il, cet individu qui avait eu le courage, plus de mille

1. Douleur, en sanskrit.

2. Le Vinayapitaka, en sanskrit « corbeille de la discipline », est l'un des trois textes fondamentaux du bouddhisme constituant le Tripitaka.

ans auparavant, de placer ses congénères au centre du monde, en avançant une explication globale de celui-ci, qui mettait l'accent sur les causes du mal-être et de la souffrance des hommes ?

Assurément, sous un tel personnage se cachait une énigme.

Un homme exceptionnel avait donc existé, entraînant après lui de nombreux disciples, convaincus de la vérité de ses saintes paroles, qui n'avaient pas tardé à former la Samgha, cette communauté de moines et de moniales chargée, après la mort du Bienheureux, de répandre sa Bonne Parole dans le monde.

Et celle-ci devait correspondre à ce que les hommes cherchaient, puisqu'elle avait essaimé en Chine, pour devenir l'immense Église du Grand Véhicule, riche de millions d'adeptes et de moines, qui était en passe de devenir la religion officielle de l'empire.

Par quelle alchimie bizarre une simple aventure humaine devenait-elle, au fil des siècles, une institution ecclésiale, dotée d'un clergé puissant et disposant de biens immobiliers considérables qui en faisaient, juste derrière l'État, un pouvoir économique et temporel avec lequel il était nécessaire de compter ?

Cinq Défenses se posait souvent cette question, sans y apporter de réponse précise. Il constatait seulement que, si les forces de l'esprit étaient toujours au départ, plus puissantes que les autres, elles finissaient aussi, probablement parce que les hommes restaient toujours les hommes, par s'incarner dans les attributs des pouvoirs temporels, ce qui aboutissait à les banaliser, quand cela ne les conduisait pas à un inexorable affadissement.

Ce fut Poignard de la Loi qui le tira de sa méditation.

— Cinq Défenses, regarde !

Devant eux, au beau milieu de l'aire caillouteuse sur laquelle ils s'apprêtaient à chevaucher à nouveau, une mangouste, accompagnée de ses trois petits, venait de surgir d'un terrier. Ce prédateur du cobra et de l'aspic était parti chasser, sous les pierres plates chauffées par le soleil, la vipère à cornes, encore tout engourdie, qui pouvait s'y lover.

— Ayons une pensée pour les âmes qui se sont réincarnées dans ces bestioles ! Lorsqu'il voyait un rat ou une souris, mon Supérieur, l'Inestimable Bouddhabadra, disait toujours cela.

— Tu penses souvent à lui !

— J'aimerais tant retrouver sa trace ! soupira tristement le moine de Peshawar.

— C'est le Bienheureux qui décide de tout.

— Avec toi, c'est étrange, la confiance et la complicité sont venues immédiatement, même si nos Églises sont antagonistes. Je ne devrais pas m'exprimer ainsi, mais c'est vrai : je suis sûr que tu me porteras chance ! murmura Poignard de la Loi.

Alors, à côté des chevaux, encore écumants, qui essayaient d'arracher au désert les ultimes traces des herbes coupantes laissées sur le sol par la dernière pluie, les deux jeunes moines étaient tombés, avec beaucoup d'émotion, dans les bras l'un de l'autre, avant de reprendre l'étroit chemin, à moitié effacé par les pierres, qui menait au pied de la falaise.

— Je n'ai jamais rencontré d'éléphant blanc ! Celui que tu as perdu doit être un animal extraordinaire ! s'était écrié le *ma-ni-pa*, à qui Cinq Défenses avait gentiment résumé les propos de Poignard de la Loi.

— En fait, c'est mon Supérieur, l'Inestimable moine Bouddhabadra, qui est parti en voyage au Tibet avec le pachyderme et n'en est toujours pas revenu ! Lors de nos grands pèlerinages, l'éléphant blanc sacré est le seul à pouvoir transporter sur son dos les reliques saintes dont le monastère de l'Unique Dharma avait la garde.

— Je comprends que tu sois inquiet, dit l'assistant de Pureté du Vide.

— La disparition de l'animal sacré est même une catastrophe pour mon couvent… Du coup, j'ai décidé de partir à leur recherche. Voilà pourquoi je suis là, devant toi ! À présent, tu sais tout ! avait conclu, en souriant, Poignard de la Loi.

— Tu parles de tout cela au passé. Serait-ce que les reliques saintes ont disparu en même temps que cet animal fabuleux ? s'était enquis le jeune moine.

— Le Tripitaka Cinq Défenses a vraiment l'esprit particulièrement délié. Il lui en faut peu pour déduire les enchaînements des choses ! avait murmuré, admiratif mais sans plus s'étendre, Poignard de la Loi.

— N'aie crainte. Je te le promets : je ne le révélerai à personne !

Je n'ai aucunement l'intention de nuire à la réputation de ton couvent.

Ils étaient remontés à cheval et, à présent, trottinaient côte à côte.

— Au moment où nous nous parlons s'est achevé, là-bas, ce que nous appelons le « Petit Pèlerinage » ! avait soupiré Poignard de la Loi.

— Et comment ont-ils fait, s'ils n'ont plus ni les reliques ni l'éléphant ?

— Heureusement, le monastère dispose d'autres pachydermes habilités eux aussi à porter les Saints Restes sur leur dos, même si leur robe est banale, à condition de ne pas franchir son mur d'enceinte. Quant aux reliques, celles du Petit Pèlerinage étaient enfermées dans un petit cœur en bois de santal, dont j'ai fait faire une copie ! Ce n'est pas très glorieux, mais je n'avais pas le choix…

— Tu veux dire que tes collègues se seront contentés d'exposer aux dévots un faux reliquaire, de surcroît parfaitement vide ?

— Nécessité, mon cher Tripitaka Cinq Défenses, ne peut, en l'occurrence, que faire loi ! À ma place, je suis sûr que tu aurais fait pareil.

— Mais c'est de la tromperie !

— Comment pouvait-on expliquer à ces milliers de fidèles, venus souvent de très loin, massés dans les cours du monastère de l'Unique Dharma, déjà énervés par l'attente et fatigués par la station debout, qu'ils ne pourraient pas toucher fût-ce la queue des éléphants parés comme des divinités, au motif que les reliques saintes du Petit Pèlerinage avaient disparu, sans déclencher leur terrible colère ?

— Je comprends bien. Il est probable que, la mort dans l'âme et toute honte bue, j'agirais de même…

— Jure-moi, ici même, que tu ne révéleras jamais cela à quiconque ! supplia Poignard de la Loi.

— Si ça peut te rassurer, comme gage de confiance, je vais te livrer, à mon tour, un secret : j'ai beau lire et relire le *Sûtra de la Logique de la Vacuité Pure,* que mon supérieur m'a demandé d'aller chercher à Samyé, je ne comprends rien à ce texte !

— À Peshawar, Bouddhabadra nous a expliqué que les sommes philosophico-religieuses, écrites par les grands maîtres de Dhyāna, étaient toujours si complexes qu'il fallait avoir un grand entraînement mental pour en saisir le sens.

— Il s'agit d'un texte, je dois te l'avouer, d'une profondeur et d'une complexité telles que son sens m'échappe complètement. Plus d'une fois, j'ai dû mentir à Pureté du Vide, quand il m'interrogeait à ce sujet, la baguette à la main, toujours prompte à claquer sur l'épaule de son pitoyable élève…

— Tu n'es ni le premier ni le dernier moine bouddhiste à qui c'est arrivé. Pour te réconforter, je t'avouerai, à mon tour, que certains sermons du Suttâ-Nipâta, l'anthologie du *Dépôt des sermons*, me semblent totalement hermétiques. Pourtant, à force de les ressasser, j'ai fini par les connaître par cœur…

— Maître Pureté du Vide prétend qu'il faut au moins vingt ans pour percevoir toutes les subtilités spirituelles des sûtras les plus importants. Lui-même ne mit pas moins de huit années à écrire ce qu'il considère comme son testament spirituel.

Ils s'étaient à présent suffisamment rapprochés de la falaise de grès rose pour constater qu'elle se séparait en deux parties.

La première, située un peu sur la gauche, paraissait lisse, si ce n'était une sorte d'encorbellement qui la barrait d'un bout à l'autre, constituant un balcon naturel.

L'autre, beaucoup plus imposante, légèrement en arrière de la première et séparée de celle-ci par un plateau rocheux, formait un gigantesque escalier minéral qu'il fallait gravir pour accéder à un entablement où des buissons de laurier attestaient la présence de sources et de ruisseaux.

L'abrupte paroi verticale de la seconde falaise, sur laquelle venait buter l'entablement du plateau rocheux, était trouée, telle une chemise usée, de multiples orifices.

— Poignard de la Loi, regarde un peu ces fenêtres et ces portes creusées dans le ventre de la montagne. Le monastère du Salut et de la Compassion ressemble à l'antre d'un dragon ! Heureux moines ! Ils ne doivent avoir ni trop froid l'hiver ni trop chaud l'été ! s'était exclamé Cinq Défenses, médusé par le spectacle de ce bâtiment, dont la renommée n'était plus à faire et qui n'abritait pas moins de trois mille religieux.

— La vue sur le désert de Gobi, depuis ce balcon naturel, doit être proprement splendide ! avait alors murmuré Poignard de la Loi qui, s'étant retourné, contemplait à présent la mer de sable dont les dunes, telles des vagues, s'étendaient à perte de vue.

— Avant d'aller frapper à la porte du couvent de Centre de Gravité, nous pourrions nous y rendre, suggéra Cinq Défenses. Nous avons tout notre temps. Il ne doit pas être plus de dix heures, car le soleil est encore bas.

Cinq Défenses était loin de se douter que cette simple phrase allait sceller son destin.

— Vas-y tout seul ! Moi, j'ai le vertige ! À Peshawar, je suis dispensé de monter à la niche haute du reliquaire du roi Kaniçka ! lui avait répondu, en souriant, le coadjuteur de Bouddhabadra.

Et, gentiment, le *ma-ni-pa* avait alors proposé à ce dernier de rester jouer aux dés avec lui, au pied de la falaise au sommet de laquelle, quelques instants plus tard, Cinq Défenses tomberait nez à nez avec la jeune nestorienne.

Quant à la belle Umara, l'enchaînement des faits qui l'avaient conduite, ce même jour, à la falaise de la cache aux livres avait été tout aussi implacable.

— Umara, tu as l'air triste ! On dit des jeunes filles d'ordinaire gaies, et qui sont tristes, qu'elles sont amoureuses ! lui avait lancé Brume de Poussière lorsqu'ils s'étaient retrouvés, comme d'habitude, juste après le lever du soleil, dans le verger de l'évêché.

— Aujourd'hui, je suis en vacances ! Mes professeurs de chinois et de sanskrit sont au culte. Que dirais-tu si nous partions galoper à nouveau dans les dunes de sable ?

— Mais que va dire ton père ?

— Depuis quelques jours, papa m'autorise à sortir sans surveillance. Il a l'esprit ailleurs. Et puis il a pu constater que je ne me débrouillais pas mal à cheval, l'autre jour, quand je lui ai fait croire que je venais de Dunhuang !

— Et Goléa ? Ne risque-t-elle pas de s'inquiéter ?

— Je suis grande. Papa a admis que, à mon âge, je n'avais désormais plus de comptes à rendre qu'à lui-même. Si nous n'étions pas à Dunhuang, je serais déjà mariée à un homme qui m'aurait fait des enfants !

— Mais nous sommes à Dunhuang ! Et dans cette oasis, le seul capable de t'aimer, Umara, c'est encore moi ! avait plaisanté le jeune garçon.

— Crois-tu que le contenu de ce petit cœur de santal vaut beaucoup d'argent ? lui avait-elle demandé à brûle-pourpoint.

— Assurément ! Cela doit même valoir une telle somme qu'à Dunhuang, il n'y a guère qu'un grand monastère bouddhique comme celui du Salut et de la Compassion qui serait capable de la réunir ! avait répondu, fort péremptoirement, le jeune Chinois, désireux de se faire mousser aux yeux de cette jeune fille dont la beauté et le charme le laissaient de moins en moins indifférent.

— Ne me parle pas de ce monastère !

— Que veux-tu dire ?

— Rien de spécial, s'était-elle empressé de répondre, la mine sombre, avant d'ajouter, en se forçant à sourire : J'ai prévenu Goléa que je partais me promener jusqu'à l'heure du déjeuner. Poste-toi au prochain carrefour et je te prendrai en croupe avec moi. Tu as l'habitude et, pour l'instant du moins, tu n'es pas encore trop lourd !

C'est ainsi qu'ils s'étaient élancés, au grand galop, cheveux au vent et en hurlant de joie, vers les dunes de sable.

Et leur chevauchée les avait conduits, comme chaque fois, au pied de la falaise de cette cache aux livres qui était devenue, depuis qu'ils l'avaient découverte, leur rendez-vous secret favori.

Au moment de gravir l'échelle de corde, Brume de Poussière s'était exclamé :

— Umara, m'en voudras-tu si je vais chasser des sauterelles géantes, là-bas, sur ces collines ? Je les vois sauter d'ici !

— Mais que veux-tu faire de ces sauterelles, Brume de Poussière ?

— Des brochettes à griller ! C'est fou ce que j'aime leur viande craquante !

— Je déteste les sauterelles grillées… Tout comme, d'ailleurs, les scorpions, ainsi que les autres insectes dont se régalent les marchands chinois dans les gargotes spécialisées !

— Puis-je t'emprunter le cheval ?

— Bien sûr, Brume de Poussière. Plus tard, tu deviendras un cavalier émérite…

Elle était donc montée seule vers son destin, au moyen de

l'échelle de corde, pour se retrouver là-haut un peu avant Cinq Défenses.

Et c'était de la sorte que les rivières, jusque-là parallèles, étaient devenues brusquement les affluents d'un beau fleuve au long cours !

Leurs visages collés, à présent, l'un à l'autre, ils allaient, au fur et à mesure que leurs baisers devenaient plus profonds, de ravissement en ravissement.

C'est à peine si Cinq Défenses entendit la voix assourdie du *ma-ni-pa* qui l'appelait, au moment où il venait de placer doucement sa main dans l'échancrure de la chemise d'Umara.

— Je vais être obligé d'y aller. Mes compagnons restés en bas vont finir par s'impatienter…, souffla-t-il.

— Je ne veux pas que tu partes ! Nous sommes si bien, tous les deux, ici !

— Es-tu venue seule ?

— Ce jeune chasseur de sauterelles m'a accompagnée. Il est mon seul ami !

Elle désignait une colline caillouteuse sur laquelle il aperçut, à quatre pattes, bloquant les insectes avec ses mains, la minuscule silhouette de Brume de Poussière.

— Où habites-tu, Umara ? demanda Cinq Défenses après un ultime baiser.

— L'évêché nestorien se situe à trois rues de l'auberge que mon père vous a indiquée.

— J'aimerais te revoir ! supplia-t-il.

— Moi aussi !

— Jure-moi, Umara, que nous nous reverrons !

— Je te le jure, ô Cinq Défenses ! Si tu savais, j'en ai autant envie que toi ! Tu me trouveras ce soir devant le mur de notre verger, dès que la lune se sera levée.

— Jure-moi, Umara, qu'un jour plus rien ne nous séparera !

À ces mots, elle demeura silencieuse un instant avant de souffler :

— Comme toi, moi aussi, désormais, je n'attendrai plus que ce jour !

Lorsqu'ils se quittèrent et qu'elle laissa Cinq Défenses redescendre, seul, pour retrouver ses compagnons comme si de rien n'était, ils savaient que ce serment mutuel ne resterait pas vain.

— Mais où étais-tu, Cinq Défenses, je commençais à m'inquiéter ! demanda Poignard de la Loi à son compagnon, à peine avait-il posé le pied à terre.

— La vue est si belle, de là-haut, que je n'arrivais pas à m'en arracher !

— Il se fait tard ! Crois-tu que nous ayons le temps d'aller frapper à la porte de ce monastère du Salut et de la Compassion ? ajouta, mi-figue mi-raisin, le premier acolyte de Bouddhabadra.

— Tu n'as pas l'air pressé de me voir y aller…

— Cinq Défenses, je n'ai pas osé te le dire, mais à ta place, je n'irais pas ! N'oublie pas que tu ne le connais pas, ce Centre de Gravité. Je ne suis pas sûr qu'il comprendra ce qui t'est arrivé… Ton histoire risque de lui paraître suspecte, tant elle est ahurissante : les Jumeaux Célestes, l'embuscade des parsis, sans compter le sûtra de Pureté du Vide : ça fait beaucoup…, murmura, ennuyé, Poignard de la Loi, dont l'anxiété pouvait se lire sur le visage.

— Je suis d'accord avec toi. Il risque de me prendre pour un vulgaire imposteur ! souffla Cinq Défenses, qui ne se voyait pas racontant à Centre de Gravité autre chose que la vérité, comme tout moine mahayaniste y était tenu vis-à-vis d'un Supérieur de monastère, fût-ce d'un autre que le sien.

Il lui serait impossible, dans ces conditions, de passer sous silence sa rencontre avec Umara.

Or, à aucun prix il n'en eût parlé, pour l'instant, à quelqu'un, tant il avait peur que sa divulgation nuise à la jeune chrétienne nestorienne.

— Je pense finalement qu'il vaut mieux attendre avant d'y aller.

Tout s'était enchaîné si vite… Il venait de prendre conscience qu'il lui fallait absolument se donner un peu de temps pour examiner ce qu'il convenait de faire. Son pieux mensonge, d'ailleurs, ne lui coûtait pas.

— C'est une décision qui me paraît sage ! À présent que nous connaissons le chemin, il sera toujours temps d'y revenir un autre jour, si tu changeais d'avis ! s'écria, soulagé, Poignard de la Loi.

Le moine de Peshawar paraissait ravi de cette décision.

— Au moins, nous arriverons à l'auberge bien avant l'heure fatidique et sans risquer le moins du monde d'éveiller les soupçons de Majib, ajouta Cinq Défenses en riant aux éclats, pour se donner une contenance mais aussi parce que cette rencontre le rendait profondément heureux…

Comment eût-il pu, décemment, expliquer au collègue de Pureté du Vide qu'il devait l'aider à s'enfuir de Dunhuang, non seulement avec les deux enfants célestes, mais également avec la fille de l'évêque nestorien de la ville ?

Car c'était pour lui, désormais, une évidence : il ne fausserait compagnie à ses ravisseurs que si Umara était de l'aventure.

Il ne se voyait plus, tout moine bouddhiste qu'il fût, censé consacrer le moindre de ses actes au Bienheureux Bouddha, vivre sans elle.

Après ces premiers baisers, il avait déjà l'impression de ne faire qu'un avec elle !

Alors qu'il pressait Droit Devant de galoper plus vite, tout à sa hâte de la rejoindre, devant le verger de l'évêché, il n'avait aucunement l'impression de trahir quiconque en pensant ainsi.

Devant Umara, n'était-ce pas l'Illumination de l'amour qu'il avait ressentie ?

C'était la première fois qu'il laissait parler son cœur, à l'instar de Gautama le Bouddha lorsqu'il était tombé amoureux de la jolie Yashodâra, ce qui lui avait permis de remporter haut la main ce concours de tir à l'arc, à la barbe de tous les prétendants de la jeune fille, alors qu'il n'avait été jusque-là, au grand dam de son père, qu'un piètre archer !

L'Amour donnait des ailes à ceux-là mêmes qui n'avaient pas appris à voler !

Il se rendait compte qu'avant cette rencontre avec Umara, devenue l'être aimé, c'était la compassion, soit la raison de son cœur, qui s'était traduite dans tous ses actes.

Désormais, ce serait le cœur de son cœur – et pas que la raison de celui-ci – qui guiderait sa conduite.

La Sainte Voie de la Délivrance pouvait prendre, décidément, des chemins beaucoup plus surprenants qu'il n'y paraissait !

Car l'amour dont il brûlait pour Umara, loin de l'empêcher d'accomplir sa tâche, lui donnait un courage et une énergie dont il n'avait jamais encore ressenti la force à ce point.

Plus que jamais, il tiendrait la promesse faite à Pureté du Vide en rapportant à Luoyang son sûtra précieux.

Plus que jamais, il accomplirait son devoir vis-à-vis de Ramahe sGampo, en n'abandonnant jamais au sort funeste que leur réservait le chef Majib les petits Jumeaux Célestes.

En attendant, il n'avait qu'une hâte, c'était, à peine la lune levée, de rejoindre Umara, pour serrer à nouveau dans ses bras celle qui était devenue, en un instant et sans aucun conteste, la femme de sa vie.

Et il était heureux, autant qu'elle était heureuse.

PRINCIPAUX PERSONNAGES

Addai Aggai, *évêque, dirigeant de l'Église nestorienne de Dunhuang.*

Bouddhabadra, *Supérieur du monastère de l'Unique Dharma à Peshawar (Inde), chef de l'église bouddhique du Petit Véhicule, parti pour un mystérieux voyage à Samyé (Tibet), et disparu depuis.*

Brume de Poussière, *orphelin chinois, ami d'Umara.*

Cargaison de Quiétude, *dit le Maître Parfait, chef de l'Église manichéenne de Turfan.*

Centre de Gravité, *supérieur du couvent du Salut et de la Compassion (Dunhuang).*

Cinq Défenses, *moine du monastère de la Reconnaissance des Bienfaits Impériaux à Luoyang (Chine), envoyé par son supérieur à Samyé (Tibet), et finalement responsable des Jumeaux Célestes.*

Corbeille à Offrandes, *moine responsable des éléphants du couvent de Peshawar.*

Dame Wang, *première épouse officielle de Gaozong, destituée au profit de Wuzhao.*

Diakonos, *homme de confiance d'Addai Aggai, chargé de la filature clandestine.*

Gaozong, *dénommé Lizhi tant qu'il est prince héritier, fils de Taizong, empereur de Chine.*

Goléa, *dite la « Montagne », gouvernante d'Umara.*

Jolie Pure, *première concubine impériale, éliminée par Wuzhao.*

Joyau de la Doctrine, *moine rival de Poignard de la Loi.*

Lama sTod Gling, *secrétaire du Révérend Ramahe sGampo.*

Le *ma-ni-pa, moine errant ami de Cinq Défenses.*

Le Muet, *esclave turco-mongol de Wuzhao et exécutant de ses basses œuvres.*

Les Jumeaux Célestes, *une fille et un garçon mis au monde par Manakunda. La petite fille a la moitié du visage velue.*

Li Jingye, *préfet, Grand Censeur Impérial.*

Lihong, *fils de Wuzao et Gaozong, nommé prince héritier à la place de Lizhong.*

Lizhong, *fils de Jolie Pure et Gaozong.*

Lune de Jade, *ouvrière chinoise du Temple du Fil Infini, amoureuse de Pointe de Lumière.*

Majib, *chef d'une troupe de brigands parsis.*

Manakunda, *jeune moniale du couvent de Samyé, morte en mettant au monde les Jumeaux Célestes.*

Nuage Fou, *indien adepte du tantrisme, drogué et assassin.*

Ormul, *auditeur de l'Église manichéenne de Turfan.*

Pinceau Rapide, *calligraphe et peintre chinois de pure souche, membre du réseau du Fil Rouge.*

Poignard de la Loi, *premier acolyte de Bouddhabadra, parti à sa recherche.*

Pointe de Lumière, *auditeur de l'Église manichéenne de Turfan, chargé de l'élevage clandestin de vers à soie, amoureux de Lune de Jade.*

Premier des Quatre Soleils Illuminant le Monde, *moine à Luoyang.*

Pureté du Vide, *supérieur du monastère de la Reconnaissance des Bienfaits Impériaux à Luoyang (Chine), chef de l'église bouddhique du Grand Véhicule.*

Ramahe sGampo, *supérieur du couvent bouddhique de Samyé (Tibet), aveugle.*

Rouge Vif, *propriétaire du magasin Au Papillon de Soie, receleur de soie clandestine.*

Taizong, *dit le Grand, père de Gaozong, empereur de Chine.*

Torlak, *surnommé Aiguille Verte, jeune ouïgour converti au manichéisme et responsable du réseau du Fil Rouge.*

Ulik, *interprète entre Cinq Défenses et la bande de brigands parsis.*

Umara, *fille de l'évêque nestorien Addai Aggai.*

Vertu du Dehors, *ministre de la Soie.*

Wuzhao, *cinquième concubine impériale puis épouse officielle de l'empereur Gaozong.*

Zhangsun Wuji, *oncle de Gaozong, général, commandant en chef suprême des armées, ancien Premier ministre.*

Composition et mise en pages réalisées
par Bussière

Achevé d'imprimer par Rodesa en juillet 2004
N° d'édition : 40945
Dépôt légal : août 2004
Imprimé en Espagne